클라우드 네이티브 패턴

클라우드 네이티브 패턴

변화에 잘 견디는 소프트웨어 개발

코넬리아 데이비스 지음

최철원 · 양준기 · 이현재 · 권병섭 옮김

i!i
에이콘

에이콘출판의 기틀을 마련하신 故 정완재 선생님 (1935-2004)

남편 글렌에게.
당신을 만난 날, 내 모든 삶이 바뀌었어요.

아들 맥스에게.
네가 태어나던 날, 내 모든 삶이 바뀌었어.

6년 동안 니콜 포스그렌, 제즈 험블과 함께 3만 명이 넘는 응답자들로부터 데이터를 수집한 'DevOps 현황 보고서'와 관련해서 일하는 특별한 기회가 있었다. 이때 경험했던 가장 큰 발견 중 하나는 소프트웨어 아키텍처의 중요성이다. 성과가 높은 팀은 고객에게 안전하고 안정적으로 가치를 제공하는, 독립적으로 개발하고 테스트하고 배포할 수 있는 아키텍처를 갖고 있었다.

수십 년 전에는 소프트웨어 설계자들을 대상으로 '비지오Visio를 사용하고 UML 다이어그램을 그리고 아무도 보지 않는 파워포인트 슬라이드를 만드는 전문가'라는 농담을 하곤 했었다. 그때는 그 말이 사실이었을지도 모르지만, 지금은 확실히 그렇지 않다. 오늘날 기업은 자신이 만든 소프트웨어로 시장에서 승패를 겨룬다. 또한 개발자의 일상 업무에 가장 큰 영향을 미치는 것은 그들이 내부에서 작업하는 아키텍처다.

이 책은 이론과 실습 사이의 간격을 좁혀주는데, 사실 소수의 사람들만 이런 책을 쓸 수 있다고 생각한다. 코넬리아 데이비스는 박사 과정 학생으로서 수년 동안 프로그래밍 언어를 공부했고, 함수형 프로그래밍functional programming과 불변성immutability에 대한 열정을 보여줬으며, 대형 소프트웨어 시스템에서 수십 년간 일했고 대규모 소프트웨어 조직이 위대한 성과를 거두는 데 도움을 줬다.

지난 5년 동안 종종 CQRS와 이벤트 소싱event sourcing, LISP와 클로저Clojure(내가 가장 좋아하는 프로그래밍 언어), 명령형 프로그래밍imperative programming과 상태state 처리의 위험성, 심지어 재귀recursion와 같은 간단한 주제에 관해 그에게 도움을 요청하고 조언을 구했다.

이 책을 읽는 것이 아주 보람 있는 이유는 코넬리아가 패턴으로만 이야기를 시작하지 않기 때문이다. 처음에는 원칙으로 시작해서 논쟁, 때로는 논리, 때로는 플로차트를 이용해 타당성을 증명한다.

코넬리아는 이론에 만족하지 않고 자바Java와 스프링Spring으로 이런 패턴을 구현하고 거듭 반복해서 학습한 내용을 통합한다.

나는 이 책이 재미있고 교육적이라는 점을 알게 됐고, 이전에는 단순히 대략적으로만 이해했던 주제에 관해 엄청나게 많은 것을 배웠다. 이제 이 지식을 실행에 옮길 수 있다는 것을 증명하고 싶어서 클로저로 그의 예제를 구현하고자 노력하고 있다.

여러분이 기뻐하면서 어쩌면 깜짝 놀랄 만한 개념들을 발견할 수 있을 것이라 생각한다. 내게 중요한 개념 중 하나는 교차 관심사cross-cutting concern를 중앙화할 필요가 있다는 것이었는데, 이는 관점지향 프로그래밍aspect-oriented programming, 쿠버네티스 사이드카Kubernetes sidecar, 스프링 재시도 주입Spring Retry injection의 활용 여부였다.

이 책을 읽는 독자들도 나만큼 보람을 느끼길 바란다!

– 진 킴Gene Kim

연구자이자 『The Phoenix Project』(IT Revolution Press, 2018),
『데브옵스 핸드북』(에이콘, 2018), 『ACCELERATE』(IT Revolution Press, 2018)의 공동 저자

지은이 소개

코넬리아 데이비스^{Cornelia Davis}

피보탈의 기술 부사장이며 피보탈과 피보탈 고객을 위한 기술 전략 관련 업무를 맡고 있다. 현재는 IT 조직이 최고 수준에서 기능할 수 있도록 IaaS^{Infrastructure as a Service}, AaaS^{Application as a Service}, CaaS^{Container as a Service}, FaaS^{Function as a Service}의 다양한 클라우드 컴퓨팅 모델을 포괄적으로 오퍼링^{offering}[1]하는 데 주력하고 있다.

거의 30년간 이미지 처리, 과학 시각화, 분산 시스템 및 웹 애플리케이션 아키텍처, 클라우드 네이티브 플랫폼에서 경험을 쌓은 업계의 베테랑이다. 캘리포니아 주립 대학교 노스리지^{Northridge} 캠퍼스에서 컴퓨터과학 학사 및 석사 학위를 취득했으며, 인디애나 대학교에서 컴퓨터 및 프로그래밍 언어 이론을 연구했다.

마음속으로는 늘 선생님의 자세로, 더 좋은 소프트웨어와 더 우수한 소프트웨어 개발자들을 육성하는 데 지난 30년을 보냈다. 일을 하지 않을 때는 주로 요가 매트나 부엌에서 시간을 보낸다.

---

1   고객에게 방안을 제시하거나 제안하는 것을 말한다. - 옮긴이

내 경력은 이미지 처리 분야에서 시작했다. 휴즈 항공사의 미사일 시스템 부서에서 적외선 사진을 찍으며 가장자리 감지나 프레임 대 프레임 상관관계 관련 일을 했다(오늘날 휴대폰의 많은 앱에서 볼 수 있는 동작들인데, 1980년대에는 모두 이런 일들이었다!).

이미지 처리에서 많이 수행하는 계산 중 하나는 표준편차다. 나는 질문하는 것을 특별히 부끄러워한 적이 없었고, 초기에는 표준편차에 관한 것을 자주 물어봤다. 동료는 변함없이 다음과 같이 적어두곤 했다.

$$\sigma = \sqrt{\frac{1}{N} \sum_{i=1}^{N} (x_i - \mu)^2}$$

그러나 표준편차 공식은 알고 있었다. 이런, 아마도 3개월 안에 대여섯 번 정도는 코드화했을 것이다. 나는 정말로 "이 컨텍스트에서 우리가 알고 있는 표준편차가 무엇을 말해주는가?"라고 묻고 있었다. 표준편차는 특이값를 찾을 수 있도록 '표준^{normal}'을 정의하는 데 사용된다. 만약 표준편차를 계산한 후 이것으로 표준 밖의 것을 발견한다면, 그것은 센서가 오작동해서 이미지 프레임을 버려야 한다는 표시인가, 아니면 잠재적인 적의 활동을 알리는 것인가?

이 모든 것이 클라우드 네이티브$^{cloud-native}$와 무슨 관계가 있는가? 아무 관계도 없다. 그러나 이것은 패턴과 관련 있다. 이미 말했듯이 표준편차 계산 패턴은 알고 있었지만, 그 당시에는 경험이 부족했기 때문에 언제, 왜 적용해야 하는지를 고심하고 있었다.

이 책은 클라우드 네이티브 애플리케이션의 패턴을 알려준다. 많은 '공식^{formula}'을 보여줄 것이다. 그러나 공식보다는 컨텍스트, 즉 언제 그리고 무슨 이유로 이 패턴을 적용하는지에 더 많은 페이지를 할애하고 있다. 사실 패턴은 일반적으로 그렇게 어렵지 않다. 예를 들어 9장에서 다룬 요청 재시도는 구현하기 쉬운 간단한 개념이다. 하지만 언제 패턴을 적용할 것인지, 그리고 정확히 어떻게 적용할 것인지를 선택하는 것은 까다로울 수 있다. 이러한 패턴을 적용할 컨텍스트와 관련해 이해해야 할 것이 너무 많고, 솔직히 말해서 그 컨텍스트는 복잡할 수 있다.

그럼 컨텍스트는 무엇인가? 이는 근본적으로 분산된 시스템 중 하나다. 내가 30여 년 이상 경력을 쌓았을 때, 분산 시스템에서 일하는 사람을 많이 알지 못했고, 대학에서도 분산 시스템 수업을 듣지 않았다. 그렇다. 사람들은 이 분야에서 일하고 있었지만, 이 분야는 꽤나 틈새 영역이었다.

오늘날 대부분의 소프트웨어는 분산 시스템이다. 소프트웨어의 일부는 브라우저에서 실행되고 다른 일부는 서버에서 실행되며, 나아가 모든 서버에서 실행된다고도 말할 수 있다. 이러한 서버는 기업 데이터 센터에서 실행 중이거나 오리건주 프리네빌의 다크 데이터 센터^{dark data center}[1]에서 실행되며, 혹은 두 곳 모두에서 실행될 수 있다. 그리고 이 모든 것은 아마도 인터넷으로 통신하고 있으며, 소프트웨어의 데이터도 널리 흩어져 있을 것이다. 간단히 말해, 클라우드 네이티브 소프트웨어는 분산 시스템이다. 또한 많은 것이 계속해서 변화하고 있다. 관리하는 서버는 계속해서 바뀌고, 네트워크는 자주 중단되고, 스토리지 장치는 경고 없이 중단될 수 있다. 하지만 그럼에도 소프트웨어는 계속 실행돼야 한다. 이 것은 꽤 어려운 컨텍스트다.

하지만 다루기는 매우 쉽다! 이 책의 목표는 이러한 컨텍스트를 이해하고 클라우드 네이티브 소프트웨어의 설계자와 개발자가 되기 위한 도구를 제공하는 것이다.

지금처럼 지적으로 자극을 많이 받은 적은 없었다. 많은 기술 환경이 상당히 변화하고

---

1   다크 데이터 센터는 특이한 경우를 제외하고는 직원이 직접 접근하지 않고 자동화 프로그램을 통해 원격으로 관리하는 데 이터 센터다. 그렇기 때문에 조명 없이 작동시킬 수 있고 더 멀리 떨어진 곳에 위치할 수 있으므로 에너지 절감, 인력 비용 절감 측면에서 효율적이다. - 옮긴이

있으며 클라우드 네이티브가 그 핵심이기 때문이다. 내가 하는 일을 절대적으로 사랑하며, 모든 사람들, 특히 독자들도 나만큼 소프트웨어 개발을 즐기길 원한다. 이것이 이 책을 저술한 이유다. 이 업계에서 일하면서 마주치는 대단히 멋진 문제들을 여러분과 나누고 싶고, 이런 문제들을 해결해나가는 독자 여러분의 여정을 돕고 싶다. 클라우드로 향해 가는 비행에서 작은 역할이라도 할 수 있는 기회를 갖게 돼 영광이다.

| 감사의 글 |

나의 '클라우드 네이티브 여정cloud-native journey'은 2012년 당시 내 상사였던 톰 맥과이어가 PaaSPlatform as a Service에 관해 조사해볼 것을 나에게 요청하면서 본격적으로 시작됐다. EMC CTO 사무실의 아키텍처 그룹의 일원으로, 새로운 기술을 접하는 것은 우리에게 새롭지 않았다. 하지만 이 기술은 완전히 새로운 것이었다! 이런 자극과 더불어 탐험할 수 있는 기회를 준 톰에게 영원히 감사할 것이다.

2013년 초까지는 이곳이 내가 예측 가능한 미래를 위해 일할 수 있는 공간이라는 사실을 충분히 알게 됐고, 피보탈 소프트웨어Pivotal Software가 만들어지면서 그 일을 할 수 있는 기회를 얻었다. 엘리자베스 헨드릭슨에게 감사해야 할 일이 있다. 클라우드 파운드리Cloud Foundry 모임에 온 나를 환영해주고(심지어 EMC에 있을 때도) 제임스 워터스에게 나를 소개해준 것 말이다. 제임스를 위해 일하러 온 것이야말로 내 최고의 이직이었다고 종종 말하고는 했었다. 그가 보여준 많은 기회들, 최선을 다할 수 있도록 나를 신뢰해준 것, 이 클라우드 네이티브를 총체적으로 알게 해준 수많은 폭넓은 대화들, 지난 6년 동안 함께 쌓아온 깊은 우정에 감사한다.

피보탈이 창립된 이래로 밝고 헌신적이며 친절한 많은 동료들과 함께 배울 수 있었던 것에 감사한다. 엘리자베스 헨드릭슨, 조슈아 맥켄티, 앤드류 클레이-샤퍼, 스콧 야라, 페란 로데나스, 맷 스타인, 라그벤더 아르니 등 내 인생 최고의 6년을 함께한 많은 사람들에게 감사한다! (혹시라도 이름이 누락된 분들이 있다면 용서해주길 바란다.) 특히 『Cloud-Native Foundations』 미니북을 후원해준 피보탈, 이안 앤드루스, 켈리 홀에게도 감사한다.

일일이 열거하기 어려울 만큼 많은 업계 동료로부터 많은 것을 배웠다. 여러분 모두에게 감사한다. 하지만 특별히 진 킴을 언급하고 싶다. 우리가 만난 날 밤을 기억한다(그리고 만남이 이뤄지도록 모든 부분에 기여한 엘리자베스 헨드릭슨에게 다시 한 번 감사한다). 그 순간 우리가 오랫동안 협력자가 될 것이라고 직감했으며, 함께 데브옵스 엔터프라이즈 서밋DevOps

Enterprise Summit에서 일할 수 있게 돼서 영광이었다. 그동안 다양한 회사에서 일하는 혁신적인 사람들을 다수 만날 수 있었다. 가장 활기차고 마음을 넓혀주는 대화를 나눈 것뿐 아니라, 바로 이 책의 서문을 써준 것에도 감사한다.

물론 책을 쓰겠다는 한가로운 호기심을 넘어서 실제로 책을 쓰게 만들어준 마이크 스티븐을 비롯해 이 책을 저술할 수 있는 기회를 준 매닝Manning출판사에 감사한다. 개발 편집자인 크리스티나 테일러에게도 감사의 말을 전한다. 크리스티나는 20장짜리의 엉망인 아이디어와 70여 페이지 정도 되는 초기 구성으로 시작해서 구조와 실제 이야깃거리가 있는 책을 만드는 데 도움을 줬다. 그는 2년 반 넘게 나와 함께했고, 절망의 골짜기에 있을 때 격려해줬으며 성취의 절정에 있을 때 축하해줬다. 샤론 월키, 디어드레 하이암, 닐 크롤, 캐롤실즈, 니콜 베어드 등 제작진에게도 감사한다. 그리고 서평을 맡아준 바히르 치하니, 카를로스 로베르토, 바르가스 몬테로, 다비드 슈미츠, 도니요르 울마소프, 그레고르 주로브스키, 재러드 던컨, 존 거트리, 호르헤 에제키엘 보, 켈빈 존슨, 켄트 R. 스필너, 로니 스메타나, 루이스 카를로스 산체잘레스, 마크 밀러, 피터 파울 셀라르스, 래비쉬 샤르마, 세르게이 에비 시브, 세르지오 마르티네즈, 샹커 자나키라만, 스테판 헬웨이거, 윈 우, 조로드자이 무쿠야에게도 감사한다. 이들의 피드백은 이 책에 큰 영향을 미쳤다.

그리고 무엇보다도 인내와 격려, 그리고 변함없는 믿음을 준 남편 글렌과 아들 맥스에게 감사한다. 글렌과 맥스는 무엇보다도 지난 3년 동안 나를 지지했을 뿐만 아니라 이전 수십 년에 걸쳐 기초를 닦을 수 있도록 도우면서 이 일을 가능하게 한 두 사람이다. 둘에게 다시 한 번 깊은 감사를 표한다. 그리고 맥스, 너는 나를 사랑하는 만큼 컴퓨터에 빠져서 내가 그 여정의 관람객이 될 수 있게 해줬어. 그것은 정말 달콤한 초콜렛과 같았어. 고마워!

| 옮긴이 소개 |

최철원

삼성SDS에 신입으로 입사해 10년간 몸담았고, 현재는 SK주식회사 C&C에서 소프트웨어 아키텍트로 13년째 기업용 애플리케이션 개발과 관련된 업무를 하고 있다. 과거에는 자바 프레임워크, 물리 보안 관제 솔루션을 직접 개발했으며, 최근에는 컨테이너 기반 프라이빗 클라우드 플랫폼 구축의 외부 아키텍처^{Outer Architecture} 영역에 참여했다. 오픈소스 기술을 활용해 데이터베이스부터 UI까지 전 영역에 걸쳐 최적화된 아키텍처를 구현하는 데 매진하고 있다.

양준기

15년 이상 아키텍트로 일하면서 많은 대규모 IT 시스템을 경험했으며, 현재는 SK주식회사 C&C에서 핵심적인 디지털 플랫폼을 구축하려는 기술적 노력을 이끌고 있다. 쿠버네티스 기반의 프라이빗 클라우드 플랫폼 구축을 수행했으며, 현재는 기존의 시스템을 클라우드로 전환하는 사업에서 클라우드 아키텍트로 활약하고 있다. 특히 클라우드 네이티브 애플리케이션^{Cloud Native Application} 개발과 이를 위한 플랫폼에 관심이 많다.

이현재

2005년 프레임워크 개발을 시작으로 10여 년간 애플리케이션 개발과 공공 및 금융 부문의 대형 프로젝트에서 애플리케이션 아키텍트와 테크니컬 아키텍트로 업무를 수행했다. 2016년부터 데브옵스 DevOps와 클라우드 관련 업무를 맡았고, 최근에는 쿠버네티스와 관련 생태계 기술에 관심이 많다. 현재는 SK주식회사 C&C에서 그룹사의 프라이빗 클라우드(PaaS) 구축을 수행하고 있다.

권병섭(sk.refresh@gmail.com)

지난 15년간 삼성전자, SK주식회사에서 소프트웨어 엔지니어로 일하며 모바일 핸드셋, USIM/RFID, VR, 비즈니스 애플리케이션 등 다양한 분야의 소프트웨어를 개발했다. 2018년부터는 엔터프라이즈 프라이빗 클라우드를 구축하며 애플리케이션 아키텍트로서 클라우드 네이티브 여정을 주도했다. 현재는 글로벌 스타트업에서 RPA + AI 확산에 관심을 갖고, 디지털 전환Digital Transformation을 수행하고 있다.

이 책의 저자인 코넬리아 데이비스를 알게 된 것은 '쿠베콘^KubeCon' 행사의 강연에 참석하게 되면서였다. 저자는 피보탈의 부사장으로서 이 책을 출간하기 직전에 강연했는데, 그 강연에서 다뤄졌던 클라우드 네이티브 패턴은 소프트웨어 아키텍처를 십수 년간 현장에서 적용하고 검증하는 것이 본업인 나에게 흥미로운 주제이기에 앞서, 본업을 위한 밑천이 되는 주제였다. 기업용 애플리케이션을 설계하고 개발하는 IT인들 중에 클라우드 환경에서 소프트웨어를 현대화^modernization하고자 하는 사람이라면, 이 책의 내용이 큰 자산이 될 것이다.

수많은 IT 번역서가 있지만, 내 경험상 번역서의 한계를 극복하지 못한 책이 많았다. 사내 출간물을 위해 간헐적이고 부분적으로 번역을 경험해보기는 했지만, 출간 도서의 번역은 이번이 처음이라 이 책이 어떤 평가를 받을지 못내 걱정스럽다. 지금껏 독자의 입장에서 번역서를 바라보다가 직접 번역을 해보니 그동안 오만했던 나 자신을 다시 돌아보면서 크게 성장할 수 있는 기회를 갖게 됐다. 아무튼 이 책의 독자를 위해 여기서 몇 가지를 밝혀둔다.

1. 영어권 고유의 사고방식에서 비롯되는 문장 표현은 가급적 우리에게 맞도록 번역했으나, 뉘앙스나 작가의 의도를 명확히 전달하기에는 역부족인 부분도 있을 것이다. 번역 작업을 할 때 가장 어려웠던 점이다. 특히 저자 특유의 유머나 감탄사, 문화 특성에 따른 문장이 있어 어색할 수 있겠지만, 독자의 의견을 받아서 지속적으로 개선할 것을 약속한다.

2. 이 책은 중급자 이상의 전문 서적이다. 기본적으로 최소 3년 이상의 IT 개발 경험이 필요하며, 주석이 없는 용어는 따로 검색해 공부하지 않으면 이해하기 어려울 수 있다. 예를 들어 이 책에서는 리팩토링^refactoring, 배포^deployment 등의 용어를 별도의 설명 없이 그대로 사용했다. 특히 클라우드나 컨테이너 환경의 경험도 필요하며, 필요한 시점에 수시로 타 기술 관련 기초 서적이나 인터넷 자료를 활용하는 것을 권장한다.

3. 이 책에는 실습할 수 있는 소스 코드와 스크립트가 포함돼 있다. 다시 한 번 말하지만 이 책에서 다루는 내용을 충분히 이해하려면 중급 이상의 개발 역량이 필요하며, 특히 클라우드 또는 최신 개발 환경에 익숙하지 않은 개발자라면 원하는 대로 실습을 진행하기가 어려울 수 있다. 왜냐하면 당연하고 묵시적인 진행 과정은 세밀하게 언급하지 않고 생략했기 때문이다. 그러나 실습을 통해 굳이 결과를 확인하지 않고 이 책을 정독하며 내용을 따라가는 노력만으로도 충분한 가치를 얻을 수 있다. 따라서 코드를 실행하는 데만 몰두하기보다는 아키텍처 전반을 이해하는 데 더 집중하길 바란다.

수차례 검토와 수정을 거쳤음에도 100% 완벽한 책이라고 장담할 수 없다. 그러나 핵심은 명확하다. 이 책에서 언급한 클라우드 네이티브의 특징과 그것을 구현하기 위한 아키텍처 사례들을 거시적 관점에서 이해할 수 있다면 독자는 목적을 충분히 달성한 것이다.

– 최철원

함께 일하는 팀원인 공역자 최철원 님의 소개로 이 책의 원서를 읽어보게 됐다. 클라우드 네이티브는 최근 가장 관심을 받고 있는 주제이므로 이미 관련 책이 다수 출간돼 있지만, 이 책에서 클라우드 네이티브를 어떻게 풀어나갔는지가 궁금해서 읽기 시작했고 읽어나갈수록 많은 것을 느낄 수 있었다. 왜 이 시점에 클라우드 네이티브를 이야기하는지, 여기에 필요한 기술과 방법은 무엇인지를 저자는 마치 대화하는 것처럼 풀어나간다. 지나치기 쉬운 내용을 설명하고, 주제와 주제 사이를 자연스럽게 이어나간다. 이는 저자만의 고유한 장점이라 생각한다.

이 책을 읽으면서 저자에 관심이 생겨 코넬리아 데이비스의 여러 글을 접했는데, 이를 통해서도 저자가 IT에 대한 깊은 이해를 바탕으로 인사이트를 갖고 있음을 알게 됐다.

이런 좋은 책을 번역하게 돼서 스스로 깊은 자부심을 느끼며, 여러분에게도 강력히 추천한다. 다만, 흔히 쓰는 개념을 우리말로 옮기면서 다소 어색한 표현이 곳곳에 등장하는 것은 부정할 수 없다. 많은 번역서를 읽으면서 "왜?"라는 질문을 많이 했었는데, 직접 번역하는 입장이 되니 이해되는 점이 많았다. 또한 저자가 이야기하듯 책을 썼기 때문에 최대한 그 느낌을 살리고자 했으나 아무래도 자연스럽지 않은 부분이 남아있음을 고백한다. 이 점을 널리 혜량해주길 바란다. 아마도 이 책의 독자는 우리와 같은 일을 하고 있는 업계의 동료일 것이다. 이 책을 동료에게 소개하고 추천하는 마음으로 번역에 임했으며, 최선을 다했다는 점을 알리고 싶다.

마지막으로, 이 책을 번역할 수 있는 기회를 주신 에이콘출판사와 따뜻한 마음으로 첫 번역을 무사히 마치게 해준 조유나 님을 비롯한 출판사 관계자 분들에게 감사드린다.

– 양준기

| 차례 |

추천의 글 6

지은이 소개 8

지은이의 말 9

감사의 글 12

옮긴이 소개 14

옮긴이의 말 16

들어가며 27

표지 삽화에 관해 31

1부   클라우드 네이티브 컨텍스트   **33**

1장   '클라우드 네이티브'로 정의한 단어 계속 사용하기   35

　1.1 오늘날의 애플리케이션 요구 사항 40

　　1.1.1 무중단 41

　　1.1.2 짧아진 피드백 주기 41

　　1.1.3 모바일과 다중 장치 지원 42

　　1.1.4 사물인터넷이라고 알려진 커넥티드 디바이스 43

　　1.1.5 데이터 기반 43

　1.2 클라우드 네이티브 소프트웨어 소개 44

　　1.2.1 '클라우드 네이티브'의 정의 45

　　1.2.2 클라우드 네이티브 소프트웨어 멘탈 모델 47

　　1.2.3 클라우드 네이티브 소프트웨어의 작동 54

　1.3 클라우드 네이티브와 세계 평화 59

　　1.3.1 클라우드와 클라우드 네이티브 60

1.3.2 클라우드 네이티브가 아닌 것은 무엇인가? 61

1.3.3 클라우드 네이티브는 훌륭히 동작한다 62

요약 65

2장 프로덕션 환경에서 클라우드 네이티브 애플리케이션 실행   67

2.1 장애물들 68

2.1.1 스노우플레이크 70

2.1.2 위험한 배포 72

2.1.3 변화는 예외다 77

2.1.4 프로덕션 설치성 77

2.2 조력자 78

2.2.1 지속적인 딜리버리 80

2.2.2 반복성 85

2.2.3 안전한 배포 90

2.2.4 변화는 비일비재하다 95

요약 98

3장 클라우드 네이티브 소프트웨어 플랫폼   101

3.1 클라우드 (네이티브) 플랫폼 진화 103

3.1.1 클라우드로부터 시작됐다 103

3.1.2 클라우드 네이티브 발신음 105

3.2 클라우드 네이티브 플랫폼의 핵심 원리 109

3.2.1 먼저 컨테이너를 이야기해보자 110

3.2.2 '지속적인 변화'에 대한 지원 112

3.2.3 '고도로 분산'에 대한 지원 115

3.3 누가 무엇을 합니까? 120

3.4 추가적인 클라우드 네이티브 기능 123

3.4.1 SDLC 전체를 지원하는 플랫폼 123

3.4.2 보안, 변경 제어, 규정 준수(제어 기능) 127

3.4.3 컨테이너에 들어가는 내용 제어 130

3.4.4 업그레이드와 취약성 패치 132

3.4.5 변경 제어 135

요약 137

2부 **클라우드 네이티브 패턴** 139

4장 **이벤트 기반 마이크로서비스: 단순히 요청/응답만을 의미하지 않는다** 141

4.1 (일반적으로는) 명령형 프로그래밍을 배운다 143

4.2 이벤트 기반 컴퓨팅 재도입 145

4.3 나의 글로벌 쿡북 146

4.3.1 요청/응답 147

4.3.2 이벤트 기반 155

4.4 명령 쿼리 책임 분리(CQRS) 소개 167

4.5 다른 스타일, 유사한 도전 과제 170

요약 172

5장 **앱 다중화: 수평 확장과 상태 비저장** 173

5.1 많은 인스턴스를 배포하는 클라우드 네이티브 앱 175

5.2 클라우드 환경에서의 상태 저장 앱 177

5.2.1 모놀리식 분해와 데이터베이스 바인딩 178

5.2.2 부적절한 세션 상태 처리 183

5.3 HTTP 세션과 스티키 세션 201

5.4 상태 저장 서비스와 상태 비저장 앱 204

5.4.1 상태 저장 서비스는 특별하다 204

5.4.2 앱을 상태 비저장으로 만들기 207

요약 213

6장   애플리케이션 설정: 그저 환경 변수만을 의미하지 않는다   215

6.1   왜 설정까지 이야기해야 할까?   216

6.1.1   앱 인스턴스의 수를 증가시키거나 감소시키는 동적 스케일링   217

6.1.2   인프라 변경으로 인한 설정 변경   218

6.1.3   다운타임 없이 애플리케이션 설정 업데이트하기   220

6.2   앱의 설정 계층   221

6.3   시스템/환경 값 주입하기   227

6.3.1   설정을 위해 환경 변수를 사용하는 방법을 자세히 알아보기   227

6.4   애플리케이션 설정 주입   238

6.4.1   구성 서버 소개   240

6.4.2   보안은 더 많은 요구 사항을 추가한다   249

6.4.3   동작 보기: 구성 서버를 사용한 애플리케이션 설정   249

요약   253

7장   애플리케이션 생명 주기: 지속적인 변경에 대한 설명   255

7.1   운영에 대한 공감대 형성   257

7.2   단일 애플리케이션 생명 주기, 다중 인스턴스 생명 주기   259

7.2.1   블루/그린 배포   263

7.2.2   롤링 업그레이드   265

7.2.3   병렬 배포   267

7.3   서로 다른 앱 생명 주기 전반에서 조율   270

7.4   실행해보기: 자격 증명 변경과 앱 생명 주기   275

7.5   생명 주기 짧은 런타임 환경 처리   287

7.6   앱 생명 주기 상태 가시성   289

7.6.1   실행해보기: 헬스 엔드포인트와 프로브   295

7.7   서버리스   299

요약   302

8장 앱에 접근하기: 서비스, 라우팅, 서비스 탐색　　303

　8.1　**서비스 추상화**　　307

　　8.1.1　서비스 사례: 구글링　　308

　　8.1.2　서비스 사례: 블로그 수집기　　310

　8.2　**동적 라우팅**　　311

　　8.2.1　서버 측 로드 밸런싱　　311

　　8.2.2　클라이언트 측 로드 밸런싱　　313

　　8.2.3　라우팅 최신화　　315

　8.3　**서비스 탐색**　　318

　　8.3.1　웹에서의 서비스 탐색　　322

　　8.3.2　클라이언트 측 로드 밸런싱을 이용한 서비스 탐색　　323

　　8.3.3　쿠버네티스에서 서비스 탐색　　325

　　8.3.4　실제로 구현해보기: 서비스 탐색 활용　　327

　　요약　　331

9장 상호작용 이중화: 재시도와 기타 제어 루프　　333

　9.1　**재시도 요청**　　335

　　9.1.1　기본 요청 재시도　　336

　　9.1.2　실행해보기: 단순 재시도　　337

　　9.1.3　재시도: 무엇이 잘못될 수 있는가?　　343

　　9.1.4　재시도 폭풍 생성　　344

　　9.1.5　실행해보기: 재시도 폭풍 생성　　345

　　9.1.6　재시도 폭풍 방지: 친절한 클라이언트　　359

　　9.1.7　실행해보기: 친절한 클라이언트 되기　　360

　　9.1.8　재시도하지 않을 때　　367

　9.2　**폴백 로직**　　368

　　9.2.1　실행해보기: 폴백 로직 구현　　369

　9.3　**제어 루프**　　376

　　9.3.1　제어 루프의 유형 이해　　376

　　9.3.2　제어 루프 제어　　378

　　요약　　381

10장   프론트 서비스: 서킷 브레이커와 API 게이트웨이   383

  10.1 서킷 브레이커   385

  　　10.1.1 소프트웨어 서킷 브레이커   385

  　　10.1.2 서킷 브레이커의 구현   389

  10.2 API 게이트웨이   405

  　　10.2.1 클라우드 네이티브 소프트웨어에서의 API 게이트웨이 사례   407

  　　10.2.2 API 게이트웨이 토폴로지   408

  10.3 서비스 메시   411

  　　10.3.1 사이드카   412

  　　10.3.2 컨트롤 플레인   415

  　　요약   418

11장   트러블슈팅: 건초 더미에서 바늘 찾기   419

  11.1 애플리케이션 로깅   420

  11.2 애플리케이션 메트릭   426

  　　11.2.1 클라우드 네이티브 애플리케이션에서 메트릭 가져오기   428

  　　11.2.2 클라우드 네이티브 애플리케이션에서 메트릭 밀어 넣기   431

  11.3 분산 추적   434

  　　11.3.1 트레이서 출력   438

  　　11.3.2 집킨으로 추적 조합하기   442

  　　11.3.3 구현 상세 내용   448

  　　요약   449

12장   클라우드 네이티브 데이터: 모놀리식 데이터 쪼개기   451

  12.1 모든 마이크로서비스는 캐시가 필요하다.   454

  12.2 요청/응답에서 이벤트 기반으로 이동하기   459

  12.3 이벤트 로그   461

  　　12.3.1 실행으로 확인하자: 이벤트 기반 마이크로서비스 구현   464

  　　12.3.2 토픽과 큐의 새로운 점은?   481

12.3.3 이벤트 페이로드 ·· 486

12.3.4 멱등성 ··· 489

12.4 이벤트 소싱 ·· 490

12.4.1 지금까지의 여정 ·· 490

12.4.2 진본 ·· 492

12.4.3 이벤트 소싱의 구현 ··· 495

12.5 우리는 단지 수박 겉핥기 중이다 ···························· 498

　　요약 ·· 499

찾아보기 ··· 501

이 책의 대상 독자

'클라우드'로 향하는 것은 '애플리케이션을 어디에 배포하는가?'보다 '애플리케이션을 어떻게 설계하는가?'에 더 중점을 둔다. 이 책은 동적이고 분산된 가상화 클라우드 환경에서 성공할 수 있는 강력한 애플리케이션을 개발하기 위한 지침을 제시한다. 클라우드 네이티브 애플리케이션의 멘탈 모델과 함께 구축을 지원하는 패턴, 사례, 도구를 제시하며 앱, 데이터, 서비스, 라우팅 등을 다루는 실사례와 전문가의 조언이 들어있다.

이 책은 기본적으로 아키텍처를 다루며, 여기에 포함된 설계 관련 논의를 지원하는 코드 예제를 포함한다. 독자는 여기서 다루는 패턴과 과거에 적용했을 법한 방법의 차이를 언급한다는 점을 알게 될 것이다. 그러나 과거 패턴에 대한 경험이나 지식은 필요하지 않다. 패턴 자체뿐만 아니라 그 패턴에 대한 동기, 나아가 그것이 적용되는 컨텍스트의 뉘앙스까지 다루고 있으므로, 독자는 소프트웨어 업계에서 쌓은 경력과 상관없이 중요한 가치를 발견할 수 있다.

책 전반에 걸쳐 많은 코드 예제가 제시되지만 프로그래밍 책은 아니다. 또한 기본적인 사항을 모르더라도 프로그래밍하는 법을 가르쳐주지는 않는다. 코드 예시는 자바로 돼 있지만, 어떤 언어로든 자신의 경험을 통해 문제없이 따라갈 수 있을 것이다. 특히 HTTP를 통한 클라이언트/서비스 상호작용에 대한 기본 지식을 갖췄다면 도움이 되지만 반드시 필요하지는 않다.

이 책의 구성: 로드맵

이 책은 두 개의 부와 12개의 장으로 구성돼 있다.

첫 번째 부는 클라우드 네이티브 컨텍스트를 정의하고 소프트웨어가 배포되는 환경의 특징을 설명한다.

- 1장에서는 클라우드 네이티브를 정의하고 클라우드와 구분한다. 이로써 이후 설명할 패턴에 관해 구축 가능한 멘탈 모델을 제시한다. 이 모델의 엔티티^{entity}는 앱/서비스, 서비스 간의 상호작용, 데이터다.
- 2장에서는 클라우드 네이티브 운영을 설명한다. 회피 불가능한 모든 장애 상황에서 클라우드 네이티브 소프트웨어를 프로덕션^{production} 환경에서 실행하고자 사용하는 패턴과 사례를 설명한다.
- 3장에서는 클라우드 네이티브 플랫폼을 소개한다. 이 플랫폼은 두 번째 부에 제시된 많은 패턴을 지원하고 구현을 제공하는 개발 및 실행 환경이다. 앞으로 설명할 모든 패턴을 이해하는 것이 중요하지만, 모든 패턴을 직접 구현할 필요는 없다.

두 번째 부에서는 클라우드 네이티브 패턴 자체를 심도 있게 논의한다.

- 4장에서는 클라우드 네이티브 상호작용을 다루고 있으며, 데이터를 약간 추가해 친숙한 요청/응답 방식의 대안으로 이벤트 기반 통신을 소개한다. 이벤트 기반 통신은 오늘날 대부분의 소프트웨어에서 거의 보편화됐지만, 이벤트 기반 접근법은 고도로 분산된 클라우드 네이티브 소프트웨어에 상당한 이점을 제공하는 경우가 많으며, 독자는 이후에 나올 패턴을 공부할 때 두 프로토콜을 모두 고려하는 것이 중요하다.
- 5장에서는 클라우드 네이티브 앱/서비스와 데이터의 관계를 설명한다. 앱이 다중 인스턴스로 배포되거나 때로는 상당한 규모로 배포되는 방법, 앱을 상태 비저장^{stateless}으로 만드는 이유와 방법, 특수한 상태 저장 서비스^{stateful service}에 바인딩하는 방법을 다룬다.
- 6장에서는 클라우드 네이티브 앱/서비스를 살펴보며, 광범위하게 분산된 인프라에 많은 인스턴스가 배포될 때 애플리케이션 환경 설정을 일관되게 유지할 수 있는 방법을 다룬다. 또한 실행 중인 환경이 끊임없이 변경될 때 애플리케이션 환경 설정을 적절하게 적용하는 방법도 알아본다.
- 7장에서는 클라우드 네이티브 앱/서비스를 살펴보며, 애플리케이션 생명 주기와 롤

링 업그레이드 및 블루/그린 업그레이드를 포함한 수많은 무중단 업그레이드 사례를 다룬다.

- 8장에서는 클라우드 네이티브 상호작용을 소개한다. 서비스가 끊임없이 이동하는 동안에도 앱이 필요한 서비스를 찾을 수 있는 방법(서비스 탐색), 요청이 궁극적으로 올바른 서비스로 가는 길을 찾는 방법(동적 라우팅^{dynamic routing})에 초점을 맞춘다.

- 9장에서는 상호작용의 클라이언트 측면에 초점을 맞춘 클라우드 네이티브 상호작용을 살펴본다. 상호작용 다중화^{interaction redundancy}가 필요한 이유를 설명하고 재시도(최초 요청이 실패할 경우 반복되는 요청)를 소개한 후, 재시도를 단순히 적용했을 때 발생할 수 있는 문제와 그 문제를 피하는 방법을 다룬다.

- 10장에서는 상호작용의 서비스 측면에 초점을 맞춘 클라우드 네이티브 상호작용을 살펴본다. 상호작용을 시작하는 클라이언트가 책임감 있게 동작하더라도, 서비스는 여전히 오용^{misuse}되거나 과도한 트래픽에 압도당하지 않도록 보호해야 한다. 또한 API 게이트웨이와 서킷 브레이커도 다룬다.

- 11장에서는 앱과 상호작용 둘 다 살펴보며, 소프트웨어를 구성하는 분산 시스템의 동작과 성능을 관측하기 위한 방법을 다룬다.

- 12장에서는 데이터를 다루며, 클라우드 네이티브 소프트웨어를 구성하는 서비스 간 상호작용에서의 중요한 시사점을 살펴본다. 기존의 모놀리식 데이터베이스^{monolithic database}였던 것을 분산된 데이터 구조^{fabric}로 분할하는 패턴을 다루며, 궁극적으로 이 책의 두 번째 부 앞부분에서 설명하는 이벤트 기반 패턴으로 되돌아간다.

소스 코드

번호가 매겨진 리스트 형식과 텍스트 줄 중간중간에는 소스 코드 예제가 다수 포함돼 있다. 두 경우 모두 소스 코드를 일반 텍스트와 구분하기 위해 "두 보안 정보 모두 drawFromConfigServer를 읽는 값이 있다."와 같이 나타냈다. 때로는 주의를 끌기 위해 일부 강조 영역을 **"private String postsSecret;"**와 같이 굵게 표시하기도 했다.

대부분의 경우 원본 소스 코드는 서식을 다시 조정했는데, 책에서 사용 가능한 페이지 공간에 맞추기 위해 줄 바꿈을 추가하고 들여쓰기 작업을 다시 했다. 드문 경우지만 이마저도 충분하지 않았으므로, 리스트에는 라인 연속 마커(➡)가 포함돼 있다. 또한 코드가 텍스트에 설명돼 있는 경우에는 소스 코드의 주석을 종종 리스트에서 제거했다. 코드 주석은 중요한 개념을 강조하는 많은 리스트와 함께 제공된다.

이 책의 예제 코드는 매닝출판사 웹사이트(https://www.manning.com/books/cloud-native-patterns)와 깃허브^{GitHub}(https://github.com/cdavisafc/cloudnative-abundantsunshine)에서 다운로드할 수 있다. 에이콘출판사의 도서정보 페이지 http://www.acornpub.co.kr/book/cloud-native-patterns에서도 다운로드할 수 있다.

기타 온라인 자료

이 책의 저자는 트위터(@cdavisafc), 미디엄(https://medium.com/@cdavisafc), 블로그(http://corneliadavis.com)를 통해서도 만날 수 있다.

이 책의 표지는 '1764년 러시아 산파의 습관Habit of a Russian Midwife in 1764'이라는 제목의 그림을 사용했다. 이 삽화는 1757년에서 1772년 사이에 출판된 토머스 제퍼리스의 『A Collection of the Dresses of Different Nations, Ancient and Modern』(4권)에서 발췌한 것이다. 속표지에는 손으로 색칠한 동판 조각에 아라비아 고무가 장식돼 있다.

토마스 제퍼리스(1719~1771)는 '조지 3세의 지리학자'라고 불렸다. 지도 공급자들을 선도하던 영국의 지도 제작자로 정부와 기타 기관을 위한 지도를 동판에 새기고 인쇄했으며, 광범위한 상업 지도와 지도책, 특히 북아메리카 지도를 제작했다. 지도화한 국가들의 현지 드레스 관습을 알리려는 그의 많은 노력이 이 모음집에 잘 나타나 있다. 멀리 떨어진 나라를 방문해 매력을 느끼고 즐거움을 얻는 여행은 18세기 후반에 나타난 비교적 새로운 현상이었고, 이 모음집이 인기를 끌면서 실제 관광객뿐만 아니라 책을 통한 간접 여행객들에게도 다른 나라의 현지민들이 알려졌다.

제퍼리스 책 속의 다양한 그림은 약 200년 전 여러 국가들의 독특함과 개성을 생생하게 보여준다. 드레스 코드는 그 이후로 바뀌었고, 당시 매우 부유했던 지역과 국가별 다양성은 사라져갔다. 이제 한 대륙의 주민과 다른 대륙의 주민을 구별하는 것은 매우 어렵다. 긍정적으로 본다면, 문화적이고 시각적인 다양성이 좀 더 다양한 개인의 삶에 나타났거나 더 지적이고 기술적인 삶으로 변모했을 것이다.

요즘처럼 컴퓨터 책과 다른 책을 구분하기 어려운 이 시기에, 매닝출판사는 제퍼리스의 그림으로 재탄생한 2세기 전 풍부한 지역 생활의 다양성을 책 표지로 표현해서 컴퓨터 비즈니스의 독창성과 주도권을 세상에 알렸다.

Part 1

클라우드 네이티브 컨텍스트

진부하게 들릴 수 있겠지만, 1부는 이 책 전체를 관통하는 무대다. 독자 여러분이 배우길 원하는 패턴들(서비스 탐색service discovery, 서킷 브레이커circuit breaker 등)을 바로 익혀도 된다고 생각할 수 있겠지만, 이런 패턴들을 깊은 수준으로 이해하기 위해서는 첫 번째 장이 꼭 필요하다. 애플리케이션을 실행하는 컨텍스트와 인프라에 더해 더 많은 인적 요소를 이해하는 것은 패턴을 적용하는 가장 효과적인 방법이다. 디지털 오퍼링digital offering에 대한 고객의 기대(끊임없는 진화와 무중단)와 여러분과 여러분의 동료들이 이러한 오퍼링(팀의 권한 부여 여부)을 제공하는 방식은 여러분이 예상하지 못할 수도 있는 디자인 패턴과 관련 있다.

첫 번째 장에서 말하고자 하는 중요한 한 가지는 클라우드 네이티브cloud-native를 정의하고 이를 클라우드와 구별하는 것이다(스포일러 주의: 후자는 장소where에 관한 것이며, 전자는 방법how에 관한 것이다. 그리고 이것은 정말 흥미로운 부분이다). 그리고 책의 2부를 중심으로 멘탈 모델mental model[1]을 정리한다.

두 번째 장은 모두 클라우드 네이티브 앱의 운영에 관한 것이다. 여러분 중 일부는 "개발을 하고 있으니 운영은 아직 고민할 필요가 없어."라고 생각할 수 있겠지만, 그 생각은 잠시

---

1   사물이 실제로 어떠한 방식으로 작동할 것이라고 생각하는 인간의 사고 과정을 구조화한 것을 말한다. – 옮긴이

보류해두자. 일부 고객 요구를 만족하는 운영 방식은 반드시 소프트웨어 요구 사항에 반영해야 한다.

마지막으로 3장에서는 개발과 프로덕션의 요구 사항을 모두 충족하는 플랫폼을 다룬다. 2부에서 다루는 많은 패턴들이 비록 최고 품질의 소프트웨어를 만드는 데 꼭 필요하지만, 그것들을 모두 직접 구현할 필요는 없다. 적절한 플랫폼을 사용하는 것이 오히려 더 큰 도움이 될 수 있기 때문이다.

그러므로 이 장들을 건너뛰고 싶더라도 그러지 말길 바란다. 이곳에서 다루는 내용에 시간을 투자한다면, 나중에 큰 도움이 될 것임을 약속한다.

1

'클라우드 네이티브'로
정의한 단어 계속 사용하기

2015년 9월 20일 일요일, AWS^{Amazon Web Services}에서 심각한 정전이 발생했다. AWS에서
미션 크리티컬 워크로드^{mission-critical workload}(심지어 고객 대상 핵심 서비스까지)를 운영하는 기
업이 증가함에 따라 AWS의 운영 중단은 대규모의 후속 시스템 중단으로 이어질 수 있었
다. 그 당시에 넷플릭스^{Netflix}, 에어비앤비^{Airbnb}, 네스트^{Nest}, IMDb를 비롯한 많은 기업들의
시스템에 다운타임이 발생했고, 이에 따라 고객들에게, 궁극적으로는 기업의 사업 수익에
까지 영향을 미치게 됐다. 실제 정전은 약 5시간 동안(혹은 계산 방식에 따라 더 많이) 지속됐으
며, 이로 인해 영향을 받는 AWS 고객들의 시스템은 장애로부터 복구되기 전까지의 운영
중단 시간이 더 길어지게 됐다.

네스트 같은 기업의 경우에는 인프라를 신경 쓰는 것 대신 고객에 대한 가치 창출에 초
점을 맞추고 싶기 때문에 AWS를 사용할 것이다. 거래의 일환으로서 AWS는 고객의 시스
템을 가동하고 시스템이 기능을 잘 유지할 수 있도록 한다. 그러므로 만약 AWS에 다운타
임이 발생한다면, 그로 인한 운영 중단과 관련해 아마존을 탓하기 쉽다.

하지만 이것은 잘못된 생각이다. 아마존은 이런 운영 중단을 책임지지 않는다.

잠깐! 책을 옆으로 던지지 말고 이야기를 좀 들어보길 바란다. 나의 주장은 문제의 핵심
을 이야기하고 있으며 이 책의 목적을 설명한다.

먼저 한 가지 사실을 정리하겠다. 아마존과 그 외 클라우드 제공업체들이 시스템이 잘 작동하도록 유지할 책임이 없다고 주장하는 것은 아니다. 그들은 분명히 그렇게 하고 있다. 그리고 제공자가 특정 서비스 수준을 충족하지 못하면, 고객은 대안을 찾을 수 있고 찾을 것이다. 서비스 제공업체는 일반적으로 서비스 수준 계약(SLA)을 제공한다. 예를 들어 아마존은 대부분의 서비스에 99.95%의 가동 시간을 보장한다.

내가 주장하는 것은 특정 인프라에서 실행 중인 애플리케이션이 인프라 자체보다 더 안정적일 수 있다는 점이다. 어떻게 가능할까? 그에 대한 내용이 바로 이 책에서 독자들에게 가르쳐주고자 하는 것이다.

9월 20일의 AWS 정전 사태로 잠시 돌아가보자. 정전 피해를 입은 많은 기업들 중 하나인 넷플릭스는 인터넷 대역폭 사용량(36%)을 기준으로 보면 미국 내 인터넷 사이트 중에서 1위를 차지하고 있다. 그러나 넷플릭스의 서비스 중단이 많은 사람들에게 영향을 미침에도 불구하고 넷플릭스는 AWS 사고와 관련해 다음과 같이 말했다.

> 넷플릭스는 영향을 받은 지역에서 가용성에 일시적으로 문제가 있었지만, 카오스 콩(Chaos Kong)[1] 연습을 통해 이와 같은 사고에 대비해온 덕분에 어떠한 심각한 충격도 피했다. 국지적 정전을 시뮬레이션하는 실험을 정기적으로 실시함으로써, 시스템상의 약점을 조기에 파악해서 고칠 수 있었다. US-EAST-1을 사용할 수 없게 됐을 때도, 우리의 시스템은 이미 트래픽 대체 작동(failover)을 처리할 만큼 충분히 강력했다.[2]

넷플릭스는 AWS의 정전으로부터 신속하게 복구할 수 있었으며 사고가 발생한 지 불과 몇 분 만에 완벽하게 작동했다. AWS에서 여전히 실행 중인 넷플릭스는 AWS의 다운타임이 계속되는 동안에도 완벽하게 작동했다.

---

1   넷플릭스의 카오스(chaos) 관리 기법 중 하나로서, Chaos Monkey, Chaos Gorilla, Chaos Kong으로 구분한다. 각각 Instance Fail, Zone Fail, Region Fail에 해당하며, 넷플릭스는 모든 인프라에 대한 실패를 가정하고 인프라를 운영한다. – 옮긴이

2   카오스 콩에 대한 더 많은 정보를 보려면 넷플릭스 기술 블로그(http://mng.bz/P8rn)에서 'Chaos Engineering Upgraded'를 참고하라.

단일 하드웨어만으로는 100% 무정지 가동을 보장할 수 없기 때문에 관행처럼 시스템을 다중화해서 설치하기도 한다. AWS는 명확히 이를 수행하고 있으며 이러한 다중화를 사용자들이 이용할 수 있게 한다.

특히, AWS는 많은 리전region에서 서비스를 제공하고 있다. 예를 들어 이 책을 저술하는 현재 시점 기준으로, 일래스틱 컴퓨트 클라우드Elastic Compute Cloud(EC2) 플랫폼은 아일랜드, 프랑크푸르트, 런던, 파리, 스톡홀름, 서울, 싱가포르, 뭄바이, 시드니, 베이징, 닝샤, 상파울루, 캐나다, 그리고 미국의 네 개 지역(버지니아, 캘리포니아, 오리건, 오하이오)에서 실행하고 사용할 수 있다. 그리고 각 리전 내에서 서비스는 하나의 가용 영역Availability Zone(AZ)의 리소스를 다른 가용 영역으로부터 분리하도록 구성된 수많은 가용 영역으로 더 분할된다. 이러한 격리는 한 가용 영역의 장애가 다른 가용 영역의 서비스에까지 영향을 미치는 것을 제한한다.

그림 1.1은 각각 네 개의 가용 영역을 포함하는 세 개의 리전을 나타낸다. 애플리케이션은 가용 영역 내에서 실행되며, 하나 이상의 가용 영역과 둘 이상의 리전에서 실행될 수 있다는 점이 중요하다. 조금 전에 다중화가 시스템 가동의 핵심 열쇠 중 하나라고 주장했던 것을 기억해야 한다.

그림 1.2에서 실행 중인 애플리케이션을 이 다이어그램에 로고를 배치해 가상으로 표현해보자(넷플릭스, IMDb, 또는 네스트가 애플리케이션을 어떻게 구축했는지 명확하게는 알 수 없다. 이것은 순전히 가상의 내용이며 이해를 돕기 위한 예시다).

---

3   실제로 필요한 것보다 중복적으로 더 많은 것을 준비해 안정성을 유지한다는 복합적인 의미다. 보통은 '이중화'로 해석할 수 있으나, 둘로 제한하는 것은 아니므로 '다중화'라는 용어로 옮겼다. – 옮긴이

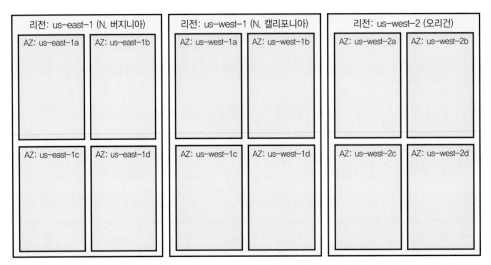

▲ **그림 1.1** AWS는 서비스를 리전과 가용 영역(AZ)으로 분할한다. 리전은 지리적 영역으로 매핑되며, 가용 영역은 하나의 리전 내에서 추가적인 다중화와 격리를 제공한다.

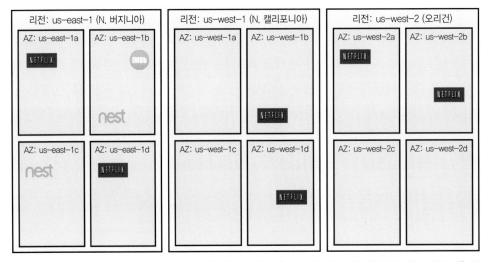

▲ **그림 1.2** AWS에 배포된 애플리케이션은 단일 가용 영역(IMDb) 또는 하나의 가용 영역 내에 있는 다중 가용 영역(네스트)으로 배포될 수 있지만, 여러 가용 영역에서 다중 리전(넷플릭스)으로 배포될 수 있다. 이것은 다양한 복원력 프로필을 제공한다.

그림 1.3은 2015년 9월의 AWS 정전처럼 단일 지역 정전을 나타낸다. 이때 us-east-1만이 어두워졌다.

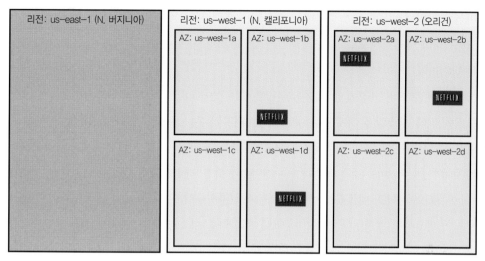

▲ **그림 1.3** 애플리케이션이 적절하게 설계되고 구축되면 디지털 솔루션은 전 지역의 광범위한 정전에도 생존할 수 있다.

이 간단한 그래픽을 통해 어떻게 넷플릭스가 다른 기업들보다 정전을 훨씬 잘 극복했는지 바로 알 수 있다. 넷플릭스는 이미 다른 AWS 리전에서 실행하는 애플리케이션을 보유하고 있었고 모든 트래픽을 정상적인 인스턴스로 쉽게 전달할 수 있었다. 그리고 다른 리전에 대한 장애 조치는 자동으로 수행되지는 않았지만, 넷플릭스는 이와 같은 중단 가능성을 예상(심지어 연습했음!)해 소프트웨어를 설계하고 이를 보완하기 위한 운영 방식을 설계했다.[4]

> |**노트**| 클라우드 네이티브 소프트웨어는 운영 중인 인프라에서 장애가 발생하거나 다른 방식으로 변경되는 경우에도 장애를 예측하고 안정성을 유지하도록 설계돼 있다.

애플리케이션 개발자는 물론 스태프와 운영 담당자도 클라우드 네이티브 소프트웨어를 만들고 관리하기 위해 새로운 패턴과 관행을 배우고 적용해야 하며, 이 책은 그러한 것들을 가르친다. 독자는 그 내용이 새로운 것이 아니라고 생각할지도 모르며, 특히 금융과 같은

---

4 이 회사의 복구에 대한 자세한 내용은 닉 히스(Nick Heath)(http://mng.bz/J8RV)가 쓴 'AWS Outage: How Netflix Weathered the Storm by Preparing for the Worst'를 참고한다.

미션 크리티컬 비즈니스에 종사하는 조직들은 오랜 시간 동안 액티브/액티브 시스템을 운영해왔다고 생각할지도 모른다. 맞는 말이다. 그러나 여기서 새로운 내용은 이것이 이뤄지는 방식이다.

과거에는 이러한 장애 조치 동작을 구현하는 것이 일반적으로 맞춤형 솔루션이었으며, 초기에 기본 시스템 장애에 적응하도록 설계되지 않은 시스템의 구축에 집중됐다. 필요한 SLA를 달성하는 데 필요한 지식은 종종 몇 개의 '유명 제품'[5]으로 제한됐고, 그 장애에 적절히 대응하는 시스템을 갖추기 위해 특수한 설계, 설정, 테스트 메커니즘이 배치됐다.

이것과 오늘날의 넷플릭스 방식에는 철학적 관점에서 근본적인 차이가 있다. 이전 접근 방식의 경우에는 변경이나 실패가 예외로 취급된다. 이와 달리, 넷플릭스와 구글, 트위터, 페이스북, 우버 같은 많은 대규모 인터넷 네이티브 회사들은 변경이나 실패를 규칙^{rule}으로 다루고 있다.

이러한 기업들은 소프트웨어 아키텍처와 엔지니어링 사례들을 변경해서 장애에 대한 설계가 소프트웨어의 구축, 제공, 관리 방식에서 필수적인 부분이 되도록 만들었다.

> |노트| 장애는 예외가 아니라 규칙이다.

1.1 오늘날의 애플리케이션 요구 사항

디지털 경험은 더 이상 우리 삶의 곁다리가 아니다. 그들은 우리가 매일 하는 많은(또는 대부분의) 활동에서 중요한 역할을 한다. 이러한 보편성은 사용하는 소프트웨어에서 기대하는 바를 뛰어넘게 했다. 우리는 애플리케이션을 항상 사용할 수 있고, 새로운 멋진 기능으로 끊임없이 업그레이드하고, 개인화된 경험을 제공받길 원한다. 이러한 기대를 충족시키는 것은 아이디어에서 프로덕션에 이르는 생명 주기의 시작부터 바로 해결해야 할 것이다. 개발자인 독자는 그러한 필요를 충족시킬 책임이 있는 당사자들 중 한 명이다. 몇 가지 주요

---

5   원문에는 'rock stars'라고 돼 있는데, 널리 알려진 솔루션이나 기술을 의미한다. – 옮긴이

요구 사항을 살펴보자.

1.1.1 무중단

2015년 9월 20일의 AWS 장애는 현대 애플리케이션의 핵심 요구 사항 중 하나인 항상 사용할 수 있어야 하는 특성을 잘 보여준다. 애플리케이션을 사용할 수 없는 짧은 유지 보수 시간이 허용되는 시대도 지났다. 세상은 항상 온라인이다. 그리고 계획되지 않은 다운타임은 결코 바람직하지 않지만, 그 영향은 놀랄 만한 수준에 도달했다. 예를 들어, 2013년 「포브스Forbes」는 아마존이 13분간의 갑작스런 정전으로 200만 달러에 달하는 손실을 입었다고 추정했다.[6]

그러나 가동 시간을 유지하는 것은 운영 팀만의 문젯거리는 아니다. 소프트웨어 개발자 또는 설계자는 느슨하게 결합된loosely coupled 컴포넌트를 사용해 시스템 설계를 수행하고, 불가피한 장애를 보상하기 위해 다중화를 허용할 수 있도록 배치하고, 오류로 인해 시스템 전체가 연쇄적으로 장애를 유발하지 않도록 해야 한다. 또한 업그레이드와 같은 계획된 이벤트가 다운타임 없이 수행될 수 있도록 소프트웨어를 설계해야 한다.

1.1.2 짧아진 피드백 주기

또한 코드를 자주 릴리스하는 능력도 중요하다. 심화된 경쟁과 계속 증가하는 소비자 기대치에 따라 애플리케이션 업데이트는 한 달에 몇 번, 일주일에 몇 번, 경우에 따라서는 하루에 몇 번이라도 고객에게 제공되고 있다. 고객을 흥미롭게 하는 것은 의심할 여지 없이 가치 있는 일이지만, 아마도 이러한 릴리스가 계속되는 가장 큰 동인動因은 위험 감소일 것이다.

기능에 대한 아이디어가 생긴 순간부터, 어느 정도의 위험을 감수하고 있는 것이다. 그 아이디어는 좋은 것일까? 고객들은 이것을 사용할 수 있을까? 더 나은 방법으로 구현할 수 있을까? 가능한 결과를 예측하려고 할 때, 현실은 종종 예상할 수 있는 것과 다르다. 이와

---

6   더 자세한 정보를 얻으려면, 「포브스」 웹사이트에서 켈리 클레이(Kelly Clay)가 작성한 'Amazon.com Goes Down, Loses $66,240 Per Minute'를 확인하라(http://mng.bz/wEgP).

같은 중요한 질문에 대한 답을 얻는 가장 좋은 방법은 기능의 초기 버전을 릴리스하고 피드백을 받는 것이다. 그 피드백을 이용해 이를 조정하거나 심지어 완전히 방향을 바꿀 수도 있다. 소프트웨어 릴리스가 잦으면 피드백 루프feedback loop가 짧아지고 위험도 감소한다.

지난 수십 년 동안 지배해온 모놀리식monolithic 소프트웨어 시스템들은 충분히 자주 릴리스될 수 없었다. 각각의 독립된 팀에 의해 구축돼 테스트되고 밀접하게 상호 연관된 많은 서브시스템은 종종 취약한 패키징 프로세스를 적용하기 전에 전체적으로 테스트해야 했다. 통합 테스트 단계에서 하자가 발견되면 길고 힘든 과정이 새로 시작될 것이다. 새로운 소프트웨어 아키텍처는 소프트웨어를 프로덕션에 릴리스하기 위해 필요한 민첩성agility을 달성하는 데 필수적이다.

1.1.3 모바일과 다중 장치 지원

2015년 4월, 선도적인 기술 트렌드 측정 및 분석 회사인 콤스코어Comscore는 처음으로 모바일 기기를 통한 인터넷 사용이 데스크톱 컴퓨터의 사용률을 떨어뜨린다는 보고서를 발표했다.[7] 오늘날의 애플리케이션은 적어도 두 개의 모바일 기기 플랫폼(iOS와 안드로이드Android)과 데스크톱(아직도 사용량의 상당 부분을 차지함)을 지원해야 한다.

또한 사용자들은 하루 종일 이동하면서 애플리케이션에서의 경험이 한 기기에서 다른 기기로 원활하게 이동되기를 점점 더 기대한다. 예를 들어, 사용자들은 애플 TV로 영화를 보다가 이후 공항으로 가는 열차 안에 있을 때는 모바일 장치로 프로그램을 보는 것으로 전환할 수 있다. 더욱이 모바일 기기의 사용 패턴은 데스크톱의 사용 패턴과 상당히 다르다. 예를 들어 은행의 모바일 애플리케이션은 월급이 입금되기를 기다리는 사용자의 새로 고침 시도를 충족할 수 있어야 한다.

이러한 요구를 충족시키려면 애플리케이션을 올바르게 설계하는 것이 필수적이다. 핵심 서비스는 사용자에게 서비스를 제공하는 모든 프론트엔드frontend 기기를 지원할 수 있는 방식으로 구현돼야 하며, 시스템은 확장 및 축소 요구에 맞춰져야 한다.

---

7   보고서 요약에 대한 내용은 콤스코어 사이트에 있는 케이트 드레이어(Kate Dreyer)의 2015년 4월 13일 블로그(http://mng.bz/7eKv)에서 확인할 수 있다.

1.1.4 사물인터넷이라고 알려진 커넥티드 디바이스

인터넷은 더 이상 데이터 센터에 탑재돼 서비스되는 시스템들과 인간을 연결하기 위한 수단에 그치지 않는다. 오늘날에는 수십억 개의 장치가 인터넷에 연결돼 있어 다른 연결된 개체들이 이를 모니터링하고, 심지어 제어할 수도 있다. 사물인터넷Internet of Things(IoT)을 구성하는 커넥티드 디바이스connected device의 극히 일부분을 나타내는 홈 오토메이션의 시장 규모만 2022년까지 530억 달러로 추산된다.[8]

커넥티드 홈에는 센서와 원격으로 제어되는 장치(예: 동작 감지기, 카메라, 스마트 자동 온도 조절기, 조명 시스템)가 있다. 그리고 이것들은 아주 저렴하다. 몇 년 전 기온이 화씨 −26도였을 때 파이프가 터졌다. 그 후부터는 인터넷에 연결된 온도 조절기와 몇 개의 온도 센서를 포함한 적당한 시스템을 사용하기 시작했으며 당시 300달러 미만의 돈을 썼다. 다른 커넥티드 디바이스로는 자동차, 가전, 농기구, 제트 엔진, 그리고 우리 대부분이 주머니에 갖고 다니는 스마트폰 등이 있다.

인터넷 커넥티드 디바이스는 우리가 만드는 소프트웨어의 본질을 두 가지 근본적인 방식으로 바꾼다. 첫째, 인터넷을 통해 흐르는 데이터의 양이 급격히 증가한다. 수십억 개의 장치가 1분에 여러 번, 심지어 1초에 여러 번 데이터를 송출한다.[9] 둘째, 이러한 방대한 양의 데이터를 캡처하고 처리하기 위해서는 컴퓨팅 레이어가 과거와는 상당히 달라져야 한다. 연결된 장치가 있는 곳에 더 가까운 '에지edge'에 컴퓨팅 자원을 배치함으로써 더 많이 분산된다. 이러한 데이터 볼륨과 인프라 아키텍처의 차이는 새로운 소프트웨어 설계와 적용 방식practice을 필요로 한다.

1.1.5 데이터 기반

지금까지 제시한 몇 가지 요구 사항을 고려하면 데이터를 좀 더 전체적인 방식으로 생각할 수 있다. 데이터의 볼륨이 증가하고, 데이터의 소스가 더 널리 분산되고, 소프트웨어 전송

---

8   GlobeNewswire 사이트(http://mng.bz/mm6a)의 Zion Market Research에서 이러한 결과를 더 자세히 확인할 수 있다.

9   가트너(Gartner)는 2017년 전 세계에서 84억 개의 연결된 물건이 사용될 것으로 전망했다. 가트너 보고서(www.gartner.com/newsroom/id/3598917)를 참조하라.

주기가 단축되고 있다. 이 세 가지 요소를 결합해볼 때, 대규모의 중앙 집중식 공유 데이터 베이스는 무용지물이 된다.

예를 들어 수백 개의 센서를 가진 제트 엔진은 그러한 데이터베이스가 있는 데이터 센터와 분리되는 경우가 많으며, 대역폭 제한으로 인해 연결이 이뤄진 짧은 시간 동안 모든 데이터가 데이터 센터로 전송되는 것은 아니다. 또한 공유 데이터베이스는 다양한 데이터 모델과 상호작용하는 시나리오를 합리적으로 처리하기 위해 여러 애플리케이션에서 많은 프로세스와 거래를 필요로 한다. 이는 릴리스 주기 단축과 관련해서는 큰 장애물이다.

이러한 애플리케이션 요구 사항은 단일 공유 데이터베이스 대신 소규모의 로컬화된 데이터베이스 네트워크와 데이터 관리 시스템 페더레이션^{federation} 전반에 걸쳐 데이터 관계를 관리하는 소프트웨어를 필요로 한다. 이러한 새로운 접근 방식을 통해 소프트웨어 개발 및 관리 민첩성에 대한 요구가 데이터 계층에까지 이어진다.

마지막으로, 모든 사용 가능한 데이터는 사용하지 않을 경우 가치가 거의 없다. 오늘날의 애플리케이션은 스마트한 애플리케이션을 통해 고객에게 더 큰 가치를 제공할 수 있도록 점점 더 많은 데이터를 사용해야 한다. 예를 들어, 지도 애플리케이션은 도로 및 지형 데이터와 함께 커넥티드 카와 모바일 장치의 GPS 데이터를 사용해 실시간 교통 상황 보고와 경로 안내를 제공한다. 지난 수십 년간 예상 사용 시나리오에 맞게 신중하게 튜닝된 알고리즘이 구현된 애플리케이션은 계속해서 수정되고 있거나, 내부 알고리즘과 설정을 자체 조정할 수 있는 애플리케이션으로 대체되고 있다.

이러한 사용자 요구 사항(예: 변함없는 가용성, 잦은 릴리스로 지속적인 진화, 쉽게 확장 가능, 지능화)은 과거의 소프트웨어 설계 및 관리 시스템으로는 충족될 수 없다. 그러면 이러한 요구 사항을 충족할 수 있는 소프트웨어의 특성은 무엇인가?

1.2 클라우드 네이티브 소프트웨어 소개

소프트웨어는 24시간 내내 작동해야 한다. 사용자에게 계속 만족감을 주기 위해서는 자주 릴리스할 수 있어야 한다. 사용자의 이동성과 항상 연결된 상태^{always-connected}로 인해 소프트웨어는 이전보다 더 크고 더 변동적인 큰 요청 볼륨에 대해 응답할 수 있어야 한다. 그리고 연결된 장치('things')는 이전에는 볼 수 없었던 크기의 분산 데이터 구조를 만들어냈으며, 이로 인해 새로운 저장 방식과 처리 접근 방식이 필요해졌다. 이러한 요구 사항은 소프트웨어를 실행할 수 있는 새로운 플랫폼의 가용성과 함께 새로운 소프트웨어 아키텍처 스타일인 클라우드 네이티브 소프트웨어의 출현으로 이어졌다.

1.2.1 '클라우드 네이티브'의 정의

클라우드 네이티브 소프트웨어의 특징은 무엇일까? 앞의 요구 사항을 좀 더 분석해보고, 그 요구 사항들이 어디를 향하고 있는지 알아보자. 그림 1.4는 위쪽에 가로로 요구 사항을 나열하고 인과 관계가 아래로 나타내는 것을 처음 몇 단계를 거쳐서 보여준다. 다음 목록에서는 자세한 내용을 설명한다.

- 소프트웨어는 계획된 것이든 계획되지 않은 것이든 상관없이 인프라 장애 및 변경에 항상 대처할 수 있어야 한다. 소프트웨어가 실행되는 중에 불가피하게 변경 사항이 있을 때도 이에 적응할 수 있어야 한다. 독립적인 조각들의 조합이 적절하게 구성되고 배포되고 관리되는 경우에는 발생할 수 있는 모든 장애의 확대 반경을 제한할 수 있으며, 이는 모듈형 설계로 이르게 된다. 또한 어떤 단일 개체가 결코 장애가 없다고 보장할 수 없기 때문에 설계 전체에 걸쳐 다중화를 포함한다.
- 우리의 목표는 자주 릴리스하는 것인데, 모놀리식 소프트웨어는 이를 용납하지 않는다. 상호 의존적인 조각이 너무 많으면 시간 소모적이고 복잡한 조율을 필요로 한다. 최근 몇 년 동안 더 작고, 더 느슨하게 결합되고, 독립적으로 배포해 릴리스할 수 있는 컴포넌트(흔히 '마이크로서비스'라고 함)로 구성된 소프트웨어가 더 민첩한 릴리스 모델을 가능하게 한다는 것이 충분히 입증됐다.
- 사용자들은 더 이상 컴퓨터 앞에서만 디지털 솔루션에 접근하지 않는다. 사용자들은 24시간 휴대하고 다니는 모바일 기기에서 항상 접근하길 원한다. 그리고 센서와 장치 컨트롤러 같은 사람이 아닌 개체들 또한 항상 연결돼 있다. 이 두 시나리오 모두 요동이 심한 요청과 데이터 볼륨의 물결을 초래하며, 이에 따라 동적으로 확장되고 계속 적절히 작동을 지속하는 소프트웨어가 필요하다.

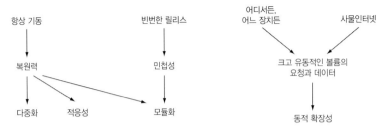

▲ **그림 1.4** 소프트웨어에 대한 사용자 요구 사항은 클라우드 네이티브 아키텍처 및 관리 방침으로 개발을 유도한다.

이러한 속성들 중 일부는 아키텍처적인 시사점을 갖고 있다. 즉, 결과적인 소프트웨어는 중복적으로 배포되는 독립적 컴포넌트들의 조합이다. 또 다른 속성들은 디지털 솔루션을 제공하는 데 사용되는 관리적 사례들을 다루고 있다. 즉, 배포는 인프라의 변화와 변동성이 많은 요청량에 적응해야 한다. 이러한 속성 집합을 전체적으로 살펴보고, 이 분석을 통해 결론에 도달해보자. 그림 1.5는 이것을 설명하고 있다.

- 독립 컴포넌트들의 집합으로 구성된 소프트웨어가 중복적으로 배포된다는 것은 분산됐다는 것을 의미한다. 만약 다중화된 복사본이 모두 서로 근접해서 배포된다면, 지역적인 장애가 광범위한 위험으로 번지게 될 수도 있을 것이다. 인프라 자원을 효율적으로 활용하려면, 증가하는 요청 볼륨을 처리하기 위해 앱 인스턴스를 추가로 배포할 때 활용 가능한 인프라에 폭넓게 배치해야 한다. 이런 인프라는 AWS, 구글 클라우드 플랫폼^{Google Cloud Platform}(GCP), 마이크로소프트 애저^{Azure}와 같은 클라우드 서비스들이다. 결과적으로 소프트웨어 모듈들을 고도로 분산된 방식으로 배포해야 한다.
- 적응 가능한^{adaptable} 소프트웨어는 정의상 '새로운 조건에 적응할 수 있다.'는 것을 의미하며, 여기서 언급하는 조건은 인프라와 상호 연관된 소프트웨어 모듈의 세트다. 이것들은 본질적으로 서로 연결돼 있다. 즉 인프라가 바뀌면 소프트웨어가 바뀌며, 그 반대의 경우도 마찬가지인 것이다. 자주 릴리스한다는 것은 자주 변경된다는 것을 의미하며, 요청 볼륨이 변화할 때마다 스케일링 작업을 통해 적응하는 것은 지속적인 조정을 나타낸다. 소프트웨어와 소프트웨어가 실행되는 환경이 끊임없이 변

화하고 있는 것은 분명하다.

> |정의| 클라우드 네이티브 소프트웨어는 고도로 분산돼 있으며, 끊임없이 변화하는 환경에서도 작동해야 하고 그 자체가 끊임없이 변화한다.

클라우드 네이티브 소프트웨어를 만드는 데는 더 많은 입자화된 세부 사항이 들어간다(이 책에서는 그 상세 내용을 다룬다). 그러나 궁극적으로 세부 사항들은 고도로 분산되고 끊임없이 변화한다는 핵심 특징으로 다시 귀결된다. 이 책을 통해 독자가 성장한다면 이는 독자의 근원적 힘이 될 것이며, 반복적으로 극도의 분산과 끊임없는 변화라는 결론으로 이끌도록 할 것이다.

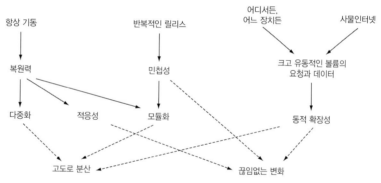

▲ **그림 1.5** 아키텍처와 관리 방침은 클라우드 네이티브 소프트웨어의 핵심 특징으로 이어진다. 클라우드 네이티브 소프트웨어는 고도로 분산돼 있으며, 소프트웨어가 지속적으로 진화 중일 때도 끊임없이 변화하는 환경에서 운영돼야 한다.

1.2.2 클라우드 네이티브 소프트웨어 멘탈 모델

넷플릭스의 수석 아키텍트였고 현재 AWS의 클라우드 아키텍처 전략 부문 부사장인 아드리안 코크로프트^Adrian Cockcroft는 자동차 운전의 복잡성을 이렇게 이야기한다. 운전자로서 자동차를 운전하고 거리를 주행해야 하며, 동시에 복잡한 동일 작업을 수행하는 다른 운전자들과 부딪히지 않도록 해야 한다. 끊임없이 변화하는 환경에서 세상을 이해하고 장치(이 경우, 자동차)를 제어할 수 있는 모델을 만들어놓았기 때문에 비로소 가능한 것이다.

우리들 대부분은 속도를 조절하기 위해 발을 사용하고, 방향을 정하기 위해 손을 사용하며, 종합적으로 속도를 결정한다. 도시 계획가들은 주행을 개선하기 위해 거리 레이아웃을 생각했다. 교통 정보와 결합된 표지판이나 신호 같은 도구를 사용하게 되면, 처음부터 끝까지 가는 여정에 관해 판단할 수 있는 프레임워크를 제공받게 된다.

클라우드 네이티브 소프트웨어를 개발하는 것 또한 복잡하다. 이 절에서는 클라우드 네이티브 소프트웨어를 개발할 때 떠오르는 수많은 우려 사항들을 정리할 수 있는 모델을 제시한다. 이 프레임워크가 클라우드 네이티브 소프트웨어의 숙련된 설계자나 개발자가 되기 위한 핵심 개념과 기술을 이해하는 데 도움이 되길 바란다.

그림 1.6에서 볼 수 있듯이, 독자들에게 확실히 친숙한 클라우드 네이티브 소프트웨어의 핵심 요소들로 간단하게 시작하겠다.

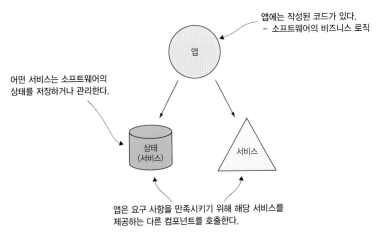

▲ **그림 1.6** 기본적인 소프트웨어 아키텍처의 친숙한 요소들

앱은 핵심 비즈니스 논리를 구현한다. 여기에 코드의 대부분을 작성하게 될 것이다. 예를 들어 코드는 고객 주문을 받고, 창고 재고에 있는 품목인지 확인하고, 청구 부서에 통지를 보낼 것이다.

물론 앱은 정보를 얻거나 작업을 수행하기 위해 다른 컴포넌트에 의존한다(이를 '서비스'라고 부르겠다). 어떤 서비스는 창고의 재고 같은 예처럼 상태를 저장한다. 다른 애플리케이션은 고객 청구 시스템과 같이 시스템의 다른 일부분에 대한 업무 로직을 구현하는 애플리케이션일 수 있다.

이러한 간단한 개념을 통해 구축할 클라우드 네이티브 소프트웨어를 나타내는 토폴로지를 구축해보자. 그림 1.7을 참조하자. 분산된 모듈 집합이 있으며, 대부분의 모듈은 여러 인스턴스에 배포돼 있다. 대부분의 앱이 서비스 역할도 하고 있으며, 더 나아가 일부 서비스는 명시적으로 상태 저장^{stateful}임을 알 수 있다. 화살표는 한 컴포넌트가 다른 컴포넌트에 의존하는 방향을 나타낸다.

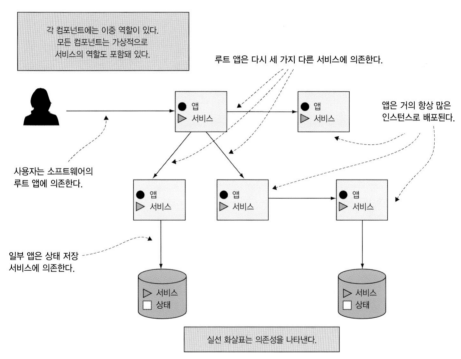

▲ **그림 1.7** 클라우드 네이티브 소프트웨어는 일반적 개념에 더해서 고도의 분산과 모든 곳에서 다중화 및 지속적 변경의 개념을 갖고 있다.

이 다이어그램에는 몇 가지 흥미로운 점이 있다. 첫째, 도형(박스와 데이터베이스 또는 스토리지 아이콘)에는 항상 두 가지 명칭이 표시돼 있다. 박스에는 앱과 서비스가 있고, 스토리지에는 서비스와 상태가 있다. 그림 1.7에 표시된 간단한 개념이 소프트웨어 솔루션이 취하는 다양한 컴포넌트의 역할로 여겨진다.

컴포넌트가 다른 컴포넌트에 의존한다는 것을 나타내는 화살표가 있는 모든 엔티티는 서비스다. 그렇다. 대부분의 모든 것이 서비스다. 심지어 토폴로지의 루트 앱도 소프트웨어 소비자로부터 화살표가 달려 있다. 물론 앱은 코드를 작성하는 곳이다. 그리고 특히 서비스service와 상태state 표기의 조합을 선호하는데, 이는 상태가 없는 서비스(독자들이 많이 들어본 상태 비저장 서비스stateless service는 여기서 '앱app'으로 표기돼 있다.)를 갖고 있다는 것을 분명히 하는 반면, 다른 것들은 모두 상태를 관리하는 것이다.

그리고 이것은 그림 1.8에 나타난 클라우드 네이티브 소프트웨어의 세 가지 부분을 정의하게 된다.

- **클라우드 네이티브 앱**: 다시 말하면 여기에는 코드가 작성된다. 코드는 소프트웨어의 비즈니스 로직이다. 여기에 올바른 패턴을 구현하면 해당 앱들이 소프트웨어를 구성하는 훌륭한 구성원 역할을 할 수 있다. 단일 앱은 완전한 디지털 솔루션이 아니다. 앱은 화살의 한쪽 끝 또는 반대쪽 끝(또는 둘 다)에 있으므로 해당 관계에 참여하도록 특정한 행동을 구현해야 한다. 또한 확장과 업그레이드 같은 클라우드 네이티브 운영이 적용될 수 있는 방식으로 구축해야 한다.
- **클라우드 네이티브 데이터**: 이것은 클라우드 네이티브 소프트웨어의 상태가 있는 곳이다. 이 간단한 그림조차도 과거의 아키텍처들과는 크게 다른데, 과거에는 중앙 집중식 데이터베이스를 사용해 소프트웨어의 많은 부분의 상태를 저장했다. 예를 들어 사용자 프로필, 계정 세부 정보, 리뷰, 주문 내역, 결제 정보 등을 모두 동일한 데이터베이스에 저장했을 것이다. 클라우드 네이티브 소프트웨어는 코드를 여러 개의 작은 모듈(앱)로 나누며, 데이터베이스도 비슷하게 분해되고 분산된다.
- **클라우드 네이티브 상호작용**: 클라우드 네이티브 소프트웨어는 클라우드 네이티브 애플리케이션과 클라우드 네이티브 데이터로 구성되며, 이러한 엔티티들이 서로 상호작용하는 방식이 궁극적으로 디지털 솔루션의 기능과 품질을 결정한다. 우리의 시스템을 특징짓는 고도의 분산과 끊임없는 변화로 인해 이러한 상호작용은 많은 경우에 이전 소프트웨어 아키텍처의 상호작용보다 현저하게 진화돼 왔으며, 어떤 상호작용 패턴은 완전히 새로운 것이다.

처음에는 서비스로부터 이야기가 시작됐지만, 결국 서비스는 이 멘탈 모델에서 세 가지 요소 중 하나가 아니라는 점을 알아두길 바란다. 앱과 데이터의 대부분이 서비스이기 때문이다. 하지만 서비스 사이의 상호작용이 서비스 그 자체보다 훨씬 더 흥미롭다고 생각한다. 서비스는 전체 클라우드 네이티브 소프트웨어 모델을 통해 전체적으로 퍼져 있다.

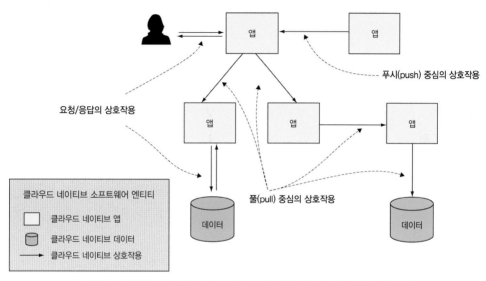

▲ **그림 1.8** 클라우드 네이티브 소프트웨어 모델의 핵심 엔티티: 앱, 데이터, 상호작용

이 모델의 확립을 통해 1.1절에서 다루는 최신 소프트웨어 요구 사항으로 돌아가서 클라우드 네이티브 소프트웨어의 애플리케이션, 데이터, 상호작용에 대한 요구 사항들이 시사하는 점을 고려해보자.

클라우드 네이티브 앱

클라우드 네이티브 앱에 대한 관심 사항은 다음과 같다.

- 인스턴스를 추가하거나 제거해서 용량을 늘리거나 줄인다. 이것을 스케일아웃/인 scale-out/in이라고 하며, 이전의 아키텍처에서 사용된 스케일업 모델과는 많이 다르다. 앱을 여러 인스턴스에 적절히 배포하면 안정적이지 않은 환경에서도 복원력 resilience을 유지할 수 있다.

- 앱의 인스턴스가 여러 개 있게 되면, 하나의 인스턴스가 어떤 방식으로든 중단되는 경우에도 애플리케이션 상태를 유지하면서 복구 작업을 아주 쉽게 수행할 수 있다. 간단하게 앱의 새로운 인스턴스를 만들고 앱이 의존하는 상태 저장 서비스에 다시 연결만 하면 된다.

- 클라우드 네이티브 앱의 설정^{configuration}은 많은 인스턴스가 구축되고 해당 인스턴스가 실행 중인 환경이 지속적으로 변경될 때 특유의 문제에 노출된다. 예를 들어 앱 인스턴스 100개가 있는 경우, 새 환경 설정을 알려진 파일 시스템 위치에 놓고 재시작하는 그런 일은 이제 없을 것이다. 인스턴스는 분산된 토폴로지 전체에서 옮겨질 수도 있다는 사실을 알아두길 바란다. 분산된 토폴로지 전체에서 이동하는 인스턴스에 이러한 예전 방식의 사례를 적용하면 매우 어리석은 짓이 될 수도 있다.

- 클라우드 기반 환경의 동적인 특성으로 인해 애플리케이션 생명 주기(소프트웨어 딜리버리 생명 주기가 아니라 실제 애플리케이션의 시작과 종료)를 관리하는 방식이 변경돼야 한다. 이 새로운 컨텍스트에서 앱을 시작, 설정, 재설정, 종료하는 방법을 다시 검토해야 한다.

클라우드 네이티브 데이터

좋다. 이제 우리의 앱은 상태 비저장이다. 그러나 상태를 다루는 것은 소프트웨어 솔루션의 중요한 부분이며, 데이터 처리 문제를 해결할 필요가 있는 것 역시 극도의 분산과 지속적인 변화의 환경에도 존재한다. 이러한 변동에도 유지해야 하는 데이터가 있기 때문에 클라우드 환경에서 데이터를 처리할 때는 특유의 문제가 발생한다. 클라우드 네이티브 데이터에 대한 우려는 다음과 같다.

- 데이터 모놀리스^{monolith}를 분리해야 한다. 지난 수십 년간 기업들은 대규모 통합 데이터 모델을 관리하기 위해 많은 시간과 에너지, 기술을 투자했다. 그 이유는 많은 도메인에서 관련성이 있고, 그에 따라 많은 소프트웨어 시스템에 구현된 개념이 단일 엔티티로서 중앙에서 가장 잘 처리되기 때문이었다. 예를 들어 병원에서 환자의 개념은 임상/치료, 청구서, 경험 조사 등을 포함한 여러 가지 세팅에 관련됐으며, 개

발자는 환자 정보를 처리하기 위해 단일 모델을 만들고 단일 데이터베이스를 만드는 경우가 많다. 이 접근 방법은 현대 소프트웨어의 컨텍스트에서는 작동하지 않는다(진화가 느리고 다루기 어려우며, 궁극적으로는 느슨하게 결합된 앱 구조의 민첩성과 견고성을 빼앗게 된다). 분산 애플리케이션 구조를 만들었으므로 분산 데이터 구조를 만들 필요가 있다.

- 분산된 데이터 구조는 독립적이고 용도에 맞는 데이터베이스(폴리글랏 퍼시스턴스 polyglot persistence[10]를 지원하는)로 구성되며, 일부 데이터베이스의 경우 데이터의 소스는 다른 곳에 있으면서 데이터의 구체화된 뷰로만 구성될 수 있다. 캐싱caching은 클라우드 네이티브 소프트웨어의 핵심 패턴이자 기술이다.

- 앞에서 언급한 '환자'와 같이 여러 데이터베이스에 존재해야 하는 엔티티가 있는 경우, 여러 인스턴스에 걸쳐 있는 공통된 정보를 동기화 상태로 유지하는 방법을 설명해야 한다.

- 궁극적으로 상태를 일련의 이벤트의 결과로 다루는 것은 분산된 데이터 구조의 핵심이 된다. 이벤트 소싱 패턴은 상태 변경 이벤트를 캡처하며, 통합 로그는 이러한 상태 변경 이벤트를 수집해 데이터 분산의 구성원이 사용할 수 있도록 한다.

클라우드 네이티브 상호작용

마지막으로, 모든 부분piece들을 한데 모아놓게 되면 클라우드 네이티브 상호작용에 대한 새로운 우려가 제기된다.

- 인스턴스가 여러 개 있을 때 앱에 접속하려면 몇 가지 유형의 라우팅 시스템이 필요하다. 동기적 요청/응답은 물론 비동기적 이벤트 기반 패턴을 다뤄야 한다.

- 고도로 분산되고 끊임없이 변화하는 환경에서는 접근 시도가 실패하는 것을 고려해야 한다. 자동 재시도는 클라우드 네이티브 소프트웨어에서 필수적인 패턴이지만, 제대로 관리되지 않으면 시스템에 큰 피해를 줄 수 있다. 서킷 브레이커는 자동 재

---

10 폴리글랏(polyglot)은 여러 가지 프로그래밍 언어로 작성된 프로그램을 뜻하는 말인데, 여기서는 여러 종류의 데이터베이스나 스토리지를 의미한다. - 옮긴이

시도가 필요할 때 필수적이다.

- 클라우드 네이티브 소프트웨어는 복합 소프트웨어이므로 단일 사용자 요청을 처리하기 위해서는 다양한 관련 서비스를 호출해 처리한다. 좋은 사용자 경험을 가지기위해 클라우드 네이티브 소프트웨어를 적절히 관리하는 것은 서비스와 서비스 간의 상호작용을 관리하는 작업인 것이다. 수십 년간 생산해온 애플리케이션 메트릭 metric[11] 정보와 로깅logging은 이 새로운 환경에 맞게 특수화돼야 한다.

- 모듈형 시스템의 가장 큰 장점 중 하나는 모듈형 시스템의 일부를 독립적으로 더 쉽게 개발할 수 있다는 것이다. 그러나 이러한 개별 요소들이 궁극적으로 더 큰 전체로 결합되기 때문에 이들 간의 상호작용의 기저가 되는 프로토콜들은 클라우드 네이티브 컨텍스트에 적합해야 한다. 예를 들어 병렬parallel 배포를 지원하는 라우팅 시스템을 생각해볼 수 있다.

이 책은 이러한 요구를 해결하기 위한 새롭고 진화된 패턴과 방식을 다룬다.

구체적인 예를 살펴보면서 좀 더 구체적으로 만들어보자. 이렇게 하면 여기서 간단하게 언급한 우려 사항을 더 잘 이해할 수 있을 것이며, 이 책의 내용이 어디로 향하고 있는지 잘알게 될 것이다.

1.2.3 클라우드 네이티브 소프트웨어의 작동

익숙한 시나리오로 시작해보자. 마법사 은행에 우리 계좌가 있다. 시간의 일부를 할애해 지역 분점을 방문하고(밀레니얼 세대millennial generation라면 방문할 일이 없겠지만 나와 비슷한 나이라고 가정하자.) 은행과 거래를 한다. 여러분은 또한 은행의 온라인 뱅킹 애플리케이션 등록 사용자다. 그런데 지난 1~2년간 가정용 유선 전화로 원하지 않는 전화만 받게 되면서, 여러분은 마침내 유선 전화 연결을 끊기로 결정했다. 따라서 은행(그리고 많은 다른 기관)에서 전화번호를 업데이트해야 한다.

온라인 뱅킹 애플리케이션을 사용하면 기본 전화번호와 모든 백업 전화번호를 포함한

---

11 원문상의 'metric'을 '계측 정보', '측량 지표' 등으로 번역할 수도 있지만, 소프트웨어 분야에서는 그냥 '메트릭'이라고 부르는 것이 더 편할 수 있다. – 옮긴이

사용자 프로필을 편집할 수 있다. 사이트에 로그인한 후 프로필 페이지로 이동해 새 전화번호를 입력한 다음 제출 버튼을 클릭한다. 업데이트가 저장됐다는 확인 메시지를 받게 되고, 사용자 경험은 종료된다.

이 온라인 뱅킹 애플리케이션을 클라우드 네이티브 방식으로 설계할 경우 어떻게 될지 살펴보자. 그림 1.9는 이런 핵심 요소를 보여준다.

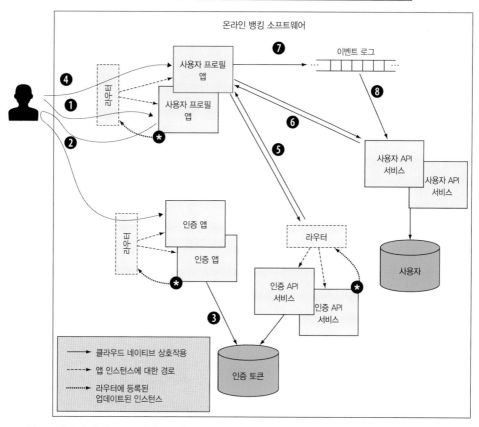

▲ **그림 1.9** 온라인 뱅킹 소프트웨어는 앱과 데이터 서비스로 구성되며, 많은 유형의 상호작용 프로토콜이 사용된다.

- 아직 로그인하지 않았으므로, 사용자 프로필 앱에 접근하면 ❶ 인증 앱으로 리디렉트^{redirect}된다. ❷ 이러한 앱들은 각각 여러 개의 인스턴스에 배포되고 사용자 요청은 라우터에 의해 인스턴스 중 하나로 전송된다.

- 로그인의 일부로, 인증 앱은 상태 저장 서비스에 새로운 인증 토큰을 생성하고 저장한다. ❸

- 그런 다음 사용자는 새 인증 토큰을 사용해 사용자 프로필 앱으로 다시 리디렉트된다. 이번에는 라우터가 사용자 프로필 앱의 다른 인스턴스로 사용자 요청을 보낸다. ❹ (스포일러 주의: 클라우드 네이티브 소프트웨어에서 스티키 세션^{sticky session12}은 좋지 않다!)

- 사용자 프로필 앱은 인증 API 서비스를 호출해 인증 토큰을 검증한다. ❺ 다시 말해 여러 개의 인스턴스가 있으며, 요청은 라우터에 의해 그들 중 하나에 보내진다. 유효한 토큰이 인증 앱뿐만 아니라 인증 API 서비스의 모든 인스턴스에서 접근할 수 있는 상태 저장 인증 토큰 서비스에 저장돼 있음을 기억하자.

- 이러한 앱들(사용자 프로필 또는 인증 앱)의 인스턴스들은 여러 가지 이유로 변할 수 있기 때문에 라우터를 새로운 IP 주소로 지속적으로 업데이트하기 위한 프로토콜이 있어야 한다. ❊

- 그런 다음 사용자 프로필 앱은 사용자 API 서비스에 다운스트림 요청을 해서 ❻ 전화번호를 포함한 현재 사용자의 프로필 데이터를 가져온다. 사용자 프로필 앱은 차례로 사용자의 상태 저장 서비스를 요청한다.

- 사용자가 전화번호를 업데이트하고 제출 버튼을 클릭하면, 사용자 프로필 앱이 이벤트 로그에 새 데이터를 보내게 된다. ❼

- 결국 사용자 API 서비스의 인스턴스 중 하나가 이 변경 이벤트를 수집해 처리하고, ❽ 사용자 데이터베이스로 쓰기 요청을 보낼 것이다.

그렇다. 이 그림은 이미 많은 것을 담고 있지만 하나 더 추가해보자.

---

12 처음 세션을 맺어서 요청을 처리한 서버에 다음 요청도 타 서버로의 변경 없이 그대로 연결되도록 처리하는 방식이다.
   – 옮긴이

지금까지 명시적으로 언급하지는 않았지만, 은행 지점으로 돌아가서 창구 직원이 여러분의 현재 연락처 정보를 확인하게 되면, 창구 직원이 여러분의 업데이트된 전화번호를 얻게 될 것으로 기대한다. 그러나 온라인 뱅킹 소프트웨어와 출납 소프트웨어는 서로 다른 두 개의 시스템이다. 설계를 그렇게 했기 때문이다. 이것은 민첩성, 복원성, 그리고 내가 현대의 디지털 시스템에서 중요하다고 여기는 다른 많은 요구 사항을 충족시킨다. 그림 1.10은 이러한 제품 모음을 보여준다.

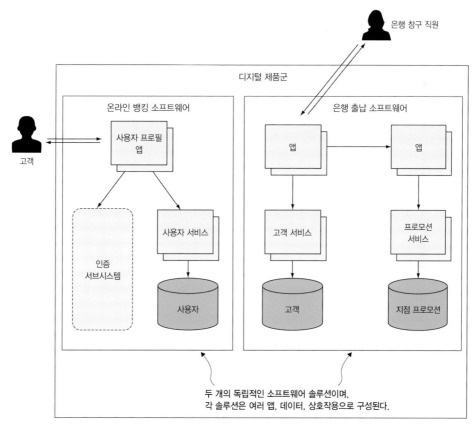

▲ **그림 1.10** 마법사 은행 사용자의 단일 경험으로 나타나는 것은 독립적으로 개발되고 관리되는 소프트웨어 자산에 의해 실현된다.

은행의 출납 소프트웨어의 구조는 온라인 뱅킹 소프트웨어의 구조와 크게 다르지 않다. 이 구조는 클라우드 네이티브 앱과 데이터로 구성돼 있다. 하지만 여러분이 상상할 수 있듯이, 각 디지털 솔루션은 사용자 데이터를 처리하거나 고객 데이터를 저장한다. 클라우드 네이티브 소프트웨어에서는 데이터를 처리할 때도 느슨한 결합 쪽으로 기울게 된다. 이는 온라인 뱅킹 소프트웨어의 사용자 상태 저장 서비스와 은행 출납 소프트웨어의 고객 상태 저장 서비스에 반영된다.

그렇다면 이렇게 분리된 저장소에서 공통 데이터 값을 어떻게 조정할 것인지가 문제로 남는다. 여러분의 새 전화번호는 은행 출납 소프트웨어에 어떻게 반영될 것인가?

그림 1.11에서는 우리의 모델에 한 가지 개념을 더 추가했다. 즉 '분산된 데이터 조정'이라고 이름 붙인 것이다. 여기서 묘사된 내용이 구현의 세부 사항을 의미하지는 않으며, 표준화된 데이터 모델이나 허브 앤 스포크^{hub-and-spoke} 마스터 데이터 관리 기술[13] 또는 다른 솔루션을 제안하려는 것이 아니다. 당분간은 이것을 문제에 대한 언급 정도로 받아들여주길 바란다. 조만간 해결책을 공부할 것을 약속한다.

그림 1.9, 1.10, 1.11은 복잡하므로, 여기서 무슨 일이 일어나는지 아주 자세하게 이해하기를 기대하지 않는다. 다만 이것을 통해 클라우드 네이티브 소프트웨어의 핵심 주제로 돌아오길 바란다.

- 소프트웨어 솔루션은 매우 많은 컴포넌트가 분산돼 구성된다.
- 시스템에 가해지는 변경 사항을 구체적으로 다루기 위한 프로토콜들이 존재한다.

다음 장에서는 모든 세부 내용을 비롯해 더 많은 것들을 다루게 될 것이다.

---

13 MDM(Master Data Management)이라는 개념은 조직의 핵심 비즈니스 엔티티를 동기화하고 일관성 있는 뷰로 바라볼 수 있도록 하는 것을 목표로 하는 포괄적인 개념이다. MDM을 구현하기 위한 아키텍처 중 하나로서 허브 앤 스포크가 있다. 허브(hub)는 자전거 바퀴 중심을 의미하고 스포크(spoke)는 바퀴살을 의미하는데, 그 모양처럼 가운데 마스터데이터를 중심으로 동기화되는 구조를 의미한다. – 옮긴이

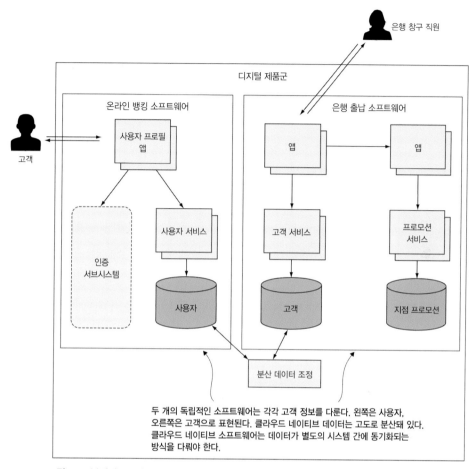

▲ **그림 1.11** 분해되고 느슨하게 결합된 데이터 구조에는 데이터를 결합하는 관리 기술이 필요하다.

1.3 클라우드 네이티브와 세계 평화

나는 모든 문제를 해결할 몇 가지 기술적 진화를 체험하면서 이 업계에서 오랫동안 활동해 왔다. 예를 들어 1980년대 후반에 객체지향 프로그래밍이 출현했을 때, 일부 사람들은 이 소프트웨어 스타일이 본질적으로 스스로 만들어지는 것처럼 가장했다. 이러한 낙관적인 예 측이 실현되지 않았음에도 불구하고, 많은 기술이 의심의 여지없이 소프트웨어의 구축 및 관리의 용이성과 견고성 등 많은 요소를 개선했다.

흔히 마이크로서비스라고 불리는 클라우드 네이티브 소프트웨어 아키텍처가 오늘날 크게 유행하고 있다. 그러나 미리 밝혀두자면, 클라우드 네이티브가 세계 평화로 이어지지는 않을 것이다. 그리고 이러한 아키텍처가 대세가 된다 하더라도(대세가 될 것이라고 믿는다.) 모든 것에 적용되지는 않는다. 이 부분을 잠시 뒤에 좀 더 자세히 살펴보겠는데, 먼저 클라우드를 이야기해보자.

1.3.1 클라우드와 클라우드 네이티브

클라우드라는 용어를 설명하는 것은 다소 혼란스러울 수 있다. 회사 소유주가 "우리는 클라우드로 이동move한다."라고 말하는 것을 들으면, 종종 AWS, 애저 또는 GCP와 같은 다른 회사의 데이터 센터로 자신의 앱의 일부 또는 전부를 이동하는 것을 의미하기도 한다. 이러한 클라우드는 온프레미스on-premise 데이터 센터(서버, 스토리지, 네트워크)에서 사용할 수 있는 것과 동일한 원초적[14] 세트를 제공하므로, 이러한 '클라우드로의 이동'은 현재 사내에서 사용되고 있는 소프트웨어와 적용 방식을 거의 변경하지 않고도 이행될 수 있다.

그러나 이러한 접근 방식은 소프트웨어 복원력 향상, 관리 방식 개선, 또는 소프트웨어 딜리버리 프로세스에 대한 민첩성 증가 등을 가져오지는 못할 것이다. 실제로 클라우드 서비스에 대한 SLA는 온프레미스 데이터 센터에서 제공되는 SLA와 거의 다르기 때문에 여러 측면에서 저하degradation가 발생할 가능성이 높다. 간단히 말해, 클라우드로 이동한다고 해서 소프트웨어가 클라우드 네이티브라는 것을 의미하거나 클라우드 네이티브 소프트웨어의 가치를 입증하는 것은 아니다.

이 장의 앞부분에서 설명한 바와 같이, 소비자의 새로운 기대와 새로운 컴퓨팅 컨텍스트(클라우드 바로 그것)는 소프트웨어를 구축하는 방식에 변화를 가져오게 된다. 새로운 아키텍처 패턴과 운영 방식을 도입하면 클라우드에서 잘 작동하는 디지털 솔루션을 만들 수 있다. 이 소프트웨어는 클라우드에서 집처럼 느껴진다고 말할 수 있다. 이것이 네이티브native다.

---

14 물리적 인프라 또는 하드웨어 기반을 의미한다. – 옮긴이

> |**노트**| 클라우드는 컴퓨팅하는 장소(where)에 관한 것이고, 클라우드 네이티브는 방법(how)에 관한 것이다.

클라우드 네이티브가 방법에 관한 것이라면, 클라우드 네이티브 솔루션을 온프레미스 환경에서 구현할 수 있다는 의미인가? 물론이다! 대부분의 기업에서는 클라우드 네이티브 여정cloud-native journey을 먼저 자신의 데이터 센터에서 작업한다. 이것은 온프레미스 컴퓨팅 인프라가 클라우드 네이티브 소프트웨어와 적용 방식을 지원하고 있다는 것을 의미한다. 3장에서 이 인프라를 이야기한다.

클라우드 네이티브가 이만큼 훌륭하지만(이 책이 끝날 때쯤에는 그렇게 생각하길 바란다.), 클라우드 네이티브가 모두를 위한 것은 아니다.

1.3.2 클라우드 네이티브가 아닌 것은 무엇인가?

모든 소프트웨어가 클라우드 네이티브가 돼야 하는 것이 아니라는 이야기를 듣는 것은 놀랍지 않다. 패턴을 배우면서, 새로운 접근법 중 일부는 필요하지 않을 수 있다는 것을 알게 될 것이다. 종속dependent 서비스가 항상 변경되지 않는 알려진 위치에 있는 경우, 서비스 탐색 프로토콜을 구현할 필요가 없다. 그리고 어떤 접근 방식은 중요한 가치를 가져다주기는 하지만 한편으로는 새로운 문제를 만들어낸다. 분산된 컴포넌트의 프로그램 플로를 디버깅하는 것은 어려울 수 있다. 소프트웨어 아키텍처에서 클라우드 네이티브를 사용하지 않는 가장 일반적인 세 가지 이유를 다음에 설명한다.

첫째, 때때로 소프트웨어와 컴퓨팅 인프라가 클라우드 네이티브를 요구하지 않는 경우가 있다. 예를 들어 소프트웨어가 배포되지 않고 거의 변경되지 않는 경우, 여러분은 안정성 수준을 확신한다. 규모에 따라 실행되는 모던 웹 또는 모바일 애플리케이션의 경우 절대 가정해서는 안 된다. 예를 들어, 세탁기와 같이 증가하는 물리적 장치에 내장돼 있는 코드는 모던 아키텍처의 핵심인 이중화를 지원하기 위한 컴퓨팅과 저장 리소스조차 갖추지 못할 수 있다. 온보드 센서에서 기록된 조건에 따라 조리 시간과 온도를 조절하는 나의 조지 루시 밥솥의 소프트웨어는 애플리케이션의 일부를 다른 프로세스에서 실행할 필요가 없다.

만약 소프트웨어나 하드웨어의 일부에 장애가 발생하면 발생 가능한 최악의 상황은 집에서 준비하던 요리를 망쳤으므로 음식 배달 주문을 해야 한다는 것이다.

둘째로, 클라우드 네이티브 소프트웨어의 일반적인 특성이 때때로 당면한 문제에 적합하지 않을 수 있다. 예를 들어, 많은 새로운 패턴들은 시스템에 최종 일관성^{eventual} ^{consistency}**15**을 제공한다. 분산형 소프트웨어에서는 시스템의 한 부분에서 업데이트된 데이터가 시스템의 모든 부분에 즉시 반영되지 않을 수 있다. 최종적으로는 모두 일치하겠지만, 모든 것이 일관되기까지는 몇 초에서 몇 분 정도까지 걸릴지도 모른다. 가끔 이 정도는 괜찮다. 예를 들어, 네트워크 블립$^{network\ blip}$(일시적인 문제)으로 인해 독자가 제공받은 영화 추천이 다른 사용자가 제공한 최신의 별 다섯 개 등급을 즉시 반영하지 않더라도 이것은 큰 문제가 아니다. 그렇지만 때때로 문제가 되는 경우가 있는데, 뱅킹 시스템은 사용자가 은행 지점에서 자금을 모두 인출하고 은행 계좌를 폐쇄한 후에는 ATM에서 추가로 인출하는 것을 허용하지 않는다. 두 개의 시스템은 순간적으로 연결이 끊어지기 때문이다. 최종 일관성은 많은 클라우드 네이티브 패턴의 핵심이지만, 이는 강한 일관성이 필요할 때 특정 패턴을 사용할 수 없다는 것을 의미한다.

그리고 마지막으로는 가끔 클라우드 네이티브가 아닌 기존 소프트웨어가 있는데, 이를 다시 개발해야 할 직접적인 가치가 없는 경우다. 20년 이상 된 대부분의 조직들은 IT 포트폴리오의 일부를 메인프레임에서 실행하고 있으며, 믿거나 말거나 향후 20년 동안 메인프레임 코드를 계속 실행할 수도 있다. 하지만 단지 메인프레임 코드뿐만은 아니다. 많은 소프트웨어는 클라우드 이전의 설계 접근 방식을 가지는 기존 IT 인프라에서 실행되고 있다. 비즈니스 가치가 있을 때만 코드를 다시 작성해야 하며, 그렇게 할 때도 수년간 포트폴리오에서 다양하게 오퍼링을 변경할 경우 이러한 노력의 우선순위를 정해야 한다.

1.3.3 클라우드 네이티브는 훌륭히 동작한다

하지만 클라우드 네이티브는 '전부 또는 전무$^{all\ or\ nothing}$'의 문제는 아니다. 대부분은 기존

---

15 주어진 데이터 항목에 대한 새로운 값이 없으면 최종적으로 업데이트된 값을 반환한다는 것을 보장하는 고가용성을 달성하기 위해 분산 컴퓨팅 환경에서 쓰이는 일관성 모델의 하나다. – 옮긴이

솔루션으로 가득 찬 환경에서 소프트웨어를 작성하고 있다. 여러분이 새로운 애플리케이션을 만들어내는 부러운 위치에 있다고 해도, 그 애플리케이션은 아마도 기존의 시스템들 중 하나와 인터페이싱^{interfacing}할 필요가 있을 것이다. 방금 지적했듯이, 이미 실행되고 있는 소프트웨어의 상당 부분이 완전히 클라우드 네이티브가 되지는 않을 것이다. 클라우드 네이티브의 뛰어난 점은 궁극적으로 많은 개별 컴포넌트의 구성이라는 것이며, 컴포넌트들 중 일부가 가장 현대적인 패턴을 가지지 않을 때도 완전한 클라우드 네이티브 컴포넌트들은 여전히 그것들과 상호작용할 수 있다는 것이다.

클라우드 네이티브 패턴을 적용할 수 있는 곳에서는 소프트웨어의 일부분이 예전 설계 방식을 사용하는 경우에도 즉각적인 가치를 얻을 수 있다. 예를 들어 그림 1.12에서 몇 가지 애플리케이션 컴포넌트를 볼 수 있다. 은행 창구 직원은 사용자 인터페이스를 통해 계정 정보에 접근한 다음 메인프레임 애플리케이션의 프론트^{front}에 있는 API와 인터페이싱한다. 이러한 간단한 배포^{deployment} 토폴로지를 통해 해당 계좌 API 서비스와 메인프레임 애플리케이션 사이의 네트워크가 중단되면, 고객은 현금을 받을 수 없게 된다.

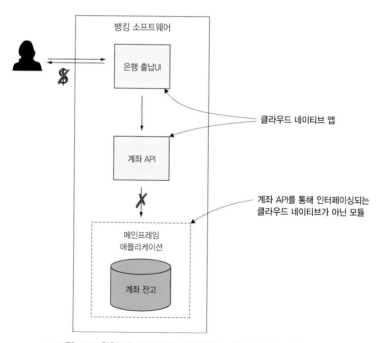

▲ **그림 1.12** 원천 레코드에 대한 접근 없이 자금을 내주는 것은 경솔하다.

이제 이 시스템의 일부에 몇 가지 클라우드 네이티브 패턴을 적용해보자. 예를 들어 여러 가용 영역에 많은 마이크로서비스 인스턴스를 배포하는 경우, 하나의 영역의 네트워크 파티션은 다른 영역에 배포된 서비스 인스턴스를 통해 메인프레임 데이터에 접근할 수 있도록 허용한다(그림 1.13).

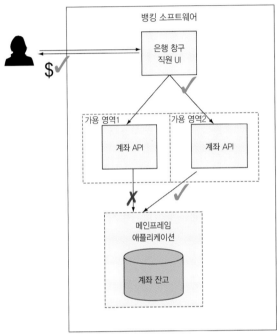

서로 다른 장애 영역에서 앱의 여러 인스턴스를 배포하면 클라우드 네이티브 패턴이 하이브리드 (클라우드 네이티브와 비클라우드 네이티브) 소프트웨어 아키텍처에 이점을 제공할 수 있다.

▲ **그림 1.13** 다중화와 적절히 분산된 배포 같은 일부 클라우드 네이티브 패턴을 적용하면 완전한 클라우드 네이티브가 아닌 소프트웨어에서도 이점을 얻을 수 있다.

또한 리팩토링하고 싶은 레거시^{legacy} 코드가 있을 때, 단번에 할 필요가 없다는 사실에 주목할 가치가 있다. 예를 들어, 넷플릭스는 고객 대상 디지털 솔루션 전체를 클라우드로 전환하는 과정에서 클라우드 네이티브 아키텍처로 리팩토링했다. 결국 이 작업은 7년이 걸렸지만, 넷플릭스는 그 과정에서 모놀리식 클라이언트-서버 아키텍처의 일부분을 리팩토링해서 즉각적인 이점을 얻었다. 앞의 은행 사례와 마찬가지로, 마이그레이션 중에도 부분적인 클라우드 네이티브 솔루션이 가치 있다는 점에 주목하자.

모든 새로운 패턴을 적용할 수 있는, 클라우드를 위해 클라우드에서 태어나고 길러진

순수하고 새로운 애플리케이션을 구축하든, 아니면 기존의 모놀리스에서 클라우드 네이티브 부분을 추출해 만들든 상관없이 상당한 가치를 실현할 수 있을 것으로 예상할 수 있다. 당시에는 클라우드 네이티브라는 용어를 사용하지 않았지만, 업계는 2010년대 초에 마이크로서비스 중심의 아키텍처를 실험하기 시작했으며 많은 패턴이 여러 해 동안 개선됐다. 이러한 '새로운' 트렌드는 그 포용력이 상당히 널리 퍼지고 있을 정도로 충분히 이해되고 있으며, 이러한 접근 방식이 가지는 가치를 알게 됐다.

나는 이 아키텍처 스타일이 앞으로 10년 내지 20년 동안 지배적인 방식이 될 것이라고 믿는다. 쉽게 소멸되는 다른 유행들과 구별되는 것은 이 스타일이 컴퓨팅 계층에서 이뤄지는 근본적인 변화로부터 비롯됐다는 점이다. 지난 20~30년 동안 지배해왔던 클라이언트-서버 모델은 컴퓨팅 인프라가 메인프레임으로부터 많은 소형 컴퓨터를 사용할 수 있는 곳으로 전환이 가능할 때 처음 등장했고, 그 컴퓨팅 환경의 이점을 활용하기 위해 소프트웨어를 만들었다. 클라우드 네이티브도 이와 유사하게 새로운 컴퓨팅 계층, 즉 분산돼 있고 끊임없이 변화하는 소프트웨어 정의 컴퓨팅과 스토리지 및 네트워킹 추상화로 인해 부상했다.

요약

- 클라우드 네이티브 애플리케이션은 운영 중인 인프라가 지속적으로 변경되거나 심지어 어려움을 겪는 상태에서도 안정적으로 유지될 수 있다.
- 모던 애플리케이션의 핵심적인 요구 사항은 빠른 이터레이션iteration과 빈번한 릴리스, 무중단을 가능하게 하고 연결된 장치의 볼륨과 다양성을 크게 증가시키는 것이다.
- 클라우드 네이티브 애플리케이션 모델에는 세 가지 핵심 엔티티가 있다.
  - 클라우드 네이티브 앱
  - 클라우드 네이티브 데이터
  - 클라우드 네이티브 상호작용
- 클라우드는 소프트웨어가 실행되는 위치에 대한 것이다. 클라우드 네이티브는 소프트웨어가 어떻게 실행되는지에 대한 것이다.

- 클라우드 네이티브는 '전부 또는 전무'의 문제가 아니다. 조직에서 실행되는 소프트웨어 중 일부는 클라우드 네이티브 아키텍처 패턴들을 많이 따를 수 있으며, 다른 소프트웨어는 이전 아키텍처로 남아있기도 하고, 나머지 다른 소프트웨어는 하이브리드(새로운 접근 방식과 오래된 접근 방식의 조합)일 수 있다.

2

프로덕션 환경에서 클라우드
네이티브 애플리케이션 실행

2장에서 다루는 내용

- 개발자가 운영에 관심을 가져야 하는 이유 인식
- 성공적인 배포를 위한 장애물 이해
- 장애물 제거
- 지속적인 딜리버리 구현
- 클라우드 네이티브 아키텍처 패턴이 운영에 미치는 영향

개발자는 사용자가 좋아하는 소프트웨어를 만들고 싶어 한다. 사용자가 원하는 것이 더 많아지거나 개발자가 원하는 것에 대한 아이디어가 있다면, 그것을 빌드build하고 쉽게 딜리버리delivery[1]하고 싶을 것이다. 또한 소프트웨어를 프로덕션 환경에서 잘 수행되게 하고 항상 사용 가능하면서 응답 가능하게 만들고 싶어 한다.

불행하게도 대부분의 조직에서 프로덕션 환경에 소프트웨어를 배포하는 프로세스는 어렵다. 위험을 줄이고 효율성을 높이기 위해 설계된 프로세스는 느리고 사용하기가 번거로

---

[1] '전달'이라고 번역할 수도 있지만 현재는 보편화된 용어가 됐다. 여기서 배포(deployment)와는 프로덕션에 업데이트에 대한 승인 과정이 존재하는지 여부를 두고 구별된다. 지속적 배포의 경우 명시적 승인 없이 자동으로 프로덕션이 일어난다. – 옮긴이

우므로 정반대의 결과를 가져오게 된다. 일단 소프트웨어가 배포되면 이를 유지하고 실행하는 것도 똑같이 어렵다. 이로 인한 불안정으로 인해 운영 지원 인력은 지속적으로 불을 꺼야 하는 소방관과 같은 상태에 놓이게 된다.

잘 작성되고 완성된 소프트웨어라도 여전히 다음의 일들은 어려울 것이다.

- 소프트웨어 배포하기
- 실행하고 유지하기

개발자로서 이것이 다른 누군가의 문제라고 생각할 수 있다. 개발자의 일은 잘 작성된 코드를 만드는 것인데, 배포하고 프로덕션 환경에서 지원해야 하는 것은 다른 사람의 일일 것이다. 그러나 오늘날의 프로덕션 환경이 취약한 것에 대한 책임은 특정 그룹이나 개인에게 있지 않다. 오히려 '비난받아야 할 것'은 업계 전반에 걸쳐 거의 모든 조직과 운영 방식에서 비롯된 시스템에 있다. 팀을 정의하고 책임을 부여하는 방식, 각각의 팀이 의사 소통하는 방식, 소프트웨어가 설계되는 방식까지 이 모두가 솔직히 말해 이 업계를 망치고 있다.

그 해결책으로는 프로덕션 환경에 대한 운영을 독립적인 엔티티로 다루지 말고, 소프트웨어 개발 방식과 아키텍처 패턴을 운영 환경에서 소프트웨어를 배포하고 관리하는 활동에 연결하는 새로운 시스템을 설계하는 것이다.

새로운 시스템을 설계할 때는 먼저 현재 시스템에서 가장 고통스러운 점의 원인을 먼저 이해하는 것이 좋다. 현재 직면하고 있는 장애물을 분석한 후에는 문제를 피할 수 있을 뿐 아니라, 클라우드에서 제공하는 새로운 기능을 활용해 더 나은 새로운 시스템을 구축할 수 있다. 이는 개발에서 프로덕션에 이르는 전체 소프트웨어 딜리버리 주기의 프로세스와 방식을 다루는 토론이다. 소프트웨어 개발자는 프로덕션 환경에서 소프트웨어를 쉽게 배포하고 관리하는 데 중요한 역할을 한다.

2.1 장애물들

프로덕션에서의 운영을 담당하는 것은 어려운 일이며 가끔은 감사할 일이 아니다. 근무 시간은 늦은 밤과 주말도 포함하며, 소프트웨어 릴리스가 예정돼 있거나 예기치 못한 중단이 일어나는 경우도 마찬가지다. 애플리케이션 개발 그룹과 운영 팀 간에 충돌이 발생하는 경우가 드물지 않으며, 이들은 뛰어난 디지털 경험을 가진 사용자들에게 적절한 서비스를 제공하지 못한 것과 관련해 서로 비난한다.

하지만 말했듯이, 운영 팀의 잘못도 아니고 앱 개발 팀의 잘못도 아니다. 이러한 도전들은 우연하게 성공을 가로막는 장벽을 만드는 것으로 시작된다. 비록 모든 도전적 상황들이 독특하지만 다양한 근본 원인들이 한몫하고 있으므로 몇 가지 요소는 거의 모든 조직에서 공통적이다. 그림 2.1에 나와 있으며 다음과 같이 요약돼 있다.

- **스노우플레이크**snowflake: SDLC^{Software Development Life Cycle}(소프트웨어 개발 생명 주기) 전반에 걸친 다양성은 애플리케이션 실행 후의 안정성 결여뿐만 아니라 최초 배포 시 장애에도 기여한다. 배포되는 소프트웨어 아티팩트artifact(배포물)와 배포되는 환경의 불일치가 문제다.
- **위험한 배포**: 오늘날 소프트웨어가 배포되는 환경은 매우 복잡하며, 긴밀하게 결합되고 서로 연관된 컴포넌트가 많다. 이와 같이, 복잡한 네트워크의 한 영역에 변화를 가져오는 배포는 시스템의 다른 여러 영역에 파열을 일으킬 수 있는 큰 위험이 존재한다. 그리고 배포의 결과에 대한 두려움은 여러분이 배포할 수 있는 빈도를 억제하는 다운스트림 효과가 있다.
- **변경은 예외**: 지난 수십 년 동안에는 일반적으로 소프트웨어가 실행되는 시스템이 안정적일 것이라는 기대를 갖고 소프트웨어를 작성한 후 운영했다. 이 생각은 아마도 항상 의심스러웠다. 그러나 현재 IT 시스템이 복잡하고 고도로 분산돼 있는 상황에서 인프라 안정성에 대한 이러한 기대는 완전히 잘못된 것이다.[2] 결과적으로 인프라의 어떠한 불안정성이 실행 중인 애플리케이션으로 전파돼 계속 동작하기 어렵게 된다.
- **프로덕션의 불안정성**: 그리고 마지막으로, 불안정한 환경에 배포하는 것은 보통 더 많은 문제를 야기하기 때문에 프로덕션 배포의 빈도는 제한적이다.

---

2 위키피디아의 'Fallacies of Distributed Computing'(http://mng.bz/pgqw)에서 상세한 내용을 확인할 수 있다.

이러한 요소들을 각각 좀 더 자세히 살펴보자.

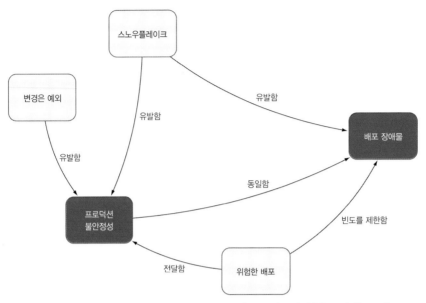

▲ **그림 2.1** 소프트웨어 배포와 프로덕션에서의 운영 유지에 어려움을 초래하는 요인

2.1.1 스노우플레이크

"제 컴퓨터에서는 잘 돌아가는데요?" 프로덕션 환경에서 애플리케이션에 문제가 생겼을 때, 운영 팀이 개발 팀에 도움을 요청하면 흔히 듣는 이야기다. 수많은 대기업의 소프트웨어 담당자들은 소프트웨어를 출시할 준비가 된 때부터 사용자가 사용할 수 있는 시점까지 6주, 8주 또는 심지어 10주 이상 걸린다고 말한다. 이렇게 지연되는 이유는 SDLC에서의 가변성 때문이다. 이 가변성은 다음과 같은 두 가지 이유로 발생한다.

- 환경의 차이
- 배포되는 아티팩트의 차이

소프트웨어가 동작하는 환경을 개발부터 테스트, 스테이징^{staging}, 운영까지 정확히 동일하게 제공하지 않으면, 특정 환경에서는 잘 동작하는 소프트웨어가 다른 환경에서는 무언가 부족해 실행되지 못하기도 한다. 한 가지 예로, 소프트웨어가 참조하는 패키지에 차이가 있는 경우를 들 수 있다. 개발자는 스프링 프레임워크^{Spring Framework}의 모든 버전을 업데이트하는 것을 엄격하게 관리한다. 예를 들어, 빌드 스크립트의 일부로서 설치를 자동화하는 시점에 업데이트를 할 수 있다. 운영 환경에서 스프링 프레임워크를 업데이트하는 일은 훨씬 더 제한돼 분기별로 철저한 감사를 거친 후에 이뤄진다. 신규 버전의 소프트웨어가 시스템에 설치되면 테스트에 더 이상 성공하지 못하고, 이를 해결하기 위해 개발자는 운영 환경에 적용된 종속성을 개발 환경에서도 사용해 개발해야 한다.

그러나 배포를 늦추는 것은 환경의 차이만이 아니다. 너무 자주 배포되는 아티팩트는 SDLC를 통해서도 변화한다. 심지어 환경별 값이 소스에 하드 코딩되지 않았더라도(우리 누구도 그렇게 하지 않겠지만), 배포할 아티팩트 안에는 환경 변수 값이 포함된 프로퍼티 파일이 포함되는 경우가 많다. 예를 들어 자바 애플리케이션의 jar 파일에는 application. properties 파일이 포함되며, 해당 파일에서 직접 특정 환경에 대한 설정이 이뤄진 경우(개발, 테스트, 운영 환경에 따라 다름)에는 jar 파일도 개발, 테스트, 운영에 따라 파일이 달라야 한다. 이론적으로 각각의 jar 파일들 사이의 차이점은 속성 파일의 내용뿐이지만, 배포할 아티팩트를 재컴파일이나 재패키징하는 과정에서 의도하지 않게 다른 차이점이 생길 수도 있고, 종종 그렇게 된다.

이러한 스노우플레이크는 최초 배포 일정에 부정적인 영향을 미칠 뿐만 아니라 운영상의 불안정성을 크게 높인다. 예를 들어, 약 5만 명의 동시 사용자를 가진 운영 환경에서 실행 중인 앱을 갖고 있다고 가정해보자. 비록 그 숫자가 일반적으로 크게 변동되지는 않지만, 그 수가 증가되길 원한다. 사용자 허용 테스트(UAT) 단계에서 해당 볼륨의 두 배로 부하를 줬고, 모든 테스트를 통과했다. 앱을 운영 환경에 배포하면, 그 앱은 당분간 이상없이 잘 동작할 것이다. 그러다가 토요일 새벽 2시에 트래픽이 급격하게 늘었다. 갑자기 75,000명이 넘는 사용자가 생겨나면서 시스템이 제대로 작동하지 않는 것이다. 하지만 잠깐만! UAT에서 최대 10만 명의 동시 사용자 테스트를 했는데, 어떻게 된 것일까?

환경의 차이다. 사용자는 소켓을 통해 시스템에 접속하고, 소켓을 연결하면 파일 디스크립터를 열게^{open}되며, 환경 설정 세팅은 파일 디스크립터의 수를 제한한다. UAT 환경에서 /proc/sys/fs/file-max에서 발견된 값은 200,000이지만, 프로덕션 서버에서는 65,535

다. UAT에서 실행한 테스트는 UAT와 프로덕션 환경의 차이 때문에 프로덕션에서 볼 수 있는 테스트가 아니었다.

상황은 더 악화된다. 문제를 진단해 /proc/sys/fs/file-max 파일의 값을 증가시킨 후에 이 요구 사항을 문서화하려는 운영 직원이 가진 최선의 의도는 이 비상 사태에 의해 무시되고, 나중에 새로운 서버를 구성할 때 파일 최댓값은 다시 65,535로 설정된다. 소프트웨어는 그 서버에 설치되고, 결국 같은 문제가 다시 한 번 나타나게 될 것이다.

조금 전에 개발, 테스트, 스테이징, 프로덕션 간에 프로퍼티 파일을 변경해야 한다는 사실과 배포에 미칠 수 있는 영향을 이야기했던 것을 기억하는가? 자, 이제 모든 것이 배포되고 인프라 토폴로지에 변화가 생겼다고 가정해보자. 서버 이름, URL 또는 IP 주소가 변경되거나 확장하기 위해 서버를 추가하는 경우 이러한 환경 설정이 프로퍼티 파일에 있다면 배포 가능한 아티팩트를 다시 생성해야 하며, 추가적으로 차이가 발생할 위험이 있다.

비록 극단적으로 들릴지도 모르지만, 대부분의 조직들이 어느 정도 혼란에 빠져 있길 바란다. 스노우플레이크의 생성 요소들은 가장 진보된 IT 부서를 제외한 모든 부서에서 지속된다. 맞춤형^{bespoke} 환경과 배포 패키지는 시스템에 대한 불확실성을 명확하게 나타내지만, 배포가 위험할 것이라는 점을 받아들이는 것 자체가 최상위 등급의 문제다.

2.1.2 위험한 배포

여러분의 회사에서는 소프트웨어 릴리스를 언제 예약하는가? 어쩌면 '근무 시간 외'인 토요일 새벽 2시에 끝나는가? 이러한 사례는 한 가지 간단한 사실 때문에 흔하게 발생한다. 배포에는 대개 위험이 도사리고 있기 때문이다. 배포 과정에서 업그레이드 중 다운타임이 필요하거나 예기치 않은 다운타임이 발생하는 것은 드문 일이 아니다. 다운타임은 비싼 값을 치르게 된다. 고객이 온라인으로 피자를 주문할 수 없는 경우, 경쟁 업체로 눈을 돌리게 돼서 직접적인 매출 손실이 발생할 수 있다.

값비싼 운영 중단에 대응하기 위해, 여러 회사들이 소프트웨어 릴리스와 관련된 위험을 줄이기 위해 설계된 수많은 툴과 프로세스를 구현했다. 이러한 노력의 핵심 아이디어는 실패의 가능성을 최소화하기 위해 많은 선행 작업을 해야 한다는 것이다. 예정된 배포가 시작되기 몇 달 전부터 '더 나은 환경으로의 승격'을 계획하기 위해 주간 회의를 시작하고, 변경 통제 승인은 프로덕션에서 예상치 못한 일들이 일어나지 않도록 하는 최후의 방어 역할을 한다. 아마도 인력과 인프라 자원의 측면에서 가장 높은 가격표를 가진 사례는 '정확한 프로덕션 복제본$^{exact\ replica\ of\ production}$'에 대한 시범 운영에 의존하는 테스트 프로세스일 것이다. 원칙적으로 이러한 아이디어 중 어느 것도 터무니없는 이야기로 들리지 않지만, 실제로 이러한 연습은 궁극적으로 배포 프로세스 자체에 상당한 부담을 준다. 이러한 사례 중 하나인 정확한 프로덕션 복제본에서 테스트 배포를 실행하는 것을 더 자세히 살펴보자.

이런 테스트 환경을 구축하는 데는 많은 비용이 든다. 우선, 하드웨어가 두 배로 필요하다. 소프트웨어를 두 배로 늘리면 자본 비용만 두 배로 늘어난다. 그러고 나면 프로덕션과 연계된 테스트 환경을 유지하는 인건비가 필요해지고, 테스트 데이터를 생성하기 위해 프로덕션의 개인 식별 정보를 정제해야 하는 것과 같은 많은 복잡한 요구 사항이 있다.

일단 만들어지면, 테스트 환경에 대한 접근은 프로덕션 릴리스 전에 소프트웨어를 테스트하려는 수십 또는 수백 개의 팀 전체에 걸쳐 신중하게 조정돼야 한다. 겉으로는 스케줄 문제처럼 보이지만, 다른 팀과 시스템의 조합이 많아지면 빠르게 해결할 수 없는 어려운 문제가 된다.

결제를 담당하는 PoS$^{Point-of-Sale}$ 시스템과 고객이 PoS 애플리케이션을 사용해 주문하고 비용을 지불할 수 있는 특별 주문$^{Special\ Order}$(SO) 애플리케이션이라는 두 가지 애플리케이션이 있는 간단한 경우를 생각해보자. 각 팀은 새로운 버전의 애플리케이션을 출시할 준비가 돼 있으며, 사전 프로덕션^{preproduction} 환경에서 테스트를 수행해야 한다. 이 두 팀의 활동을 어떻게 조율해야 하는가? 한 가지 옵션은 애플리케이션을 한 번에 하나씩 테스트하는 것인데, 순차적으로 테스트를 실행하면 일정이 늘어나지만, 각 테스트가 잘 진행되면 프로세스가 상대적으로 다루기 쉽다.

그림 2.2는 다음의 두 단계를 보여준다. 첫째, SO 앱의 버전 4는 PoS 앱의 버전 1(이전 버전)로 테스트한다. 성공하면 SO 애플리케이션의 버전 4가 프로덕션에 배포된다. 테스트와 프로덕션 모두 현재 SO의 v4를 실행 중이며, 둘 모두 여전히 PoS의 v1이 실행 중이다. 테스트 환경은 prod의 복제본이다. 이제 PoS 시스템의 v2를 테스트할 수 있으며, 모든 테스트가 통과되면 해당 버전을 프로덕션으로 승격^{promote}할 수 있다. 테스트 환경과 프로덕

션 환경이 일치해서 두 애플리케이션 업그레이드가 모두 완료된다.

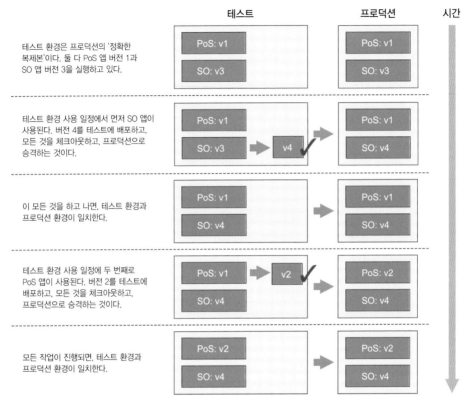

테스트 환경은 프로덕션의 '정확한 복제본'이다. 둘 다 PoS 앱 버전 1과 SO 앱 버전 3을 실행하고 있다.

테스트 환경 사용 일정에서 먼저 SO 앱이 사용된다. 버전 4를 테스트에 배포하고, 모든 것을 체크아웃하고, 프로덕션으로 승격하는 것이다.

이 모든 것을 하고 나면, 테스트 환경과 프로덕션 환경이 일치한다.

테스트 환경 사용 일정에 두 번째로 PoS 앱이 사용된다. 버전 2를 테스트에 배포하고, 모든 것을 체크아웃하고, 프로덕션으로 승격하는 것이다.

모든 작업이 진행되면, 테스트 환경과 프로덕션 환경이 일치한다.

▲ **그림 2.2** 순서대로 두 개의 앱을 테스트하는 것은 모든 테스트가 통과된다면 간단하다.

그러나 SO 시스템 업그레이드에 대한 테스트가 실패하면 어떻게 되는가? 새로운 버전을 프로덕션에 배포할 수 없는 것은 확실하다. 하지만 이제 테스트 환경에서는 무엇을 하는가? PoS가 SO에 종속성이 없음에도 불구하고 SO 버전 3(시간이 소요됨)으로 되돌리는가? 이 실패는 SO가 테스트를 시작하기 전에 PoS가 이미 버전 2에 있을 것으로 예상함에 따르는 순서상의 문제였는가? SO가 테스트 환경을 사용하기 위해 대기열에 다시 들어가기까지 얼마나 걸리는가?

그림 2.3은 몇 가지 대안을 보여준다. 이 간단한 시나리오에서도 빠르게 복잡해지며, 실제 환경에서는 훨씬 더 다루기 어려워진다.

나의 목표는 여기서 이 문제를 해결하는 것이 아니라, 단순화된 시나리오에서도 순식간에 엄청나게 복잡해질 수 있다는 것을 보여주는 것이다. 이 시나리오에 애플리케이션을 더 추가하거나 여러 애플리케이션의 새로운 버전을 병렬로 테스트하려고 하면 프로세스가 완전히 난해해지는 것을 상상할 수 있을 것이다. 소프트웨어가 프로덕션에 배포될 때 문제가 발생하지 않도록 잘 설계된 환경은 병목 현상을 일으키게 되고, 팀원들은 가능한 한 빨리 완성된 소프트웨어를 소비자에게 제공해야 하는 필요성과 완전한 자신감을 갖고 작업해야 하는 필요성 사이에 놓이게 된다. 결국 프로덕션 환경에 나타날 시나리오를 정확히 테스트하는 것은 불가능하며, 배포는 여전히 위험한 비즈니스로 남아있게 된다.

실제로 대부분의 기업은 1년 중 프로덕션에 새로운 배포가 허용되지 않는 기간이 있다. 건강보험사 입장에서는 공개 등록 기간open-enrollment period이다.[3] 미국의 전자 상거래에서는 추수감사절과 크리스마스 사이의 달이다. 추수감사절에서 크리스마스까지의 기간은 항공 업계에서도 신성시된다. 위험을 최소화하려는 노력에도 불구하고 지속되는 위험은 소프트웨어 배포를 어렵게 만든다.

그리고 이러한 어려움 때문에 현재 프로덕션에서 실행 중인 소프트웨어는 얼마 동안 그대로 있을 것이다. 고객 경험과 비즈니스 요구를 필요로 하는 앱과 시스템의 버그나 취약점을 잘 알고 있을지 모르지만, 다음 릴리스를 조정할 수 있을 때까지는 절제해야 한다. 예를 들어 앱에서 알려진 메모리 누수가 발생해 간헐적인 충돌이 발생하는 경우, 긴급 상황을 피하기 위해 해당 앱을 정기적으로 사전에 재부팅할 수 있다. 그러나 해당 애플리케이션에 대한 워크로드가 증가하면 예상보다 일찍 메모리 부족 예외가 발생할 수 있으며, 예상치 못한 충돌로 인해 다음 긴급 상황이 발생할 수 있다.

마지막으로, 릴리스가 덜 빈번하면 배치batch 크기는 더 커지게 된다. 배포는 시스템의 다른 부분과 연관돼 있어서 마찬가지로 많은 변경 사항을 가져온다. 많은 시스템에 연관된 배포는 예기치 않은 결과를 초래할 가능성이 높다. 위험한 배포는 운영 안정성에 직접적인 영향을 미친다.

---

3 미국에서는 이 기간에 건강 보험을 등록하지 않으면 다음 가입 기간까지 건강 보험에 가입할 수 없고, 기존에 등록된 사람은 이 기간 내에만 플랜 변경이 가능하다. – 옮긴이

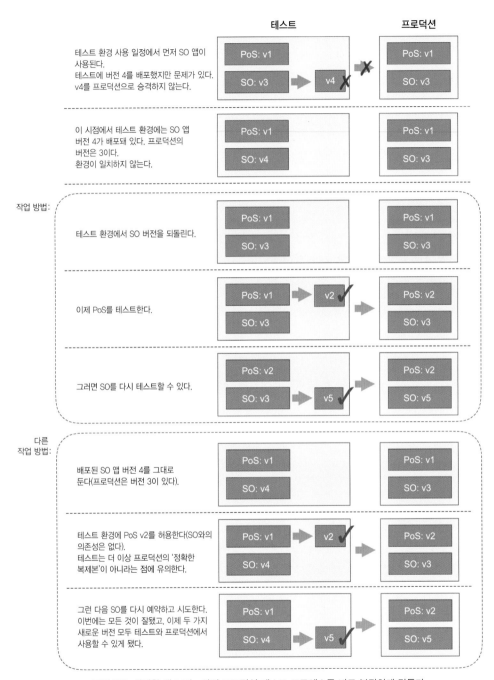

테스트　　　　　　　　프로덕션

테스트 환경 사용 일정에서 먼저 SO 앱이 사용된다.
테스트에 버전 4를 배포했지만 문제가 있다.
v4를 프로덕션으로 승격하지 않는다.

PoS: v1　PoS: v1
SO: v3　v4　SO: v3

이 시점에서 테스트 환경에는 SO 앱 버전 4가 배포돼 있다. 프로덕션의 버전은 3이다.
환경이 일치하지 않는다.

PoS: v1　PoS: v1
SO: v4　SO: v3

작업 방법:

테스트 환경에서 SO 버전을 되돌린다.

PoS: v1　PoS: v1
SO: v3　SO: v3

이제 PoS를 테스트한다.

PoS: v1　v2　PoS: v2
SO: v3　SO: v3

그러면 SO를 다시 테스트할 수 있다.

PoS: v2　PoS: v2
SO: v3　v5　SO: v5

다른 작업 방법:

배포된 SO 앱 버전 4를 그대로 둔다(프로덕션은 버전 3이 있다).

PoS: v1　PoS: v1
SO: v4　SO: v3

테스트 환경에 PoS v2를 허용한다(SO와의 의존성은 없다).
테스트는 더 이상 프로덕션의 '정확한 복제본'이 아니라는 점에 유의한다.

PoS: v1　v2　PoS: v2
SO: v4　SO: v3

그런 다음 SO를 다시 예약하고 시도한다.
이번에는 모든 것이 잘됐고, 이제 두 가지 새로운 버전 모두 테스트와 프로덕션에서 사용할 수 있게 됐다.

PoS: v1　PoS: v2
SO: v4　v5　SO: v5

▲ **그림 2.3** 실패한 테스트는 사전 프로덕션 테스트 프로세스를 바로 복잡하게 만든다.

2.1.3 변화는 예외다

지난 몇 년 동안 비즈니스와 고객에게 차별화된 가치를 제공하는 시스템을 만들려는 CIO 및 직원들과 수십 차례 대화를 나눌 수 있었다. 하지만 그들은 이러한 혁신 활동에 소홀해지게 하는 비상 상황에 직면해 있다. 직원들이 끊임없이 소방firefighting 모드에 있는 이유는 오랜 기간 만들어진 IT 조직의 지배적인 사고방식이라고 생각한다. 변화는 예외다.

대부분의 조직은 초기 배포에 개발자를 참여시키는 것의 가치를 깨달았다. 신규 롤아웃rollout 중에는 상당한 불확실성이 존재하며, 구현을 깊이 이해하는 팀을 참여시키는 것이 필수적이다. 그러나 어느 시점에 이르면 프로덕션에 있는 시스템의 유지에 대한 책임이 운영 팀에게 완전히 넘겨지고, 동작 상태를 유지하는 방법에 대한 정보는 런북runbook으로 제공된다. 이 런북은 발생 가능한 장애 시나리오와 그 해결 방안을 상세히 기술하고 있다. 이는 원칙적으로 좋은 것처럼 보이지만, 더 깊이 생각해보면 장애 시나리오가 알려져 있다는 가정을 보여주는 것이다. 하지만 대부분은 그렇지 않다!

개발 팀은 새로 배포된 애플리케이션이 미리 정해진 기간 동안 안정적으로 유지될 때 진행 중인 운영에서 손을 떼는 것으로, 어떤 시점에서 이제는 안정적일 것이며 변화가 없을 것임을 넌지시 암시한다. 예상치 못한 일이 생기면 모두들 허둥지둥하게 된다. 잠정적이고 끊임없는 변화가 지속될 때, 클라우드에서는 시스템이 불안정성을 경험할 것이라고 이미 밝혔다.

2.1.4 프로덕션 설치성

지금까지 다룬 것들은 의심할 여지없이 소프트웨어가 잘 운영되는 것을 방해하는 요소들이다. 그러나 프로덕션의 불안정성 자체가 배포를 더욱 어렵게 만든다. 이미 불안정한 환경에 배포하는 것은 잘못된 것이다. 대부분의 조직에서 위험한 배포는 시스템 장애의 주요 원인 중 하나다. 적정하게 안정적인 환경은 새로운 배포의 전제 조건이다.

그러나 IT 부서에서 대부분의 시간을 장애와 싸우는 데 소비할 경우 배포 기회가 거의 없게 된다. 앞서 말한 복잡한 테스트 사이클을 완료하는 시간과 프로덕션 시스템이 안정되는 순간은 드물게 되고, 이에 맞춰 배포할 기회는 더욱 줄어들게 된다. 악순환이다.

보다시피, 소프트웨어를 개발하는 것은 고객에게 디지털 경험을 제공하는 시작에 불과하다. 스노우플레이크를 관리하는 것, 배포를 위험하게 하는 것, 변경을 예외로 취급하는 것은 프로덕션에서 소프트웨어를 실행하는 작업을 어렵게 만든다. 오늘날 이러한 요인들이 어떻게 운영에 나쁜 영향을 미치는가에 대한 더 나아간 인사이트는 클라우드 기반 기업의 잘 운영되는 조직을 연구하는 데서 시작한다. 모범 사례와 원칙을 그대로 적용하면 개발부터 원활한 운영까지 전체 소프트웨어 딜리버리 생명 주기를 최적화하는 시스템을 개발할 수 있다.

2.2 조력자

새로운 종류의 기업들, 즉 세기가 바뀐 후 성숙한 회사들은 어떻게 하면 일을 더 잘할 수 있을지를 알아냈다. 구글은 위대한 혁신가였고 다른 인터넷 거대 기업들과 함께 새로운 IT 운영 방법을 개발했다. 전 세계의 데이터 센터에 있는 약 200만 대의 서버가 실행되는 환경에서 구글은 방금 설명한 기술을 사용해 관리할 수는 없었으며, 다른 방법이 있다.

그림 2.4는 앞 절에서 설명한 나쁜 시스템과는 거의 반대되는 시스템의 스케치를 보여준다. 목표는 다음과 같다.

- 프로덕션에 쉽게 자주 릴리스
- 운영 안정성과 예측 가능성

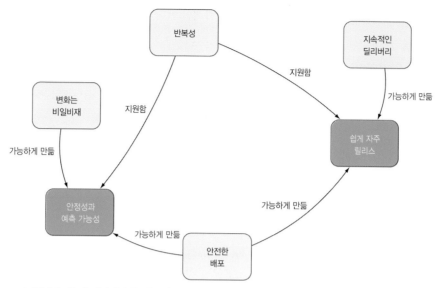

▲ **그림 2.4** 위 네 가지 요소를 염두에 둠으로써 시스템의 효율성, 예측 가능성, 안정성을 높이게 된다.

다음 요소들의 정반대의 경우는 이미 익숙할 것이다.

- 이전에는 스노우플레이크가 느림과 불안정성에 기여한 반면, 반복성은 빠름과 안정성을 지원한다.
- 위험한 배포가 운영의 불안정성과 까다로운 배포 모두에 기여한 반면, 안전하게 배포하는 기능은 민첩성과 안정성을 촉진한다.
- 변경 없는 환경에 의존하는 방식과 소프트웨어 설계를 지속적인 변경이 예상되는 환경으로 대체하면 장애 해결에 소요되는 시간을 획기적으로 단축한다.

그러나 그림 2.4를 보면 '지속적인 딜리버리^{Continuous Delivery}'(CD)라는 새로운 항목이 있다. 새로운 IT 운영 모델로 가장 성공한 회사들은 CD를 주요 동인^{driver}으로 해서 전체 SDLC 프로세스를 재설계했다. 이는 배포를 쉽게 하는 데 아주 효과적이며, 전체 시스템에 파급되는 이점이 있다.

이 절에서는 먼저 CD가 무엇인지 알아본 후 SDLC의 기본 변화가 CD를 어떻게 가능하게 하는지 살펴보고, 이에 대한 긍정적인 결과를 설명한다. 이후 다른 세 가지 주요 조력자

^{enabler}로 돌아가서 그 주요 특성과 이점을 자세히 설명한다.

2.2.1 지속적인 딜리버리

아마존은 아마도 빈번한 릴리스의 가장 극단적인 예일 것이며, 매일 평균 1초마다 www. amazon.com의 프로덕션으로 코드를 릴리스하는 것으로 알려져 있다. 비즈니스에서 이러한 빈번한 릴리스의 필요성에 의문을 제기할 수 있으며, 소프트웨어를 하루에 8만 6,000번 릴리스할 필요가 없을 수도 있다. 그러나 빈번한 릴리스는 강력한 조직의 지표인 비즈니스 민첩성과 실시 가능성^{enablement}을 촉진한다.

먼저 지속적인 딜리버리는 지속적이지 않음을 지적하는 것으로써 정의해보겠다. 지속적인 딜리버리를 한다고 해서 모든 코드 변경이 프로덕션에 배포되는 것은 아니다. 오히려 새로운 소프트웨어 버전을 언제든지 배포할 수 있다는 것을 의미한다. 개발 팀은 구현에 끊임없이 새로운 기능을 추가하고 있지만, 매번 추가할 때마다 전체(자동화된!) 테스트 사이클을 실행하고 릴리스를 위해 코드를 패키징해서 소프트웨어를 제공할 준비가 됐는지 확인한다.

그림 2.5는 이 사이클을 보여준다. 각 사이클에서 '테스트' 단계 이후에는 '패키징' 단계가 없다는 점에 유의한다. 대신에 패키징 및 배포용 장비는 개발–테스트 프로세스에 바로 내장돼 있다.

▲ **그림 2.5** 모든 개발/테스트 사이클로 인해 적재(ship)되는 것은 아니다. 대신 모든 사이클이 적재 준비가 된 소프트웨어를 생성한다. 배송(shipping)은 비즈니스 결정 사항이 된다.

이를 그림 2.6에 표시된 전통적인 소프트웨어 개발 사례와 대조해보자. 구현에 엄청나게 많은 기능을 추가하는 큰 규모의 소프트웨어 개발이 아주 긴 단일 사이클로 앞쪽에 위치한다. 미리 정해진 일련의 새로운 기능이 추가된 후에는 광범위한 테스트 단계가 완료된 후 소프트웨어 릴리스 준비가 완료된다.

▲ **그림 2.6** 기존의 소프트웨어 딜리버리 생명 주기는 프로덕션으로 릴리스할 수 있는 아티팩트를 생성하기 전에 많은 개발 작업과 긴 테스트 주기가 앞쪽에 위치한다.

그림 2.5와 2.6에서 다루는 바와 같이 지속 시간이 동일하고, 왼쪽에서 각 프로세스가 시작하며, 선적 준비 지점이 맨 오른쪽에 있다고 가정해보자. 만약 가장 오른쪽의 시점만을 본다면, 결과에서 큰 차이가 없을 수도 있다. 대략 같은 기능이 대략 같은 시간에 제공될 것이다. 그러나 안으로 들어가보면 상당한 차이가 있다.

첫째, 전자의 접근 방식으로 다음 소프트웨어 출시 시기를 결정하는 것은 복잡하고 예측 불가능한 소프트웨어 개발 프로세스에 좌우되는 것이 아니라 비즈니스에 의해 결정될 수 있다. 예를 들어, 경쟁 업체가 2주 후에 자신의 제품과 유사한 제품을 출시하는 것을 계획하고 있다는 사실을 알게 되고, 그 결과 기업이 자신의 제품을 즉시 사용 가능하도록 해야 함을 결정한다고 하자. 비즈니스는 "지금 릴리스하자!"라고 한다. 그림 2.7에서 이전 두 다이어그램 위에 특정 시점을 겹쳐보면 뚜렷한 대비가 나타난다.

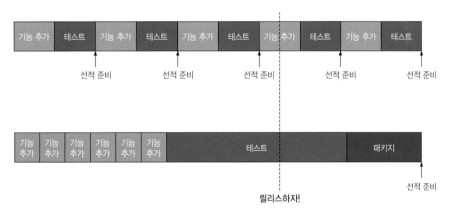

▲ **그림 2.7** 지속적인 딜리버리는 IT의 준비가 아닌 비즈니스 동인이 소프트웨어 배송 시기를 결정하는 것과 관련 있다.

CD를 지원하는 소프트웨어 개발 방법론을 사용하면 세 번째 이터레이션의 선적 준비

Ready to Ship된 소프트웨어를 즉시 릴리스할 수 있다. 사실 애플리케이션은 아직 계획된 기능을 모두 갖추고 있지는 않지만, 시장에 첫 번째로 일부 기능이 있는 제품을 출시하는 경쟁 우위를 차지하는 것은 중요한 의미가 있다. 그림의 하단부를 보면 이 비즈니스는 불운함을 알 수 있다. 하단의 IT 프로세스는 조력자enabler가 아니라 방해자blocker이며, 경쟁사의 제품이 먼저 시장에 출시될 것이다!

이터레이션 프로세스는 또 다른 중요한 결과를 제공한다. 선적 준비 버전을 고객이 자주 사용하게 되면, 제품의 후속 버전을 개선하기 위해 사용되는 피드백을 수집할 수 있다. 초기 이터레이션 이후에 수집된 피드백을 사용해 잘못된 가정을 수정하거나 이후 이터레이션에서 완전히 방향을 변경하는 것은 신중히 고려해야 한다. 나는 많은 스크럼 프로젝트가 프로젝트 초기에 정의된 계획을 엄격하게 준수하고 이전 이터레이션의 결과로부터 원 계획을 조정하지 않아서 실패하는 것을 봐왔다.

마지막으로, 소프트웨어를 만드는 데 걸리는 시간을 잘 예측하지 못한다는 것을 인정하자. 그 이유 중 일부는 내재된 낙관주의 때문이다. 일반적으로 첫 번째 코드를 작성한 후 즉시 코드가 예상대로 작동하리라는 행복한 길을 계획한다. (그렇다. 그렇게 했을 때 어리석다는 것을 알게 된다. 그렇지 않은가?) 또한 당면한 과제에 완전히 집중할 것이라고 가정한다. 우리는 매일, 하루 종일 완료될 때까지 코딩할 것이라고 생각한다. 또한 시장의 요구나 다른 요인에 의해 생기는 공격적인 스케줄에 동의해야 한다는 압력을 받고 있을 것이고, 보통 시작하기도 전에 일정보다 뒤처지게 된다.

예상치 못한 구현 문제는 항상 발생한다. 구현의 한 부분에서 네트워크 지연 시간이 미치는 영향을 과소평가한다고 가정해보자. 계획한 단순한 요청/응답 교환 대신 훨씬 더 복잡한 비동기 통신 프로토콜을 구현해야 한다. 그리고 후속 기능을 구현하는 동안 이미 출시된 소프트웨어 버전의 단계적 확대를 지원하기 위해 새로운 작업을 하지 못하게 된다. 목표가 늘어나 가뜩이나 어려운 시간 스케줄을 맞추는 경우는 거의 없다.

이러한 요소가 구식 개발 과정에 미치는 영향은 계획된 릴리스 마일스톤을 놓치게 된다는 것이다. 그림 2.8에서 첫 번째 행은 이상적인 소프트웨어 릴리스 계획을 나타낸다. 두 번째 행은 실제 개발에 소요되는 시간(계획보다 긴 시간)을 나타내며, 마지막 두 행은 수행 가능한 작업에 대한 대안을 보여준다. 한 가지 옵션은 테스트 단계를 압축해 계획된 릴리스

마일스톤을 고수하는 것인데, 이는 소프트웨어 품질을 희생하게 될 것이다(패키징 단계는 일반적으로 단축하기 어렵다). 두 번째 옵션은 품질 기준을 유지하고 릴리스 날짜를 옮기는 것이다. 이 두 가지 옵션 중 어느 것도 즐겁지 않다.

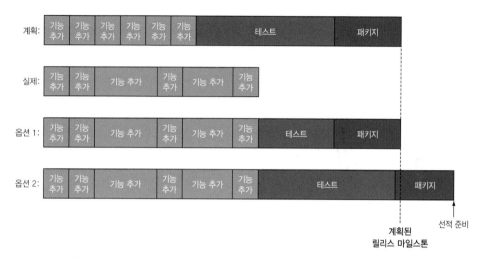

▲ **그림 2.8** 개발 일정이 연기되면 두 가지 바람직하지 않은 옵션 중 하나를 선택해야 한다.

이는 많은 짧은 이터레이션을 구현하는 프로세스에 '예상치 못한' 개발 지연이 미치는 영향과는 대조적이다. 그림 2.9에 나와 있는 것처럼, 계획된 릴리스 마일스톤은 여섯 번의 이터레이션 후에 나올 것으로 예상된다. 실제 구현이 예상보다 오래 걸리면 몇 가지 새로운 옵션이 제공된다. 더 제한된 기능셋(옵션 1)으로 일정에 따라 릴리스하거나, 다음 릴리스에 대해 약간 또는 더 긴 지연(옵션 2와 3)을 선택할 수 있다. 핵심은 비즈니스에 훨씬 더 유연하고 입맛에 맞는 옵션을 제공한다는 것이다. 그리고 이 절에서 제시하는 시스템을 통해 배포의 위험을 줄이면서 더 자주 배포하면 이 두 가지 릴리스를 빠르게 연속적으로 완료할 수 있을 것이다.

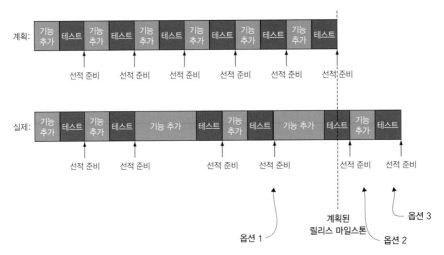

▲ **그림 2.9** 지속적인 딜리버리를 위해 설계된 짧은 이터레이션을 통해 소프트웨어 품질을 유지하면서 신속한 릴리스 프로세스를 구현할 수 있다.

결과적으로 릴리스 주기가 길면 디지털 제품을 소비자에게 가져다주는 과정에서 엄청난 위험이 따른다. 비즈니스는 제품이 시장에 릴리스되면 통제하기 힘들어지며, 조직 전체가 소프트웨어 품질과 발전 역량이라는 장기적 목표와 단기적 시장 압력 사이에서 균형을 맞추기 힘든 상황에 놓이는 경우가 많다.

> |**노트**| 짧은 이터레이션은 시스템으로부터 오는 많은 긴장 상황을 늦춘다. 지속적인 딜리버리를 통해 비즈니스 동인이 제품의 출시 방법과 시기를 결정할 수 있다.

지금까지 지속적인 딜리버리의 상대적인 시간을 먼저 이야기했다. 이것이 진정으로 새로운 기능의 소프트웨어 개발 및 운영 시스템의 핵심이기 때문이다. 조직이 아직 이와 같은 방식을 수용하지 않고 있다면 초기 노력을 기울여야 한다. 소프트웨어를 시장에 출시하는 방식을 바꾸는 역량은 이런 변화 없이는 얻을 수 없다. 그리고 이 책의 내용인 소프트웨어의 구조조차도 이러한 사례들과 미묘하고 직접적인 방식으로 연결돼 있다. 이 책의 주제는 소프트웨어 아키텍처이며, 이는 전체적으로 깊이 있게 다룰 것이다.

이제 그림 2.4로 돌아가서 쉽고 빈번한 릴리스와 소프트웨어 안정성이라는 운영 목표를 지원하는 다른 요소들을 연구해보자.

2.2.2 반복성

앞 절에서는 변동성의 나쁜 영향, 또는 흔히 말하는 스노우플레이크가 IT 작업에 미치는 영향을 이야기했다. 배포할 환경과 배포할 아티팩트의 가변성에 따라 지속적으로 차이를 조정해야 하므로 배포하기는 어렵다. 무언가 조금만 변경돼도 모든 환경과 소프트웨어 부분이 특별히 다뤄져야 하기 때문에 이와 같은 불일치성으로 인해 프로덕션에서 잘 동작하도록 유지하기가 매우 어려워진다. 문제가 생기기 전에 작동하던 설정을 안정적으로 복구할 수 없을 때 알려진 설정에서 벗어나게 되면 안정성에 지속적으로 위협이 된다.

시스템 구축에서 부정적인 점을 긍정적으로 바꿀 때, 핵심 개념은 반복성repeatability이다. 자동차에 핸들을 부착할 때마다 동일한 과정을 반복하는 조립 라인의 단계와 유사하다. 어떤 파라미터 내에서 조건이 동일하고(잠시 후에 더 자세히 설명하겠다.) 동일한 프로세스가 실행되면 결과는 예측 가능하다.

배포와 안정성 유지라는 두 가지 목표에서 반복성이 가져다주는 이점은 매우 크다. 앞 절에서 봤듯이 반복 주기는 빈번한 릴리스에 필수적이며, 반복 시 발생하는 개발/테스트 프로세스에서 가변성을 제거함으로써 이터레이션 내의 새로운 기능 제공 시간은 짧아진다. 또한 프로덕션 환경에서 일단 운영 중일 때는 장애에 대응하든 더 큰 볼륨을 처리하도록 용량을 증가시키든, 완벽한 예측 가능성으로 배포를 처리할 수 있으면 시스템의 스트레스가 크게 줄어든다.

그렇다면 어떻게 원하는 반복성을 달성하는가? 소프트웨어의 장점 중 하나는 쉽게 변경할 수 있고, 확장도 빠르다는 것이다. 그러나 이것 때문에 과거에 스노우플레이크가 만들어졌다. 반복성을 달성하기 위해서는 반드시 훈련해야 한다. 특히 다음을 수행해야 한다.

- 소프트웨어를 배포할 환경 제어
- 배포할 소프트웨어 제어
- 배포 프로세스 제어

환경 제어

조립 라인에서는 조립할 부품과 조립에 사용되는 도구를 정확히 같은 방식으로 배치함으로써 환경을 제어한다. 항상 같은 장소에 있기 때문에 필요할 때마다 3/4인치 소켓 렌치를 검색할 필요가 없다. 소프트웨어에서는 두 가지 기본 메커니즘을 사용해 구현이 실행되는 컨텍스트를 일관되게 배치한다.

첫째, 표준화된 머신 이미지로 시작해야 한다. 환경을 구축할 때는 항상 알려진 출발점으로 시작해야 한다. 둘째, 소프트웨어가 배포되는 컨텍스트를 설정하기 위해 기본 이미지에 적용되는 변경 사항을 코드화해야 한다. 예를 들어, 기본 우분투^{Ubuntu} 이미지로 시작하고 소프트웨어에 JDK^{Java Development Kit}가 필요한 경우 JDK 설치를 기본 이미지에 스크립팅한다. 이 후자의 개념에 자주 사용되는 용어는 '코드로서의 인프라^{Infrastructure as code}'다. 새로운 환경의 인스턴스가 필요할 때 기본 이미지로 시작하고 스크립트를 적용하면 매번 동일한 환경이 보장된다.

일단 만들어지면, 환경에 대한 어떠한 변화도 동일하게 통제돼야 한다. 운영 직원이 일상적으로 머신에 ssh로 접근하고 설정을 변경하는 경우 엄격한 시스템 설정은 무의미해진다. 초기 배포 후 통제를 보장하기 위해 다양한 기법을 사용할 수 있다. 실행 중인 환경에 대한 SSH 접근을 허용하지 않거나, 허용하는 경우 누군가가 SSH 접근을 하는 즉시 자동으로 머신을 오프라인 상태로 전환할 수 있다. 후자는 누군가가 박스에 들어가 문제를 조사할 수 있게 해주지만, 실행 환경에 색상 변경 같은 잠재적 변경도 허용하지 않는다는 점에서 유용한 패턴이다. 실행 중인 환경에 변경이 필요한 경우, 표준 머신 이미지와 여기에 런타임 환경을 적용하는 코드를 업데이트하는 것(두 가지 모두 소스 코드 제어 시스템이나 이와 동등한 것으로 통제됨)을 통해서만 변경된다.

표준화된 머신 이미지와 코드로서의 인프라 생성을 누가 담당하느냐에 따라 다르지만, 애플리케이션 개발자는 이런 시스템을 사용하는 것이 필수적이다. 소프트웨어 개발 생명주기 초기에 적용(또는 적용하지 않음)하는 방식은 조직에서 소프트웨어를 프로덕션 환경에 효율적으로 배포하고 관리할 수 있는 능력에 현저한 영향을 미친다.

배포 가능한 아티팩트 제어

항상 환경에는 차이들이 있다는 명백한 사실을 인정하자. 프로덕션 환경에서의 소프트웨어는 http://prod.example.com/cutomerDB와 같은 URL에 있는 실제 고객 데이터베이스에 연결된다. 스테이징에서는 개인 식별 가능 정보가 정제된 http://staging.example.com/cleansedDB에 있는 데이터베이스의 복사본에 연결된다. 초기 개발 중에는 http://localhost/mockDB와 같은 모의^{mock} 데이터베이스가 있을 수 있다. 분명히 자격 증명은 환경마다 다르다. 작성하는 코드에서 이러한 차이를 어떻게 다룰 것인가?

그런 문자열을 코드에 직접 하드 코딩하지 않는다는 것을 알고 있다(그런가?). 예를 들어, 코드를 매개변수화하고 이 값들을 특정 유형의 프로퍼티 파일에 넣는 것이다. 이것은 첫 단계로서 좋지만 가끔 문제가 발생한다. 프로퍼티 파일과 다른 환경에 대한 매개변수 값은 종종 배포 가능한 아티팩트로 컴파일된다. 예를 들어, 자바 설정에서 application.properties 파일은 종종 JAR 또는 WAR 파일에 포함된 후 환경 중 하나에 배포된다. 그리고 여기에 문제가 있다. 환경별 설정이 컴파일될 때 테스트 환경에 배포되는 JAR 파일은 프로덕션에 배포되는 JAR 파일과 다르다. 그림 2.10을 참조하자.

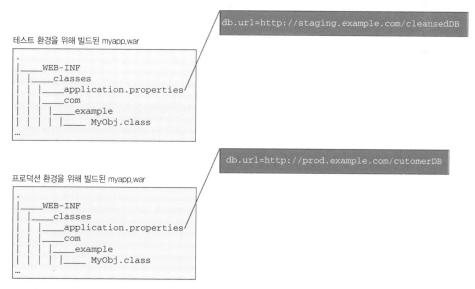

▲ **그림 2.10** 환경 특화된 값이 프로퍼티 파일로 설정되더라도 프로퍼티 파일이 배포 가능한 아티팩트에 포함되는 경우 SDLC 전체에서 서로 다른 아티팩트를 가질 수 있다.

SDLC의 단계마다 서로 다른 아티팩트를 빌드하게 되면 반복성이 저하될 수 있다. 해당 소프트웨어 아티팩트의 변동성을 제어하기 위해 아티팩트의 유일한 차이점인 프로퍼티 파일의 내용을 확인하는 과정을 이제 빌드 프로세스 내에 넣어줘야 한다. 하지만 안타깝게도 JAR 파일이 다르기 때문에 파일 해시를 비교해 스테이징 환경에 배포한 아티팩트가 프로덕션에 배포한 것과 정확히 동일한지 확인할 수 없다. 그리고 환경 중 하나에서 속성이 변경되거나 속성 값 중 하나가 변경되면 프로퍼티 파일을 업데이트해야 하는데, 이는 배포 가능한 아티팩트를 새로 만들고 배포를 새로 해야 한다는 것을 의미한다.

효율적이고 안전하며 반복 가능한 프로덕션 운영을 위해서는 전체 SDLC에서 배포 가능한 아티팩트를 하나만 사용해야 한다. 개발 중 회귀 테스트를 통해 빌드되고 실행된 JAR은 테스트, 스테이징, 프로덕션 환경에 배포된 바로 그 JAR 파일이다. 이를 위해서는 코드를 올바른 방식으로 설정해야 한다. 예를 들어 프로퍼티 파일을 통해 환경 특화된 environment-specific 값을 전달하지 말고, 나중에 값을 주입할 수 있는 매개변수 세트를 정의한다. 그런 다음 적절한 시점에 값을 가져와 적절한 시간에 매개변수에 바인딩하도록 한다. 환경의 다양함을 적절하게 추상화해 구현하는 것은 개발자의 역할이다. 이를 통해 전체 SDLC에서 배포 가능한 아티팩트를 하나만 만들 수 있고, 이를 통해 민첩성과 안정성을 얻을 수 있다.

프로세스 제어

환경을 일관성 있게 만들고, 소프트웨어 개발 생명 주기 전체에 걸쳐 배포 가능한 아티팩트를 하나만 만들 수 있도록 원칙을 세우고 관리한다면, 남은 것은 이러한 부분이 통제되고 반복 가능한 방식으로 결합되도록 하는 것이다. 그림 2.11은 원하는 결과를 보여준다. SDLC의 모든 단계에서 필요한 만큼 실행 단위의 정확한 사본을 신뢰성 있게 만들어낼 수 있다.

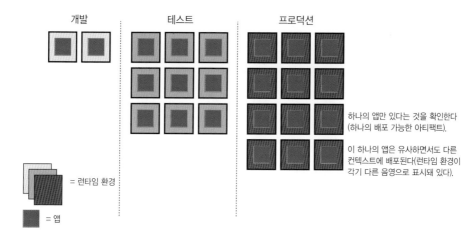

▲ **그림 2.11** 표준화된 환경에서 애플리케이션을 일관되게 구축하고 실행할 수 있도록 해야 한다. 앱은 모든 환경에서 동일하며, 런타임 환경은 SDLC 단계 내에서 표준화된다.

이 그림에는 스노우플레이크가 없다. 배포 가능한 아티팩트인 앱은 모든 배포와 환경에서 정확히 동일하다. 런타임 환경은 각 단계마다 차이가 있지만(동일한 회색에 다른 음영으로 표시됨), 기본 이미지는 동일하며 데이터베이스 바인딩과 같은 다른 환경 설정만 적용된다. 생명 주기 단계 내에서의 모든 환경 설정은 동일하며, 정확히 같은 회색 음영을 갖는다. 그림 2.12에서 볼 수 있듯이 스노우플레이크를 방지하는 박스는 표준화된 런타임 환경과 배포 가능한 하나의 아티팩트라는 두 개의 제어된 엔티티로 구성된다.

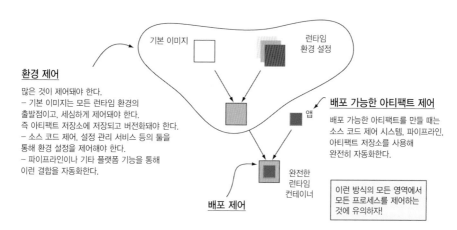

▲ **그림 2.12** 표준화된 기본 이미지, 제어된 환경 설정, 하나의 배포 가능한 아티팩트의 결합은 자동화된다.

이 간단한 그림의 표면 아래에 모든 것이 있다. 어떤 것이 좋은 기본 이미지이고, 개발자와 운영자는 어떻게 사용할 것인가? 환경 설정의 소스는 무엇이며, 언제 애플리케이션 컨텍스트로 가져올 것인가? 정확히 언제 앱이 런타임 컨텍스트에 '설치'된 것인가? 이 책 전반에 걸쳐 이런 질문을 하고 더 많은 것에 답하겠지만, 이 시점에서 주요 요점은 이것이다. 일관성을 보장하는 방식으로 이런 것을 함께 이끌어내는 유일한 방법은 자동화하는 것이다.

소프트웨어를 작성하는 개발 단계에서 지속적인 통합 도구와 방식을 사용하는 것은 상당히 보편적이지만(예를 들어, 빌드 파이프라인은 체크인된 코드를 컴파일하고 일부 테스트를 실행한다.), 전체 SDLC에 걸쳐 사용하는 것은 많이 적용되지 않았다. 그러나 자동화는 코드 체크인부터 배포, 테스트, 프로덕션 환경까지 모든 과정이 포함돼야 한다.

그리고 모두 자동화된다고 이야기하는 것은 모든 것을 의미한다. 아주 작은 것들을 만들 때도 조립은 이런 식으로 제어해야 한다. 예를 들어, 인기 있는 클라우드 네이티브 플랫폼인 피보탈 클라우드 파운드리 사용자들은 소프트웨어 배포 사이트에서 API를 사용해 앱이 배포되는 기본 이미지인 새로운 '스템 셀$^{stem\ cell}$[4]을 다운로드한다. 그리고 파이프라인을 사용해 런타임 환경과 애플리케이션 아티팩트의 조립을 완료한다. 또 다른 파이프라인은 프로덕션에 최종 배포를 수행한다. 실제로 파이프라인을 통해 프로덕션에 배포될 때, 서버는 사람에 의해 직접 접근되지 않으므로 최고 보안 책임자(그리고 다른 통제 관련 직원)는 만족할 것이다.

하지만 배포까지 완전히 자동화했을 때 이런 배포가 안전한지 어떻게 확인할 것인가? 이것은 새로운 철학을 필요로 하는 또 다른 분야다.

2.2.3 안전한 배포

앞서 위험한 배포를 살펴봤고, 조직에서 위험을 제어하기 위해 사용하는 가장 일반적인 메커니즘은 복잡하고 느린 프로세스와 광범위하고 비용이 많이 드는 테스트 환경을 구축하는 것이라고 말했다. 처음에는 대안이 없다고 생각했을 것이다. 프로덕션에 배포할 때 어떤 효

---

4 더 자세한 정보는 피보탈의 API 문서 페이지인 https://network.pivotal.io/docs/api를 확인한다.

과가 있는지 아는 유일한 방법은 그것을 먼저 테스트하는 것이기 때문이다. 그러나 그것이 그레이스 호퍼가 말한 가장 위험한 문구인 "우리는 항상 이런 식으로 해왔다."라는 식의 증상이라고 생각한다.

클라우드 시대에 탄생한 소프트웨어 회사는 우리에게 새로운 길을 제시했다. 그 길은 프로덕션 환경에서 실험하는 것이다. 정말! 이게 무슨 소리인가? 한 마디만 더 하겠다. 프로덕션 환경에서 안전하게 실험한다.

먼저 안전한 실험이 의미하는 바를 살펴본 다음, 쉬운 배포와 프로덕션 환경의 안정성이라는 목표에 미치는 영향을 알아본다.

공중곡예사는 하나의 고리에서 벗어나 공중을 빙빙 돌면서 다른 고리를 잡을 때 거의 대부분 목표를 달성하고 관중을 즐겁게 한다. 의심할 여지없이, 성공은 올바른 훈련과 도구, 그리고 전체 연습에 달려 있다. 하지만 곡예사들은 바보가 아니다. 그들은 가끔 문제가 발생한다는 사실을 알기 때문에 안전망 위에서 공연한다.

프로덕션에서 실험을 할 때는 올바른 안전망 위에서 한다. 운영 방식과 소프트웨어 디자인 패턴을 모두 그물로 엮는다. 테스트 주도 개발(TDD)과 같은 견고한 소프트웨어 엔지니어링 방식을 추가하면 실패 가능성을 최소화할 수 있다. 하지만 실패 가능성을 완전히 없애는 것이 목표가 아니다. 실패를 예상하면(그리고 실패는 일어날 것이다.), 실패가 발생할 가능성이 크게 줄어든다. 아마도 사용자 중 몇몇은 오류 메시지를 보게 되고 새로 고침을 해야 하겠지만, 전체적으로 시스템은 계속 작동한다.

> |팁| 핵심 사항은 다음과 같다. 소프트웨어 설계와 운영 방식에 관한 모든 것을 통해 쉽고 빠르게 실험을 원복하고 필요한 경우 동작 확인된 상태(또는 다음 작업 상태로)로 돌아갈 수 있다.

이것이 기존의 사고방식과 새로운 사고방식 간의 근본적인 차이점이다. 전자의 경우, 프로덕션에 들어가기 전에 광범위하게 테스트했고 모든 문제를 해결했다고 믿었다. 그 망상이 잘못된 것으로 판명됐을 때, 혼란에 빠지게 된다. 새로운 방식에서는 실패를 계획하며, 실패를 아무 일도 아닌 것으로 만들기 위한 후퇴 경로를 의도적으로 만든다. 이는 자신감을 갖게 하는 것이다! 그리고 우리의 목표인 쉽고 빠른 배포와 배포 후 운영 안정성에 미치는 영향은 분명하고 즉각적이다.

첫째, 2.1.2절에서 설명한 복잡하고 시간이 많이 소요되는 테스트 프로세스를 제거하고 기본 통합 테스트 후 바로 프로덕션에 들어간다면, 해당 주기에서 많은 시간이 단축되고 분명히 더 많이 릴리스할 수 있다. 릴리스 프로세스는 의도적으로 사용을 장려하도록 설계됐고 시작되기 위한 사전 준비가 거의 없다. 또한 적절한 안전망을 갖추면 재난을 피할 수 있을 뿐만 아니라, 몇 초 만에 완전한 기능을 갖춘 시스템으로 빨리 돌아갈 수 있다.

배포가 사전 절차 없이 더 자주 수행될 경우, 프로덕션에서의 실행 오류를 더 잘 해결할 수 있으므로 전체 시스템을 좀 더 안정적으로 유지할 수 있다.

안전망이 어떤 모습인지, 특히 개발자, 설계자, 애플리케이션 운영자가 안전망을 구축하는 데 어떤 역할을 하는지 좀 더 자세히 이야기해보자. 불가분의 관계로 연결된 세 가지 패턴을 보게 된다.

- 병렬 배포와 버전 서비스
- 필요한 원격 측정 생성
- 유연한 라우팅

과거에는 일부 소프트웨어의 버전 n을 배포하는 것이 거의 항상 버전 $n-1$을 대체하는 것이었다. 또한 배포한 것은 광범위한 기능을 포함하는 대규모 소프트웨어였으므로 예기치 못한 상황이 벌어졌을 때 결과는 치명적일 수 있다. 예를 들어 미션 크리티컬 애플리케이션 전체에서 상당한 다운타임이 발생할 수 있다.

안전한 배포 방식의 핵심은 병렬 배포다. 실행 중인 소프트웨어의 버전을 새 버전으로 완전히 교체하지 않고 새 버전을 추가할 때 기존의 작업 버전을 계속 실행한다. 새로운 구현체에 트래픽의 일부만 보낸 후 어떤 일이 발생하는지 지켜본다. 요청이 오는 위치(지리적 위치 정보 또는 참조 페이지가 무엇인지 등) 또는 사용자가 누구인지와 같은 다양한 기준을 사용해 새 구현체로 라우팅되는 트래픽을 제어할 수 있다.

실험의 결과가 긍정적인지를 평가하기 위해 데이터를 살펴본다. 구현체가 중단 없이 실행되고 있는가? 새로운 지연 시간이 발생했는가? 클릭률이 증가했는가, 감소했는가?

별 문제없이 잘 진행되고 있다면, 새로운 구현체로 계속 부하를 증가시킬 수 있다. 상황이 좋지 않으면 모든 트래픽을 기존 버전으로 되돌릴 수 있다. 이것이 프로덕션에서 실험을 할 수 있는 후퇴 경로다. 그림 2.13은 핵심 작동 방식을 보여준다.

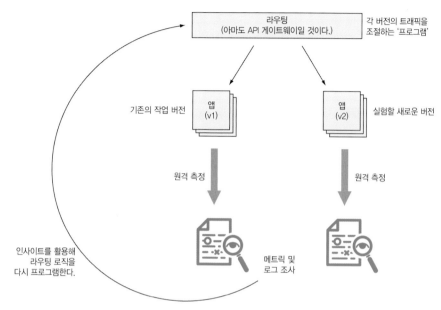

▲ **그림 2.13** 데이터를 통해 여러 버전의 앱이 어떻게 병렬로 배포되고 있는지를 알 수 있다. 이 데이터를 사용해 해당 앱에 대한 제어 흐름을 프로그래밍하고 이를 통해 프로덕션에서 새 소프트웨어의 안전한 롤아웃을 지원한다.

적절한 소프트웨어 엔지니어링 원칙을 무시하거나 애플리케이션이 올바른 아키텍처 패턴을 구현하지 못했다면 이 작업을 수행할 수 없다. 다음은 이러한 형태의 A/B 테스트를 가능하게 하는 몇 가지 요소다.

- 소프트웨어 아티팩트는 버전화돼야 하며, 버전은 트래픽을 적절히 받을 수 있도록 라우팅 메커니즘에 의해 확인될 수 있어야 한다. 또한 새로운 배포가 안정적이고 원하는 결과가 나왔는지 여부를 판단하려면 데이터를 분석해야 하므로 모든 데이터는 적절한 비교를 위해 적절한 버전의 소프트웨어와 연결돼야 한다.
- 새로운 버전이 어떻게 작동하는지 분석하는 데 사용되는 데이터는 다양한 형태를 나타낸다. 예를 들어 요청과 응답 사이의 지연 시간 같은 일부 메트릭은 구현체의 세부 정보와는 완전히 독립적이다. 다른 메트릭은 실행 중인 프로세스를 보고 스레

드 또는 메모리 사용량 같은 것을 보고한다. 마지막으로, 온라인 거래의 평균 총구매 금액과 같은 도메인별 메트릭은 배포 결정을 위해 사용할 수도 있다. 일부 데이터는 구현체가 실행 중인 환경에서 자동으로 제공되기도 하지만, 이런 데이터를 만들기 위해 코드를 작성할 필요는 없다. 데이터 메트릭의 가용성은 최우선 관심사다. 프로덕션에서의 실험을 지원하는 데이터만 생각하자.

■ 분명히, 라우팅은 병렬 배포의 핵심 요소이고 라우팅 알고리즘은 소프트웨어의 일부이다. 때로는 모든 트래픽의 비율을 새 버전으로 전송하는 것과 같이 알고리즘이 간단할 수 있으며, 인프라의 일부 컴포넌트를 구성해 라우팅 소프트웨어를 '구현'할 수 있다. 또 다른 때는 좀 더 정교한 라우팅 로직을 원하고 이를 실현하기 위해 코드를 작성해야 할 수도 있다. 예를 들어, 일부 지리적으로 지역화된 최적화를 테스트하고 동일한 지역 내에서만 새 버전으로 요청을 전송하고자 할 수 있다. 또는 프리미엄 고객들에게만 새로운 기능을 제공하고 싶을 수도 있다. 라우팅 로직 구현의 책임이 개발자에게 있든, 아니면 실행 환경의 설정을 통해 달성되든 상관없이 라우팅은 개발자에게 최우선 관심사다.

■ 마지막으로, 이미 암시한 것처럼 더 작은 배포 단위를 만드는 것이다. 예를 들어 카탈로그, 검색 엔진, 이미지 서비스, 추천 엔진, 쇼핑 카트, 결제 처리 모듈 등 전자상거래 시스템의 많은 부분을 포함하는 배포보다는 배포 범위가 훨씬 작아야 한다. 이미지 서비스의 새로운 릴리스가 결제 처리를 포함하는 릴리스보다 비즈니스에 훨씬 덜 위험하다는 것은 쉽게 상상할 수 있다. 애플리케이션의 적절한 컴포넌트화(또는 오늘날 많은 사람들이 말하는 마이크로서비스 기반 아키텍처)는 디지털 솔루션의 운영 능력과 직결된다.[5]

애플리케이션이 실행되는 플랫폼에서 안전한 배포에 필요한 지원을 일부 제공하지만(3장에서 자세히 설명할 것이다.) 버전화, 메트릭, 라우팅, 컴포넌트화라는 네 가지 요소는 개발자가 클라우드 네이티브 애플리케이션을 설계하고 구축할 때 고려해야 한다. 클라우드 네

---

5   구글은 'Accelerate: State of DevOps' 보고서에서 좀 더 자세한 내용을 제공하고 있으며, http://mng.bz/vNap에서 확인할 수 있다.

이티브 소프트웨어에는 그보다 더 많은 것이 있지만(예를 들어, 전체 시스템을 통해 장애가 연속적으로 발생하는 것을 방지하기 위해 아키텍처에 격벽^{bulkhead}을 설계하는 것), 이는 안전한 배포를 가능하게 하는 핵심 요소 중 하나다.[6]

2.2.4 변화는 비일비재하다

지난 수십 년 동안에는 의도적으로 환경을 변경시킬 때만 환경이 변경된다는 믿음에 근거한 운영 모델이 효과가 없다는 많은 증거를 봐왔다. 예상치 못한 변화에 대응하기 위해 IT는 많은 시간을 보내왔으며, 심지어 예측과 추정에 기반한 전통적인 SDLC 프로세스도 문제가 있는 것으로 입증됐다.

이 장에서 설명한 새로운 SDLC 프로세스로 작업하면서, 변화가 있을 때 적응할 수 있는 능력을 만들게 되면 훨씬 더 큰 복원력을 제공한다. 프로덕션 시스템의 안정성과 예측 가능성에 관련한 능력이 무엇인지는 알아내기 어렵다. 이 개념은 좀 까다롭고 다소 추상적이다. 잠시 기다려보자.

예상치 못한 문제를 더 잘 예측하거나 문제 해결을 위해 더 많은 시간을 할당하는 것은 비결이 아니다. 예를 들어, 개발 팀이 사고에 대응하기 위해 절반의 시간을 할당해도 장애 해결의 근본적인 원인을 다루는 데는 아무런 도움이 되지 않는다. 운영 중단에 대응하고 작업 순서에 따라 모든 것을 진행한다. 다음 사고가 나기 전까지.

"완료했다."

이것이 문제의 근원이다. 배포를 끝내거나, 사고에 대응하거나, 방화벽을 변경한 후에 어떻게든 작업을 완료했다고 믿는다. '완료했다.'는 생각은 본질적으로 변화하기 힘들게 한다.

> |팁| 이제 '완료했다.'는 생각을 버려야 한다.

---

6 격벽 패턴은 하나에서 장애가 발생하더라도 나머지는 정상적으로 작동하도록 애플리케이션의 요소를 여러 풀에 격리하는 패턴이다. – 옮긴이

최종 일관성을 이야기해보자. 최종 일관성 시스템은 시스템을 '완료된' 상태로 만들기 위해 명령 세트를 만들지도 않고 완료되기를 기대하지도 않는다. 대신 시스템은 평형을 이루기 위해 끊임없이 노력한다. 이런 시스템의 주요 개념은 희망 상태와 실제 상태다.

시스템의 희망 상태는 여러분이 보고 싶어 하는 상태다. 예를 들어 관계형 데이터베이스를 실행하는 하나의 서버, RESTful 웹 서비스를 실행하는 세 개의 애플리케이션 서버, 사용자에게 리치 웹 애플리케이션^{rich web application}을 제공하는 두 개의 웹 서버를 원한다고 가정해보자. 이 여섯 개의 서버는 적절하게 네트워크로 연결돼 있으며, 방화벽 규칙이 적절하게 설정돼 있다. 그림 2.14의 토폴로지는 시스템의 희망 상태를 나타낸 것이다.

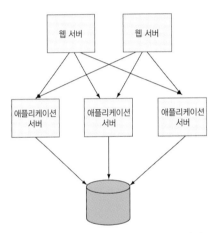

▲ **그림 2.14** 배포된 소프트웨어의 희망 상태

어떤 시점에서는, 심지어 대부분의 경우에도 시스템이 잘 구축되고 운영되길 바라겠지만, 배포 직후 그대로 시스템이 남아있을 것이라고는 결코 생각하지 않을 것이다. 그 대신 이 장에서 이미 봤던 메트릭의 일부를 사용해, 현재 시스템에서 실행 중인 모델인 구축하고 유지 관리해야 하는 최우선 엔티티로서 실제 상태를 다룬다.

그리고 나서 최종 일관성 시스템은 지속적으로 실제 상태를 희망 상태와 비교하고, 차이가 있을 때 조정하기 위한 작업을 수행한다. 예를 들어, 그림 2.14에 설명된 토폴로지에서 애플리케이션 서버가 손실됐다고 가정해보자. 이는 하드웨어 장애, 앱 자체에서 발생하는 메모리 부족^{out-of-memory} 예외, 또는 애플리케이션 서버를 시스템의 다른 부분에서 차단하는 네트워크 파티션 등 여러 가지 이유로 발생할 수 있다.

그림 2.15는 희망 상태와 실제 상태를 나타낸다. 실제 상태와 희망 상태는 명확하게 일치하지 않는다. 이들을 다시 일치시키기 위해서는 다른 애플리케이션 서버를 가져다 토폴로지에 네트워크로 연결해야 하며, 애플리케이션을 설치하고 시작해야 한다(반복 가능한 배포에 대한 이전의 논의를 기억하자).

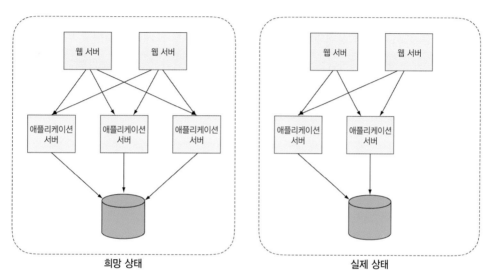

▲ **그림 2.15** 실제 상태와 희망 상태가 일치하지 않을 경우, 최종 일관성 시스템은 이들을 다시 조정하기 위한 작업을 시작한다.

이전에 최종 일관성을 많이 경험해보지 못한 독자라면 로켓 과학과 같은 느낌이 들 것이다. 동료 전문가는 고객에게 두려움을 불러일으킬 것을 우려해 최종 일관성이라는 용어를 사용하지 않는다. 그러나 이 모델에 기반한 시스템은 점점 더 흔해지고 있으며, 많은 도구와 교육 자료가 그러한 솔루션을 실현하는 데 도움을 줄 수 있다.

여기서는 최종 일관성이 클라우드에서 애플리케이션을 실행하는 데 절대적으로 매우 중요한 요소라는 점을 알려준다. 이전에 언급한 것처럼, 상황은 항상 변하므로 변화에 반응하기보다는 변화를 받아들이는 것이 더 낫다. 최종 일관성을 두려워해서는 안 된다. 그것을 받아들여야 한다.

여기서 언급하는 시스템이 완전히 자동화될 필요는 없지만, 패러다임의 핵심 부분을 구현한 플랫폼이 필요하다고 분명히 이야기할 수 있다(다음 장에서는 플랫폼의 역할을 더 자세히 이야기하겠다). 자가 치유self-healing 시스템이 끊임없는 변화에 적응할 수 있도록 소프트웨어를 설계하고 구축하길 원한다. 이것을 어떻게 하는지 가르치는 것이 이 책의 목적이다.

지속적인 변화에도 불구하고 기능을 유지하도록 소프트웨어를 설계하는 것은 엄청난 일이며, 이런 노력이 시스템 안정성과 신뢰성에 미치는 영향은 명백하다. 자가 치유 시스템은 문제가 발생할 때마다 사람의 개입이 필요한 시스템보다 높은 가동 시간을 유지한다. 그리고 배포를 새로운 희망 상태의 방식으로 다룬다면 배포를 크게 단순화하고 위험을 줄일 수 있다. 변화는 비일비재하다는 사고방식을 채택하면 프로덕션에서 소프트웨어를 관리하는 본질이 근본적으로 바뀐다.

요약

- 작성된 코드의 가치가 실현되려면 두 가지 작업을 수행할 수 있어야 한다. 쉽고 자주 배포할 수 있어야 하며 프로덕션에서 잘 운영되도록 해야 한다.
- 이 두 가지 작업 중 어느 한 가지에 대한 적용이 누락된 것을 두고 개발자나 운영자에게 책임을 전가해서는 안 된다. 오로지 실패한 시스템만 비판해야 한다.
- 유지 보수가 어려운 맞춤형 솔루션을 허용하기 때문에 시스템 장애가 발생한다. 이는 소프트웨어 배포를 본질적으로 위험하게 하는 환경을 조성하며, 소프트웨어와 환경의 변화를 예외로 취급한다.
- 배포가 위험할 때 덜 배포하게 되고, 그래서 더 위험해진다.
- 반복성에 초점을 맞추고, 배포를 안전하게 하고, 변화를 수용해 위의 부정적인 요소들을 뒤집을 수 있고, 추구하는 방식을 방해하기보다는 지원하는 시스템을 만들 수 있다.
- 반복성은 최적화된 IT 운영의 핵심이며, 자동화는 소프트웨어 빌드 프로세스뿐만 아니라 런타임 환경 조성과 애플리케이션 구축에도 적용된다.
- 소프트웨어 디자인 패턴과 운영 관행은 클라우드 기반 환경의 지속적인 변화를 예상한다.

- 새로운 시스템은 지속적인 딜리버리 방식을 지원하는 반복성이 높은 SDLC에 달려 있다.

- 지속적인 딜리버리는 오늘날 시장 대응력이 뛰어난 기업이 경쟁하는 데 필요하다.

- 시스템 전체를 더 잘게 쪼개는 것이 핵심이다. 개발 주기가 짧아지고 애플리케이션 컴포넌트(마이크로서비스)가 작을수록 민첩성과 복원력이 크게 향상된다.

- 최종 일관성은 변화가 비일비재한 시스템에서 가장 중요하다.

3

클라우드 네이티브
소프트웨어 플랫폼

3장에서 다루는 내용

- 클라우드 플랫폼 진화의 이력 요약
- 클라우드 네이티브 플랫폼의 기본 요소
- 컨테이너 기초
- SDLC 전체에서 플랫폼 활용
- 보안, 규정 준수, 변경 제어

나는 많은 고객들과 협력해 클라우드 네이티브 패턴과 사례뿐만 아니라 고객들의 소프트웨어를 실행하기 위한 최적화된 플랫폼을 이해하고 채택할 수 있도록 지원하고 있다. 특히 클라우드 파운드리Cloud Foundry 플랫폼을 사용해 작업하고 있다. 여기서는 클라우드 파운드리를 채택하고 기존 애플리케이션을 배포한 고객의 경험을 공유하고자 한다.

배포된 소프트웨어는 이 책에서 다룬 클라우드 네이티브 패턴의 일부(애플리케이션은 상태 비저장이고 필요한 상태를 유지하는 지원 서비스를 가짐)만 준수했지만, 그 고객은 최신 플랫폼으로 전환함으로써 즉시 이점을 얻게 됐다. 소프트웨어는 클라우드 파운드리에 배포된 뒤 그 어느 때보다 안정적이었다. 처음에는 이것이 클라우드 파운드리 배포를 위해 수행된 간단한 리팩토링[1] 과정에서 의도하지 않게 품질을 향상시킨 것 때문이라고 생각했다.

그러나 고객들은 애플리케이션 로그를 검토하면서 놀라운 사실을 발견했다. 애플리케이션은 이전과 마찬가지로 자주 다운되고 있었다. 그들은 단지 알아차리지 못했을 뿐이었다. 클라우드 네이티브 애플리케이션 플랫폼은 애플리케이션의 상태를 모니터링하고 있었고, 문제가 발생하면 플랫폼은 자동으로 대체 앱을 실행했다. 내부적인 문제는 아직 남아있었지만 운영자, 특히 더 중요한 사용자의 경험은 훨씬 좋아졌다.

> |**노트**| 이야기의 교훈은 다음과 같다. 비록 클라우드 네이티브 소프트웨어가 많은 새로운 패턴과 방식을 규정하지만 개발자나 운영자가 모든 기능을 제공할 책임은 없다. 클라우드 네이티브 소프트웨어를 지원하도록 설계된 클라우드 네이티브 플랫폼은 이러한 현대 디지털 솔루션의 개발과 운영을 지원하는 다양한 기능을 제공한다.

자, 여기서 분명히 말하겠다. 이러한 플랫폼이 애플리케이션의 품질이 떨어지도록 해야 한다고 제안하는 것이 아니다. 만약 버그로 인해 장애가 발생한다면 그것을 찾아서 고쳐야 한다. 그러나 이러한 장애로 인해 한밤중에 운영자를 깨우거나 문제가 해결될 때까지 사용자가 수준 낮은 경험을 하도록 놔둘 필요는 없다. 새로운 플랫폼은 앞 장에서 설명한 요구 사항, 즉 지속적으로 배포돼야 하고, 고도로 분산돼 있으며, 끊임없이 변화하는 환경에서 실행되는 소프트웨어에 대한 요구 사항을 충족하기 위해 설계된 일련의 서비스를 제공한다.

이번 장에서는 클라우드 네이티브 플랫폼이 어떤 기능을 가지는지 알기 위해 주요 요소를 다룰 것이다. 이러한 기능을 확실하게 이해하면 비즈니스 요구를 지원하기 위한 내부 구조보다는 요구 사항 자체에 집중할 수 있을 뿐만 아니라 클라우드 네이티브 배포를 위한 구현을 최적화할 수 있다.

---

1   소스 코드의 재배치와 수정에 의한 개선을 의미한다. - 옮긴이

3.1 클라우드 (네이티브) 플랫폼 진화

소프트웨어의 개발과 운영을 지원하는 플랫폼을 사용하는 것은 전혀 새롭지 않다. 대규모로 채택된 J2EE^{Java 2 Platform, Enterprise Edition}는 거의 20년 전에 처음 출시됐고 그 이후 일곱 개의 주요 릴리스가 있었다. 제이보스^{JBoss}, 웹스피어^{WebSphere}, 웹로직^{WebLogic}은 레드햇, IBM, 오라클에 수십억 달러의 수익을 안겨준 J2EE 오픈소스 기술을 상용화한 제품이다. 팁코^{TIBCO} 소프트웨어 또는 마이크로소프트의 플랫폼 같은 많은 독점 플랫폼도 마찬가지로 성공했으며 사용자에게 이익을 가져다줬다.

그러나 소프트웨어에 대한 현대의 요구를 충족시키기 위해 새로운 아키텍처가 필요하듯이, 이와 관련된 새로운 구현체와 운영 방식을 지원하기 위한 새로운 플랫폼이 필요하다. 오늘날 플랫폼이 어디까지 왔는지 간단히 살펴보자.

3.1.1 클라우드로부터 시작됐다

논란의 여지가 있겠지만, 클라우드 플랫폼은 AWS^{Amazon Web Services}와 함께 본격적으로 시작됐다. 2006년에 공개돼 처음으로 릴리스된 제품에는 컴퓨팅(EC2^{Elastic Compute Cloud}), 스토리지(S3^{Simple Storage Service}), 메시징(SQS^{Simple Queue Service}) 서비스가 포함됐다. 이는 개발자와 운영 담당자가 더 이상 자체 하드웨어를 조달하고 관리할 필요가 없으며, 대신 셀프 서비스 프로비저닝 인터페이스^{self-service provisioning interface}를 사용해 필요한 시간에 필요한 리소스를 확보할 수 있다는 점에서 분명히 판도를 바꾸는 변화였다.

처음에 이 새로운 플랫폼은 기존의 클라이언트–서버 모델을 인터넷에 접속할 수 있는 데이터 센터로 전환하는 것을 의미하는 것이었다. 소프트웨어 아키텍처는 크게 바뀌지 않았고, 이와 관련된 개발 및 운영 방식도 바뀌지 않았다. 초창기 클라우드는 컴퓨팅 자원의 위치가 주 관심사였다.

얼마 지나지 않아 클라우드의 특성은 기존 인프라에 구축된 소프트웨어에 변화를 주기 시작했다. AWS는 데이터 센터에서 '엔터프라이즈급'의 서버, 네트워크 장치, 스토리지를 사용하는 대신 상업용 하드웨어를 사용했다. 저렴한 하드웨어를 사용해 클라우드 서비스를 저렴한 가격에 제공하는 것이 핵심이었지만, 그로 인해 장애율은 더 높아졌다. AWS는 소프트웨어와 제품 내에서 하드웨어 복원력이 감소하지 않도록 했으며, 인프라가 불안정한 상태에서도 AWS에서 실행되는 소프트웨어가 안정적으로 유지될 수 있도록 하는 가용 영역(AZ)과 같은 추상적 개념을 사용자에게 제시했다.

여기서 중요한 것은 가용 영역 또는 리전과 같은 새로운 기본 요소를 서비스 사용자에게 노출함으로써 이러한 기본 요소를 적절하게 사용하는 책임을 새롭게 지는 것이다. 당시에는 깨닫지 못했을 수도 있지만, 플랫폼의 애플리케이션 프로그램 인터페이스(API)에 이런 새로운 추상적 개념을 노출시키는 것은 소프트웨어의 새로운 아키텍처에 영향을 주기 시작했다. 사람들은 이러한 플랫폼에서 잘 작동하도록 설계된 소프트웨어를 만들기 시작했다.

AWS는 효과적으로 새로운 시장을 만들었고, 구글과 마이크로소프트 같은 경쟁 업체들이 대응하는 데는 2년의 시간이 걸렸다. 그들은 각각 독특한 오퍼링을 갖고 시작했다.

구글은 웹 애플리케이션 실행을 위해 특별히 설계된 플랫폼인 구글 앱 엔진(GAE)을 출시했다. API에서 최상위 엔티티로 노출된 추상적 개념은 AWS의 추상화 개념과 크게 다르다. AWS는 주로 컴퓨팅, 스토리지, 네트워크 기본 요소를 노출했다. 예를 들어 가용 영역은 일반적으로 서버 집합에 매핑돼 추상화를 통해 서버 풀 선호도 또는 비선호도를 제어할 수 있게 한다. 반대로 GAE 인터페이스는 웹앱을 실행하는 원시 컴퓨팅 리소스로의 접근access을 제공하지 않으며, 지금도 마찬가지다. 인프라 자산을 직접 노출시키지 않는 것이다.

예를 들어 마이크로소프트는 중간 신뢰 코드medium trust code를 실행할 수 있는 기능을 포함한 고유한 클라우드 플랫폼을 제공했다. 구글의 접근 방식과 마찬가지로, 중간 신뢰 기능을 제공하는 방식은 컴퓨팅, 스토리지, 네트워크 자원에 직접 접근할 수 없으며, 대신 사용자의 코드가 실행되는 인프라를 만들었다. 이를 통해 플랫폼은 사용자의 코드가 인프라 내에서 할 수 있는 것을 제한했고, 일정한 보안과 복원력을 보장할 수 있었다. 지금 돌이켜 보면, 구글과 마이크로소프트가 제공한 오퍼링은 클라우드에서 클라우드 네이티브로 가기 위한 가장 초기의 시도였다.

	AWS	GCP	애저
컴퓨팅	EC2(Elastic Compute Cloud)	구글 컴퓨트 엔진	애저 가상 머신
스토리지	S3(Simple Storage Service)	구글 클라우드 스토리지	애저 블랍 스토리지
네트워크	VPC(Virtual Private Cloud)	VPC(Virtual Private Cloud)	VPN(Virtual Private Network)

▲ **그림 3.1** 주요 클라우드 플랫폼 제공자의 '서비스로서의 인프라스트럭처(IaaS)' 오퍼링

그림 3.1과 같이 구글과 마이크로소프트는 결국 인프라 추상화를 노출시키는 서비스를 제공했고, 반대로 AWS는 더 상위 레벨의 추상화를 가진 클라우드 서비스를 제공하기 시작했다.

이들 세 개 업체가 2000년대 후반에 수행한 각기 다른 과정은 소프트웨어 아키텍처에서 중대한 변화가 있었음을 암시하고 있다. 업계에서는 생산성, 민첩성, 복원성 측면에서 도움이 될 수 있도록 데이터 센터 자원을 소비하고 상호작용하는 방법이 있는지를 실험했다. 이런 실험은 결국 새로운 수준의 플랫폼인 클라우드 네이티브 플랫폼의 형성으로 이어졌으며, 높은 수준의 추상화, 이에 연계된 서비스와 그에 따른 비용으로 특징지어진다.

이 장에서는 클라우드 네이티브 플랫폼을 공부할 것이다. 먼저 클라우드 네이티브 플랫폼이 제공하는 상위 레벨 추상화를 자세히 이야기해보자.

3.1.2 클라우드 네이티브 발신음[2]

개발자와 애플리케이션 운영자들은 사용자가 쓰고 있는 디지털 솔루션이 제대로 작동하는지에 신경을 쓴다. 수십 년 전에는 올바른 서비스 수준을 제공하기 위해 애플리케이션 배포뿐만 아니라 애플리케이션이 실행되는 인프라도 올바르게 설정해야 했다. 이들은 항상 작업했던 것과 동일한 컴퓨팅, 스토리지, 네트워크 컴포넌트를 이용해야 했기 때문이다.

---

2 발신음(dial tone)은 사전적으로 전화가 시스템에 연결되고 사용 준비가 됐다는 것을 나타내는 소리다. 이 장에서는 인프라 발신음, 애플리케이션 발신음이라는 표현이 언급되는데, 해당 영역임을 알아차리게 하는 독특한 의미 정도로 이해하면 될 것이다. – 옮긴이

방금 클라우드 플랫폼의 진화에서 이야기했듯이, 플랫폼은 변화하고 있다. 그 차이를 명확히 이해하기 위해 구체적인 예를 들어본다. 애플리케이션이 배포됐다고 가정해보자. 잘 작동하는지 확인하거나 문제가 발생했을 때 진단하기 위해서는 로그 및 메트릭 데이터에 접근할 수 있어야 한다.

이미 클라우드 네이티브 애플리케이션에는 복원력과 확장성을 위해 여러 개의 복사본이 구축돼 있다. 호스트, 스토리지 볼륨, 네트워크와 같은 기존 인프라 엔티티를 노출하는 인프라 중심 플랫폼에서 현대적인 애플리케이션을 실행하고 있다면, 로그를 얻거나 접근하기 위해 기존 데이터 센터 추상화를 탐색해야 한다.

그림 3.2는 다음 단계를 나타낸다.

1. 앱의 인스턴스가 실행되는 호스트를 확인한다. 이 정보는 일반적으로 설정 관리 데이터베이스(CMDB)에 저장된다.
2. 진단하려는 앱의 인스턴스 호스트 중 어느 호스트에서 실행 중인지 확인한다. 때때로 호스트를 찾을 때까지 한 번에 하나씩 호스트를 확인할 수도 있다.
3. 맞는 호스트를 찾은 후에는 해당 로그를 찾기 위해 특정 디렉터리를 탐색해야 한다.

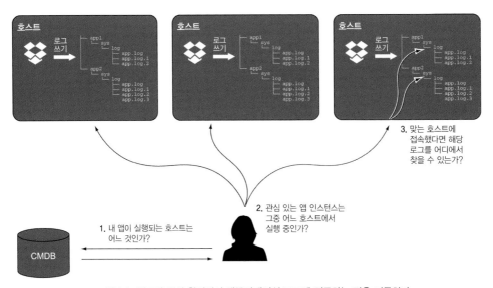

▲ **그림 3.2** 인프라 중심 환경에서 애플리케이션 로그에 접근하는 것은 지루하다.

운영자가 작업을 수행하기 위해 상호작용하는 엔티티는 CMDB, 호스트, 파일 시스템 디렉터리다.

이와는 대조적으로, 그림 3.3은 앱이 클라우드 네이티브 플랫폼에서 실행 중일 때의 운영자 경험을 보여준다. 이 경우는 매우 간단하다. 애플리케이션 로그를 요청한다. 앱 중심으로 요청을 하는 것이다.

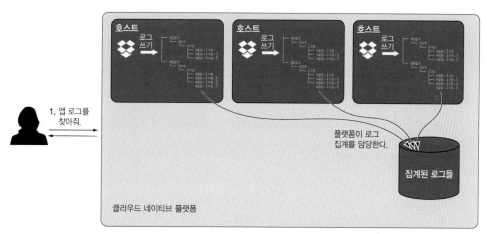

▲ **그림 3.3** 앱 중심의 환경에서 애플리케이션 로그에 접근하는 것은 간단하다.

클라우드 네이티브 플랫폼이 이전에는 운영자가 떠안았던 짐들을 담당하게 된다. 이 플랫폼은 기본적으로 애플리케이션 토폴로지(이전에는 CMDB에 저장됨)를 이해하고, 이를 활용해 모든 애플리케이션 인스턴스의 로그를 집계하고, 운영자에게 관심 있는 엔티티에 필요한 데이터를 제공한다.

핵심은 이것이다. 운영자가 관심을 갖는 엔티티는 애플리케이션이다. 즉, 앱이 실행 중인 호스트 또는 로그를 보관하는 디렉터리는 관심사가 아니다. 작업자는 진단 중인 애플리케이션의 로그가 필요하다.

이 예에서 차이점이라면, 하나는 인프라 중심이고 다른 하나는 애플리케이션 중심이라는 것이다. 애플리케이션 운영자의 경험이 저마다 다른 이유는 추상화의 차이 때문이다. 나는 이것을 '발신음의 차이'라고 부르고 싶다.

> |정의| IaaS(Infrastructure as a Service) 플랫폼은 호스트, 스토리지, 네트워크와 같은 인프라 기본 요소에 접근할 수 있는 인터페이스인 인프라 발신음을 나타낸다.

> |정의| 클라우드 네이티브 플랫폼은 개발자 또는 운영자가 플랫폼과 상호작용할 수 있도록 최상위 애플리케이션으로 만드는 인터페이스, 즉 애플리케이션 발신음을 나타낸다.

그림 3.4에서 층으로 쌓인 블록을 볼 수 있다. 이 블록은 소비자에게 디지털 솔루션으로 함께 제공되는데, 세 개의 층으로 명확히 구분된다. 기본 하드웨어의 관리를 IaaS 제공 업체에 맡기면서, 가상화된 인프라를 통해 컴퓨팅, 스토리지, 네트워크 추상화를 좀 더 쉽게 사용할 수 있다. 클라우드 네이티브 플랫폼은 추상화 수준을 한층 더 끌어올려 소비자가 운영체제와 미들웨어 리소스를 더 쉽게 사용할 수 있도록 하고 기반 컴퓨팅, 스토리지, 네트워크의 관리를 인프라 제공자에게 맡긴다.

그림 3.4의 층 양쪽에 있는 주석들은 이러한 추상화에 대해 수행되는 운영의 차이를 나타낸다. 운영자는 IaaS 인터페이스를 통해 하나 이상의 호스트에 앱을 배포하지 않으며, 클라우드 네이티브 플랫폼에 애플리케이션을 배포하고, 플랫폼은 요청된 인스턴스를 가용 리소스에 분배한다. 운영자는 특정 애플리케이션을 실행하는 호스트의 경계를 보호하기 위해 방화벽 규칙을 설정하지 않고 애플리케이션에 정책을 적용하며, 플랫폼은 애플리케이션 컨테이너의 보안을 관리한다. 운영자는 앱 로그에 접근하기 위해 호스트에 접근하지 않고, 앱 로그에 접근한다. 클라우드 네이티브 플랫폼이 제공하는 경험과 IaaS 플랫폼을 통해 제공하는 경험은 매우 다르다.

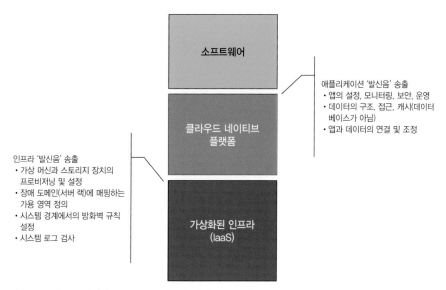

애플리케이션 '발신음' 송출
• 앱의 설정, 모니터링, 보안, 운영
• 데이터의 구조, 접근, 캐시(데이터 베이스가 아님)
• 앱과 데이터의 연결 및 조정

인프라 '발신음' 송출
• 가상 머신과 스토리지 장치의 프로비저닝 및 설정
• 장애 도메인(서버 랙)에 매핑하는 가용 영역 정의
• 시스템 경계에서의 방화벽 규칙 설정
• 시스템 로그 검사

▲ **그림 3.4** 클라우드 네이티브 플랫폼은 인프라 관련 문제를 추상화해서 팀이 하위 레벨의 문제 대신 애플리케이션에 집중할 수 있도록 해준다.

클라우드 네이티브 소프트웨어는 애플리케이션 발신음을 내는 클라우드 네이티브 플랫폼에 구축하기를 권장한다. 이러한 플랫폼 중 몇 개는 지금 사용할 수 있으며, 대형 클라우드 제공업체인 구글 앱 엔진Google App Engine, AWS 일래스틱 빈스토크AWS Elastic Beanstalk, 애저 앱 서비스Azure App Service(특별히 널리 적용된 것은 없다.)가 있다. 클라우드 파운드리는 전 세계적으로 대기업에 많이 적용된 오픈소스 클라우드 네이티브 플랫폼이다. 몇몇 업체는 상용 제품(피보탈, IBM, SAP 등의 일부 제품)을 보유하고 있다.[3] 이러한 플랫폼의 세부 사항은 다양하지만 모두 공통된 철학적 토대를 갖고 있으며 애플리케이션 발신음을 제공한다.

3.2 클라우드 네이티브 플랫폼의 핵심 원리

클라우드 네이티브 플랫폼을 채택함으로써 얻을 수 있는 기능과 그에 따른 이점을 더 자세히 살펴보기 전에 철학적 토대와 모든 것들의 기반이 되는 기본 패턴을 이해하는 것이 중요

---

3   이 책이 출간될 당시에는 피보탈에 근무하며 클라우드 파운드리, 쿠버네티스와 기타 새로운 플랫폼에 관련된 일을 하고 있었다.

하다. 이 토대가 끊임없이 변화하는 환경에서 운영되는 고도로 분산된 앱에 대한 지원을 제공하는 것은 놀랄 일이 아니다. 그러나 이 두 가지 요소를 자세히 설명하기 전에 해당 플랫폼에 필수적인 기술을 이야기해보자.

3.2.1 먼저 컨테이너를 이야기해보자

컨테이너는 클라우드 네이티브 소프트웨어의 훌륭한 도구다. 둘 간의 관계는 우연의 일치는 아니지만, 닭과 계란 같은 상황이다. 컨테이너의 인기는 의심의 여지없이 클라우드 네이티브 애플리케이션을 지원해야 할 필요성에 의해 주도됐고, 컨테이너의 가용성은 클라우드 네이티브 소프트웨어의 발전과 동일하게 향상됐다.

만약 '컨테이너^{container}'라는 용어를 사용할 때 바로 '도커^{Docker}'를 떠올린다면, 꽤 훌륭하다. 그러나 클라우드 네이티브 소프트웨어의 요소들에 더 쉽게 연결할 수 있도록 컨테이너의 주요 요소들을 추상적으로 다루고 싶다.

가장 기본적인 수준에서 시작해보면, 컨테이너는 실행 중인 호스트의 기능을 사용하는 컴퓨팅 컨텍스트다. 예를 들면 기본 운영체제와 같은 것을 사용한다. 일반적으로 단일 호스트에서 여러 개의 컨테이너가 실행되며, 호스트는 물리 또는 가상 서버다. 이 여러 컨테이너는 서로 격리돼 있다. 가장 상위 수준에서 가상 머신은 공유 리소스에서 실행되는 격리된 컴퓨팅 환경인 VM(가상 머신)과 약간 유사하다. 그러나 컨테이너는 VM보다 가볍기 때문에 더 짧은 시간 내에 생성할 수 있으며 더 적은 리소스를 소비한다.

이미 하나의 호스트에서 실행되고 있는 여러 개의 컨테이너가 호스트의 운영체제를 공유하고 있다고 언급했지만, 이것이 전부다. 앱에 필요한 나머지 런타임 환경(그렇다. 앱이 컨테이너에서 실행된다.)은 컨테이너 내에서 실행된다.

그림 3.5는 호스트와 컨테이너 내부에서 실행되는 애플리케이션과 런타임 환경을 보여준다. 호스트는 운영체제 커널만 제공한다. 컨테이너 내부에는 openssh 또는 app get과 같은 운영체제 기능을 포함해 운영체제 루트 파일 시스템이 있다. 애플리케이션에 필요한 런타임 환경(예를 들어 자바 런타임 환경$^{Java\ Runtime\ Environment}$(JRE) 또는 닷넷 프레임워크$^{.NET\ Framework}$)도 컨테이너 내부에 있다. 마지막으로 애플리케이션 또한 컨테이너 안에 있고, 그

안에서 실행된다.

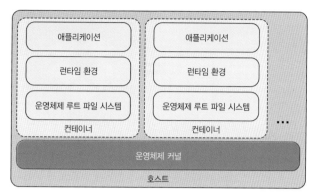

▲ **그림 3.5** 호스트에는 대개 여러 개의 컨테이너가 실행되고 있다. 이러한 컨테이너는 호스트의 운영체제 커널을 공유한다. 그러나 각 컨테이너에는 자체 운영체제 루트 파일 시스템, 런타임 환경, 애플리케이션 코드가 있다.

애플리케이션 인스턴스가 실행되고자 할 때 호스트에 컨테이너가 생성된다. 애플리케이션을 실행하는 데 필요한 모든 것(운영체제 파일 시스템, 애플리케이션 런타임, 애플리케이션 자체)이 해당 컨테이너에 설치되고 적절한 프로세스가 시작된다. 컨테이너를 핵심적으로 사용하는 클라우드 네이티브 플랫폼은 소프트웨어를 위한 기능을 제공하며, 애플리케이션 인스턴스 생성은 그 기능 중 한 가지다. 그 밖의 기능은 다음과 같다.

- 애플리케이션 상태 모니터링
- 인프라 전체에 적절한 애플리케이션 인스턴스 배포
- 컨테이너에 IP 주소 할당
- 앱 인스턴스로의 동적 라우팅
- 환경 설정 주입
- 그 외 더 많은 기능들

클라우드 네이티브 플랫폼이 무엇을 제공하는지 살펴볼 때 컨테이너에 대해 기억해야 할 핵심 요점은 (1) 인프라에 여러 호스트가 있고, (2) 호스트에 여러 컨테이너가 실행되고 있으며, (3) 애플리케이션은 기능을 위해 컨테이너에 설치된 운영체제와 런타임 환경을 사용한다는 것이다. 이후에 나오는 다이어그램에서는 그림 3.6에 표시된 아이콘으로 컨테이너를 묘사한다.

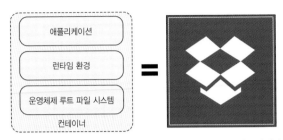

▲ 그림 3.6 클라우드 네이티브 플랫폼의 기능을 살펴볼 때는 종종 컨테이너를 애플리케이션이 실행되는 블랙박스로 생각할 것이다. 잠시 뒤 컨테이너 안에서 어떤 작업이 진행되고 있는지 자세히 알아볼 것이다.

컨테이너에 대한 이러한 기본적인 이해를 바탕으로 이제 클라우드 네이티브 플랫폼의 핵심 원리를 살펴보자.

3.2.2 '지속적인 변화'에 대한 지원

이 책은 실행 중인 플랫폼에 문제가 발생해도 애플리케이션이 어떻게 안정적으로 유지될 수 있는지를 보여주는 아마존의 정전 이야기로 시작했다. 개발자는 소프트웨어 설계를 통해 복원력을 달성하는 데 중요한 역할을 하지만, 모든 안정성 기능을 직접 구현할 필요는 없다. 클라우드 네이티브 플랫폼은 해당 서비스의 상당 부분을 제공한다.

가용 영역을 예로 들어보자. 아마존은 신뢰성을 지원하기 위해 EC2 사용자에게 다중의 가용 영역에 대한 접근 권한을 제공하고, 앱이 가용 영역 장애에서도 살아남을 수 있도록 애플리케이션을 둘 이상의 가용 영역에 배포할 수 있는 옵션을 제공한다. 그러나 AWS에서 가용 영역이 실패하면, 일부 사용자들은 여전히 전체 온라인 상태를 잃게 된다.

정확한 이유는 정말 다양하지만, 일반적으로 가용 영역 전반에 걸쳐 앱을 배포하지 못하는 것은 간단한 일이 아니기 때문이다. 사용하는 가용 영역을 추적하고, 각 가용 영역에서 머신 인스턴스를 시작하고, 가용 영역에서 네트워크를 설정하고, 각 가용 영역에 있는 VM에 애플리케이션 인스턴스(컨테이너)를 배포하는 방법을 결정해야 한다. 모든 유형의 유지 보수(예: 운영체제 업그레이드)를 수행할 때 한 번에 하나의 가용 영역을 수행할지 아니면 다른 패턴을 통해 수행할지 결정해야 한다. AWS가 실행 중인 호스트를 폐기하려고 하기 때문에 워크로드를 이동해야 할까? 그리고 그 가용 영역을 포함해 해당 워크로드를 어디로 옮겨야 하는지 보려면 전체 토폴로지를 고려해야 한다. 확실히 복잡하다.

가용 영역은 AWS가 EC2 서비스 사용자에게 노출하는 추상화지만, 클라우드 네이티브 플랫폼 사용자에게 노출될 필요는 없다. 그 대신 여러 가용 영역을 사용하도록 플랫폼을 설정할 수 있으며, 해당 가용 영역에서의 애플리케이션 인스턴스 오케스트레이션^{orchestration}은 플랫폼에 의해 처리된다. 앱 팀은 단순히 앱의 여러 인스턴스를 배포하도록 요청하고 (예: 그림 3.7에 표시된 것처럼 네 개), 플랫폼은 이를 모든 가용 영역에 균등하게 배포한다. 플랫폼은 인간이 클라우드 네이티브 플랫폼을 사용하지 않을 경우 해야 할 모든 오케스트레이션과 관리를 구현한다. 그리고 나면 변경이 발생하더라도(예를 들어 가용 영역이 다운되는 경우), 애플리케이션은 계속 작동한다.

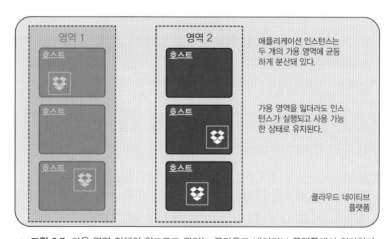

▲ **그림 3.7** 가용 영역 전체의 워크로드 관리는 클라우드 네이티브 플랫폼에서 처리한다.

앞서 언급한 또 다른 개념은 클라우드의 핵심 패턴인 끊임없이 변화하는 상황에서의 최종 일관성이다. 자동화돼야 하는 배포와 관리 업무는 아마도 실행되지 않을 것이라는 예상 하에 설계됐다. 그 대신 시스템 관리는 시스템의 실제 상태(끊임없이 변화하는)를 지속적으로 모니터링해 희망 상태와 비교하고, 필요한 경우 다시 조정한다. 이 기술은 설명하기는 쉽지만 구현하기 어렵고, 클라우드 네이티브 플랫폼을 통해 기능을 실현하는 것이 필수적이다.

쿠버네티스^{Kubernetes}와 클라우드 파운드리를 포함한 여러 클라우드 네이티브 플랫폼은 이러한 기본 패턴을 구현하고 있다. 상세 구현은 조금씩 다르지만 기본 접근법은 동일하다. 그림 3.8은 주요 액터^{actor}와 이들 사이의 기본적인 흐름을 보여준다.

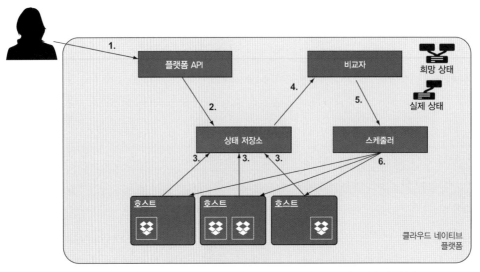

▲ **그림 3.8** 가용 영역 전체의 워크로드 관리는 클라우드 네이티브 플랫폼에서 처리한다.

1. 사용자는 플랫폼 API와 상호작용해 희망 상태를 표현한다. 예를 들어, 사용자는 특정 앱의 네 개 인스턴스가 실행되도록 요청할 수 있다.

2. 플랫폼 API는 희망 상태에 대한 변경 사항을 내결함성 있는 분산 데이터 저장소 또는 메시징 패브릭^{messaging fabric}으로 지속적으로 브로드캐스트^{broadcast}한다.

3. 워크로드를 실행하는 각 호스트는 해당 워크로드에서 실행 중인 상태를 내결함성 있는 분산 데이터 저장소 또는 메시징 패브릭으로 브로드캐스트하는 역할을 한다.

4. 여기서 비교자^{comparator}라고 부르는 액터는 상태 저장소에서 정보를 수집하며, 희망 상태와 실제 상태의 모델을 유지 관리하고 둘을 비교한다.

5. 희망 상태와 실제 상태가 일치하지 않으면 비교자는 시스템의 다른 컴포넌트에게 차이를 알려준다.

6. 스케줄러^{scheduler}라고 부르는 컴포넌트는 새로운 워크로드를 생성할 위치나 종료해야 하는 워크로드를 결정하고 이를 수행하기 위해 호스트와 통신한다.

복잡성은 시스템의 분산된 특성에 기인한다. 솔직히 분산 시스템은 어렵다. 플랫폼에 구현된 알고리즘은 API 또는 호스트로부터의 손실된 메시지, 간단하지만 흐름을 방해할 수 있는 네트워크 파티션, 그리고 때로는 비정상적인 네트워크로 인한 상태 변화를 고려해야 한다.

상태 저장소와 같은 컴포넌트는 입력값이 충돌할 때 상태를 유지할 수 있는 방법이 있어야 한다(팩소스^{Paxos}와 래프트^{Raft} 프로토콜은 현재 가장 널리 사용되고 있다).[4] 애플리케이션 팀이 가용 영역 전반에 걸쳐 워크로드를 관리하는 복잡성을 걱정할 필요가 없듯이, 최종 일관성 시스템을 구현하는 데에도 부담을 가질 필요가 없다. 즉, 이러한 기능은 플랫폼에 탑재된다.

플랫폼은 복잡한 분산 시스템이며, 분산된 앱만큼 복원력이 있어야 한다. 장애나 업그레이드와 같은 계획으로 인해 비교자가 다운되면 플랫폼이 자동 복구해야 한다. 기존에 설명한 플랫폼에서 실행되는 앱에 대한 패턴은 플랫폼 관리에도 사용된다. 희망 상태에는 애플리케이션 워크로드를 실행하는 100개의 호스트와 다섯 개 노드의 분산 상태 저장소를 포함할 수 있다. 시스템 토폴로지가 이와 다른 경우, 희망 상태로 되돌려놓기 위해 시정 조치를 할 것이다.

이 절에서 설명한 내용은 정교하다. 그리고 이전에 수동으로 수행했었을 단계의 단순한 자동화를 훨씬 넘어선다. 이러한 기능은 지속적인 변화를 지원하는 클라우드 네이티브 플랫폼의 기능이다.

3.2.3 '고도로 분산'에 대한 지원

팀이 과도한 절차와 심한 조정 노력 없이도 애플리케이션을 발전시키고 구현할 수 있는 팀 자율성, 그리고 개별 마이크로서비스를 자체 환경 내에서 운영해 독립적인 개발을 지원하고 계단식 장애의 위험을 줄일 수 있는 애플리케이션 자율성을 논의했다. 이를 통해 마치 많은 문제들이 해결된 것으로 보인다. 그러나 이전 아키텍처에서 싱글톤^{singleton} 또는 내부

---

4 팩소스와 래프트는 분산 환경에서 상태를 공유하기 위한 합의 프로토콜 중 가장 유명한 프로토콜이다. 기본적인 개념을 확인하기 위해서는 https://blockonomi.com/paxos-raft-consensus-protocols/를 확인한다. – 옮긴이

프로세스로 구성했던 것들을 분산 컴포넌트로 구성함으로써 전에는 없었던 복잡성이 발생한다.

한 가지 좋은 소식이라면, 업계에서는 한동안 이러한 새로운 문제에 대한 해결책을 연구해왔고 패턴이 꽤 잘 확립돼 있다는 것이다. 한 컴포넌트가 다른 컴포넌트와 통신해야 하는 경우, 다른 컴포넌트를 어디에서 찾아야 하는지 알아야 한다. 앱이 수백 개의 인스턴스로 수평으로 확장될 경우 대규모 일괄 재부팅 없이 모든 인스턴스의 환경 설정을 변경할 수 있는 방법이 필요하다. 사용자 요청을 이행하기 위한 실행 흐름이 12개의 마이크로서비스를 통과하는데 그것이 제대로 수행되지 않을 때는 정교한 앱 네트워크에서 문제가 어디에 있는지를 찾아야 한다. DDoS처럼[5] 시스템 전체에 대해 응답이 없을 때, 클라이언트 서비스가 제공하는 서비스로의 요청을 반복하는 클라우드 네이티브 소프트웨어 아키텍처의 기본 패턴인 재시도를 유지해야 한다.

그러나 개발자는 클라우드 네이티브 소프트웨어에 필요한 모든 패턴을 구현할 책임이 없으며, 대신 플랫폼이 지원할 수 있다는 점을 기억하자. 이와 관련해 클라우드 네이티브 플랫폼에서 제공하는 기능 중 일부를 간략하게 살펴보자.

몇 가지 패턴을 설명하기 위해 구체적인 예를 사용하고 싶다. 요리법 공유 사이트를 이용할 것이다. 사이트에서 제공하는 서비스들 중 하나는 추천된 요리법들의 목록인데, 이를 위해 추천 서비스는 즐겨찾기 서비스를 호출해서 사용자가 이전에 별표로 표시한 요리법들의 목록을 얻는다. 그런 다음 이러한 즐겨찾기를 사용해 추천 항목을 추출한다. 여러 개의 앱이 있고, 각각 여러 개의 인스턴스가 배포돼 있으며, 해당 앱의 기능과 상호작용에 따라 소프트웨어의 동작이 결정된다. 분산된 시스템이 여기에 있다. 이 분산 시스템을 지원하기 위해 플랫폼이 제공할 수 있는 것은 무엇인가?

서비스 탐색

개별 서비스는 다른 호스트 내에 있는 별도의 컨테이너에서 실행되고 있다. 한 서비스가 다른 서비스를 호출하기 위해서는 먼저 다른 서비스를 찾을 수 있어야 한다. 할 수 있는 방법

---

5   분산 서비스 거부(DDoS)(http://mng.bz/4OGR)가 항상 의도를 가지거나 악의적인 의도로 이뤄지는 것은 아니다.

중 하나는 월드 와이드 웹의 잘 알려진 패턴인 DNS와 라우팅을 통한 것이다. 추천 서비스
는 URL을 통해 즐겨찾기 서비스를 호출하고, URL은 DNS 찾기를 통해 IP 주소로 확인된
다. 또한 IP 주소는 라우터를 가리키고, 이 라우터는 요청을 즐겨찾기 서비스의 인스턴스
중 하나에 보낸다(그림 3.9).

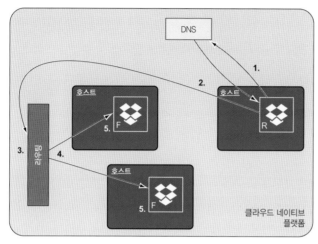

(R) 추천 앱은 (F) 즐겨찾기 서비스에 접근해야 하
며 도메인 이름 URL이 설정돼 있다. 1. DNS를 사
용해 즐겨찾기 서비스의 IP 주소를 찾고 2. 해당 IP
주소로 요청을 보낸다.

이 IP 주소는 3. 라우터로 확인하며, 그런 다음 4.
요청을 즐겨찾기 서비스 인스턴스 중 하나로 라
우팅한다.

5. 앱 인스턴스 IP의 변경 사항을 라우터의 IP 테이
블에 최신 상태로 반영하는 것은 클라우드 네이티
브 플랫폼의 기능이다.

▲ **그림 3.9** 추천 서비스는 DNS 찾기와 라우팅을 통해 즐겨찾기 서비스를 찾는다.

또 다른 방법은 추천 서비스가 IP 주소를 통해 즐겨찾기 서비스의 인스턴스에 직접 접
근하도록 하는 것이지만, 즐겨찾기 서비스의 인스턴스가 많기 때문에 이전처럼 요청이 로
드 밸런싱돼야 한다. 그림 3.10은 이것이 라우팅 기능을 호출 서비스로 가져와서 라우팅
기능 자체를 배포하는 것을 나타낸다.

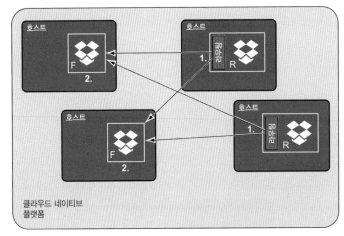

추천 앱은 즐겨찾기 서비스에 접근해야 한다. 클라이언트 측 로드 밸런서(load balancer)가 내장돼 있어 **1.** 요청을 즐겨찾기 서비스의 IP 주소로 라우팅할 수 있다.

2. 앱 인스턴스 IP의 변경 사항을 이러한 분산 라우터의 IP 테이블에 최신 상태로 반영하는 것은 클라우드 네이티브 플랫폼의 기능이다.

▲ **그림 3.10** 추천 서비스는 IP 주소를 통해 즐겨찾기 서비스에 직접 접근하며 라우팅 기능은 배포된다.

라우팅 기능이 논리적으로 중앙 집중돼 있든(그림 3.9), 고도로 분산돼 있든(그림 3.10) 간에 라우팅 테이블을 최신 상태로 유지하는 것은 중요한 프로세스다. 이 프로세스를 완전히 자동화하기 위해, 플랫폼은 새로 시작되거나 복구된 마이크로서비스 인스턴스에서 IP 주소 정보를 수집하고, 해당 데이터를 라우팅 컴포넌트에 배포하기 등의 패턴을 구현한다.

서비스 환경 설정

데이터 과학자들이 추가로 분석해온 결과로서 추천 알고리즘에 대한 몇 가지 파라미터를 변경하고자 할 때를 생각해보자. 추천 서비스는 수백 개의 인스턴스로 배포돼 있으며, 각 인스턴스는 새로운 값을 받아야 한다. 추천 엔진이 단일 프로세스로 배포됐다면 해당 인스턴스로 이동해 새 환경 설정^{configuration} 파일을 제공하고 앱을 다시 시작할 수 있다. 하지만 이제 고도로 분산된 소프트웨어 아키텍처에서는 어떤 (인간) 개인도 모든 인스턴스가 어느 시점에 어디에서 실행되고 있는지 알지 못한다. 그러나 클라우드 네이티브 플랫폼은 그렇지 않다.

클라우드 네이티브 설정에서 이 기능을 제공하려면 환경 설정 서비스가 필요하다. 이 서비스는 그림 3.11에 표시된 것처럼 구현하기 위해 플랫폼의 다른 부분과 함께 작동한다. 그 과정은 다음과 같다.

1. 운영자는 새로운 환경 설정 값을 (예를 들어 소스 코드 제어 시스템에 커밋^{commit}을 통해) 환경 설정 서비스에 제공한다.

2. 서비스 인스턴스는 필요할 때마다 환경 설정 값을 얻는 환경 설정 서비스에 접근하는 방법을 알고 있다. 서비스 인스턴스는 시작 시 이 작업을 수행하지만, 환경 설정 값이 변경되거나 특정 생명 주기 이벤트가 발생할 때도 이 작업을 수행해야 한다.

3. 환경 설정 값이 변경되면, 각 서비스 인스턴스를 자체적으로 새로 고치는 것이 팁이다. 플랫폼은 모든 서비스 인스턴스에 대해 알고 있다. 실제 상태는 상태 저장소에 있다.

4. 플랫폼은 각 서비스 인스턴스에 새로운 값을 사용할 수 있음을 알리고, 해당 인스턴스는 새로운 값을 가져온다.

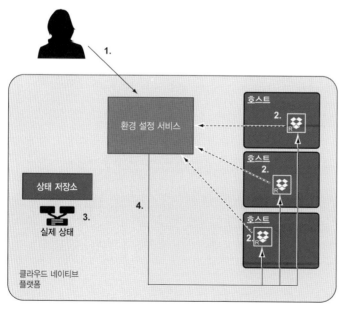

모든 앱 인스턴스에 새로운 환경 설정을 제공해야 할 경우, 운영자는 1. 이러한 값을 환경 설정 서비스에 제공한다.

각 앱 인스턴스는 환경 설정 서비스를 통해 2. 환경 설정에 접근하는 방법을 알고 있다.

클라우드 네이티브 플랫폼은 3. 추천 서비스의 모든 인스턴스가 배포된 위치를 알고 있으므로 4. 업데이트된 환경 설정을 알릴 수 있다.

▲ **그림 3.11** 클라우드 네이티브 플랫폼의 환경 설정 서비스는 마이크로서비스 기반 애플리케이션 배포를 위한 중요한 환경 설정 기능을 제공한다.

다시 말하지만, 개발자나 앱 운영자는 이 프로토콜을 구현할 책임이 없으며 클라우드 네이티브 플랫폼에 배포된 앱에 자동으로 제공된다.

서비스 탐색과 서비스 환경 설정은 클라우드 네이티브 플랫폼에서 제공하는 많은 기능 중 두 가지에 불과하지만, 클라우드 네이티브 애플리케이션이 모듈화되고 고도로 분산된 특성에 필요한 런타임 지원의 예시다. 그 외 서비스는 다음과 같다.

- 트레이서^{tracer}를 해당 요청에 자동으로 내장해서 많은 마이크로서비스를 통과하는 이슈 요청을 진단할 수 있는 분산 추적 메커니즘
- 네트워크 중단과 같은 문제로 인해 재시도가 폭증해서 의도하지 않은 내부 DDoS 공격이 발생할 때 이를 방지하는 서킷 브레이커

이러한 서비스 외에 더 많은 서비스들이 클라우드 네이티브 플랫폼에서 반드시 필요하며, 현재 구축하고 있는 현대 소프트웨어의 개발자와 운영자에게 부과되는 부담을 크게 줄여준다. 이러한 플랫폼의 채택은 고도화된 IT 조직에 필수적이다.

3.3 누가 무엇을 합니까?

클라우드 네이티브 플랫폼은 보안 및 규정 준수, 변경 제어, 멀티테넌시^{multitenancy}, 그리고 이전 장에서 설명한 배포 프로세스 제어와 같은 더 많은 작업을 지원한다. 하지만 그 가치를 충분히 인식하기 위해 우선 인간에 대해 이야기할 필요가 있다. 특히 클라우드 네이티브 플랫폼과 데이터 센터 구조에 대한 책임을 각각 대응시켜보고자 한다.

그림 3.4의 다른 형태인 그림 3.12는 동일한 스택을 보여주고 있지만, 이제 클라우드 네이티브 플랫폼과 소프트웨어 사이의 경계선에 집중해보고자 한다. 그 경계선에는 소프트웨어가 제공돼야 하는 방법(플랫폼 API)과 소프트웨어가 플랫폼에서 얼마나 잘 실행될지를 보장하는 제공하는 서비스 수준이 있다.

예를 들어 간단한 웹 애플리케이션을 실행하기 위해서는 플랫폼 API를 통해 웹앱과 일부 백엔드 서비스를 위한 JAR 파일 및 HTML 파일, 배포 토폴로지를 제공할 수 있다. 웹앱을 위한 두 개의 인스턴스와 고객 데이터베이스에 연결되는 세 개의 백엔드 서비스를 원할 수 있다. 서비스 수준 측면에서, 계약은 애플리케이션에 다섯 개의 9(99.999%)에 해당하는 가용성을 보장하고 스플렁크^{Splunk} 인스턴스에서 모든 애플리케이션 로그를 유지하도록 보

장할 수 있다.

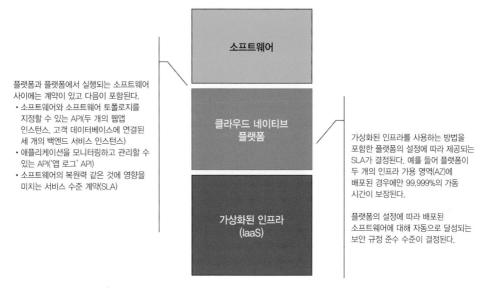

플랫폼과 플랫폼에서 실행되는 소프트웨어 사이에는 계약이 있고 다음이 포함된다.
- 소프트웨어와 소프트웨어 토폴로지를 지정할 수 있는 API(두 개의 웹앱 인스턴스, 고객 데이터베이스에 연결된 세 개의 백엔드 서비스 인스턴스)
- 애플리케이션을 모니터링하고 관리할 수 있는 API('앱 로그' API)
- 소프트웨어의 복원력 같은 것에 영향을 미치는 서비스 수준 계약(SLA)

소프트웨어

클라우드 네이티브 플랫폼

가상화된 인프라 (IaaS)

가상화된 인프라를 사용하는 방법을 포함한 플랫폼의 설정에 따라 제공되는 SLA가 결정된다. 예를 들어 플랫폼이 두 개의 인프라 가용 영역(AZ)에 배포된 경우에만 99.999%의 가동 시간이 보장된다.

플랫폼의 설정에 따라 배포된 소프트웨어에 대해 자동으로 달성되는 보안 규정 준수 수준이 결정된다.

▲ **그림 3.12** 클라우드 네이티브 플랫폼은 소비자가 낮은 레벨의 인프라 세부 사항에 노출되지 않으면서 소프트웨어를 배포하고 관리할 수 있는 계약을 제시한다. 성능 보증과 같은 비기능 요구 사항은 특정한 플랫폼 설정을 통해 실현된다.

이러한 경계와 계약을 설정하면 강력한 것을 할 수 있다. 즉, 별도의 팀을 구성할 수 있다. 한 팀은 조직에서 요구하는 서비스 수준을 제공하는 방식으로 클라우드 네이티브 플랫폼을 설정해야 한다. 이 플랫폼 팀의 구성원들은 특정 기술 프로필이 있다. 그들은 인프라 리소스를 사용하는 방법을 알고 있으며, 클라우드 네이티브 플랫폼의 내부 작업과 플랫폼의 동작을 미세 조정할 수 있는 기본 요소(애플리케이션 로그가 스플렁크로 전송됨)를 이해하고 있다.

다른 팀, 또는 우리가 말하는 팀들은 최종 소비자를 위한 소프트웨어를 만들고 운영하는 애플리케이션 팀이다. 이들은 플랫폼 API를 사용해 실행 중인 애플리케이션을 배포하고 관리하는 방법을 알고 있다. 이 팀의 구성원은 클라우드 네이티브 소프트웨어 아키텍처를 이해하고 최적의 성능을 위해 이를 모니터링하고 설정하는 방법을 알 수 있는 기술 프로필을 갖고 있다.

그림 3.13은 각 팀이 담당하는 전체 스택의 일부를 나타낸다. 이 다이어그램의 두 가지 요소에 주목하자.

- 각 팀이 책임지는 스택의 영역은 겹치지 않는다. 이는 매우 강력하며, 이러한 플랫폼을 사용할 때 애플리케이션 배포가 훨씬 더 자주 발생할 수 있는 주된 이유 중 하나다. 그러나 이러한 영역 겹침이 없는 경우는 레이어 간 경계의 계약이 정확하게 설계됐을 때만 달성된다.
- 각 팀은 자신이 책임지는 제품을 '소유'하고 전체 생명 주기를 소유한다. 앱 팀은 소프트웨어를 구축하고 운영하는 책임을 진다. 플랫폼은 팀 구성원에게 이 일을 수행하는 데 필요한 계약을 제공한다. 그리고 플랫폼 팀은 제품인 플랫폼을 구축(또는 설정)하고 운영할 책임이 있다. 이 제품의 고객은 앱 팀의 팀원이다.

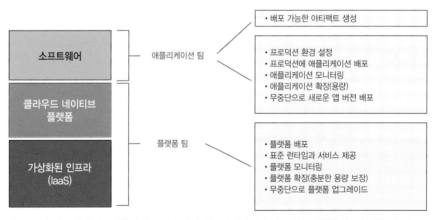

▲ **그림 3.13** 올바른 추상화는 자율적인 플랫폼 팀과 애플리케이션 팀의 구성을 지원한다. 각 팀은 각 제품의 배포, 모니터링, 확장, 업그레이드를 책임진다.

올바른 계약이 체결되면, 애플리케이션 팀과 플랫폼 팀은 자율적으로 운영된다. 각자는 다른 사람과의 광범위한 조정 없이 자신의 책임을 수행할 수 있다. 다시 한 번 그들의 책임이 얼마나 유사한지를 주목하는 것은 흥미롭다. 각 팀은 각 제품의 배포, 설정, 모니터링, 확장, 업그레이드를 담당한다. 다른 점은 담당 제품과 업무 수행에 사용하는 도구다.

그러나 디지털 솔루션을 제공하기 위해 꼭 필요한 요소인 자율성을 달성하는 데는 계약의 정의뿐만 아니라 클라우드 네이티브 플랫폼 자체의 내부 작업도 중요하다. 플랫폼은 우리가 요구하는 민첩성을 달성하는 데 반드시 필요한 지속적인 딜리버리 방식을 지원해야 한다. 보안, 규정 준수, 기타 제어 기능을 동시에 구현하면서 스노우플레이크를 허용하지 않고 애플리케이션 팀의 자율성을 보장해 운영 효율성을 향상시켜야 한다. 또한 멀티테넌트^{multitenant} 환경에서 실행되는 고도로 분산되고 많은 애플리케이션 컴포넌트(마이크로서비스)로 구성된 소프트웨어를 만들 때 추가되는 부담을 줄여주는 서비스를 제공해야 한다.

클라우드 네이티브 플랫폼의 핵심 원리를 이야기할 때 이미 몇 가지 주제를 조금 살펴봤다. 이제 좀 더 깊이 파고들자.

3.4 추가적인 클라우드 네이티브 기능

이제 플랫폼이 지속적으로 변화하는 환경에서 실행되는 고도로 분산된 소프트웨어와 애플리케이션 팀 및 플랫폼 팀의 작업에 대한 기본 지원을 이해했으니 클라우드 네이티브 플랫폼을 이해해야 할 추가 요소를 살펴보자.

3.4.1 SDLC 전체를 지원하는 플랫폼

지속적인 딜리버리는 프로덕션에 배포를 자동화하는 것만으로는 달성할 수 없다. 성공은 소프트웨어 개발 생명 주기의 초기에 시작된다. SDLC를 통해 전달되는 하나의 배포 가능한 아티팩트가 필수적이라는 것을 확인했다. 이제 필요한 것은 해당 아티팩트가 배포될 환경과 해당 아티팩트가 환경의 적절한 설정을 가질 수 있도록 하는 방법이다.

개발자는 자신의 워크스테이션에서 코드가 실행되고 있는지 확인한 후 코드를 체크인한다. 이렇게 하면 배포 가능한 아티팩트를 만들고, 공식 개발 환경에 설치하고, 테스트를 실행하는 파이프라인이 시작된다. 테스트가 통과되면 다음 기능 구현으로 넘어갈 수 있으며, 사이클이 계속된다. 그림 3.14는 개발 환경에서의 배포를 설명한다. 개발 환경에는 앱이 의존하는 다양한 서비스의 경량 버전(데이터베이스, 메시지 큐 등)이 포함돼 있으며, 다이어그램에서 오른쪽에 있는 기호로 표시됐다.

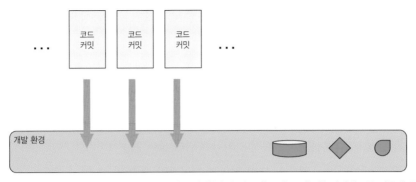

▲ **그림 3.14** 코드를 커밋하면 프로덕션과 유사한 개발 환경에 배포되는 배포 가능한 아티팩트를 만들게 된다. 이 환경은 데이터베이스와 메시지 대기열 같은 서비스의 개발 버전(오른쪽 기호로 표시됨)을 가진다.

덜 자주 발생하는 또 다른 트리거, 아마도 매일 실행되는 시간 기반 트리거는 아티팩트를 테스트에 배포할 것이며, 여기서는 프로덕션에 좀 더 가까운 환경에서 더 포괄적이고 더 오래 진행되는 테스트가 실행될 것이다. 그림 3.15에서 테스트 환경의 일반적인 모습은 개발 환경의 모습과 동일하지만, 두 개가 다른 음영으로 표시돼 차이를 나타낸다. 예를 들어, 개발 환경의 네트워크 토폴로지는 단순하고 모든 앱이 동일한 서브넷에 배치되는 반면, 테스트 환경에서는 네트워크가 분할돼 보안 경계를 제공할 수 있다.

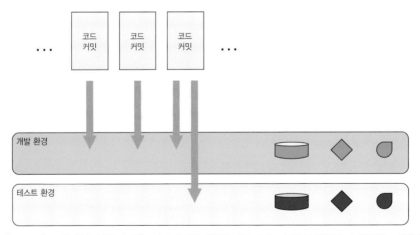

▲ **그림 3.15** 배포 가능한 동일한 아티팩트가 스테이징 환경에 배포되며, 프로덕션 환경과 더 일치하는 서비스(오른쪽 기호로 표시됨)에 바인딩된다.

각 환경에서 이용할 수 있는 서비스의 인스턴스도 다르다. 이들의 일반적인 모양은 동일하지만(개발 환경에서 관계형 데이터베이스라면 테스트 환경에서도 관계형 데이터베이스가 된다.), 음영 차이가 있다는 것은 서로 다르다는 것을 의미한다. 예를 들어 테스트 환경에서 앱이 바인딩한 고객 데이터베이스는 전체 프로덕션 고객 데이터베이스에서 PI(개인 식별 가능 정보)가 클린징^cleansing된 버전이겠지만, 개발 환경에서는 샘플 데이터가 일부 포함된 작은 인스턴스일 것이다.

마지막으로, 비즈니스가 소프트웨어 릴리스를 결정하면 아티팩트에 릴리스 버전으로 태그를 붙이고 프로덕션에 배포한다. 그림 3.16을 참조한다. 서비스 인스턴스를 포함한 프로덕션 환경은 테스트 환경과 다르다. 예를 들어, 여기서 앱은 실제 고객 데이터베이스에 바인딩된다.

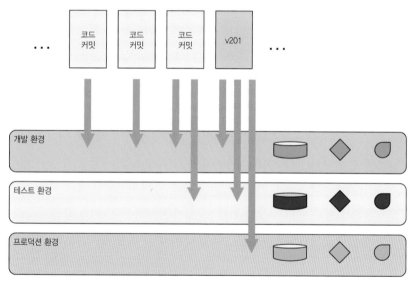

▲ **그림 3.16** 동일한 아티팩트가 SDLC 전체에서 유사한 환경에 배포되며 환경 전반에 걸쳐 불가피한 차이도 받아들여야 한다.

개발, 테스트, 프로덕션 환경에는 차이가 존재하지만 중요한 유사성도 있다는 것을 강조하고 싶다. 예를 들어, 모든 환경에 배포하는 데 사용하는 API는 동일하다. 효율적인 SDLC 프로세스에 필수적인 자동화를 관리하기 위해 다양한 API를 사용하는 것은 불필요한 부담이 되고 효율성의 장벽이 될 것이다. 운영체제, 언어 런타임, 특정 I/O 라이브러리 등과 같은 요소를 포함하는 기본 환경은 모든 환경에서 동일해야 한다(다음 절에서 프로세스 제어를 이야기할 때 다시 설명하겠다). 애플리케이션과 모든 바인딩 서비스 간의 통신을 관리하는 계약은 모든 환경에서 일관된다. 간단히 말해, 환경적으로 같다는 것은 개발 과정에서 다시 시작하는 지속적인 딜리버리 프로세스에 절대적으로 필요하다.

이런 환경을 관리하는 것은 IT 조직의 최우선 관심사이며, 클라우드 네이티브 플랫폼은 이러한 환경을 정의하고 관리하는 장소다. 개발 환경의 운영체제 버전이 업그레이드되면, 다른 모든 환경들도 같이 업그레이드돼야 한다. 마찬가지로, 서비스 중 하나라도 새 버전으로 갱신되면(예를 들어 새 버전의 래빗MQ^{RabbitMQ}나 Postgres가 사용 가능함), 모든 환경에서 동시에 수행된다.

그러나 플랫폼은 런타임 환경이 일치하도록 확인하는 것뿐만 아니라, 배포된 앱이 하나의 단계에서 다음 단계로 이동할 때 존재하는 차이를 받아들일 수 있도록 하는 계약도 제공해야 한다. 예를 들어, 앱이 필요로 하는 값을 제공하는 범용적인 방식인 환경 변수는 SDLC를 통해 동일한 방식으로 앱에 제공돼야 한다. 그리고 서비스가 앱에 바인딩될 때 연결 인수^{argument}를 제공하는 방식도 일정해야 한다.

그림 3.17은 이 개념을 시각적으로 보여준다. 각각의 공간에 배포된 아티팩트는 정확히 동일하다. 앱과 환경 설정, 앱과 서비스(이 경우 로열티 멤버 데이터베이스) 간의 계약도 일정하다. 배포 가능한 각 아티팩트에서 가리키는 화살표는 모든 환경에서 정확히 동일하며, 다른 점은 환경 설정과 로열티 멤버 추상화 뒤에 있는 세부 사항이다. 이와 같은 추상화는 전체 SDLC를 지원하도록 설계된 플랫폼의 필수적인 부분이다.

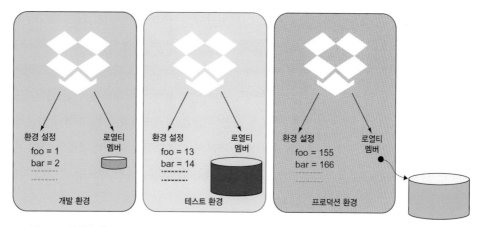

▲ **그림 3.17** 플랫폼에는 SDLC 요구 사항을 충족하기 위해 애플리케이션과 런타임 환경과 바인딩된 서비스 간의 약속된 메커니즘을 포함해야 한다.

때로는 고객에게 사전 프로덕션 환경 또는 프로덕션 전용 플랫폼을 구현하도록 했었다. 자동화된 헬스체크 관리 또는 표준화된 머신 이미지를 제어하는 기능을 가진 클라우드 네이티브 플랫폼이 프로덕션에서만 사용 가능하더라도 가치를 제공한다는 것은 의심의 여지가 없다. 그러나 디지털 솔루션을 지속적으로 딜리버리해야 하는 필요성을 감안할 때 플랫폼은 전체 SDLC에 적용돼야 한다. 플랫폼이 적절한 추상화로 동일한 환경을 제공하고 모든 상호작용을 자동화하는 데 사용될 수 있는 API를 제공할 때, 소프트웨어를 개발하고 프로덕션에 이르는 모든 과정을 예측 가능하고 효율적인 시스템으로 전환할 수 있다.

3.4.2 보안, 변경 제어, 규정 준수(제어 기능)

많은 개발자들이 정보 보안 부서, 규정 준수, 변경 제어를 좋아하지 않는다는 사실은 이미 잘 알려져 있다. 그렇다고 해도 누가 그들을 비난할 수 있을까? 개발자들은 앱을 프로덕션에서 실행시키고 싶어 한다. 그러나 이러한 제어 기능은 끝없이 티켓을 발행하게 하며, 결국에는 배포하는 것을 막을 수 있다. 반면에 개발자들도 자신의 불만을 잠시 접어두고 이들 조직의 가치를 인정해야 한다. 고객의 개인정보를 보호해야 하며, 중요한 비즈니스 애플리케이션이 변경되는 것을 막아야 한다. 또한 대형의 프로덕션 사고가 발생하는 것을 막기 위해 감시하는 적절한 안전 조치에 감사해야 한다.

현재의 프로세스에서 마주치는 문제는 사람이나 조직 때문이 아니다. 단지 실수할 수 있는 방법이 너무 많기 때문에 일어난다. 예를 들어 개발자는 특정 유형의 워크로드에 대해 성능 저하를 초래한다고 알려져 있어 더 이상 프로덕션 시스템에서 허용되지 않는 특정 버전의 JRE 종속성을 지정할 수 있다. 그러면 프로덕션으로 들어가지 않도록 변경 제어가 필요하다. 특정 데이터베이스로의 모든 사용자 접근access을 기록해야 한다는 제어가 있는가? 규정 준수 조직에서 로깅 에이전트가 올바르게 배포되고 설정됐는지 확인하려고 한다. 규칙이 준수되고 있는지를 명시적인 수동 방식으로 자주 확인하는 것이 때로는 유일한 제어 지점이다.

이러한 제어 지점은 애플리케이션 생명 주기 전체에 걸쳐 다양한 장소에서 구현되며, 사이클에서 너무 늦게 추진되는 경우가 많다. 계획된 배포 전날에 누락된 부분이 발견되면, 그 후 일정이 큰 위험에 처하게 되고 마감일을 놓치게 되며 모두가 불행해진다. 그림 3.18 에서 볼 수 있는 가장 흥미로운 점은 이러한 제어 장치가 모든 배포, 즉 모든 버전, 모든 앱에 적용된다는 점이다. 준비 완료에서 배포까지의 시간은 기껏해야 일 단위로 계산되고, 여러 배포 시간은 몇 주 단위로 계산된다.

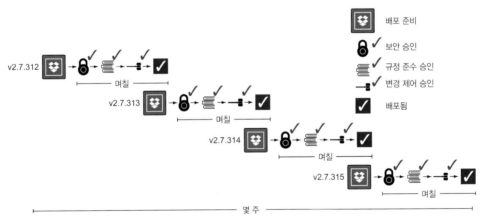

▲ **그림 3.18** 모든 앱의 모든 릴리스 때마다 중요한 경로에 있는 제어 기능은 수행할 수 있는 배포 수를 줄인다.

아마존이 하루에 수만 번 배포한다고 했던 것을 기억하는가? 근본적으로 다르게 하고 있다. 아마존이 규제 요건에서 면제되는 것도 아니고, 고객의 개인정보와 무관하지도 않다. 대신에 아마존은 다른 방식으로 제어가 설계돼 요건을 충족시키고 있다. 배포된 모든 것이 보안 및 규제 요건을 충족할 수 있도록 플랫폼에 직접 적용한다.

잠시 후에 어떻게 이러한 제어 장치를 플랫폼에 적용할 수 있는지를 이야기하겠지만, 우선 결과를 살펴보자. 배포가 제어를 충족한다고 보장되면, 더 이상 체크리스트를 거치지 않아도 된다. 더 이상 긴 체크리스트가 없다면, 아티팩트를 배포할 때까지의 시간이 크게 줄어든다. 한때 며칠이 걸렸던 배포는 이제 몇 분 정도 걸린다. 또한 연속적인 배포에 몇 주가 걸렸지만, 이제 하루 안에 여러 주기를 완료할 수 있다(그림 3.19). 이전보다 훨씬 더 자주 시험해보고 피드백을 받을 수 있으며, 이미 그런 방식의 많은 이점을 살펴봤다.

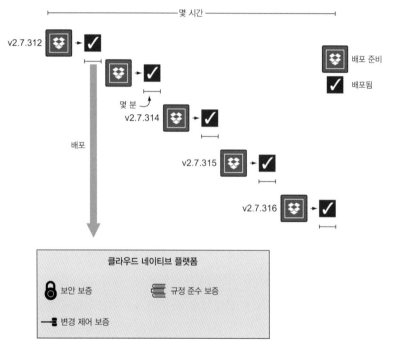

▲ **그림 3.19** 제어 기능을 구현하는 플랫폼에 배포하면 배포 준비가 된 앱과 배포 수행 사이의 시간을 몇 분으로 단축할 수 있다.

다음으로 클라우드 네이티브 플랫폼에 이러한 제어 기능이 어떻게 구축되는지 살펴보자. 그림 3.19에 제시된 보안, 규정 준수, 변경 제어 보장을 어떻게 얻을까?

3.4.3 컨테이너에 들어가는 내용 제어

2장에서는 반복성이 필요하다는 것과 런타임 환경, 배포 가능한 아티팩트, 배포 프로세스 자체를 제어함으로써 반복성을 달성하는 것을 이야기했다. 컨테이너 기술을 사용하면 해당 수준의 제어 기능을 플랫폼에 직접 적용할 수 있으므로, 사용자가 추구하는 보안, 규정 준수, 변경 제어 보장을 얻을 수 있다.

그림 3.20은 실행 중인 애플리케이션의 다양한 부분이 결합되는 방식을 다룬 2장의 그림 2.12를 반복한다. 이제 컨테이너를 이야기했으므로, 이 다이어그램의 각 부분을 실행 중인 애플리케이션이 될 엔티티에 매핑할 수 있다.

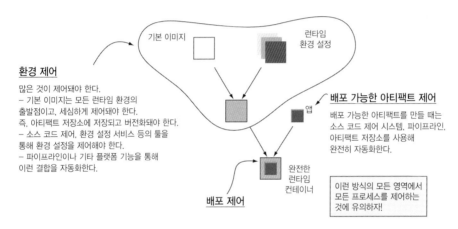

▲ **그림 3.20** 표준화된 기본 이미지, 제어된 환경 설정, 배포 가능한 하나의 아티팩트의 결합은 자동화된다.

그림 3.21은 호스트에서 실행 중인 컨테이너를 보여준다. 그림 3.20에서 '기본 이미지'라고 부르는 것은 이제 컨테이너의 루트 운영체제 파일 시스템으로 명확하게 표시된다. 런타임 환경은 JRE 또는 닷넷 런타임과 같이 루트 파일 시스템에 설치된 추가 컴포넌트를 나타낸다. 그리고 마지막으로 배포 가능한 아티팩트도 컨테이너 안으로 들어온다. 그렇다면 각 부분을 어떻게 제어할 것인가?

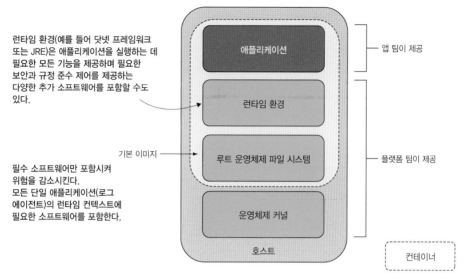

런타임 환경(예를 들어 닷넷 프레임워크 또는 JRE)은 애플리케이션을 실행하는 데 필요한 모든 기능을 제공하며 필요한 보안과 규정 준수 제어를 제공하는 다양한 추가 소프트웨어를 포함할 수도 있다.

애플리케이션

앱 팀이 제공

런타임 환경

기본 이미지

루트 운영체제 파일 시스템

필수 소프트웨어만 포함시켜 위험을 감소시킨다. 모든 단일 애플리케이션(로그 에이전트)의 런타임 컨텍스트에 필요한 소프트웨어를 포함한다.

플랫폼 팀이 제공

운영체제 커널

호스트

컨테이너

▲ **그림 3.21** 컨테이너 이미지의 구조는 앱 팀의 관심사와 플랫폼 팀의 관심사를 명확하게 구분한다.

먼저, 기본 이미지를 이야기해보자. 운영체제 커널은 호스트에서 실행 중인 커널에서 나온 것임을 되새겨보자(잠시 후 다시 이 문제로 돌아가겠다). 컨테이너 내부의 루트 파일 시스템에는 해당 커널에 추가된 것들이 있으며 운영체제에 설치된 소프트웨어 패키지로 생각할 수 있다. 운영체제에 배포된 모든 소프트웨어에는 취약점이 생길 수 있으므로, 가장 좋은 방법은 가능한 한 기본 이미지를 최소한으로 유지하는 것이다. 예를 들어 컨테이너에 대한 SSH 접근을 허용하지 않으려면(SSH 접근을 제한하는 것이 정말 좋은 생각이다.) 기본 이미지에 OpenSSH를 포함하지 않는다. 그런 다음 기본 이미지 세트를 제어하면 워크로드의 많은 보안 특성을 크게 제어할 수 있다.

기본 이미지를 가능한 한 작게 만드는 것이 실제로 가장 좋은 방법이며, 공격을 당할 수 있는 표면을 작게 만들면 시스템은 더 안전해진다. 그러나 보안과 규정 준수는 특정 프로세스(예: 로깅 에이전트)가 실행되도록 보장돼야 한다. 모든 컨테이너에서 실행돼야 하는 소프트웨어 패키지는 기본 이미지에 포함돼야 한다.

|요점 1| 플랫폼은 승인된 기본 이미지만 사용할 수 있어야 한다.

이 기본 이미지는 다양한 특화된 워크로드를 위한 토대로서 사용될 수 있다. 예를 들어, 일부 앱은 자바로 작성돼 JRE가 필요할 수 있으며, 다른 앱은 파이썬으로 작성돼 파이썬 인터프리터가 설치돼 있어야 한다. 이것이 런타임 환경으로서 그림 3.21에 표시된 역할이다. 물론 JRE나 파이썬 인터프리터 같은 런타임 환경의 일부에는 자체 취약성이 있을 수 있으므로 보안 부서에서 사용이 승인된 특정 버전이 있을 것이다.

|요점 2| 플랫폼은 컨테이너에 포함될 수 있는 모든 런타임 환경을 제어해야 한다.

마지막으로, 컨테이너에 있는 마지막 부분은 애플리케이션 자체이며, 이 배포 가능한 아티팩트를 세심하게 작성하는 방법은 잘 이해하고 있을 것이다.

|요점 3| 반복적이고 안전하게 아티팩트를 생성할 수 있는 자동화를 제공하기 위해 코드 스캔과 결합된 파이프라인을 구축한다.

이제 제어의 의미로 돌아가자. 애플리케이션 팀의 관심사와 플랫폼 팀의 관심사를 구분하는 아키텍처를 갖는 것을 이야기한 적이 있다. 애플리케이션 팀은 비즈니스를 지원하는 디지털 오퍼링을 제공하고, 플랫폼 팀은 기업의 보안 및 규정 준수 요구 사항을 충족해야 한다. 앱 팀은 앱만 제공하고, 플랫폼 팀은 다른 모든 것을 제공한다.

그림 3.21을 한 번 더 살펴보면, 플랫폼 팀이 승인된 기본 이미지와 승인된 런타임 환경을 제공하는 것을 알 수 있다. 또한 호스트에서 실행되고 있는 운영체제 커널을 플랫폼 팀이 담당한다는 것도 알 수 있다. 요컨대, 플랫폼 팀은 방금 살펴봤던 각 계층을 통해 보안과 규정 준수 제어를 할 수 있다.

3.4.4 업그레이드와 취약성 패치

그림 3.21에 설명된 애플리케이션 컨테이너의 일부를 업데이트해야 하는 경우 실행 중인 인스턴스는 수정되지 않는다. 대신 새로운 컴포넌트 세트를 사용해 새 컨테이너를 배포한

다. 클라우드 네이티브 앱은 항상 여러 인스턴스에 배포하므로 다운타임 없이 이전 버전에서 새 버전으로 이동할 수 있다.

이러한 업그레이드의 기본 패턴은 (1) 애플리케이션 인스턴스의 서브셋을 종료하거나 폐기하고, (2) 동일한 수의 새 컨테이너 인스턴스가 시작되며, (3) 가동되거나 실행된 후에는 이전 인스턴스의 다음 일괄 작업을 대체하도록 옮겨가는 것이다. 클라우드 네이티브 플랫폼에서 이 프로세스를 처리하므로 새로운 버전의 앱만 제공하면 된다.

이 절의 첫 번째 단락에서 언급한 '애플리케이션 컨테이너의 일부를 업데이트해야 하는 경우'라는 표현을 보자. 때로는 변경되는 앱이기도 하고, 때로는 플랫폼에서 제공하는 모든 것이기도 하다. 롤링 업그레이드는 새로운 버전의 앱이 있거나, 운영체제(커널이나 루트 파일 시스템) 또는 런타임 환경에 다른 버전이 있을 때마다 수행된다.

더 좋은 점은 플랫폼 팀과 애플리케이션 팀의 요구를 모두 충족하도록 설계된 클라우드 네이티브 플랫폼이 이러한 팀들이 독립적으로 운영될 수 있도록 한다는 것이다. 이는 엄청나게 강력한 것이다!

그림 3.22는 애플리케이션 팀이 개발, 테스트, 프로덕션 환경으로 배포하는 것을 보여주는 이전의 다이어그램을 확장한다. 이제 애플리케이션 팀에서 배포할 때마다 컨테이너가 플랫폼 팀에서 제공하는 부분과 애플리케이션 팀에서 제공하는 부분으로 조립된다는 사실을 이해하자(그림 3.21 참조).

따라서 플랫폼 팀이 공급하는 컨테이너 파트의 새로운 버전이 있을 때, 새로운 컨테이너도 조립될 수 있다. 앱 팀에 새로운 것이 있으면 새로운 컨테이너를 조립해 배포하고, 플랫폼 팀에 새로운 것이 있으면 새로운 컨테이너를 조립해 배포한다. 이는 그림 3.22에 나타나 있다. 위에서 앱 팀은 새로운 컨테이너를 만들고 있으며, 측면에서는 플랫폼 팀이 자체 일정에 따라 플랫폼 요소를 교체하고 있다. 플랫폼 팀은 컨테이너에서 플랫폼 제공 부분을 업데이트하고 있다.

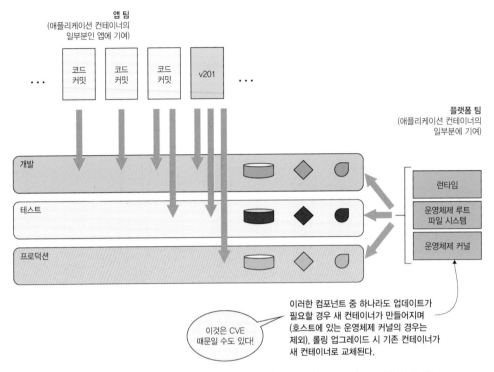

앱 팀
(애플리케이션 컨테이너의
일부분인 앱에 기여)

플랫폼 팀
(애플리케이션 컨테이너의
일부분에 기여)

이것은 CVE 때문일 수도 있다!

이러한 컴포넌트 중 하나라도 업데이트가 필요할 경우 새 컨테이너가 만들어지며 (호스트에 있는 운영체제 커널의 경우는 제외), 롤링 업그레이드 시 기존 컨테이너가 새 컨테이너로 교체된다.

▲ **그림 3.22** 올바른 플랫폼을 통해 애플리케이션 팀은 플랫폼 팀과 독립적으로 운영될 수 있다.

이러한 자율성은 데이터 센터의 패치 관리에 필수적이다. 새로운 취약점(CVE)이 발견되면,[6] 데이터 센터에서 실행 중인 모든 앱에 대해 복잡한 조정 없이 패치를 신속하게 적용해야 한다. 이러한 유형의 복잡한 조정은 이전 데이터 센터 설정에서 패치가 빠르게 적용되지 않는 이유 중 하나였다.

플랫폼 팀이 최신 취약성에 대한 수정[fix]을 완료할 때, 플랫폼은 자동으로 새로운 컨테이너 이미지를 생성한 다음 실행 중인 인스턴스를 일괄적으로 교체한다. 플랫폼은 다른 애플리케이션 인스턴스의 교체 사이클이 진행되는 동안 실행 중인 애플리케이션 인스턴스의 하위 집합을 항상 그대로 유지한다. 이것이 롤링 업그레이드다. 물론, 무모하게 해서는 안 된다. 먼저 패치를 스테이징 환경에 배포하고 테스트를 실행해야 한다. 이러한 테스트를 통

---

6   CVE(Common Vulnerabilities and Exposures)는 공통 취약성 및 노출을 의미하며, 위키피디아는 http://mng.bz/QQr6 에서 자세한 정보를 제공한다.

과한 후에야 프로덕션의 배포로 넘어가게 된다.

구글 클라우드 플랫폼, AWS, 애저, 또는 다른 클라우드 플랫폼 공급자의 관점에서 잠시 이 점을 생각해본다면, 플랫폼 팀과 플랫폼 사용자 간에 이러한 유형의 자율성은 필수적이다. 100만 명 이상의 활성 사용자를 보유한 AWS가[7] 만약 해당 개별 사용자들과 조율해야 했다면 플랫폼 오퍼링을 관리할 수 없었을 것이다. 클라우드 네이티브 애플리케이션 플랫폼을 사용해 데이터 센터에서 동일한 방식을 적용할 수 있다.

3.4.5 변경 제어

변경 제어 기능은 프로덕션에서 나쁜 상황이 발생할 수 있는 변경(예: 업그레이드를 하거나 새로운 앱이 구축되는 경우)에 대한 마지막 방어 기능이다. 이것은 일반적으로 계획된 배포의 모든 세부 사항을 주의 깊게 살펴보고, 동일한 환경에서 실행되는 다른 시스템에 미치는 영향을 평가해야 하는 상당한 책임이 있는 것이다. 영향 평가에는 컴퓨팅 자원에 대한 경합, 다양한 시스템 컴포넌트로의 접근 확대 또는 접근 제한, 네트워크 트래픽의 급격한 증가가 포함될 수 있다. 이 일을 어렵게 만드는 것은 많은 것들이 동일한 IT 환경에 사용되고 배포되기 때문에 한 영역에서의 변경이 다른 많은 부분에서 큰 영향을 미칠 수 있다는 점이다.

클라우드 네이티브 플랫폼은 근본적으로 다른 방식으로 변경 제어의 문제를 해결할 수 있도록 한다. 그것은 데이터 센터의 한 부분에서 발생한 문제가 다른 부분에 영향을 미치지 않도록 하기 위해 컴포넌트를 서로 격리하는 수단을 제공한다.

서로 격리돼야 하는 엔티티를 가리키기에 용이한 이름을 갖는 것이 도움이 된다. 내가 사용하는 용어는 테넌트^{tenant}다. 이 컨텍스트에서 이 용어를 사용할 때, 동일한 환경을 사용하고 있을지 모르지만 서로에 대해 알지도 못할 정도로 고립될 필요가 있는 두 조직인 코카콜라와 펩시를 의미하지는 않는다. 부주의하게 서로에게 영향을 주지 않도록 격리 수준을 가진 테넌트에 더 관심이 있으며, 그러면 논의는 멀티테넌시 중 하나가 된다. 모든 공유 IT 환경을 사용하는 많은 테넌트가 있다.

---

7   자세한 내용은 인그리드 룬덴(Ingrid Lunden)의 '아마존의 AWS는 현재 100만 명의 활성 고객을 넘는 73억 달러의 비즈니스'를 참조한다(http://mng.bz/Xgm9).

VMware는 세기 초부터 공유 컴퓨팅 인프라를 개척했다. 물리적 리소스(머신)와 상호작용하는 동일한 엔티티인 VM 추상화를 만들었으며, 여러 VM에 물리적 리소스를 공유하는 소프트웨어 제어 기능을 제공했다. 이러한 가상화 기술로 해결되는 주요 관심사는 공유 리소스의 사용이며, 대부분은 아니더라도 많은 대기업과 소기업에서 실행되는 디지털 제품은 현재 가상 머신에서 실행되고 있다. 독립적인 소프트웨어 배포는 공유 컴퓨팅 인프라의 테넌트이며, 이는 머신에서 실행되도록 설계된 소프트웨어에서 매우 효과적이었다.

하지만 알다시피 아키텍처는 바뀌었고, 클라우드 네이티브 소프트웨어를 만들기 위한 더 작고 개별적인 부분들과 이 앱이 실행되는 훨씬 더 역동적인 환경은 VM 기반 플랫폼에 압력을 가했다. 이전에 다른 시도가 있었지만, 컨테이너 기반 접근 방식은 탁월한 솔루션으로 입증됐다. 공유 자원의 사용을 제어하는 제어 그룹(cgroup)과 공유 자원의 가시성을 제어하는 네임스페이스의 기본 개념을 바탕으로 리눅스 컨테이너는 클라우드 네이티브 소프트웨어를 만드는 마이크로서비스의 실행 환경이 됐다.[8]

컨테이너는 변경 제어 조직의 관심을 충족시키기 위해 격리의 일부를 제공한다. 한 컨테이너에서 사용 가능한 모든 메모리나 CPU를 차지하는 앱은 동일한 호스트에서 실행되는 다른 컨테이너에 영향을 미치지 않는다. 그러나 지적했듯이, 다른 문제는 여전히 남아있다. 컨테이너를 배포할 수 있는 사람은 누구인가? 앱이 정상적으로 실행되고 있는지 여부를 평가하기 위한 모니터링 데이터를 확보하려면 어떻게 해야 하는가? 하나의 앱으로의 라우팅 변경을 허용할 때 실수로 다른 앱으로의 라우팅이 변경되는 것을 허용하지 않으면서 어떻게 변경할 수 있는가?

정답은 접근 제어, 모니터링, 라우팅 기능 등을 제공하는 플랫폼 자체가 테넌트를 인식해야 한다는 것이다. 그림 3.23의 하단에는 일련의 호스트가 있다. 여기서 리눅스 cgroup과 네임스페이스는 필요한 컴퓨팅 격리를 제공한다. 다이어그램의 상단에는 사용을 관리하는 다른 플랫폼 컴포넌트의 전체 호스트가 있다. 플랫폼 API는 접근 제어를 시행하는 곳이다. 메트릭과 로깅 시스템은 수집된 데이터를 개별 테넌트의 버킷으로 그룹화해야 한다. 컨테이너를 실행할 위치를 결정하는 스케줄러는 테넌트 내의 관계와 테넌트 간의 관계를 알

---

8 컨테이너 기술은 초기에 혁신적으로 리눅스에서 사용됐고, 대부분의 컨테이너 기반 시스템은 여전히 리눅스 운영체제에서 실행되고 있다. 더 최근에는 윈도우가 컨테이너 지원을 추가했지만, 여전히 리눅스를 훨씬 더 많이 채택한다.

고 있어야 한다. 요컨대, 클라우드 네이티브 애플리케이션 플랫폼은 멀티테넌트다.

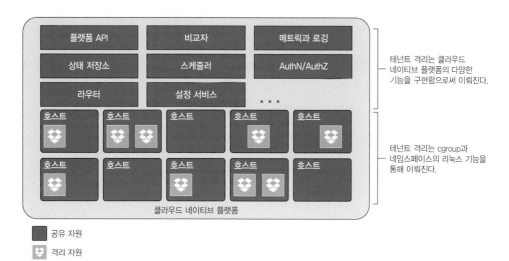

▲ **그림 3.23** 컴퓨팅 계층의 진정한 멀티테넌시는 컨테이너를 사용해 리소스 격리를 하면서 컨트롤 플레인(control plane)과 컴퓨팅 레이어(리눅스 호스트 및 커널)에서 리소스를 공유한다.

이 멀티테넌시는 변경 제어 기능의 긴장을 완화시켜준다. 하나의 애플리케이션/테넌트에 적용되는 배포, 업그레이드, 설정 변경 사항은 다른 애플리케이션/테넌트와 분리되므로 애플리케이션 팀은 소프트웨어를 자체적으로 관리할 수 있다.

요약

- 클라우드 네이티브 플랫폼은 현대 소프트웨어의 요건을 충족해야 하는 많은 책임이 따른다.
- 클라우드 네이티브 플랫폼은 전체 소프트웨어 개발 생명 주기에 걸쳐 사용된다.
- 클라우드 네이티브 플랫폼은 지난 10년간 인프라 중심 플랫폼보다 더 높은 수준의 추상화를 보여준다.
- 제어 기능을 플랫폼에 탑재했으므로 모든 앱의 모든 버전에 승인이 필요한 경우보다 훨씬 더 자주 배포할 수 있고 더 안전하다.

- 애플리케이션 팀과 플랫폼 팀은 각각 해당 제품의 구축, 배포, 유지 보수를 관리하면서 독립적으로 작업할 수 있다.
- 최종 일관성은 시스템의 실제 상태를 지속적으로 모니터링하고 희망 상태와 비교해 필요한 경우 조정하므로 플랫폼의 핵심이다. 이것은 플랫폼에서 실행되는 소프트웨어와 플랫폼 자체의 배포 모두에 적용된다.
- 소프트웨어가 더 모듈화되고 더 분산됨에 따라, 컴포넌트를 전체적으로 통합하는 서비스도 수행된다. 플랫폼은 이러한 분산 시스템을 지원하기 위한 기능이 있어야 한다.
- 클라우드 네이티브 소프트웨어를 구축하고 운영하는 조직에는 클라우드 네이티브 플랫폼이 반드시 필요하다.

Part 2

클라우드 네이티브 패턴

여기서부터 패턴을 논의해보자. 네 가지 GoF[Gang of Four] 패턴[1]을 기대한다면 실망할 수도 있겠지만, 그렇지 않길 바란다. 에릭 감마[Erich Gamma], 존 블리시디스[John Vlissides], 랄프 존슨[Ralph Johnson], 리처드 헬름[Richard Helm]의 『GoF의 디자인 패턴[Design Patterns]』 책은 환상적이며, 전 시대에 걸친 소프트웨어 개발자들이 재사용 가능한 패턴에 대해 더 향상된 인식을 가지는 데 가장 크게 기여한 책이다. 그러나 여기서는 패턴에 대해 참고서와 같은 관점으로 접근하지 않고, 문제 해결을 위한 컨텍스트로 패턴을 다룰 것이다.

사실상 모든 장은 특정 과제에 대한 논의이며, 때로는 클라우드 시대 이전의 설계 접근법을 다루고 해결책을 도출한다. 이러한 해결책이 패턴이 된다. 예를 들어 내가 제시한 해결책이 기존에 들었던 해결책 중 일부일 수 있다. 그러나 다시 한 번 이런 방식으로 해결책을 제시해서 독자가 더 깊이 이해할 수 있도록 하고 언제 어떻게 해결책들을 가장 잘 적용할 수 있는지를 배우는 데 도움이 되길 바란다.

4장에서는 이벤트 기반 설계를 소개한다. 클라우드 네이티브 아키텍처와 관련해 논의된 대부분의 패턴은 요청/응답 접근 방식을 암묵적으로 가정하고 있다. 사실상 우리 대부

---

1   네 명의 소프트웨어 엔지니어가 정리한 23가지의 소프트웨어 디자인 패턴이다. – 옮긴이

분은 소프트웨어에 대해 이런 방식으로 자연스럽게 생각하게 된다. 이벤트 기반 생각의 씨앗을 시작 부분에 바로 심고 나서 나머지 장들을 진행하는 동안 적어도 마음 한구석에 간직해두길 바란다. 그리고 12장에서 다시 이벤트 기반 시스템으로 마무리하게 되는데, 그때 이벤트 기반 시스템들이 클라우드 네이티브 데이터를 활성화하기 위해 수행하는 중요한 역할에 초점을 맞춘다. 클라우드 네이티브 데이터는 넓고 얇게 다루고 있지만, 최소한 상위 수준에서 독자의 클라우드 네이티브에 대한 그림을 완성하기에 충분하길 바란다.

이 책의 4장과 12장 사이에서는 많은 패턴들이 다뤄지고 있는데, 5, 6, 7장에서는 상태 비저장, 환경 설정, 애플리케이션 생명 주기를 다루면서 클라우드 네이티브 앱에 초점을 맞췄다. 8장에서는 먼저 서비스 탐색과 동적 라우팅을 언급하면서 클라우드 네이티브 상호작용에 초점을 맞췄다. 그다음으로 9장과 10장에서는 상호작용의 각 측면, 즉 클라이언트와 서비스 측면에 적용할 패턴에 초점을 맞췄다. 이벤트 기반 설계에 관한 4장 역시 근본적으로는 클라우드 네이티브 상호작용에 관한 것임을 지적하고자 한다. 끊임없이 변화하는 고도로 분산된 아키텍처는 클라우드 네이티브 소프트웨어의 특징이며 문제 해결을 위한 새로운 과제를 제시하는데, 이에 대해서는 11장에서 다룰 것이다. 또한 11장의 해결책 자체가 이전 장들에서 다룬 많은 패턴들로 실습한다는 점도 흥미롭다. 그리고 언급했듯이, 이 책은 클라우드 네이티브 데이터의 기초적인 패턴을 소개함으로써 끝마친다.

4

이벤트 기반 마이크로서비스: 단순히 요청/응답만을 의미하지 않는다

4장에서 다루는 내용

- 요청/응답 프로그래밍 모델을 사용
- 이벤트 기반 프로그래밍 모델을 사용
- 클라우드 네이티브 소프트웨어를 위한 두 가지 모델 고려
- 두 모델의 유사점과 차이점 이해
- 명령 쿼리 책임 분리(CQRS, Command Query Responsibility Segregation) 패턴 사용

마이크로서비스는 클라우드 네이티브 소프트웨어를 지탱하는 주요 요소 중 하나다. 마이크로서비스 기반의 배포에 적합한 패턴이 사용됐다는 가정하에, 과거 대규모 모놀리식 애플리케이션을 독립된 컴포넌트의 집합으로 분리하는 것은 개발자의 생산성 증가와 시스템의 복원성 확보 관점에서 많은 이점이 있다. 그러나 전체 소프트웨어 솔루션은 하나의 컴포넌트만으로는 구성되지 않는다. 대신 마이크로서비스는 다양한 디지털 오퍼링을 만들기 위해 컬렉션으로 통합된다.

하지만 위험도 따른다. 주의를 기울이지 않으면, 마이크로서비스가 느슨하게 결합될 것이라는 믿음 때문에 컴포넌트를 다시 합칠 수 있다. 각각의 컴포넌트를 너무 단단히 또는

너무 일찍 결합해서 모놀리스 애플리케이션을 다시 만들지 않도록 주의해야 한다. 이 책의 나머지 부분에서 다루는 패턴은 이러한 함정을 피하고 민첩성과 탄력성을 극대화하는 방식을 동시에 제공하는 독립된 컴포넌트들의 집합이며, 견고하고 날렵한 소프트웨어를 만들기 위해 설계됐다.

이러한 주제를 자세히 설명하기 전에 또 하나의 중요한 주제를 다룰 필요가 있다. 모든 클라우드 네이티브 패턴에 적용될 교차 관심사(소프트웨어 아키텍처에서 사용되는 기본 호출 방식)다. 마이크로서비스 간의 상호작용을 요청/응답 방식이나 이벤트 기반 방식 중에서 어느 것으로 구성할 것인가? 전자의 경우, 클라이언트가 요청을 보내고 응답을 기다린다. 요청자는 비동기 응답이 오도록 허용할 수 있지만, 응답이 올 것이라는 기대는 서로에 대한 직접적인 의존성을 만들게 된다. 후자의 경우, 이벤트를 소비하는 쪽은 이벤트를 생산하는 쪽과 완전히 독립적일 수 있다. 이러한 자율성은 두 상호작용 방식 간의 핵심적인 차이점이다.

대규모의 복잡한 소프트웨어 배포에는 요청/응답 접근 방식과 이벤트 기반 접근 방식이라는 두 가지 방식 모두가 사용된다. 하지만 선택을 하기 위한 요소에는 과거에 신뢰했던 방식보다 더 미묘한 차이가 있다고 생각한다. 그리고 고도로 분산되고 끊임없이 변화하는 클라우드 환경에서 실행 중인 소프트웨어는 기존의 이해와 가정을 재검토하고 도전해야 하는 추가적인 관점이 있다.

이 장에서는 대부분의 개발자와 아키텍트에게 가장 자연스럽게 보이는 스타일인 요청/응답으로 시작한다. 독자는 내가 1장에서 제시한 기본 모델을 은근히 선호한다는 것을 눈치채지 못했을 수 있다. 이런 편견에 문제를 제기하고 클라우드 환경에서의 이벤트 기반 모델을 소개할 것이다. 이벤트 기반 사고^{thinking}는 요청/응답 방식과는 근본적으로 다르기 때문에 그 의미가 매우 크다. 앞으로 코드 샘플을 통해 두 가지 모델을 연구하게 될 것이며, 이를 통해 클라우드 네이티브 소프트웨어 모델의 상호작용 부분을 더 폭넓게 이해하게 될 것이다.

4.1 (일반적으로는) 명령형 프로그래밍을 배운다

대부분의 학생들은 교실에서 또는 온라인에서 이용할 수 있는 많은 자료를 통해 명령형 프로그래밍을 배운다. 그들은 파이썬^{Python}, 노드^{Node.js}, 자바^{Java}, C#, 고랭^{Golang}과 같은 프로그래밍 언어를 배우고, 이들 언어의 대부분은 프로그래머가 처음부터 끝까지 실행하는 일련의 명령어를 제공하도록 설계됐다. 물론 제어 구조에는 분기문이나 반복문이 있으며 일부 명령은 프로시저나 기능을 호출하겠지만, 반복문 내의 로직이나 함수^{function} 또한 위에서부터 아래로 순차적으로 실행될 것이다.

이런 구조에서는 프로그램이 어디로 흘러가고 있는지 확실히 볼 수 있다. 이렇게 순차적인 프로그래밍 모델은 자연스럽게 요청/응답 방식으로 생각하게 만든다. 일련의 명령어를 실행할 때, 특정한 응답을 기대하며 함수를 요청한다. 그리고 단일 프로세스 실행 환경에서는 정상적으로 작동한다. 사실 절차적 프로그래밍은 지난 반세기 동안 산업을 지배해 왔다.[1] 프로그래밍 프로세스가 계속 실행되는 동안 함수를 요청하는 쪽에서는 동일한 프로세스에서 실행 중인 함수로부터 응답을 받을 것으로 기대할 수 있다.

그러나 전체적으로 소프트웨어는 더 이상 단일 프로세스에서 실행되지 않는다. 대부분의 경우 소프트웨어의 각 컴포넌트는 같은 컴퓨터에서 실행되지 않는다. 고도로 분산되고 끊임없이 변화하는 클라우드 환경에서 요청자는 요청했을 때 더 이상 즉각적인 응답에 의존할 수 없다. 그럼에도 불구하고 요청/응답 모델은 여전히 웹 프로그래밍의 주된 패러다임이다. 사실 리액트^{React.js}와 그 외의 유사 프레임워크들이 제공됨에 따라 웹 브라우저 환경에서 반응형 프로그래밍이 더 흔해지고 있지만, 서버 측 프로그래밍은 여전히 요청/응답 모델이 크게 자리잡고 있다.

예를 들어 그림 4.1은 한 사용자가 넷플릭스 홈페이지에 접속할 때 발생하는 수십 개의 마이크로서비스에 대한 요청의 중요한 전개를 보여준다. 이 슬라이드는 수석 소프트웨어 엔지니어인 스캇 맨스필드^{Scott Mansfield}가 수많은 콘퍼런스에서 진행한 프레젠테이션에서 인용한 것으로서, 후속 요청에 즉시 응답하지 않은 경우의 보상 패턴을 설명하고 있다.

---

1   절차적 프로그래밍에 대한 정보를 더 얻으려면 위키피디아(http://mng.bz/lp56)를 참고하자.

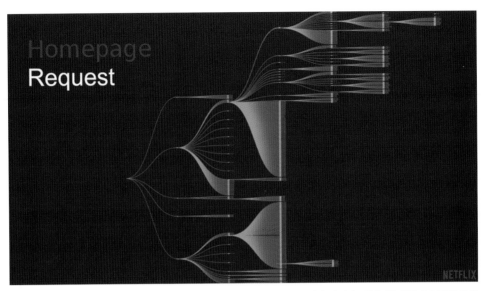

▲ **그림 4.1** 넷플릭스 엔지니어인 스캇 맨스필드의 프레젠테이션에서 소개된 다이어그램은 한 사용자의 단일 요청에 대한 홈페이지를 검색하기 위해 따라오는 마이크로서비스에 대해 중요한 팬아웃(fan-out) 요청이 발생했음을 보여준다.

이 다이어그램을 설명하는 이유는 이 다이어그램이 문제의 심각성을 잘 보여주기 때문이다. 만약 다이어그램의 트리에 그려진 모든 하위 요청까지 정상적으로 응답한 경우에만 홈페이지 요청이 성공했다면 넷플릭스의 많은 고객들은 크게 불만스러웠을 것이다. 개별 마이크로서비스가 다섯 개의 9(99.999%)를 가진 가용성을 자랑하고 네트워크가 항상 가동되더라도,[2] 의존성을 가진 후속 요청/응답 수가 100보다 적은 단일 요청은 99%의 가용성을 상실하거나 트리의 시작점에서 약 99.9%의 가용성을 잃는다. 넷플릭스의 웹사이트가 오프라인일 때의 매출 손실을 추정한 적은 없지만, 「포브스」에서 추정한 아마존의 수익률에 경제적 영향을 미치는 500분(8시간 20분)의 가동 중단을 적용하면 아마존은 연간 8,000만 달러의 손실을 입을 것이다.

물론 넷플릭스를 비롯한 많은 성공적인 웹서비스들은 응답을 받지 못했을 때 자동으로 요청을 다시 전송하는 패턴을 구현하거나, 요청을 처리할 수 있도록 마이크로서비스의 실

---

2   위키피디아에서 분산 컴퓨팅의 오류 목록 #1을 보라(http://mng.bz/BD90).

행 인스턴스를 여러 개 보유하는 등 훨씬 잘 대처하고 있다. 그리고 스캇 맨스필드가 훌륭하게 제시한 것처럼 캐싱caching은 클라이언트와 서비스 간의 차단벽을 제공하는 데 도움이 될 수 있다.[3] 이러한 패턴을 비롯한 많은 패턴들이 요청/응답 호출 방식을 중심으로 구축되며 추가 기술들로 기본 기능을 강화하고 있지만, 좀 더 탄력적인 패턴을 만들기 위해서는 또 다른 환경을 고려해야만 한다.

4.2 이벤트 기반 컴퓨팅 재도입

자세히 살펴보면 이벤트 기반 시스템을 구성하는 요소에 대해 다른 의견을 찾아볼 수 있다.[4] 그러나 이런 가변성에도 불구하고 하나의 공통점이 있다. 이벤트 기반 시스템에서는 코드 실행을 일으키는 엔티티는 어떤 형태의 응답도 기다리지 않는다. 즉, 촉발시키고 바로 잊어버리는 것이다. 코드 실행은 어떤 결과를 가지게 된다(그렇지 않으면 전혀 실행할 이유가 없다). 그리고 그 결과는 소프트웨어 솔루션에 어떤 일을 발생시킬 수 있지만 실행을 일으킨 엔티티는 응답을 기다리지 않는다.

　이 개념은 아래와 같이 요청/응답 패턴을 비교하는 간단한 다이어그램으로 쉽게 이해할 수 있다. 그림 4.2의 왼쪽은 단순한 요청/응답을 나타낸다. 요청을 수신했을 때 실행되는 코드는 요청자에게 특정 유형의 응답을 제공하기 위한 것이다. 반대로 오른쪽은 이벤트 기반 서비스를 보여준다. 코드 실행의 결과는 이벤트를 발생시킨 대상과 직접적인 연관이 없다.

▲ **그림 4.2** 요청/응답의 기본 형태와 이벤트 기반 호출 스타일의 비교

3　유튜브의 'Caching at Netflix: The Hidden Microservice'(http://mng.bz/dPvN)를 보라.

4　마틴 파울러(Martin Fowler)의 '이벤트 기반이란 무슨 의미인가?'(http://mng.bz/YPla)에서 이 주제를 더 깊이 다루고 있다.

두 다이어그램에는 몇 가지 매우 흥미로운 점이 있다. 첫째, 왼쪽 그림을 보면 마이크로서비스 클라이언트와 마이크로서비스 자체라는 두 개의 참여자가 댄스dance 행위에 참여한다. 댄스에서 파트너는 서로에게 의지해 부드럽게 춤사위를 만들어간다. 그런데 오른쪽 그림을 보면 단 하나의 참여자만 표시하고 있는데 이것은 매우 중요하다. 마이크로서비스는 이벤트의 결과를 만들어내지만 그 이벤트를 누가 발생시켰는지는 중요치 않다. 그 결과, 해당 서비스는 의존성이 낮아지게 된다.

둘째, 하나의 이벤트와 그 결과는 완전히 단절돼 있다는 점에 주목하자. 이벤트와 결과, 둘 사이의 낮은 결합 관계는 심지어 마이크로서비스의 다른 한편에 새로운 화살을 그릴 수 있을 정도다. 왼쪽의 요청/응답 모델에서는 처리할 수 없는 방식이다.

이러한 차이점이 시사하는 바는 상당히 의미가 있다. 구체적인 예제와 함께 학습을 시작하는 것이 가장 쉽게 이해할 수 있는 최선의 방법이다. 이제 책의 첫 번째 코드로 들어가보자.

4.3 나의 글로벌 쿡북

나는 요리를 좋아하며 음식 관련 블로그를 검색하는 데 꽤 많은 시간을 쓴다. 가장 좋아하는 블로거인 https://food52.com과 https://smittenkitchen.com뿐만 아니라 공식 출판물인 www.bonappetit.com도 보고 있다. 지금 여기서 하려는 것은 좋아하는 모든 사이트에서 콘텐츠를 가져온 후 그것을 정리한 웹사이트를 만드는 일이다. 기본적으로 블로그 통합 서비스를 원하지만, 아마도 나의 취미에 국한된 영역에서만 할 것이다.

관심 있는 콘텐츠 중 하나는 좋아하는 사이트에 등록된 최근 게시물 목록이다. 내가 팔로우하는 사람의 인맥(인적 네트워크)이나 사이트에 연결될 경우 그들의 최근 게시물은 무엇일까? 이러한 콘텐츠의 집합을 '연결된 게시물Connections' Posts'[5]이라 부를 예정이다. 그리고 연결된 게시물 콘텐츠는 내가 만드는 서비스를 통해 제공될 것이다. 다음 두 가지가 이 콘텐츠를 함께 구성한다. 내가 팔로우follow하는 사람 또는 사이트의 목록, 그리고 그들이 각

---

5 소스 코드와 실제 서비스명에서는 실제 명칭 그대로 Connections' Posts라고 사용한다. – 옮긴이

각 제공하는 콘텐츠 목록이다. 이 두 가지 각각의 콘텐츠는 두 개의 추가 서비스를 통해 제공된다.

그림 4.3은 이들 컴포넌트 사이의 관계를 나타낸다. 이 다이어그램은 다양한 마이크로서비스 간의 특정한 프로토콜을 표현하지 않고 그저 컴포넌트 간의 관계만 표시한다. 요청/응답 방식과 이벤트 기반 방식, 이 두 가지 프로토콜을 자세히 살펴볼 수 있는 완벽한 예제다.

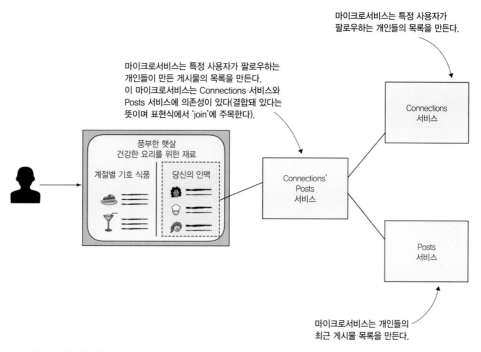

▲ **그림 4.3** 풍부한 햇살 웹사이트는 내가 가장 좋아하는 음식 블로거의 게시물 목록을 보여줄 것이다. 통합 집계는 내가 팔로우하는 사람들의 네트워크와 그들이 작성한 게시물로 구성된다.

4.3.1 요청/응답

4장 앞부분에서 밝힌 바와 같이 그림 4.3에 나타낸 컴포넌트를 요청/응답 프로토콜을 이용해 조합하는 것이 대부분의 사람들에게 가장 자연스러운 일이다. 가장 좋아하는 블로거가 작성한 게시물 목록을 생성할 때는 먼저 좋아하는 사람 목록을 가져오고, 그런 후에 그들 각각이 작성한 게시물을 찾는다고 말하는 것은 쉽다. 구체적인 흐름은 그림 4.4와 같이 진행한다.

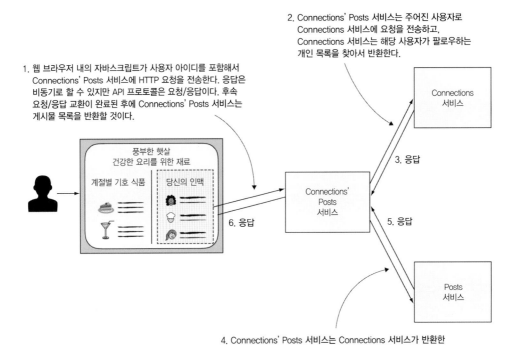

▲ **그림 4.4** 웹 페이지의 특정 영역을 표출하는 것은 일련의 요청과 응답의 조합에 의존한다.

1. 웹 브라우저의 자바스크립트가 개인의 식별자를 포함해 Connections' Posts 서비스에 웹 페이지 요청을 전송하고 응답을 기다린다. 응답은 비동기 방식으로 반환될 수 있으나 응답을 기다린다는 점에서 호출 프로토콜은 여전히 요청/응답 방식이다.

2. Connection's Posts 서비스는 전달받은 사용자의 식별자를 포함해 Connections 서비스에 요청을 다시 전송하고 응답을 기다린다.

3. Connections 서비스는 여러분이 팔로우하는 블로거 목록을 반환한다.

4. Connections' Posts 서비스는 Connections 서비스로부터 받은 블로거 목록을 다시 Posts 서비스에 요청으로 전달하고 또 다시 응답을 기다린다.

5. Posts 서비스는 블로거 목록에 포함된 블로거들이 작성한 게시물 목록을 반환한다.

6. Connections' Posts 서비스는 응답으로 수신한 데이터의 구성을 만들고, 자체적으로 만든 통합 집계를 웹 페이지에 반환한다.

그림 4.4에서 설명한 단계를 구현한 코드를 살펴본다.

셋업

이 책에서 다루는 대부분의 예시를 살펴보려면 다음과 같은 도구들을 설치해야 한다.

- 메이븐^{Maven}
- 깃^{Git}
- 자바^{Java} 1.8

코드는 직접 작성하지 않아도 상관없다. 깃허브에서 코드를 체크아웃해 앱을 빌드하고 실행하기 위해 몇 개의 명령어만 실행하면 된다. 비록 이 책이 프로그래밍을 주요 내용으로 다루지는 않더라도, 클라우드 네이티브 설계 원리를 증명하기 위해 프로그래밍 코드를 사용할 예정이다.

마이크로서비스 가져오기와 빌드

먼저 다음 명령을 통해 cloudnative-abundantsunshine 저장소를 복제하고, 복제한 디렉터리로 변경한다.

```
git clone https://github.com/cdavisafc/cloudnative-abundantsunshine.git
cd cloudnative-abundantsunshine
```

이 책 전반에 걸쳐 여러 장에서 소개할 코드 샘플을 포함한 하위 디렉터리를 볼 수 있다. 첫 예제를 위한 코드는 cloudnative-requestresponse 폴더에 있으며 다음 명령을 통해 한 단계 더 상세 프로젝트로 들어간다.

```
cd cloudnative-requestresponse
```

잠시 후 예제의 소스 코드를 자세히 살펴보겠다. 먼저 이 코드를 실행시켜보자. 다음 명령어는 코드를 빌드한다.

```
mvn clean install
```

마이크로서비스 실행

이제 새로운 JAR 파일인 cloudnative-requestresponse-0.0.1-SNAPSHOT.jar이 대상 하위 디렉터리에 만들어진 것을 확인할 수 있다. 스프링 부트^{Spring Boot} 앱은 톰캣^{Tomcat} 컨테이너를 포함해 완전히 독립적인 형태이며, 이것은 fat jar이라고 부른다. 따라서 앱을 구동하기 위해 JAR을 지정해 자바만 실행하면 된다.

```
java -jar target/cloudnative-requestresponse-0.0.1-SNAPSHOT.jar
```

마이크로서비스는 이제 정상 작동 중이다. Connections' Posts 서비스에서 응답을 얻기 위해 별도의 명령 창에서 curl을 실행한다.

```
curl localhost:8080/connectionsposts/cdavisafc
```

응답 결과는 다음과 같다.

```
[
  {
    "date": "2019-01-22T01:06:19.895+0000",
    "title": "Chicken Pho",
    "usersName": "Max"
  },
  {
    "date": "2019-01-22T01:06:19.985+0000",
    "title": "French Press Lattes",
    "usersName": "Glen"
  }
]
```

이 앱을 시작하는 과정에서 샘플 내용으로 여러 개의 데이터베이스를 미리 만들어뒀다. 위 응답은 코넬리아(사용자 계정: cdavisafc)가 팔로우하는 특정인의 게시물 목록이다. 이 경우, 첫 번째 게시물은 맥스^{Max}라는 이름의 사용자가 작성한 'Chicken Pho'라는 제목의 글이다. 두 번째 게시물은 글렌^{Glen}이라는 이름의 사용자가 작성한 'French Press Lattes'라는 제복의 글이다. 그림 4.5는 세 사람이 어떻게 연결됐는지 나타내고, 각각 작성한 게시물을 보여준다.

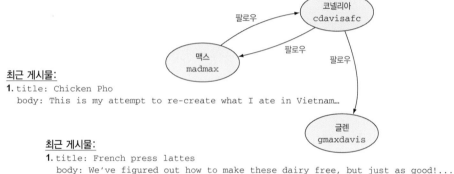

최근 게시물:
1. title: Whole orange cake
   body: That's right, you blend up whole oranges, rind and all...
2. title: German dumplings (kloesse),
   body: Russet potatoes, flour (gluten free!) and more...

최근 게시물:
1. title: Chicken Pho
   body: This is my attempt to re-create what I ate in Vietnam…

최근 게시물:
1. title: French press lattes
   body: We've figured out how to make these dairy free, but just as good!...

▲ **그림 4.5** 사용자와 사용자 간 연결, 그리고 각각의 최근 작성 게시물

실제 각 사용자에 대한 Connections' Posts 서비스를 호출하면 응답 결과로 위와 같은 데이터가 반영되는 것을 확인할 수 있다.

```
curl localhost:8080/connectionsposts/madmax
curl localhost:8080/connectionsposts/gmaxdavis
```

코드 연구

실행 중인 자바 프로그램은 그림 4.4에 표시한 세 개의 마이크로서비스를 모두 구현한 것이다. 네 개의 패키지로 코드를 구성했으며 각각은 com.corneliadavis.cloudnative 패키지의 하위 패키지다.

- config 패키지는 스프링 부트 앱과 설정 내용, 그리고 샘플 데이터로 데이터베이스를 채우는 코드를 포함한다.
- connections 패키지는 도메인 객체, 데이터 저장소, 컨트롤러를 갖고 Connections 마이크로서비스에 대한 코드를 담고 있다.
- posts 패키지는 도메인 객체, 데이터 저장소, 컨트롤러를 갖고 Posts 마이크로서비스에 대한 코드를 담고 있다.
- connectionsposts 패키지는 도메인 객체, 컨트롤러를 갖고 Connections' Posts 마이크로서비스에 대한 코드를 담고 있다(데이터 저장소는 갖지 않는다).

하나의 패키지에는 일부 유틸리티와 하나의 스프링 부트 애플리케이션이 포함된다. 그리고 디지털 솔루션을 구성하는 세 개의 마이크로서비스 각각에 대해 하나의 패키지가 있다.

Connections 및 Posts 마이크로서비스는 유사한 구조를 지닌다. 각각은 서비스를 위해 도메인 객체를 정의한 클래스와 유형별 콘텐츠를 저장할 데이터베이스 생성용 스프링 자바 퍼시스턴스 API^{Spring Java Persistence API}(스프링 JPA) 인터페이스를 가진다. 또한 각 패키지는 서비스를 구현한 컨트롤러와 마이크로서비스의 핵심 기능을 포함한다. 이 두 마이크로서비스는 기본 CRUD 서비스를 구현힌다. 객체를 생성하고, 조회하고, 갱신하고, 삭제할 수 있으며, 이들 데이터는 데이터베이스에 저장된다.

첫 번째 구현에서 가장 관심 있는 마이크로서비스는 Connections' Posts 서비스다. 데이터를 저장하고 데이터베이스에서 데이터를 조회할 뿐만 아니라 복합 결과를 계산하기 때문이다. 패키지의 내용을 살펴보면 PostSummary라는 도메인 객체와 컨트롤러, 단 두 개의 클래스만 존재하는 것을 확인할 수 있다.

PostSummary 클래스는 Connections' Posts 서비스가 반환할 데이터를 위한 필드를 포함하는 객체를 정의한다. 즉, 각 게시물마다의 제목, 날짜, 작성자 이름을 반환한다. 처리 결과를 메모리에서만 사용하기 때문에 이 도메인 객체를 위한 JPA 저장소는 없다.

ConnectionsPosts 컨트롤러는 HTTP GET 방식의 서비스 요청이 수신됐을 때 실행하는 단일 퍼블릭 메소드^{public method}를 구현한다. 사용자 이름을 받아 Connections 서비스에 그 사람이 팔로우하는 사용자 목록을 요청하는 것을 구현하고, 응답을 수신하면 사용자 목록의 집합으로 Posts 서비스에 또 다른 HTTP 요청을 전송한다. Posts 서비스에 대한 요청의 응답을 수신하면 복합 결과를 만들어낸다. 그림 4.6은 그림 4.4에 상세히 설명한 단계의 주석이 포함된 마이크로서비스의 코드를 보여준다.

2단계와 3단계, 그리고 4단계와 5단계에서 Connections' Posts 마이크로서비스는 각각 Connections 마이크로서비스와 Posts 마이크로서비스에 대한 클라이언트 역할을 수행한다. 분명히 그림 4.2의 왼쪽에 나타낸 요청/응답 프로토콜의 인스턴스다.

```
❶  @RequestMapping(method = RequestMethod.GET, value="/connectionsposts/{username}")
    public Iterable<PostSummary> getByUsername(
                               @PathVariable("username") String username,
                               HttpServletResponse response) {

        ArrayList<PostSummary> postSummaries = new ArrayList<~>();
        logger.info("getting posts for user network " + username);

        String ids = "";
        RestTemplate restTemplate = new RestTemplate();

        // get connections
❸      ResponseEntity<Connection[]> respConns
                = restTemplate.getForEntity( url: connectionsUrl+username,  ❷
                                             Connection[].class);
        Connection[] connections = respConns.getBody();
        for (int i=0; i<connections.length; i++) {
            if (i > 0) ids += ",";
            ids += connections[i].getFollowed().toString();
        }
        logger.info("connections = " + ids);

        // get posts for those connections
❺      ResponseEntity<Post[]> respPosts
                = restTemplate.getForEntity( url: postsUrl+ids, Post[].class);  ❹
        Post[] posts = respPosts.getBody();

        for (int i=0; i<posts.length; i++)
            postSummaries.add(new PostSummary(getUsersname(posts[i].getUserId()),
                                              posts[i].getTitle(),
                                              posts[i].getDate()));
❻      return postSummaries;
    }
```

▲ **그림 4.6** Connections' Posts 마이크로서비스가 제공하는 복합 결과는 Connections 서비스와 Posts 서비스에
요청을 전송하고 결과를 집계해서 만들어진다.

그러나 자세히 살펴보면 요청/응답 패턴의 인스턴스가 하나 더 있는 것을 확인할 수 있
다. 복합 결과는 게시물을 작성한 사용자 이름을 포함하고 있지만, 사용자 이름은
Connections 서비스에 대한 요청의 결과도 아니고 Posts 서비스에 대한 요청의 결과도 아
니다. 각 응답은 단지 사용자의 아이디만을 포함할 뿐이다. 당연한 말이지만 Connections
서비스에 대한 추가 HTTP 요청 집합을 만들어서 각 게시물의 사용자 이름을 조회한다. 잠
시 뒤에 이벤트 기반 접근법을 도입하면, 이러한 추가 호출은 자연스레 사라진다는 사실을
확인할 수 있을 것이다.

이런 기본 구현은 합리적으로 잘 동작하고, 심지어 효율을 위해 몇 가지 최적화 기법까
지도 사용할 수 있다. 그러나 매우 취약한 구조다. 결과를 만들기 위해 Connections 마이
크로서비스는 항상 시작돼 실행 중이어야 한다. Posts 마이크로서비스 또한 마찬가지다.

그리고 네트워크 또한 일시적 고장 없이 모든 요청과 응답을 실행할 수 있도록 안정적이어야 한다. 이와 같이 Connections' Posts 마이크로서비스의 정상적인 작동 여부는 다른 많은 외부적 요소들의 안정성에 달려 있다. 이는 마치 자신의 운명을 직접 통제하지 못하는 것과 같다.

이벤트 기반 아키텍처는 이처럼 아주 긴밀하게 결합된 시스템의 문제를 해결하기 위해 고안됐다. 이제부터는 Connections' Posts 마이크로서비스와 동일한 요건을 충족하면서도 다른 아키텍처와 탄력성을 지닌 구현을 살펴본다.

4.3.2 이벤트 기반

이벤트 기반 시스템에서는 누군가 혹은 특정 엔티티가 요청을 전송했을 때 코드를 실행하는 것이 아니라 '어떤 것'이 발생했을 때 코드가 실행된다. 여기서 '어떤 것'은 아주 다양할 수 있으며, 심지어는 사용자의 요청일 수도 있다. 그러나 이벤트 기반 시스템의 주요 개념은 이벤트가 코드를 실행하게 하고, 그 결과 시스템을 통해 더 많은 이벤트의 흐름을 생성할 수 있다는 것이다. 핵심을 이해하는 가장 좋은 방법은 구체적인 예시와 함께 살펴보는 것이다. 요청/응답 방식으로 해결한 동일한 문제를 이벤트 기반 방식으로 리팩토링해본다.

우리의 최종 목표는 내가 팔로우하는 사람들이 작성한 게시물 목록을 만드는 것이다. 그런 컨텍스트에서 결과에 영향을 줄 수 있는 이벤트는 무엇일까? 확실한 것은 내가 팔로우하는 사람 중 하나가 새로운 게시물을 등록하면 그 글이 내 목록에 포함돼야 한다는 점이다. 그리고 나의 연결 정보가 변경되면 결과에 영향을 미칠 것이다. 팔로우하는 사람을 추가하거나 팔로우를 중단하거나 그들 중 한 명이 자신의 사용자 이름을 변경한다면 Connections' Posts 서비스가 만들어내는 데이터는 변경될 수 있다.

물론 게시물과 사용자 연결을 담당하는 마이크로서비스는 이들 객체의 상태를 면밀히 추적한다. 이전에 살펴본 요청/응답 접근 방식에서 두 마이크로서비스는 이들 객체의 상태를 관리하고 요청을 수신하면서 상태를 제공했다. 이벤트 기반 접근 방식에서 두 마이크로서비스는 이들 객체의 상태를 좀 더 적극적으로 관리할 뿐만 아니라 상태가 변경된 시점에 다른 이벤트를 생성한다. 소프트웨어 토폴로지를 기반으로 보면, 이러한 이벤트는 Connections' Posts 마이크로서비스에 영향을 미치며 이 관계를 그림 4.7로 설명한다.

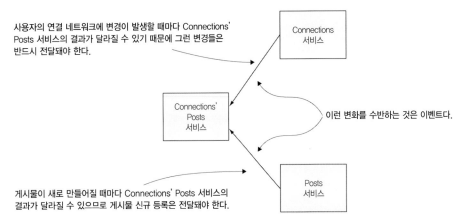

사용자의 연결 네트워크에 변경이 발생할 때마다 Connections' Posts 서비스의 결과가 달라질 수 있기 때문에 그런 변경들은 반드시 전달돼야 한다.

Connections 서비스

Connections' Posts 서비스

이런 변화를 수반하는 것은 이벤트다.

Posts 서비스

게시물이 새로 만들어질 때마다 Connections' Posts 서비스의 결과가 달라질 수 있으므로 게시물 신규 등록은 전달돼야 한다.

▲ **그림 4.7** 이벤트는 연관된 마이크로서비스를 연결하는 수단이다.

물론 그림 4.3과 4.4에서 Connections' Posts, Connections, Posts 간의 관계를 살펴봤지만, 지금부터는 화살표의 방향이 매우 중요하다. 앞서 말했듯이 Connections 및 Posts 마이크로서비스는 요청을 기다리는 대신 변경에 대한 알림을 적극적으로 전달한다. Connections' Posts 서비스가 데이터를 수신하면 이미 답을 알고 있으므로 후속 요청을 전송할 필요가 없다.

의미를 더 자세히 파고들기 전에 이벤트 기반 패턴의 구현 코드를 살펴볼 것이다. 이와 같은 코드 분석을 통해 독자만의 사고방식을 만들 수 있다.

셋업

이 책에서 다루는 대부분의 예시를 살펴보려면 다음과 같은 도구들을 설치해야 한다.

- 메이븐
- 깃
- 자바 1.8

마이크로서비스 획득과 빌드

아직 시작하기 전이라면 다음 명령을 통해 cloudnative-abundantsunshine 저장소를 복제한다.

```
git clone https://github.com/cdavisafc/cloudnative-abundantsunshine.git
cd cloudnative-abundantsunshine
```

예제 코드는 cloudnative-eventdriven 하위 폴더에 있으므로 해당 경로로 이동한다.

```
cd cloudnative-eventdriven
```

예제 소스 코드를 자세히 살펴보기 전에 다음 명령을 실행시켜 코드를 빌드한다.

```
mvn clean install
```


마이크로서비스 실행

이전과 마찬가지로 대상 하위 폴더에 cloudnative-eventdriven-0.0.1-SNAPSHOT.jar 이라는 새로운 JAR 파일이 만들어진다. 스프링 부트 앱은 톰캣 컨테이너를 포함해 완전히 독립된 형태이므로 fat jar이다. 그러므로 앱을 구동하기 위해서는 JAR 파일을 지정해 자바를 실행하면 된다.

```
java -jar target/cloudnative-eventdriven-0.0.1-SNAPSHOT.jar
```

마이크로서비스는 이제 정상적으로 작동하는 중이다. 이전과 같이 구동 과정에서 샘플 데이터를 로드하기 때문에 별도의 명령 창에서 Connections' Posts 서비스에 대한 curl을 실행한다.

```
curl localhost:8080/connectionsposts/cdavisafc
```

이전처럼 요청/응답 버전의 애플리케이션을 실행했을 때와 동일한 결과물을 볼 수 있다.

```
[
  {
    "date": "2019-01-22T01:06:19.895+0000",
    "title": "Chicken Pho",
```

```
    "usersName": "Max"
  },
  {
    "date": "2019-01-22T01:06:19.985+0000",
    "title": "French Press Lattes",
    "usersName": "Glen"
  }
]
```

이전 실습을 진행하지 않았다면 4.3.1절에서 설명한 샘플 데이터와 데이터 조회 요청을 전송하는 API 엔드포인트[endpoint]에 대한 내용을 살펴보길 바란다. 세 마이크로서비스는 각각 이전과 동일한 인터페이스를 구현하지만 구현 내용은 다소 차이가 있다.

이제부터는 지금까지 식별한 이벤트, 즉 신규 게시물을 생성하고 새롭게 팔로우하는 사람이 생겼을 때 발생하는 이벤트가 Connections' Posts 마이크로서비스의 처리 결과를 어떻게 변경하는지를 보여준다. 신규 게시물을 추가하려면 다음 명령을 실행한다.

```
curl -X POST localhost:8080/posts \
-d '{"userId":2,
    "title":"Tuna Onigiri",
    "body":"Sushi rice, seaweed and tuna. Yum..."}' \
--header "Content-Type: application/json"
```

원래의 명령을 다시 실행한다.

```
curl localhost:8080/connectionsposts/cdavisafc
```

결과는 다음과 같다.

```
[
  {
    "date": "2019-01-22T05:36:44.546+0000",
    "usersName": "Max",
    "title": "Chicken Pho"
  },
  {
    "date": "2019-01-22T05:41:01.766+0000",
```

```
    "usersName": "Max",
    "title": "Tuna Onigiri"
  },
  {
    "date": "2019-01-22T05:36:44.648+0000",
    "usersName": "Glen",
    "title": "French Press Lattes"
  }
]
```

코드 연구

기대한 것처럼 요청/응답 방식의 구현물에서 처리한 방식과 동일한 단계가 수행된다. 그림 4.6에서 볼 수 있듯이 이전의 구현 내용에서는 새로운 결과를 어떻게 만들어내는지 명확하게 확인할 수 있다. 팔로우하는 사람의 목록을 획득하는 요청을 먼저 생성하고, 이후 각 개인이 작성한 게시물 정보를 얻는다.

이벤트 기반 방식의 구현물에서 어떻게 동작하는지 확인하려면 여러 부분을 살펴봐야 한다. 먼저 통합 집계 서비스인 Connections' Posts 마이크로서비스의 구현 내용을 살펴본다.

리스트 4.1 ConnectionsPostsController.java 내의 메소드

```java
@RequestMapping(method = RequestMethod.GET,
                value="/connectionsposts/{username}")
public Iterable<PostSummary> getByUsername(
                    @PathVariable("username") String username,
                    HttpServletResponse response) {

    Iterable<PostSummary> postSummaries;
    logger.info("getting posts for user network " + username);

    postSummaries = mPostRepository.findForUsersConnections(username);

    return postSummaries;
}
```

위의 내용이 구현의 전부다. Connections' Posts 마이크로서비스가 결과를 생성할 수 있도록 `getByUsername` 메소드가 수행하는 것은 데이터베이스 쿼리뿐이다. 이것은 Connections' Posts 서비스의 결과물에 영향을 미치는 변경 사항을 요청이 전송되기도 전에 해당 서비스에 알렸기 때문에 가능한 일이다. 새로 만들어진 게시물 내용을 알기 위해 Connections' Posts 서비스에 요청을 전송하고 기다리는 대신, 이벤트 기반 방식의 소프트웨어는 변경에 대한 이벤트를 Connections' Posts 서비스에 사전에 알리도록 설계됐다.

`getByUsername` 메소드의 쿼리 대상인 데이터베이스 내용은 이 책의 12장에서 다룰 클라우드 네이티브 데이터를 통해 상세히 살펴본다. 지금은 Connections' Posts 서비스가 전파된 이벤트의 결과 상태를 저장하는 데이터베이스를 갖고 있다는 사실만 알면 된다. 요약하면, 그림 4.8에서와 같이 `getByUsername` 메소드는 풍부한 햇살 웹사이트에서 요청이 왔을 때 결과를 반환한다. 여러분은 그림 4.2의 왼쪽 다이어그램에서 본 패턴으로 인식할 것이다. 중요한 것은 Connections' Posts 서비스가 다른 서비스에 의존하지 않고 응답을 생성할 수 있다는 점이다.

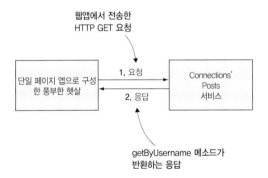

▲ **그림 4.8** 요청을 수신하면 Connections' Posts 서비스는 시스템 내 다른 서비스에 의존하지 않고 스스로 결과를 생성할 수 있다.

이제 신규 게시물을 생성하는 Posts 서비스의 엔드포인트를 시작으로 Connections' Posts 서비스가 도움을 받는 이벤트로 돌아간다. `newPost` 메소드는 com.corneliadavis.cloudnative.posts.write 패키지에서 찾을 수 있다.

```java
@RequestMapping(method = RequestMethod.POST, value="/posts")
public void newPost(@RequestBody Post newPost,
                    HttpServletResponse response) {

    logger.info("Have a new post with title " + newPost.getTitle());

    if (newPost.getDate() == null)
        newPost.setDate(new Date());
    postRepository.save(newPost);
    //event
    RestTemplate restTemplate = new RestTemplate();
    ResponseEntity<String> resp =
    restTemplate.postForEntity("http://localhost:8080/connectionsposts/posts",
                               newPost, String.class);
     logger.info("[Post] resp " + resp.getStatusCode());

}
```

Posts 서비스는 먼저 HTTP POST 이벤트를 가져와 Posts 저장소에 해당 게시물 정보를 저장한다. 블로그 게시물을 생성하고 조회하는 동작을 구현하는 것은 Posts 서비스의 주된 작업이다. 그러나 이벤트 기반 시스템의 일부이므로 관련된 다른 서비스에 의해 소비될 이벤트를 만들어낸다. 이 예제에서 해당 이벤트는 관심 있는 당사자, 즉 Connections' Posts 서비스에 대한 HTTP POST로 표시된다. 예제 코드는 그림 4.9에 표시한 패턴을 구현하며, 그림 4.2의 오른쪽 내용을 확인할 수 있다.

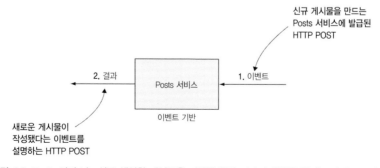

▲ 그림 4.9 Posts 서비스는 신규 생성한 게시물을 저장할 뿐만 아니라 생성을 알리는 이벤트를 전달한다.

이제 해당 이벤트의 수신자에게 돌아가서 Connections' Posts 서비스 안의 newPost 메소드를 살펴본다. com.corneliadavis.cloudnative.newpostsfromconnections.eventhandlers 패키지에서 코드를 확인할 수 있다.

리스트 4.3 Connections' Posts 서비스의 EventsController.java 내 함수

```
@RequestMapping(method = RequestMethod.POST, value="/posts")
public void newPost(@RequestBody Post newPost, HttpServletResponse response) {

    logger.info("[NewFromConnections] Have a new post with title "
                + newPost.getTitle());
    MPost mPost = new MPost(newPost.getId(),
                            newPost.getDate(),
                            newPost.getUserId(),
                            newPost.getTitle());
    MUser mUser;
    mUser = mUserRepository.findOne(newPost.getUserId());
    mPost.setmUser(mUser);
    mPostRepository.save(mPost);

}
```

보다시피 이 메소드는 HTTP POST의 본문에서 이벤트를 가져온 후 추후 사용을 위해 이벤트의 결과를 저장한다. 그 결과 요청이 왔을 때, Connections' Posts 서비스가 결과를 만들기 위해서는 데이터베이스 쿼리만 수행하면 된다. 예제는 이 내용을 작동하게 하는 코드다. Connections' Posts 서비스는 단지 몇 개의 필드만 조작한다. 수신한 메시지에서 ID, 날짜, 사용자 ID, 제목 필드를 추출해 로컬에 정의한 Post 객체에 저장한다. 또한 이 게시물과 명시된 사용자 간의 정확한 외부 키 관계를 설정한다.

여기에 많은 내용이 담겨 있지만 해결책의 대부분은 이 책의 뒷부분에서 좀 더 깊게 다룰 예정이다. 예를 들면 솔루션 안의 각 마이크로서비스는 각자 자체의 데이터 스토어를 갖고 있으며 Connections' Posts 서비스는 게시물 이벤트 안에서 특정 영역의 콘텐츠만 필요하다는 것이다. 이러한 내용들은 각각 독립적인 주제다. 지금은 상세 내용을 신경 쓰지 말자.

이 시점에서 관심을 가져야 하는 것은 세 개의 마이크로서비스가 독립적이라는 사실이다. Connections' Posts 서비스가 호출됐을 때는 Connections 서비스나 Posts 서비스에 접근하지 않는다. 대신 스스로 작동한다. 바로 자율적인 것이다. Connections' Posts에 대한 요청이 이뤄지는 순간 네트워크 파티션이 Connections 서비스와 Posts 서비스의 접속을 해제하더라도 정상적으로 동작할 것이다.

또한 Connections' Posts 서비스가 요청과 이벤트를 모두 제어하고 있다는 사실도 강조하고 싶다. 팔로우하는 사용자의 게시물 목록을 조회하는 서비스를 curl로 호출하면 해당 서비스는 응답을 생성한다. 그러나 신규 게시물 이벤트를 생성하면 서비스는 별도의 응답 없이 이벤트를 처리한다. 대신 로컬 저장소에 신규 게시물을 저장하는 특정한 결과만을 처리한다. 더 이상 별도의 이벤트는 만들지 않는다. 그림 4.10은 그림 4.2에 표현한 패턴부터 현재까지 설명한 내용을 다이어그램으로 나타낸다.

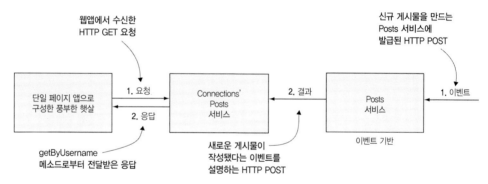

▲ **그림 4.10** 마이크로서비스는 요청/응답 패턴과 이벤트 기반 패턴을 모두 구현할 수 있다. 이벤트 방식은 결합도를 낮추기 위한 주요 방안이다.

이 다이어그램은 두 서비스가 느슨하게 결합된 것을 나타낸다. 즉, 각각의 서비스는 자율적으로 동작한다. Posts 마이크로서비스는 새 게시물을 수신하면 언제든 자신의 동작을 수행하고, 후속 이벤트를 생성한다. Connections' Posts 서비스는 로컬 데이터 스토어를 간단히 조회해 요청을 처리한다.

여러분에게 들켰다!

아마도 느슨한 결합이라는 나의 주장이 다소 과장되게 들릴 수 있다. 현재까지의 구현으로 보면 독자가 생각하는 것이 전적으로 옳다. 그림 4.10에서 결과라고 표시한 화살표의 구현물에는 지나치게 긴 밀한 바인딩이 존재한다. 지금까지는 Posts 마이크로서비스에서 이벤트를 구현했다. 해당 이벤트는 Connections' Posts 마이크로서비스를 직접 호출하는 HTTP POST다. 이것은 불안정하다. POST 방식으로 이벤트를 발행할 때 수신자가 불안정하면 이벤트는 유실되고 시스템은 망가진다.

분산 시스템에서 이벤트 기반 패턴이 잘 동작하려면 이보다 더 복잡한 기술이 필요하며 이 책의 나머지 부분에서 그 내용을 다룰 예정이다. 지금까지는 쉽게 설명하기 위해 다소 간단한 예제를 구현했다.

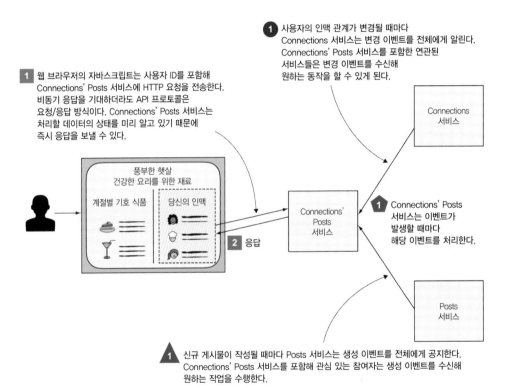

▲ **그림 4.11** 이제 웹 페이지를 표시하려면 Connections' Posts 마이크로서비스만 실행하면 된다. 이벤트를 미리 처리함으로써 수신한 요청에 대응할 수 있는 모든 데이터를 갖고 있어 후속 요청/응답이 불필요하다.

그림 4.11은 위에서 설명한 요소를 종합해 예제 애플리케이션의 이벤트 기반 아키텍처를 나타낸다. 각 마이크로서비스는 서로 독립적으로 작동한다. 주석에서 숫자 '1'이 많은 것

에 주목하자. 이것은 순서가 필요 없음을 의미한다. Posts 예제에서 본 것처럼 사용자와 연결에 영향을 미치는 이벤트가 발생하면 Connections 서비스는 데이터를 저장하고 Connections' Posts 서비스를 위한 이벤트를 생성하는 일을 처리한다. Connections' Posts 서비스의 결과에 영향을 미치는 이벤트가 발생하면 이벤트 처리기^{event handler}는 로컬 데이터 저장소에 해당 변화를 기록한다.

매우 흥미로운 점은 두 소스에서 데이터를 집계하는 작업이 변경됐다는 것이다. 요청/응답 모델에서는 NewFromConnectionsController 클래스 내부에서 구현했고, 이벤트 기반 접근 방식에서는 이벤트 생성 및 이벤트 처리기를 통해 구현됐다.

그림 4.11에서는 마이크로서비스의 주석에 해당하는 코드를 이어서 등장하는 세 개의 그림으로 설명한다. 그림 4.12는 Connections 서비스에서 ConnectionsWriteController를 나타내고, 그림 4.13은 Posts 서비스의 PostsWriteController를, 그림 4.14는 Connections' Posts 서비스의 EventsController를 각각 나타낸다.

```java
@RequestMapping(method = RequestMethod.POST, value="/connections")
public void newConnection(@RequestBody Connection newConnection, HttpServletResponse response) {

    logger.info("Have a new connection: " + newConnection.getFollower() +
            " is following " + newConnection.getFollowed());
    connectionRepository.save(newConnection);

    //event
    RestTemplate restTemplate = new RestTemplate();
    ResponseEntity<String> resp = restTemplate.postForEntity(   ①
            url: "http://localhost:8080/connectionsposts/connections", newConnection, String.class);
    logger.info("resp " + resp.getStatusCode());
}
```

▲ **그림 4.12** Connections 서비스는 새로운 팔로우 정보가 기록되면 이벤트를 생성한다.

```java
@RequestMapping(method = RequestMethod.POST, value="/posts")
public void newPost(@RequestBody Post newPost, HttpServletResponse response) {

    logger.info("Have a new post with title " + newPost.getTitle());

    if (newPost.getDate() == null)
        newPost.setDate(new Date());
    postRepository.save(newPost);

    //event
    RestTemplate restTemplate = new RestTemplate();
    ResponseEntity<String> resp = restTemplate.postForEntity(   ①
            url: "http://localhost:8080/connectionsposts/posts", newPost, String.class);
    logger.info("[Post] resp " + resp.getStatusCode());
}
```

▲ **그림 4.13** Posts 서비스는 신규 게시물이 등록되면 생성 이벤트를 발행한다.

```java
@RequestMapping(method = RequestMethod.POST, value="/users")
public void newUser(@RequestBody User newUser, HttpServletResponse response) {

    logger.info("[NewPosts] Creating new user with username " + newUser.getUsername());
    mUserRepository.save(new MUser(newUser.getId(), newUser.getName(), newUser.getUsername()));

}

@RequestMapping(method = RequestMethod.PUT, value="/users/{id}")
public void updateUser(@PathVariable("id") Long userId,
                @RequestBody User newUser, HttpServletResponse response) {

    logger.info("Updating user with id " + userId);
    MUser mUser = mUserRepository.findById(userId).get();
    mUserRepository.save(mUser);

}

@RequestMapping(method = RequestMethod.POST, value="/connections")
public void newConnection(@RequestBody Connection newConnection, HttpServletResponse response) {

    logger.info("Have a new connection: " + newConnection.getFollower() +
            " is following " + newConnection.getFollowed());
    MConnection mConnection = new MConnection(newConnection.getId(), newConnection.getFollower(),
                                    newConnection.getFollowed());
    // add connection to the users
    MUser mUser;
    mUser = mUserRepository.findById(newConnection.getFollower()).get();
    mConnection.setFollowerUser(mUser);
    mUser = mUserRepository.findById(newConnection.getFollowed()).get();
    mConnection.setFollowedUser(mUser);
    mConnectionRepository.save(mConnection);

}

@RequestMapping(method = RequestMethod.DELETE, value="/connections/{id}")
public void deleteConnection(@PathVariable("id") Long connectionId, HttpServletResponse response) {

    MConnection mConnection = mConnectionRepository.findById(connectionId).get();

    logger.info("deleting connection: " + mConnection.getFollower() +
            " is no longer following " + mConnection.getFollowed());
    mConnectionRepository.delete(mConnection);

}

@RequestMapping(method = RequestMethod.POST, value="/posts")
public void newPost(@RequestBody Post newPost, HttpServletResponse response) {

    logger.info("Have a new post with title " + newPost.getTitle());
    MPost mPost = new MPost(newPost.getId(), newPost.getDate(), newPost.getUserId(), newPost.getTitle());
    MUser mUser;
    mUser = mUserRepository.findById(newPost.getUserId()).get();
    mPost.setmUser(mUser);
    mPostRepository.save(mPost);

}
```

▲ **그림 4.14** Connections' Posts 서비스의 이벤트 처리기는 이벤트가 발생할 때마다 해당 이벤트를 처리한다.

최종적으로 그림 4.15에서 Connections' Posts 서비스의 ConnectionsPostsController 가 요청에 대해 응답한다.

```
                                    ┌─┐
                                    │1│
                                    └─┘
@RequestMapping(method = RequestMethod.GET, value="/connectionsposts/{username}")
public Iterable<PostSummary> getByUsername(@PathVariable("username") String username,
                                           HttpServletResponse response) {

    Iterable<PostSummary> postSummaries;
    logger.info("getting posts for user network " + username);

    postSummaries = mPostRepository.findForUsersConnections(username);

  ┌─┐
  │2│return postSummaries;
  └─┘
}
```

▲ **그림 4.15** Connections' Posts 서비스는 요청을 수신하면 응답을 생성하고 전달한다. 이 작업은 솔루션 내의 다른 마이크로서비스의 동작으로부터 완전히 독립적이다.

분산 마이크로서비스 환경에서 Connections' Posts의 결과가 궁극적으로 만들어지는 과정을 지켜보는 것은 흥미롭지만 그보다 더 중요한 것은 시간적인 측면이다. 요청/응답 방식에서 통합 집계는 사용자가 요청한 시점에 일어난다. 이벤트 기반 접근 방식에서는 시스템에서 데이터가 변경될 때마다 비동기로 일어난다. 보다시피 이런 비동기성은 분산 시스템에서 유용하다.

4.4 명령 쿼리 책임 분리(CQRS) 소개

이 예제 코드를 다른 관점에서 살펴본다. 먼저 Posts 서비스와 Connections 서비스부터 시작하자. 이 서비스는 기본적인 CRUD 기능이다. 게시물, 사용자, 연결을 만들고, 갱신하고, 삭제하고 물론 조회 또한 가능하다. 데이터베이스는 서비스의 상태를 저장하고 RESTful 서비스는 기본적인 데이터 저장을 위해 상호작용하는 HTTP GET, PUT, POST, DELETE를 구현한다.

요청/응답 방식에서는 이 모든 기능들을 단일 컨트롤러에서 구현했다. 예를 들어 Posts 서비스는 PostsController에 있다. 그러나 이벤트 기반 방식의 구현에서 읽기 컨트롤러는 com.corneliadavis.cloudnative.posts 패키지에 있고, 쓰기 컨트롤러는 com.corneliadavis.cloudnative.posts.write 패키지에 있다. 대부분의 경우 이 두 컨트롤러에는 이전의 단일 Posts 컨트롤러에 구현했던 메소드가 있으며, 그 외에 상태 변화를 처리하기 위해 이벤트를 전달하는 것을 추가했다. 그런데 하나의 코드를 왜 둘로 분리했는지 궁금할 것이다.

솔직히 이야기하면, Posts 서비스와 Connections 서비스 같은 간단한 예제에서 분리 작업은 가치가 없다. 그러나 좀 더 정교한 서비스를 위해 쓰기에서 읽기를 분리하는 것은 서비스 설계를 잘 제어할 수 있게 한다. 지난 수십 년 동안 널리 사용된 MVC(모델, 뷰, 컨트롤러) 패턴에 익숙하다면 서비스의 비즈니스 로직인 컨트롤러(서비스는 구현체에서 … Controller 클래스에 해당하는 이유다.)가 모델에 대해 작동한다는 것을 알 수 있다. 하나의 컨트롤러에서 읽기와 쓰기 동작을 위한 모델은 동일하다. 그러나 비즈니스 로직을 두 개의 컨트롤러로 분리하면 각각은 자신만의 모델을 갖는다. 이것은 강력할 수 있다.

이 강력함을 확인하기 위해 서비스를 복잡하게 만들 필요는 없다. 매초마다 자동차의 여러 센서로부터 데이터를 수집하는 커넥티드 카 시나리오를 살펴보자. 데이터는 시간 정보timestamp와 GPS 좌표 정보(위도, 경도)를 가지며, 서비스는 이 값을 저장할 수 있다. 서비스의 모델은 시간, 위도, 경도 등의 데이터 필드를 포함한다. 지원하고 싶은 기능 중 하나가 여행 데이터에 접근하는 것이라고 가정하자. 예를 들어 자동차 여행 중에 시속 80km 이상의 속도 구간을 분석하고 싶을 수 있다. 이 속도 데이터는 쓰기 컨트롤러를 통해 직접 제공되지 않는다. 그러나 제공되는 데이터를 통해 계산되는 것은 분명하다. 해당 서비스의 비즈니스 로직 일부는 파생 데이터를 생성한다.

읽기와 쓰기 컨트롤러에서 사용하는 모델은 각각 다르다. 양쪽 모두에 존재하는 필드도 있지만, 그림 4.16에서와 같이 어떤 필드는 한쪽 아니면 다른 한쪽에서만 의미가 있다. 두 개의 독립적인 모델을 가짐으로써 얻을 수 있는 첫 번째 장점이다. 이해하기 쉽고 유지 보수가 편리한 코드를 작성할 뿐만 아니라 버그의 발생 가능성도 현저히 줄일 수 있다.

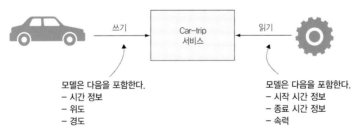

▲ **그림 4.16** 읽기와 쓰기 로직을 분리함으로써 서로 다른 관점을 지원하는 모델을 얻을 수 있다. 이를 통해 좀 더 우아하고 관리가 용이한 코드를 생성할 수 있다.

요약하면, 여러분이 해야 할 일은 읽기 로직(쿼리)으로부터 쓰기 로직(명령)을 분리하는 것이다. 이것이 CQRS^Command Query Responsibility Segregation(명령 쿼리 책임 분리) 패턴의 근원이다. 핵심은 CQRS가 이 두 가지 관심 사항을 분리하는 것이다. CQRS로부터 수많은 이점을 얻을 수 있으며, 앞선 예제의 이벤트 기반 구현 방식에서 선보일 예정이다.

예를 들어 Posts 서비스를 살펴보자. 대부분의 코드가 요청/응답 솔루션에서는 단일 컨트롤러 내부에 있었지만, 이벤트 기반 구현 방식에서는 읽기와 쓰기 컨트롤러에 걸쳐 분산됐다. 그러나 Connections' Posts 서비스를 구현하면 많은 점이 달라진다.

이벤트 기반 솔루션에서 쿼리의 구현은 com.corneliadavis.cloudnative.connections posts 패키지에서 찾을 수 있고, 명령의 구현은 com.corneliadavis.cloudnative.connectionsposts.eventhandlers 패키지에서 찾을 수 있다. 가장 주목할 내용은 요청/응답 방식에서는 명령 코드가 없다는 것이다.

Connections' Posts 서비스는 완전한 상태 비저장이므로 다른 두 서비스의 데이터를 집계해서 결과를 내기 위해 명령 구현이 필요하지는 않다. 이벤트 기반 솔루션에서 본 것처럼 쿼리 구현은 매우 단순화되며 모든 집계 로직이 사라졌다. 조금 다른 형태이더라도 집계는 명령 컨트롤러에서 나타난다. 요청/응답 방식에서 후속 자원, 사용자, 연결, 게시물에 대한 호출을 봤다면 이벤트 기반 방식의 명령 컨트롤러에서 이들 객체에 대한 변화를 처리하는 이벤트 핸들러를 확인할 수 있다.

위와 같은 명령은 상태를 변경한다. 12장에서 설명할 데이터 저장소를 여기서는 상세히 이야기하지 않겠지만, CQRS의 다른 의미에 주목할 필요가 있다. 현재까지 구현한 Connections' Posts 서비스의 이벤트 프로세서 내 명령 쪽은 쿼리 쪽과 동일하게 HTTP 엔드포인트를 사용한다. 그러나 명령 처리에서 쿼리를 분리하면 궁극적으로 구현 양쪽에서 서로 다른 프로토콜을 사용할 수 있다. 이 경우 쿼리 쪽에서 서비스에 접근할 웹앱을 위해 HTTP 프로토콜로 REST를 구현하는 것이 이상적이다. 그러나 명령 쪽에서는 비동기, 또는 더 나아가서 FaaS^Function as a Service를 구현하는 것이 더 나을 수도 있다. 명령을 쿼리 구현에서 분리하면 이러한 유연성이 제공된다(좀 더 앞서가는 사용자라면 코드 저장소의 cloudnative-eventlog 모듈에서 Connections' Posts 서비스를 위한 이벤트 핸들러 구현을 살펴보자. 여기서 볼 수 있는 HTTP 기반 방식을 대체한 다른 접근 방식을 확인할 수 있다).

이제 이 주제에 대한 마지막 관찰을 공유하고자 한다. 나는 CQRS가 이벤트 기반 시스템과 자주 연관돼 있음을 발견했다. 소프트웨어가 이벤트 기반 접근 방식을 사용한다면 CQRS 패턴을 적용할 수 있지만 CQRS를 실제 고려하지 않을 수도 있다. 이벤트 기반 시스템과는 별개로 CQRS를 고려해볼 것을 권하고 싶다. 그렇다. 그들은 서로 보완해주며 함께 사용할 때 강력하고, 쿼리 로직에서 명령 로직을 분리하는 것은 이벤트 기반 설계가 아니라도 적용할 수 있다.

4.5 다른 스타일, 유사한 도전 과제

이 두 개의 구현물은 정확하게 동일한 결과물을 만든다. 다음 조건이 모두 참^{true}일 경우, 요청/응답 또는 이벤트 기반 호출 방식 중 하나를 임의로 선택할 수 있다.

- 어떤 네트워크 파티션도 서로 다른 마이크로서비스를 차단하지 않는다.
- 내가 팔로우하는 개인 목록을 생성하는 데 예상치 못한 지연 시간은 없다.
- 서비스를 실행하는 모든 컨테이너는 안정된 IP 주소를 유지한다.
- 자격 증명^{credential}이나 인증서를 교체할 필요가 없다.

그러나 이러한 조건들, 그리고 더 많은 것들이 바로 클라우드의 특징이다. 클라우드 네이티브 소프트웨어는 어떤 경우에도 필요한 결과를 만들 수 있도록 설계됐다. 네트워크가 불안정하거나, 특정 컴포넌트가 갑자기 결과를 늦게 만들거나, 호스트와 가용 지역이 사라지거나, 요청 볼륨이 엄청나게 증가하는 등 다양한 현상이 있을 수 있다.

이런 컨텍스트에서 요청/응답 방식과 이벤트 기반 접근 방식은 매우 다른 결과를 만들 수 있다. 하지만 어느 하나가 항상 더 적합하다고 제안할 수는 없다. 두 방식 모두 타당하고 적용 가능하다. 그러나 반드시 해야 할 일은 클라우드의 특별한 제약 사항을 해결하기 위해 적시에 올바른 패턴을 적용하는 것이다.

예를 들어 요청량의 가파른 증가와 감소에 대비하기 위해 서비스 인스턴스를 새로 만들거나 삭제함으로써 용량을 확장할 수 있도록 설계한다. 다수의 인스턴스가 장애 도메인(가용성 영역)에 걸쳐 분산돼 있을 때는 적절한 수준의 복원력을 확보할 수 있다. 그러나 수백 개의 마이크로서비스 인스턴스에 신규 설정을 적용하려면 고도로 분산된 배포를 고려한 설정 관리 서비스가 필요하다. 이런 패턴은 요청/응답 방식의 구현이든, 이벤트 기반 프로토콜의 구현이든 상관없이 마이크로서비스에 동일하게 적용된다.

그러나 특정 프로토콜에 따라 다른 방식으로 처리될 수 있다. 예를 들어 네트워크 파티션이 서로 관련된 마이크로서비스를 순간적으로 차단하면 어떤 유형의 보상 메커니즘을 적용해야 할까? 지금까지 구현한 Connections' Posts 서비스는 Connections 혹은 Posts 마이크로서비스에 접속할 수 없으면 완전히 실패한다. 이런 유형의 시나리오에 사용하는 핵심 패턴은 재시도다. 클라이언트가 네트워크를 통해 서비스에 요청을 생성하고, 만약 이 요청이 결과를 만들어내지 못하면 클라이언트는 다시 요청을 전송할 것이다. 재시도는 네트워크의 일시적 문제를 해결하고 호출 프로토콜의 동기화를 유지하는 방법이다.

반면 이벤트 기반 프로토콜은 본질적으로 비동기 방식이므로 동일한 위험을 해결하는 보상 메커니즘이 상당히 다를 수 있다. 이벤트 기반 아키텍처에서 네트워크 파티션 간에 처리하는 이벤트를 보관하기 위해 래빗MQ나 아파치 카프카^{Apache Kafka} 같은 메시징 시스템을 사용할 것이다. 이벤트 기반 아키텍처를 지원하기 위해 서비스는 이벤트 저장소에 관심 있는 이벤트가 새롭게 생성됐는지 지속적으로 점검하는 제어 루프^{control loop} 등을 프로토콜로 구현할 것이다. Posts 마이크로서비스는 Connections' Posts 서비스의 이벤트 처리기에 직접 HTTP POST 요청을 소환하며, 긴밀한 결합을 대체하기 위해 메시징 시스템을 사용한다. 그림 4.17은 분산 시스템의 특성을 처리하기 위해 사용한 패턴들 간의 차이점을 설명한다.

책의 나머지 부분에서는 클라우드 환경이 가져오는 문제에 항상 초점을 맞추고, 이를 해결하기 위한 패턴들을 상세히 살펴본다. 특정 호출 방식을 선택하는 것은 그 자체만으로 해결 방안이 될 수 없다. 따라서 보완하는 패턴을 함께 적용할 필요가 있다. 올바른 프로토콜을 선택하고 이를 지원하는 보완 패턴을 추가적으로 적용하는 방법을 살펴본다.

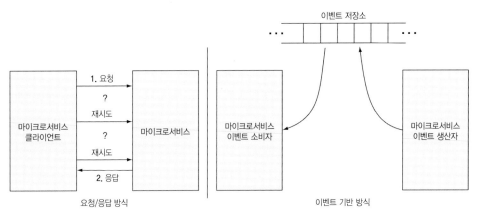

▲ **그림 4.17** 재시도는 요청/응답 마이크로서비스 아키텍처에서 네트워크 파티션에 따른 보상을 처리하기 위한 핵심 패턴이다. 이벤트 기반 시스템에서는 네트워크 불안정에 대비하기 위해 이벤트 저장소를 핵심 기술로 사용한다.

요약

- 클라우드 네이티브 소프트웨어를 구성하는 컴포넌트를 연결하기 위해 요청/응답 방식과 이벤트 기반 접근 방식을 모두 사용했다.
- 하나의 마이크로서비스는 요청/응답 프로토콜과 이벤트 기반 프로토콜을 모두 구현할 수 있다.
- 이상적이고 안정적인 상황에서 하나의 접근 방식을 사용해 구현한 소프트웨어는 다른 접근 방식으로 구현한 소프트웨어와 정확하게 동일한 결과물을 만들어낸다.
- 그러나 솔루션이 분산 시스템이고 주변 상황이 끊임없이 변화하는 클라우드 환경에서 결과는 크게 달라질 수 있다.
- 일부 아키텍처 패턴은 요청/응답 방식과 이벤트 기반 방식 모두 클라우드 네이티브 소프트웨어에 동일하게 적용된다.
- 그러나 다른 패턴은 특정한 호출 방식을 지원한다.
- CQRS는 이벤트 기반 시스템에서 중요한 역할을 수행한다.

5

앱 다중화:
수평 확장과 상태 비저장

5장에서 다루는 내용

- 클라우드 네이티브 앱의 핵심 개념으로 사용되는 수평 확장
- 클라우드 네이티브 소프트웨어에서 마주치는 상태 저장 앱의 함정
- 앱이 상태 비저장이 된다는 의미
- 상태 저장 서비스의 개념과 상태 비저장 앱에서 사용하는 방법
- 세션을 사용하면 안 되는 이유

제목은 수평 확장$^{scale-out}$으로 정했지만 사실 단순한 확장만이 아니다. 클라우드 네이티브 소프트웨어의 핵심 원칙인 다중화에는 여러 이유가 있다. 애플리케이션을 구성하는 컴포넌트가 아주 작든 크든 상관없이, 환경 변수를 통해 설정하든 속성 파일을 가지든 상관없이, 그리고 대체 동작을 완전히 구현하든 구현하지 않든 상관없이 변경을 허용하는 핵심은 단일 실패 지점$^{single\ point\ of\ failure}$이 없다는 것이다. 앱은 항상 다수의 배포된 인스턴스를 갖는다.

그러나 배포한 여러 개의 인스턴스 중 임의의 한 인스턴스가 요청을 성공적으로 처리하려면 다수의 인스턴스는 단일 논리적 엔티티로서 동작할 필요가 있다. 이와 관련 내용은 그림 5.1에서 명확하게 설명한다.

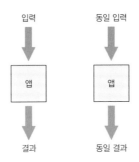

▲ **그림 5.1** 앱의 인스턴스가 하나이든 둘이든 혹은 백 개이든 상관없이 동일한 입력이 주어지면 어떤 인스턴스라도 동일한 결과를 생성해야 한다.

아주 간단해 보이지만 개별 앱 인스턴스가 실행되는 환경이 다르기 때문에 다소 까다로울 수 있다. 앱의 호출 시점에 들어오는 입력 이외에도 결과에 영향을 주는 요소가 있다(특정한 호출 패턴을 지정하지 않았기 때문에 요청/응답 방식이거나 이벤트 기반 방식일 수도 있다). 각각의 앱 인스턴스는 JVM이거나 호스트(물리 혹은 가상) 또는 도커일 수 있는 자신만의 컨테이너 안에서 실행될 것이다. 그리고 환경 변수 값은 앱의 실행에 영향을 미칠 수 있다. 애플리케이션 속성 값 또한 개별 앱 인스턴스에 적용된다. 그리고 5장의 주요 관심 사항인 앱과 사용자의 상호작용 이력도 현저하게 영향을 미칠 것이다.

그림 5.2는 앱을 둘러싼 환경을 요약하고, 앱에 영향을 미치는 외부 요인에도 불구하고 동일한 결과를 만들기 위한 과제를 보여준다.

6장에서는 시스템 환경 변수와 앱 컴포넌트의 영향을 해결하는 방법을 설명하고, 5장에서는 요청 이력에 대한 내용을 다룬다.

우선 다수의 앱 인스턴스를 배포할 때 얻을 수 있는 장점을 살펴본다. 상태 기반 앱과 교차할 때 발생하는 현상을 즉시 확인할 수 있을 것이다. 4장에서 모놀리식 앱을 독립적으로 배포하고 관리하는 여러 개의 마이크로서비스로 분리했던 쿡북cookbook 예제 환경에서 진행한다. 마이크로서비스 중 하나에서 로컬 상태 값, 특히 인증 토큰을 저장하는 내용을 소개한다. 그렇다. 스티키 세션은 세션 상태를 처리하는 일반적인 패턴이지만 클라우드 환경에서는 좋지 않은 생각이다. 왜 그런지 살펴보자. 상태의 복잡성을 다루기 위해 주의 깊게 설계된 특별한 서비스 유형인 상태 저장 서비스의 개념도 소개한다. 마지막으로 상태 비저장 부분으로부터 상태 저장 소프트웨어의 부분을 분리하고 유지하는 방법을 보여줄 것이다.

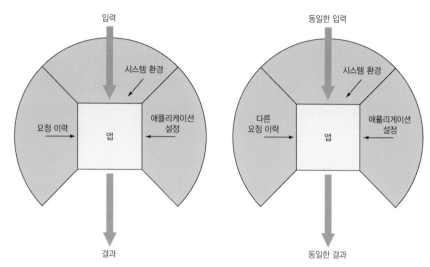

▲ **그림 5.2** 클라우드 네이티브 앱은 많은 환경적 요인의 차이에도 불구하고 결과의 동일성을 보장해야만 한다.

5.1 많은 인스턴스를 배포하는 클라우드 네이티브 앱

클라우드 환경에서 변화하는 요청 볼륨을 처리하기 위해 애플리케이션 용량을 늘리거나 줄이는 일반적인 모델은 수평 확장이다. 단일 애플리케이션 인스턴스에 용량을 추가하거나 줄이는 수직 확장 방법을 쓰는 대신에 앱 인스턴스를 늘리거나 제거함으로써 요청 볼륨의 증가나 감소를 처리한다.

앱 인스턴스에 상당한 양의 컴퓨팅 리소스를 할당할 수 없다는 말은 아니다. 구글 클라우드 플랫폼(GCP)은 이제 1.5TB의 메모리를 갖는 하드웨어 타입을 지원하고, AWS는 거의 2TB의 메모리까지 제공한다. 그러나 앱이 실행 중일 때 기계의 사양을 변경하는 것은 중요한 사건이다. 예를 들어, 어떤 애플리케이션에 대해 16GB의 메모리로 충분하다고 추정했으며 얼마 동안은 모든 것이 정상적으로 작동했다고 하자. 그러나 요청 볼륨이 증가하면 용량을 추가해야 한다. AWS, 애저, GCP와 같은 퍼블릭 클라우드 환경에서 실행 중인 호스트의 머신 유형을 변경하는 방법은 없다. 대신 32GB의 메모리를 갖는 신규 머신을 생성하고, 앱을 배포하고, 가능한 한 혼란을 최소화해서 사용자를 새 인스턴스로 이동시켜야 한다 (메모리 사양을 20GB로 설정하고 싶어도 20GB의 메모리를 갖는 머신 유형이 없기 때문이다).

수평 확장 모델과 비교해보자. 이 모델은 16GB의 메모리를 갖는 앱을 실행하는 대신 각각 4GB의 메모리를 갖는 네 개의 인스턴스를 프로비저닝한다. 더 많은 용량이 필요할 때는 앱의 다섯 번째 인스턴스를 간단히 요청하고, 인스턴스를 사용할 수 있도록 동적 라우터에 등록하면 총 20GB의 메모리를 갖는 앱을 실행하게 된다. 자원의 소비를 세분화해 제어할 수 있을 뿐 아니라 확장의 메커니즘도 훨씬 쉽게 달성할 수 있다.

그러나 유연한 확장은 단순히 앱이 여러 개의 인스턴스를 갖기 위해서만 필요한 동기가 아니다. 높은 가용성, 안정성, 운영 효율성 또한 포함된다. 이 책의 첫 번째 예제로 돌아가서 그림 1.2와 1.3에 묘사된 가상 시나리오에서 넷플릭스가 AWS 인프라의 운영 중단에도 불구하고 계속 작동할 수 있었던 것은 애플리케이션의 다중 인스턴스 덕분이었다. 앱을 단독 인스턴스로 배포한다면 단일 실패 지점일 것이 명백하다.

다중 인스턴스는 프로덕션 환경에서 소프트웨어를 운영할 때도 이점을 가져온다. 예를 들어 기본 컴퓨팅, 스토리지, 네트워킹 기반에 일련의 서비스를 제공하는 플랫폼 위에서 실행하는 애플리케이션이 점점 늘어나고 있다. 더 이상 애플리케이션 팀(개발과 운영 모두)이 자체 운영체제를 제공해서는 안 된다. 대신 코드를 플랫폼에 단순히 전송함으로써 실행 환경을 구축하고 앱을 배포할 것이다. 앱 관점에서는 인프라의 일부인 플랫폼이 운영체제를 업그레이드할 때 앱은 실행 상태로 유지해야 하는 것이 이상적이다. 호스트가 운영체제를 업그레이드하는 동안 호스트에서 실행 중인 워크로드는 반드시 중단된다. 그러나 앱의 다른 인스턴스를 다른 호스트에서 실행하고 있다면 한 번에 하나씩 호스트를 업그레이드할 수 있다. 하나의 앱 인스턴스가 오프라인으로 전환되는 동안 다른 앱 인스턴스들이 여전히 트래픽을 처리한다.

마지막으로 앱 수평 확장과 분해된 마이크로서비스 기반의 소프트웨어 아키텍처를 함께 사용하면 시스템의 전체 자원 소비에서 상당한 유연성을 확보할 수 있다. 4장에서 소개한 요리 커뮤니티 소프트웨어에서 증명한 것처럼, 앱 컴포넌트를 분리하는 것은 시나리오에서 소개한 것보다 더 많은 클라이언트에 의해 호출되는 Posts API를 확장해서 대량의 트래픽을 처리할 수 있다. 반면 Connections API와 같은 앱들은 훨씬 적은 요청 볼륨을 처리하기 위해 더 적은 수의 인스턴스를 갖는다. 그림 5.3을 보자.

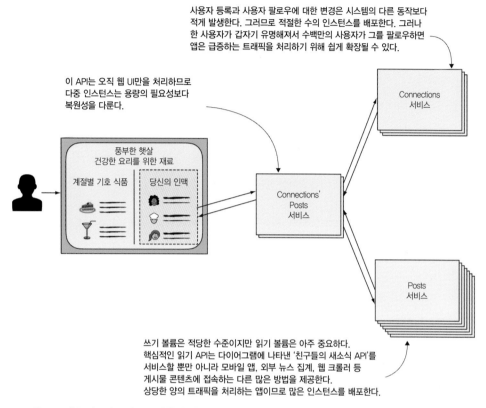

사용자 등록과 사용자 팔로우에 대한 변경은 시스템의 다른 동작보다
적게 발생한다. 그러므로 적절한 수의 인스턴스를 배포한다. 그러나
한 사용자가 갑자기 유명해져서 수백만의 사용자가 그를 팔로우하면
앱은 급증하는 트래픽을 처리하기 위해 쉽게 확장될 수 있다.

이 API는 오직 웹 UI만을 처리하므로
다중 인스턴스는 용량의 필요성보다
복원성을 다룬다.

풍부한 햇살
건강한 요리를 위한 재료

계절별 기호 식품 / 당신의 인맥

Connections
서비스

Connections'
Posts
서비스

Posts
서비스

쓰기 볼륨은 적당한 수준이지만 읽기 볼륨은 아주 중요하다.
핵심적인 읽기 API는 다이어그램에 나타낸 '친구들의 새소식 API'를
서비스할 뿐만 아니라 모바일 앱, 외부 뉴스 집계, 웹 크롤러 등
게시물 콘텐츠에 접속하는 다른 많은 방법을 제공한다.
상당한 양의 트래픽을 처리하는 앱이므로 많은 인스턴스를 배포한다.

▲ **그림 5.3** 다중 인스턴스 배포를 위한 앱 설계 방식은 복원력과 운영 관점의 혜택뿐만 아니라 자원 사용의 효율성을 크게 향상한다.

5.2 클라우드 환경에서의 상태 저장 앱

보다시피 유연한 확장, 복원력, 운영 효율성 같은 효과를 내기 위해 소프트웨어 솔루션의 한 부분으로 다중 앱 인스턴스를 실행하게 한다. 방금 설명한 다중 인스턴스 아키텍처와 이런 목표들은 모두 앱의 상태 저장과 상태 비저장이 강하게 연결돼 있다. 추상적인 설명 대신 구체적인 예로 시작해보자.

4장의 애플리케이션 중 특히 요청/응답 방식으로 작성한 애플리케이션부터 시작한다.

모든 앱 데이터, 사용자, 연결 정보, 게시물 정보를 메모리 데이터베이스에 저장하기 때문에 구현 형태는 매우 현저한 상태 저장 방식이다. 또한 모놀리식 애플리케이션이기도 하다. Connections' Posts 서비스, Connections 서비스, Posts 서비스는 한 프로젝트 내에서 일부분이고, 궁극적으로 동일한 JAR 파일로 컴파일된다. 앞으로 이 두 가지 요소를 모두 수정할 것이다.

클라우드 네이티브 저장소의 cloudnative-statelessness 디렉터리/모듈에서 예제의 소스 코드를 찾을 수 있다. 먼저 앱에서 상태를 전달할 때의 단점을 보여주는 예제를 구현하고, 추후 솔루션을 작성한다. 저장소를 복제한 다음, 특정 태그를 체크아웃하고 cloudnative-statelessness 디렉터리로 이동한다.

```
git clone https://github.com/cdavisafc/cloudnative-abundantsunshine.git
git checkout statelessness/0.0.1
cd cloudnative-statelessness
```

5.2.1 모놀리식 분해와 데이터베이스 바인딩

이전의 모놀리식 애플리케이션을 세 개의 독립된 서비스로 어떻게 나눴는지를 먼저 살펴보자. cloudnative-statelessness 디렉터리는 세 개의 마이크로서비스마다 pom.xml 파일과 하위 디렉터리/하위 모듈만을 갖는다. 두 개의 마이크로서비스, 즉 cloudnative-posts와 cloudnative-connections는 완전히 독립적이다. 각각은 다른 어떤 마이크로서비스에도 의존하지 않는다.

세 번째 마이크로서비스인 cloudnative-connectionsposts 앱 또한 다른 두 마이크로서비스와 거의 분리돼 있다. 다만 실제적으로 종속성이 보여지는 곳은 application.properties 파일에서 다음과 같다.

```
management.endpoints.web.exposure.include=*
connectionpostscontroller.connectionsUrl=http://localhost:8082/connections/
connectionpostscontroller.postsUrl=http://localhost:8081/posts?userIds=
connectionpostscontroller.usersUrl=http://localhost:8082/users/
INSTANCE_IP=127.0.0.1
```

```
INSTANCE_PORT=8080
```

앱에서 특정 사용자가 팔로우하는 개인 목록을 얻기 위해 Connections 서비스를 호출하고, 그런 다음 연결된 사람의 게시물 정보를 조회하기 위해 Posts 서비스를 호출한다는 것을 기억하자. HTTP 방식을 통해 서비스에 도달할 수 있도록 URL 정보가 앱에 등록된다 (URL을 application.properties 파일에 설정하는 것은 클라우드에 부적절한 패턴이며 6장에서 수정할 것이다).

이제 사용자, 연결 정보, 게시물 데이터에 대한 저장소로 전환한다. 앱을 클라우드에서 실행하든 그렇지 않든, 앱의 데이터를 메모리에 보관하거나 영구적인 디스크 내 임의의 위치에 저장하는 것이 필요하다. 지금까지 메모리 데이터베이스인 H2에 데이터를 저장한 것은 단순히 편의상의 이유였다. 데이터의 영구 저장소는 4장의 내용과 밀접한 관련이 없었기 때문이다. 궁극적으로는 영구적인 데이터의 복원력에 관심을 기울여야 하며, 추후에 좀 더 깊이 있게 다룰 것이다. Connections, Posts 앱의 pom.xml 파일에 MySQL 데이터베이스에 대한 의존성을 추가했다. 이제 POM 파일은 다음과 같은 의존성을 모두 포함한다.

```
<dependency>
    <groupId>com.h2database</groupId>
    <artifactId>h2</artifactId>
</dependency>
<dependency>
    <groupId>mysql</groupId>
    <artifactId>mysql-connector-java</artifactId>
</dependency>
```

이전에는 H2 데이터베이스에 대한 의존성이 있었고, MySQL에 대한 의존성은 새롭게 추가됐다. 테스트 목적으로 사용하기 위해 H2에 대한 의존성은 유지한다. 앱을 시작할 때 MySQL URL을 제공하면, 스프링 부트 JPA는 MySQL 클라이언트 인스턴스를 생성하고 구성할 것이다. 그렇지 않으면 H2를 사용할 것이다. 이제 코드를 실행해보자.

셋업

4장의 예제와 마찬가지로 샘플을 실행하기 위해 표준 도구를 설치해야만 한다. 다음 목록에서 마지막 두 개는 새롭게 추가된 도구다.

- 메이븐
- 깃
- 자바 1.8
- 도커
- mysql 명령줄 인터페이스(CLI)와 같은 MySQL 클라이언트
- redis-cli와 같은 Redis 클라이언트

마이크로서비스 빌드하기

cloudnative-statelessness 디렉터리에서 다음 명령을 입력한다.[1]

```
mvn clean install
```

명령을 실행하면 세 개의 앱을 각각 빌드하고 각 모듈의 대상 디렉터리에 JAR 파일을 생성한다.

앱 실행하기

마이크로서비스를 실행하기 전에 MySQL 서비스를 시작하고, cookbook 데이터베이스를 만들어야 한다. MySQL 서비스를 시작하기 위해 도커를 사용할 것이다. 도커를 설치했다고 가정한 후 다음 명령을 실행한다.

```
docker run --name mysql -p 3306:3306 -e MYSQL_ROOT_PASSWORD=password \
 -d mysql:5.7.22
```

---

1   실습을 따라 할 때는 먼저 셋업에 표시된 관련 도구나 소프트웨어들이 설치돼 있어야 한다. 그렇지 않으면 빌드하거나 mvn 명령을 실행하는 과정에서 기본 환경을 갖추지 못해 에러가 발생할 수 있다. 여기서는 표준 도구를 설치하는 방법을 일일이 제공하지 않으니 웹 서핑을 통해 확인한 후 설치하길 바란다. – 옮긴이

데이터베이스를 만들기 위해 선택한 클라이언트 도구를 이용해서 MySQL 서버에 연결한다. mysql CLI를 사용해 다음 명령을 입력할 수 있다.

```
mysql -h 127.0.0.1 -P 3306 -uroot -p
```

그런 다음 패스워드 값으로 password를 입력한다. MySQL 명령 프롬프트에서 다음 명령을 실행할 수 있다.

```
mysql> create database cookbook;
```

이제 앱을 실행할 준비를 마쳤다. 첫 번째 요점은 소프트웨어를 세 개의 독립적인 마이크로서비스로 분리했기 때문에 세 개의 다른 JAR 파일을 실행해야 한다는 것이다. 각각의 앱을 로컬에서 실행하므로 스프링 부트 앱 서버(기본 설정은 톰캣)는 다른 포트에서 시작해야만 한다. Posts 서비스와 Connections 서비스를 위해 명령줄에서 MySQL 서비스에 대한 URL 정보를 제공한다. 세 개의 터미널 창에서 다음과 같이 세 개의 명령을 실행한다.

```
java -Dserver.port=8081 \
-Dspring.datasource.url=jdbc:mysql://localhost:3306/cookbook \
-jar cloudnative-posts/target/cloudnative-posts-0.0.1-SNAPSHOT.jar

java -Dserver.port=8082 \
-Dspring.datasource.url=jdbc:mysql://localhost:3306/cookbook \
-jar cloudnative-connections/target/
➥ cloudnative-connections-0.0.1-SNAPSHOT.jar
java -jar cloudnative-connectionposts/target/
➥ cloudnative-connectionposts-0.0.1-SNAPSHOT.jar
```

그림 5.4에서 보는 것처럼 터미널을 설정했다. cloudnative-statelessness 디렉터리의 모든 터미널 창을 열고, 가장 오른쪽에서는 데이터베이스를 살펴보고, 상단에서는 세 개의 마이크로서비스 각각의 로그 출력을 확인하고(세 개의 창에서 각각 자바 명령을 실행한다), 왼쪽 하단에서는 curl 명령을 실행해 서비스를 테스트한다.

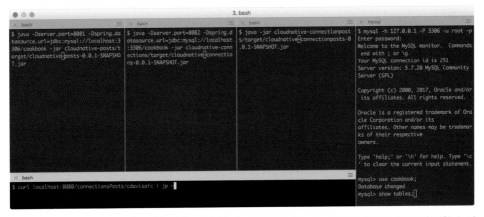

▲ **그림 5.4** 위와 같은 터미널 구성은 마이크로서비스에 요청을 전송하는 동시에 다른 창에서 결과를 확인할 수 있게 해준다.

그리고 각 마이크로서비스를 실행하기 위해 다음의 curl 명령을 입력한다.

```
curl localhost:8081/posts
curl localhost:8082/users
curl localhost:8082/connections
curl localhost:8080/connectionsposts/cdavisafc
```

특히 마지막 curl 명령을 실행할 때는 상단에 있는 세 개의 창을 모두 살펴본다. 하나의 요청이 궁극적으로 세 개의 모든 마이크로서비스에 어떤 영향을 미치는지 확인할 수 있다.

이 소프트웨어 버전을 사용하면 그림 5.3에서 설명한 것처럼 서로 다른 앱들은 독립적으로 확장된다는 배포 토폴로지를 이해할 수 있을 것이다. 그러나 현재의 배포 환경은 클라우드가 아니고, 모든 앱은 로컬에서 실행된다. 그리고 각 앱은 단일 인스턴스를 가지며, 설정 정보는 application.properties 파일에 명시돼 JAR 파일에 포함된다. 하지만 앱들은 상태 비저장이다. 즉, 데이터의 손실 없이 앱을 중단하고 시작할 수 있다.

앱의 상태에 집중하지는 않았지만 상태를 외부 저장소로 옮김으로써 상태 비저장 패턴을 구현했다. 외부 데이터베이스에 연결하는 것이 대부분의 사람들에게 친숙하므로 상태 비저장에 대해 말하고자 하는 요점을 잃을 수 있기 때문이다. 상태 비저장을 배우기 위해 마이크로서비스 중 하나에 상태를 도입할 예정이다. 즉, 상태 생성을 막지 못할 경우 디자인 패턴에 몰래 끼워 넣을 수 있는 타입의 상태를 말한다.

> |**노트**| 보편적으로 세션 상태(session state)를 통한 방식으로 상태(state)를 추가한다.

5.2.2 부적절한 세션 상태 처리

지금까지는 Connections' Posts 서비스의 클라이언트가 쿼리 문자열에 간단히 사용자 이름을 제공하면 해당 사용자가 팔로우하는 사람들이 작성한 게시물을 조회할 수 있었다. 시스템에 있는 어떤 사용자라도 방해 없이 게시물 집합을 요청할 수 있다. 그러나 맥스는 맥스가 팔로우하는 사람들의 게시물 정보만 조회하고, 글렌은 글렌이 팔로우하는 사람들의 게시물 정보만 볼 수 있게 만들어야 한다. 이를 위해 Connections' Posts 서비스의 클라이언트는 게시물 정보가 응답하기 전에 인증을 거쳐야 한다. 지금까지 살펴본 동일한 코드 저장소에서 다음 태그로 체크아웃한다.

Git checkout statelessness/0.0.2

Connections' Posts 서비스를 구현하면서 로그인 컨트롤러를 추가했다. 간단히 사용자 이름을 입력해서 로그인 기능을 호출하면 토큰을 발급할 것이다. 발급된 토큰은 Connections' Posts 서비스의 후속 호출로 전달된다. 전달된 토큰이 유효하다고 판단되면 게시물 집합을 반환한다. 만약 토큰이 유효하지 않으면 HTTP 1.1/401 Unauthorized 응답을 반환한다.

로그인 컨트롤러는 Connections' Posts 서비스의 일부분이고, LoginController.java 파일에서 찾을 수 있다. 다음 코드에서 볼 수 있듯이, 로그인 토큰을 생성한 다음 사용자 이름과 토큰을 메모리 내 해시맵에 저장한다.

리스트 5.1 LoginController.java

```
package com.corneliadavis.cloudnative.connectionsposts;

import ...
```

```
@RestController public class LoginController {

    @RequestMapping(value="/login", method = RequestMethod.POST)
     public void whoareyou(
        @RequestParam(value="username", required=false) String username,
         HttpServletResponse response) {

        if (username == null)
            response.setStatus(400);
        else {
            UUID uuid = UUID.randomUUID();
            String userToken = uuid.toString();

            CloudnativeApplication.validTokens.put(userToken, username);
            response.addCookie(new Cookie("userToken", userToken));
        }
    }
}
```

메모리 내 해시맵은 CloudnativeApplication.java 파일에 선언돼 있다.

리스트 5.2 CloudnativeApplication.java

```
public class CloudnativeApplication {

    public static Map<String, String> validTokens
        = new HashMap<String, String>();

    public static void main(String[] args) {
        SpringApplication.run(CloudnativeApplication.class, args);
    }
}
```

아래의 ConnectionsPostsController.java 파일로부터 발췌한 코드에서 볼 수 있듯이 사용자의 연결에서부터 게시물을 반환하는 메소드의 일부를 변경했다. 서비스 URL의 일부로 사용자 이름을 제공하는 대신, 서비스는 사용자 이름을 사용하지 않고 서비스에 전달된 쿠키에서 토큰을 찾는다.

```java
@RequestMapping(method = RequestMethod.GET, value="/connectionsposts")
public Iterable<PostSummary> getByUsername(
    @CookieValue(value = "userToken", required=false) String token,
     HttpServletResponse response) {

    if (token == null)
        response.setStatus(401);
    else {
        String username =
            CloudnativeApplication.validTokens.get(token);
        if (username == null)
            response.setStatus(401);
        else {
            // 연결과 게시물을 얻기 위한 코드
            return postSummaries;
        }
    }
    return null;
}
```

기능을 테스트하기 위해 애플리케이션을 다시 빌드하고 Connections' Posts 서비스를 다시 배포할 수 있다. cloudnative-statelessness 디렉터리에서 프로젝트를 빌드하기 위해 다음 명령을 실행한다.

```
mvn clean install
```

이전과 마찬가지로 세 개의 터미널 창에서 다음 명령을 사용해 마이크로서비스를 실행한다.

```
java -Dserver.port=8081 \
-Dspring.datasource.url=jdbc:mysql://localhost:3306/cookbook \
 -jar cloudnative-posts/target/cloudnative-posts-0.0.1-SNAPSHOT.jar

java -Dserver.port=8082 \
-Dspring.datasource.url=jdbc:mysql://localhost:3306/cookbook \
-jar cloudnative-connections/target/
```

```
➥ cloudnative-connections-0.0.1-SNAPSHOT.jar

java -jar cloudnative-connectionposts/target/
➥ cloudnative-connectionposts-0.0.1-SNAPSHOT.jar
```

Connections' Posts 서비스는 더 이상 URL의 일부에 사용자 이름을 포함해 호출되지 않는다. 로그인을 수행하기 전에 신규 엔드포인트를 호출하면 HTTP 오류가 발생한다. 오류를 확인하려면 다음과 같이 curl 명령에 –i 스위치를 포함시킨다.

```
$ curl -i localhost:8080/connectionsposts
HTTP/1.1 401
X-Application-Context: application
Content-Length: 0
Date: Mon, 27 Nov 2018 03:42:07 GMT
```

샘플 데이터에서 미리 로드한 사용자 이름 중 하나를 사용해 다음 명령으로 로그인한다.

```
$ curl -X POST -i -c cookie localhost:8080/login?username=cdavisafc
HTTP/1.1 200
X-Application-Context: application
Set-Cookie: userToken=f8dfd8e2-9e8b-4a77-98e9-49aaed30c218
Content-Length: 0
Date: Mon, 27 Nov 2018 03:44:42 GMT
```

이제 -b 명령줄 스위치와 함께 쿠키를 전달해 Connections' Posts 서비스를 호출하면 다음의 응답을 수신할 것이다.

```
$ curl -b cookie localhost:8080/connectionsposts | jp -
[
  {
    "date": "2019-02-01T19:09:41.000+0000",
    "usersname": "Max",
    "title": "Chicken Pho"
  },
  {
    "date": "2019-02-01T19:09:41.000+0000",
    "usersname": "Glen",
```

```
    "title": "French Press Lattes"
  }
]
```

아직 명시적으로 지칭하지 않았지만 구현물이 더 이상 상태 비저장이 아님을 파악했을 것이다. 유효한 토큰은 메모리에 저장된다. 이 예제가 부자연스럽다고 생각하는 독자들이 있을지 모르지만, 스프링 부트 메인 앱 내에서 해시맵을 사용하는 것이 오늘날 앱에서 흔히 볼 수 있는 패턴이라고 장담한다. 나는 최근에 피보탈에서 일하면서 새로운 캐싱 제품인 피보탈 클라우드 캐시^{Pivotal Cloud Cache}를 시장에 출시했다. 그 과정에서 많은 앱에서 HTTP 세션을 다루는 효과적인 방법을 찾고 있는 개발자 및 아키텍트와 많은 대화를 나눴다. 코드를 가능한 한 간단하게 유지하기 위해 비록 어떤 명시적인 HTTP 인터페이스를 사용하지는 않지만 기본 구조는 동일하다.

이러한 구현의 한계에도 불구하고, 마지막 curl 명령을 반복적으로 실행하면 예상 응답을 지속적으로 받을 수 있을 것이다. 모든 것이 정상적으로 작동한다면 대체 무엇이 문제일까? 현시점에서는 앱의 실행 환경이 여전히 클라우드가 아니고 클라우드 네이티브 설정이 아니라는 점이 이슈다. 각 앱은 단일 인스턴스만 가지며, 각 인스턴스가 정상적으로 작동하고 Connections' Posts 서비스가 여전히 실행 중이라면 소프트웨어는 예상대로 동작한다.

그러나 클라우드 환경에서는 상황이 항상 바뀐다는 것을 알고 있다. 4장에서 언급한 대로 앱은 항상 다중 인스턴스를 배포하고 있으며 몇 가지 실험을 진행해보자.

먼저 Connections' Posts 서비스의 생명 순환^{cycling}을 시뮬레이션해보자. 실제 환경에서 앱 자체가 중단되면 발생할 가능성이 있으며, 신규 버전의 앱이 배포되거나 인프라 환경이 변경돼 새로운 인프라 환경에서 앱을 다시 만들어야 할 때도 발생할 가능성이 높아진다. 시뮬레이션을 하기 위해 오른쪽 창에서 Ctrl-C를 눌러 앱을 중단하고, 자바 명령어를 다시 실행한다.

```
java -jar cloudnative-connectionposts/target/
➡ cloudnative-connectionposts-0.0.1-SNAPSHOT.jar
```

이제 curl 명령을 시도하고 유효한 인증 토큰을 전달하면, HTTP 1.1/401 Unauthorized 응답을 수신할 것이다.

```
$ curl -i -b cookie localhost:8080/connectionsposts
HTTP/1.1 401
X-Application-Context: application
Content-Length: 0
Date: Mon, 27 Nov 2018 04:12:07 GMT
```

그다지 놀라운 일이 아니다. 토큰은 메모리에 저장되는 것을 알고 있으므로 애플리케이션을 중지하고 재시작하면 메모리에 있던 모든 것을 잃어버린다. 그러나 더 이상 이런 유형의 애플리케이션 순환이 발생하지 않는다는 것을 더는 기대할 수 없다는 점은 반드시 이해해야 한다. 변화는 예외가 아니라 규칙이다.

이제 앱의 인스턴스를 여러 개 배포하는 두 번째 시나리오를 살펴보자. 다중 인스턴스를 갖는 순간, 그들 간에 트래픽을 보내주는 로드 밸런서가 필요할 것이다. 어떤 독자들은 엔진엑스^Nginx와 같은 시스템을 실행하고 모든 앱 인스턴스의 설정 정보를 변경해 로드 밸런서를 직접 구축할 수도 있다. 그러나 정확히 말하면 로드 밸런서는 클라우드 플랫폼에서 제공하는 것이며, 향후 독자들에게 소개할 기회가 있을 것이다. 때마침 쿠버네티스는 사용하기 쉬우며, 로컬에서 배포할 수 있는 버전을 갖고 있으므로 나의 데모 시나리오에 완벽한 옵션을 제공한다. 쿠버네티스는 필요할 때 지원을 제공하는 활기찬 커뮤니티가 그 주변에 있으며, 작업을 같이 하고 싶은 완벽한 기술이라는 점을 밝힌다. 여러분이 클라우드 파운드리, 헤로쿠^Heroku, 도커, 오픈시프트^OpenShift 등과 같은 다른 클라우드 플랫폼에 익숙하고 이에 접근할 수 있다면 반드시 이 실험 환경을 그곳에서 구동하길 바란다.

클라우드 네이티브 플랫폼 소개

쿠버네티스는 실행 중인 애플리케이션을 위한 플랫폼이다. 쿠버네티스는 앱을 배포하고 모니터링하고 확장하기 위한 기능을 포함한다. 쿠버네티스는 책의 앞부분에서 이야기한 대로 건강 상태를 모니터링해 자동으로 치료할 수 있으며, 다양한 예제와 패턴을 강력한 방식으로 테스트할 수 있다. 예를 들면 어떤 이유로 앱 인스턴스가 사라지면 쿠버네티스는 새로운 인스턴스를 실행해 사라진 인스턴스를 대체한다. 이미 여러 번 언급했고 앞으로도 그렇게 하겠지만, 클라우드 네이티브 플랫폼은 이 책에서 다루는 많은 패턴을 지원하고 심지어 구현물까지 제공할 것이다.

쿠버네티스에서 애플리케이션을 실행하려면 반드시 컨테이너로 만들어야 한다. 앱을 포함한 도커 이미지나 유사한 이미지가 있어야 한다. 컨테이너화를 자세히 다루지는 않겠지만, 앱을 도커 이미지로 번들해 쿠버네티스에서 사용 가능하도록 수행하는 단계를 설명할 것이다.

여기서 사용할 오픈소스 쿠버네티스 프로젝트의 배포판은 미니큐브^{Minikube}(https://github.com/kubernetes/minikube)다. 프로덕션 환경에서 쿠버네티스는 항상 멀티 노드 분산 시스템으로 배포되지만(4장에서 이야기한 것처럼 가용 영역에 걸쳐서), 미니큐브는 개인의 워크스테이션에서 빠르게 실행할 수 있도록 싱글 노드 배포를 지원한다. 미니큐브의 설치 지침은 깃허브 저장소의 README 파일에 포함돼 있으며 리눅스, 윈도우, 맥 운영체제에서 실행하는 단계를 제공한다. 미니큐브를 설치하기 전에 쿠버네티스 명령줄 인터페이스(CLI) kubectl 또한 반드시 설치해야 한다(https://kubernetes.io/docs/tasks/tools/install-kubectl/). 사전 요구 사항(예를 들면 미니큐브를 설치할 PC에 버추얼 박스를 설치하는 것)을 해결하고 미니큐브를 설치하면, 쿠버네티스에 샘플 앱을 배포할 준비를 마친 것이다.

소프트웨어 예제를 구성하는 모든 컴포넌트에 대한 배포 매니페스트$^{manifest 2}$를 제공했었다. 이 단계에서는 이전에 로컬에서 실행했던 네 개의 컴포넌트(MySQL 데이터베이스와 세 개의 마이크로서비스인 Connections, Posts, Connections' Posts)가 있다. 그림 5.5에서 본 토폴로지에서 소프트웨어를 배포하기 위해 다음과 같이 진행한다.

---

2 소프트웨어에서는 애플리케이션 기본 정보나 해당 모듈 또는 패키지의 메타데이터를 포함하는 파일이다. 일반적으로 화물 목록 또는 승객 명단을 지칭하는 의미로 사용되는 단어에서 비롯됐다. - 옮긴이

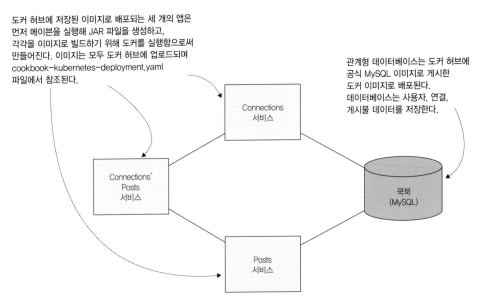

도커 허브에 저장된 이미지로 배포되는 세 개의 앱은
먼저 메이븐을 실행해 JAR 파일을 생성하고,
각각을 이미지로 빌드하기 위해 도커를 실행함으로써
만들어진다. 이미지는 모두 도커 허브에 업로드되며
cookbook-kubernetes-deployment.yaml
파일에서 참조된다.

관계형 데이터베이스는 도커 허브에
공식 MySQL 이미지로 게시한
도커 이미지로 배포된다.
데이터베이스는 사용자, 연결,
게시물 데이터를 저장한다.

▲ **그림 5.5** 쿡북 소프트웨어의 배포 토폴로지는 별도의 컴포넌트로 리팩토링돼 클라우드 설정으로 배포된다. 현재 각 앱은 단일 인스턴스로만 배포한다.

데이터베이스를 배포하고 설정하기

예제를 로컬에서 실행할 때 수행한 것처럼 쿠버네티스에서도 동일한 도커 이미지를 실행할 것이다. 사용하게 될 배포 매니페스트는 mysql-deployment.yaml이다.[3] 쿠버네티스가 컴포넌트를 시작하고 관리하게 하려면 다음 명령을 사용한다.

```
kubectl create -f mysql-deployment.yaml
```

다음과 같이 배포 상태를 지켜볼 수 있다.

```
$ kubectl get all
NAME                          READY   STATUS    RESTARTS   AGE
pod/mysql-75d7b44cd6-dbnvp    1/1     Running   0          30s

NAME            TYPE      CLUSTER-IP    EXTERNAL-IP   PORT(S)      AGE
```

---

3   이 책이 출간될 시점의 쿠버네티스 버전에 따라 yaml 파일 내부 버전이 쿠버네티스 apiVersion과 맞지 않을 수 있다. 따라서 이 경우에는 실행 시 에러 메시지를 확인하고 버전 정보를 맞춰야 한다. – 옮긴이

```
service/kubernetes ClusterIP 10.96.0.1    <none>      443/TCP       14d
service/mysql-svc NodePort   10.97.144.19 <none>      3306:32591/TCP 6h14m

NAME                      READY  UP-TO-DATE  AVAILABLE  AGE
deployment.apps/mysql     1/1    1           1          30s

NAME                           DESIRED  CURRENT  READY  AGE
replicaset.apps/mysql-75d7b44cd6  1        1        1     30s
```

출력에는 MySQL과 연관된 수많은 엔티티가 표시되는 것을 알 수 있다. 간략한 개요는 다음과 같다. 파드^{pod}에서 앱을 실행하는 MySQL 배포가 있고, MySQL 서비스를 통해 접근할 수 있다. 복제 집합^{replica set}은 실행돼야 할 특정 워크로드의 복사본 개수를 표시한다.

cookbook 데이터베이스를 만들기 위해 로컬에서 실행했던 것과 동일한 메커니즘을 사용할 것이다. MySQL 클라이언트에 전달할 연결 문자열 정보만 알면 된다. 다음 명령을 사용해 미니큐브에서 얻을 수 있다.

```
minikube service mysql-svc --url
```

접근을 위해 `mysql` 명령줄 인터페이스를 사용한다면, 다음 명령을 실행해 데이터베이스에 접근하고 그다음 명령을 통해 데이터베이스를 만들 수 있다.

```
$ mysql -h $(minikube service mysql-svc --format "{{.IP}}") \
  -P $(minikube service mysql-svc --format "{{.Port}}") -u root -p
mysql> create database cookbook;
Query OK, 1 row affected (0.00 sec)
```

데이터베이스 서버가 이제 실행 중이며, 앱이 사용할 데이터베이스가 만들어졌다.

Posts 서비스와 Connections 서비스를 설정하고 배포하기

Connections 서비스와 Posts 서비스를 설정하고 배포하는 방식은 사실상 동일하다. 각각의 서비스는 방금 배포한 MySQL 데이터베이스에 대한 연결 정보와 자격 증명 정보를 반드시 알고 있어야 하며, 자신만의 컨테이너와 쿠버네티스 파드에서 실행할 것이다. 각 서비스를 위한 배포 매니페스트가 있으며, MySQL 연결 문자열을 입력하기 위해 각 매니페스트 파일을 편집해야만 한다. 각 파일에 입력할 URL을 얻기 위해 다음 명령을 실행한다.

```
minikube service mysql-svc --format "jdbc:mysql://{{.IP}}:{{.Port}}/cookbook"
```

이 명령을 실행하면 다음과 같은 응답을 얻을 수 있다.

```
jdbc:mysql://192.168.99.100:32713/cookbook
```

이제 cookbook-deployment-connections.yaml과 cookbook-deployment-posts.yaml 파일을 수정한다. `<insert jdbc url here>` 문자열을 `minikube` 명령을 실행해 얻은 jdbc URL로 변경한다. 예를 들면 cookbook-deployment-kubernetes-connections.yaml 파일의 마지막 줄은 다음과 같이 보일 것이다.

```
- name: SPRING_APPLICATION_JSON
  value: '{"spring":{"datasource":{"url":
➡ "jdbc:mysql://192.168.99.100:32713/cookbook"}}}'
```

이제 다음과 같이 두 개의 명령을 실행해 두 개의 서비스를 배포할 수 있다.

```
kubectl create -f cookbook-deployment-connections.yaml
kubectl create -f cookbook-deployment-posts.yaml
```

kubectl get all을 다시 실행하면 MySQL 데이터베이스와 함께 두 개의 마이크로서비스가 실행 중임을 알 수 있다.

```
$ kubectl get all
NAME                             READY   STATUS    RESTARTS   AGE
pod/connections-7dffdc87c4-p8fc8 1/1     Running   0          12s
pod/mysql-75d7b44cd6-dbnvp       1/1     Running   0          13m
pod/posts-6b7486dc6d-wmvmv       1/1     Running   0          12s

NAME                   TYPE       CLUSTER-IP     EXTERNAL-IP   PORT(S)
service/connections-svc NodePort   10.106.214.25  <none>        80:30967/TCP
service/kubernetes      ClusterIP  10.96.0.1      <none>        443/TCP
service/mysql-svc       NodePort   10.97.144.19   <none>        3306:32591/TCP
service/posts-svc       NodePort   10.99.106.23   <none>        80:32145/TCP
```

```
NAME                         READY   UP-TO-DATE   AVAILABLE   AGE
deployment.apps/connections  1/1     1            1           12s
deployment.apps/mysql        1/1     1            1           13m
deployment.apps/posts        1/1     1            1           12s

NAME                                      DESIRED   CURRENT   READY   AGE
replicaset.apps/connections-7dffdc87c4    1         1         1       12s
replicaset.apps/mysql-75d7b44cd6          1         1         1       13m
replicaset.apps/posts-6b7486dc6d          1         1         1       12s
```

각 서비스가 정확히 동작하는지 테스트하기 위해 다음 두 개의 명령을 사용해 데이터베이스에 로드했던 연결 및 게시물의 샘플 데이터를 조회한다.

```
$ curl $(minikube service --url connections-svc)/connections
[
  {
    "id": 4,
    "follower": 2,
    "followed": 1
  },
  {
    "id": 5,
    "follower": 1,
    "followed": 2
  },
  {
    "id": 6,
    "follower": 1,
    "followed": 3
  }
]
$ curl $(minikube service --url posts-svc)/posts
[
  {
    "id": 7,
    "date": "2019-02-03T04:36:28.000+0000",
    "userId": 2,
    "title": "Chicken Pho",
    "body": "This is my attempt to re-create what I ate in Vietnam..."
```

```
  },
  {
    "id": 8,
    "date": "2019-02-03T04:36:28.000+0000",
    "userId": 1,
    "title": "Whole Orange Cake",
    "body": "That's right, you blend up whole oranges, rind and all..."
  },
  {
    "id": 9,
    "date": "2019-02-03T04:36:28.000+0000",
    "userId": 1,
    "title": "German Dumplings (Kloesse)",
    "body": "Russet potatoes, flour (gluten free!) and more..."
  },
  {
    "id": 10,
    "date": "2019-02-03T04:36:28.000+0000",
    "userId": 3,
    "title": "French Press Lattes",
    "body": "We've figured out how to make these dairy free, but just as good!..."
  }
]
```

Connections' Posts 서비스를 설정하고 배포하기

마지막으로, 특정한 개인이 팔로우하는 사람들이 작성한 게시물 목록을 수집해 반환하는 서비스를 배포한다. 이 서비스는 데이터베이스에 직접 접속하지 않는다. 대신 연결 및 게시물 서비스 양쪽에 서비스 호출을 실행한다. 바로 앞 절에서 수행했던 배포를 통해 두 개의 서비스가 테스트했던 URL에서 정상적으로 실행 중이므로 Connections' Posts 서비스에 해당 URL만 설정하면 된다. 배포 매니페스트인 cookbook-deployment-connections posts-stateful.yaml 파일을 편집해 이 작업을 수행할 수 있다. 세 개의 URL에 대한 자리 표시자가 있으며, 다음 명령을 실행해 얻은 값들로 채워야만 한다.

Posts URL	`minikube service posts-svc --format "http://{{.IP}}:{{.Port}}/posts?userIds=" --url`
Connections URL	`minikube service connections-svc --format "http://{{.IP}}:{{.Port}}/connections/" --url`
Users URL	`minikube service connections-svc --format "http://{{.IP}}:{{.Port}}/users/" --url`

배포 매니페스트 파일의 마지막 줄은 다음과 같이 설정될 것이다.

```
- name: CONNECTIONPOSTSCONTROLLER_POSTSURL
  value: "http://192.168.99.100:31040/posts?userIds="
- name: CONNECTIONPOSTSCONTROLLER_CONNECTIONSURL
  value: "http://192.168.99.100:30494/connections/"
- name: CONNECTIONPOSTSCONTROLLER_USERSURL
  value: http://192.168.99.100:30494/users/
```

마지막으로 다음 명령으로 서비스를 배포할 것이다.

```
kubectl create \
-f cookbook-deployment-connectionsposts-stateful.yaml
```

이제 다음 명령을 실행해 이전과 마찬가지로 서비스를 테스트할 수 있다.

```
curl -i $(minikube service --url connectionsposts-svc)/connectionsposts
curl -X POST -i -c cookie \
$(minikube service --url connectionsposts-svc)/login?username=cdavisafc
curl -i -b cookie \
$(minikube service --url connectionsposts-svc)/connectionsposts
```

> 곧 나아질 것이라 약속한다. 모든 내용을 수동으로 설정하는 것은 독자들을 좌절하게 만들지만, 그렇
> 다고 해서 두려워하지는 말라. 6장에서 애플리케이션 설정을 다루며 적절한 방법으로 사용하면 이런
> 지루함은 없을 것이다.

다음 시연을 준비하기 위해 Connections' Posts 서비스의 로그를 스트리밍할 예정이다. 새로운 터미널 창에서 connectionsposts 파드의 이름과 함께 다음 명령을 실행한다 (kubectl get pods 명령을 실행해 파드의 이름을 확인할 수 있다).

```
kubectl logs -f pod/<name of your connectionsposts pod>
```

이제 이전에 표시된 마지막 curl 명령을 반복해 connectionsposts 로그에서 결과 활동을 볼 수 있다. 정상적으로 시작되고 실행된다. Connections' Posts 서비스를 순환시키지만 않는다면 이러한 배포는 지속적으로 잘 동작할 것이다. 그러나 다수의 인스턴스를 갖도록 서비스를 확장하면 무슨 일이 일어날까? 그렇게 하기 위해 다음 명령을 실행한다.

```
kubectl scale --replicas=2 deploy/connectionsposts
```

kubectl get all 명령을 실행하면 여러 개의 흥미로운 것을 보여준다.

NAME	READY	STATUS	RESTARTS	AGE
pod/connections-7dffdc87c4-cp7z7	1/1	Running	0	10m
pod/connectionsposts-5dc77f8bf9-8kgld	1/1	Running	0	5m4s
pod/connectionsposts-5dc77f8bf9-mvt89	1/1	Running	0	81s
pod/mysql-75d7b44cd6-dbnvp	1/1	Running	0	36m
pod/posts-6b7486dc6d-kg8cp	1/1	Running	0	10m

NAME	TYPE	CLUSTER-IP	EXTERNAL-IP	PORT(S)
service/connections-svc	NodePort	10.106.214.25	<none>	80:30967/TCP
service/connectionsposts-svc	NodePort	10.100.25.18	<none>	80:32237/TCP
service/kubernetes	ClusterIP	10.96.0.1	<none>	443/TCP
service/mysql-svc	NodePort	10.97.144.19	<none>	3306:32591/TCP
service/posts-svc	NodePort	10.99.106.23	<none>	80:32145/TCP

NAME	READY	UP-TO-DATE	AVAILABLE	AGE
deployment.apps/connections	1/1	1	1	10m
deployment.apps/connectionsposts	2/2	2	2	5m4s
deployment.apps/mysql	1/1	1	1	36m
deployment.apps/posts	1/1	1	1	10m

NAME	DESIRED	CURRENT	READY	AGE

```
replicaset.apps/connections-7dffdc87c4        1    1    1    10m
replicaset.apps/connectionsposts-5dc77f8bf9 2    2    2    5m4s
replicaset.apps/mysql-75d7b44cd6              1    1    1    36m
replicaset.apps/posts-6b7486dc6d              1    1    1    10m
```

Connections' Posts 서비스의 인스턴스를 실행하는 두 번째 파드가 생성된 것을 볼 수 있다. 그러나 여전히 `connectionsposts-svc` 서비스는 하나다. 이 단일 서비스는 앱의 두 인스턴스에 대한 요청을 로드 밸런싱할 것이다. 또한 배포와 복제 컨트롤러가 앱이 실행되는 동안의 어떤 시점이든 두 개의 앱 인스턴스를 가지려 한다는 것을 보여준다.[4]

프로덕션 환경에서 수행하면 안 되는 것

프로덕션 환경의 명령줄에서 Connections' Posts 앱의 두 번째 인스턴스를 프로비저닝하는 명령을 실행해서는 안 된다. 명령을 실행하자마자 어느 곳에도 기록되지 않은 소프트웨어 토폴로지인 스노우 플레이크가 만들어질 것이다.

처음 소프트웨어를 배포하기 위해 사용된 배포 매니페스트는 초기 토폴로지를 캡처하며 프로덕션 환경에서 실행될 것으로 예상하지만, 실제로는 기록된 토폴로지와 다르다. 개인이 실행 중인 시스템에 변경을 수동으로 적용하면 시스템은 더 이상 기록된 아티팩트로부터 재현이 불가능해지고, 운영 관행의 일부로 제어된다.

수평 확장을 수행하기 위한 올바른 방법은 배포 매니페스트를 수정해 제어 시스템에 체크인한 다음, 클라우드 환경에 적용하는 것이다. 쿠버네티스는 이 방법을 지원하며 새로운 시스템을 생성하는 대신 kubectl apply 같은 명령으로 실행 중인 시스템을 업데이트한다. 그저 단순하게 처리하고자 여기에 단축키를 사용한다.

새로운 배포 토폴로지에서 애플리케이션의 기능을 테스트하기 전에 신규 앱 인스턴스에 대한 로그를 스트리밍한다. `kubectl get all` 결과에서 확인할 수 있는 새로운 파드 이름과 함께 `kubectl logs -f` 명령을 다른 터미널 창에서 실행한다.

```
kubectl logs -f po/<name of your new pod>
```

이제 최종 curl 명령을 몇 번 더 실행해 애플리케이션 기능을 다시 테스트하자.

---

4   replicaset.apps에서 DESIRED가 2로 세팅된 것을 보면 알 수 있다. - 옮긴이

```
curl -i -b cookie \
$(minikube service --url connectionsposts-svc)/connectionsposts
```

애플리케이션 로그를 스트리밍하는 두 개의 창을 계속 지켜본다. 로드 밸런서가 첫 번째 인스턴스로 트래픽을 라우팅한다면, 해당 로그 스트림에서 활동이 표시되고 예상대로 결과를 반환한다. 그러나 트래픽이 두 번째 인스턴스로 라우팅되면, 유효하지 않은 토큰으로 앱에 접근하려는 시도가 있었다고 해당 로그에 표시하고 401을 반환할 것이다. 물론 토큰은 유효하다. 문제는 두 번째 인스턴스가 유효한 토큰에 대해 알지 못한다는 사실이다.

이것은 끔찍한 사용자 경험이라고 확신한다. 때로는 curl 명령이 요청을 받은 정보를 반환하고, 때로는 사용자가 인증되지 않았다고 보고한다. 그런 다음 사용자가 머리를 긁으면서 '내가 로그인하지 않았나?'라고 생각한 후 페이지를 새로 고침하면, 유효한 응답을 받을 수 있다. 그러나 다음 요청에서는 unauthenticated라는 보고를 다시 받을 것이다.

쿠버네티스를 사용하려면 빌드된 도커 이미지가 필요하다

이전 예제처럼 애플리케이션을 빌드할 것을 요구하지는 않았다. 쿠버네티스에 앱을 배포하기 위해서는 반드시 컨테이너화돼야 하고, 빌드 과정이 다소 복잡하기 때문에 이 단계는 건너뛰었다. 반드시 JAR 파일을 만들고, docker build 명령을 실행해 도커 이미지를 생성하고, 이미지 저장소에 생성한 도커 이미지를 업로드한 다음, 해당 이미지를 가리키도록 배포 매니페스트를 갱신해 배포한다.

각 컨테이너 이미지를 만들 때 사용했던 도커파일(Dockerfile)을 포함했다. 그러나 간결하게 처리하기 위해 이미 생성해서 나의 도커 허브 저장소에 업로드한 도커 이미지를 가리키도록 배포 매니페스트를 설정했다. 이 모든 것을 수행하기 위한 명령은 다음과 같다.

소스 빌드하기

```
mvn clean install
```

도커 이미지 생성하기

```
docker build --build-arg \ jar_file=cloudnative-connectionposts/target\
/cloudnative-connectionsposts-0.0.1-SNAPSHOT.jar \
-t cdavisafc/cloudnative-statelessness-connectionsposts-stateful .

docker build --build-arg \ jar_file=cloudnative-connections/target\
/cloudnative-connections-0.0.1-SNAPSHOT.jar \
-t cdavisafc/cloudnative-statelessness-connections .
```

```
docker build --build-arg \
jar_file=cloudnative-posts/target/cloudnative-posts-0.0.1-SNAPSHOT.jar \
-t cdavisafc/cloudnative-statelessness-posts .
```

도커 허브에 업로드하기

```
docker push cdavisafc/cloudnative-statelessness-connectionposts-stateful
docker push cdavisafc/cloudnative-statelessness-connections
docker push cdavisafc/cloudnative-statelessness-posts
```

간단한 예제에서는 이런 일이 왜 발생하는지 쉽게 확인할 수 있다. 아키텍처 관점에서 무슨 일이 벌어지는지 살펴보자. 그림 5.6은 앱이 원하는 행동을 설명한다. 논리적으로 하나의 앱만 보유하고 있다고 명시하기 위해 Connections' Posts 앱의 단일 엔티티만 보여주고 있다. 5장의 시작 부분에서 설명한 것처럼, 동일한 입력은 앱의 인스턴스 숫자와 특정 요청의 라우팅 경로에 상관없이 같은 결과를 반환해야 한다.

▲ **그림 5.6** 논리적으로 일련의 요청을 처리하는 단일 앱이 있다. 데이터를 가져오기 전에 모든 사용자는 로그인하기 때문에 각각의 요청이 모두 성공할 것으로 예상한다.

그러나 앱은 상태 비저장이 아니므로 현재 구현에서는 이를 달성할 수 없다. 발생 상황을 시각화하는 간단한 방법으로 그림 5.7은 하나의 논리적 앱을 두 개의 인스턴스로 분리하고 해당 인스턴스에 요청 순서를 분산한다. 이 다이어그램에서는 요청 순서를 변경하지 않았고, 다른 애플리케이션 인스턴스 간에 요청을 분산하기만 한다. 만약 앱이 로컬 요청만 처리한다면, 많은 경우에서 애플리케이션이 정상적으로 동작하지 않는 것을 쉽게 확인할 수 있다.

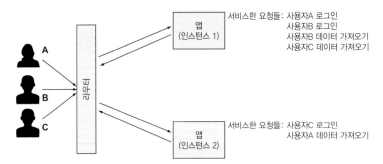

▲ **그림 5.7** 하나의 논리적인 엔티티가 다중 인스턴스로 배포될 경우에는 분산된 이벤트 집합이 전체적으로 처리되도록 주의해야 한다.

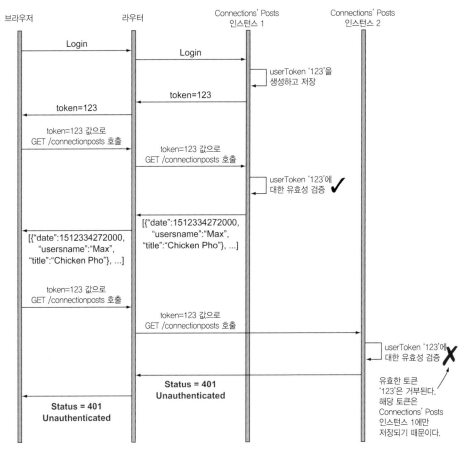

▲ **그림 5.8** Connections' Posts 앱의 두 번째 인스턴스를 추가할 때, 유효한 토큰의 로컬 목록은 첫 번째 인스턴스와 다르다. 이것이 바로 클라우드 네이티브 소프트웨어에서 상태 저장 앱이 갖는 문제다.

이제 쿡북 예제로 돌아가보자. 그림 5.8은 현재까지의 구현물이 나타내는 동작을 요약한다.

그렇다면 이 문제를 어떻게 해결할 수 있을까? 오늘날 비교적 널리 사용되고 있지만 클라우드 설정에는 부적합한 하나의 솔루션인 스티키 세션을 고려해보자(그런 다음 클라우드 네이티브 솔루션을 제시할 것이다).

5.3 HTTP 세션과 스티키 세션

스티키 세션은 어떤가? 로드 밸런서를 사용해 애플리케이션의 다중 인스턴스 간에 요청을 분산하는 동안에는 스티키 세션을 이용해왔다. 클라우드 네이티브 방식으로 설계된 앱보다 훨씬 긴 시간이다. 상태 저장 서비스를 다루기 위해 스티키 세션을 계속 사용할 수 없는 이유는 무엇일까?

먼저 그 기술을 간단히 설명한다. 스티키 세션은 앱이 사용자의 첫 번째 요청에 대한 응답에 세션 ID를 포함하는 구현 패턴이고, 사용자의 고유한 정보다. 그런 다음 해당 세션 ID는 일반적으로 쿠키를 통해 모든 후속 요청에 포함된다. 이를 통해 로드 밸런서는 앱과 상호작용하는 개별 사용자를 효과적으로 추적할 수 있다. 특정 요청을 어느 곳으로 전달할지 결정하는 역할을 하는 로드 밸런서는 어떤 인스턴스가 맨 처음 접속됐는지 기억할 것이고, 그 후부터 해당 세션 ID를 운반하는 모든 요청을 동일한 앱 인스턴스로 라우팅하도록 최선을 다할 것이다. 만약 앱 인스턴스가 로컬 상태를 갖고 있다면 해당 인스턴스로 지속적으로 라우팅되는 요청은 로컬 상태를 사용할 수 있게 된다.

그림 5.9는 세션 ID가 요청에 있으면 라우터가 일치하는 ID를 가진 인스턴스를 찾고 해당 인스턴스로 요청을 전달하는 시퀀스를 보여준다.

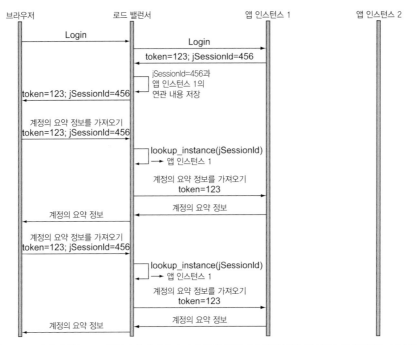

▲ **그림 5.9** 스티키 세션은 로드 밸런서에 의해 구현되며 특정 사용자를 앱의 특정 인스턴스에 연결하는 데 사용된다.

스티키 세션 방식은 앱의 각 서비스 모두가 완전히 상태 비저장임을 보장하는 것보다 쉬운 솔루션이지 않은가?

위에서 '최선을 다한다.'는 부분을 이해했는가? 최선의 노력에도 불구하고, 라우터는 요청을 적절한 인스턴스에 전송하지 못할 수도 있다. 해당 인스턴스가 사라지거나 네트워크 이상 때문에 연결이 도달하지 못할 수 있다. 예를 들어 그림 5.10에서 앱 인스턴스 1을 사용할 수 없으므로 라우터는 사용자 요청을 다른 앱 인스턴스로 전송할 것이다. 요청을 받은 인스턴스는 앱 인스턴스 1이 가진 로컬 상태가 없기 때문에 사용자는 앞에서 증명한 부정적인 행동을 다시 한 번 겪을 것이다.

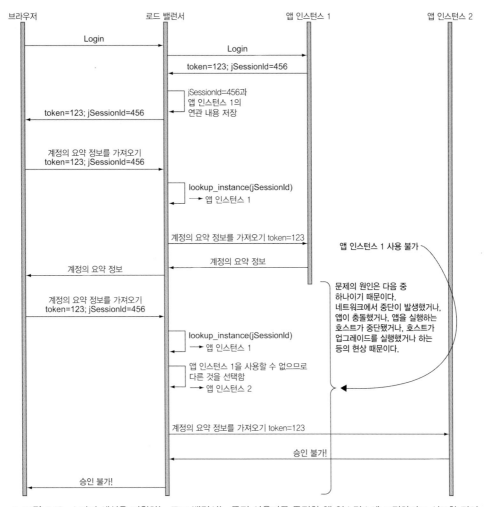

▲ **그림 5.10** 스티키 세션을 지원하는 로드 밸런서는 특정 사용자를 특정한 앱 인스턴스에 고정하려고 시도할 것이다. 하지만 다른 인스턴스로 요청을 전송하도록 강제할 수도 있다. 클라우드 네이티브 소프트웨어에서는 인스턴스가 일정한 규칙으로 오간다고 가정해야만 한다. 그렇지 않으면 사용자 경험이 저하될 것이다.

한동안 개발자들은 인스턴스가 사라지거나 네트워크가 중단되는 예외 상황은 매우 드물며 설사 그런 상황이 발생하더라도 그다지 바람직하지 않지만 사용자 경험은 수용 가능하다고 주장하면서 스티키 세션의 사용을 정당화했다. 이는 다음과 같은 두 가지 이유에서 잘못된 주장이다. 첫째, 예상치 못한 또는 의도적인 인프라의 변경으로 인해 앱 인스턴스의 재활용은 점차 일반화되고 있다. 둘째, 좀 더 나은 방향으로 구현하는 것이 더 이상 어렵지 않게 됐다. 즉, 연결된 백업 저장소에 세션 상태를 저장하는 것이다. 이러한 접근 방식은 다른 이점도 가져온다. 지금부터 자세히 살펴보자.

5.4 상태 저장 서비스와 상태 비저장 앱

이 문제를 해결하기 위한 올바른 접근 방법은 앞서 제시한 바와 같이 '상태 비저장 앱 만들기'다. 먼저 반대 패턴인 상태 저장 서비스를 시연하고 올바른 패턴으로 진행한다. 여기서는 자주 사용되는 하위 솔루션인 사용자 인증 예제를 선택했다. 스티키 세션을 사용하기 위한 변명으로서 사람들은 종종 모든 요청에 대해 자격 증명을 제공할 수 없다고 주장한다. 타당한 주장으로 들리지만 앱 인스턴스가 상태를 유지해야 한다는 의미는 아니다.

5.4.1 상태 저장 서비스는 특별하다

물론 상태는 어딘가에 있어야 한다. 전체적으로 어떤 목적을 위해 애플리케이션은 어딘가에서 상태를 가져와야만 한다. 예를 들어 만약 계좌 잔고를 조회할 수 없다면 은행 웹사이트는 충분한 가치를 제공하지 못할 것이다. 따라서 앱이 상태 비저장이어야 한다는 주장은 아키텍처 내 모든 곳에서 상태 정보를 가질 필요가 없다는 것이다.

> |노트| 클라우드 네이티브 애플리케이션은 상태를 저장하는 공간과 (마찬가지로 중요하게) 상태를 저장하지 않는 공간을 가진다.

앱은 상태 비저장이고 상태는 데이터 서비스에 상주한다는 것은 요즘 많이 듣는 이야기다. 나는 어떤 조언이 왜 좋은지 이해하지 못하면 어떤 지침도 따르지 않는 사람이라는 점을 고백한다. 따라서 앱들이 다양한 상태를 처리하기 위해 소프트웨어가 잘 실행되도록 유지해야만 하는 것들을 연구해서 간략히 증명해보자. 우리가 예상해야만 하는 가장 중요한 것 중 하나는 끊임없는 변화임을 기억하라.

이와 같은 경우, 메모리나 로컬 디스크에 있던 앱의 내부 상태가 변경될 때마다 앱 인스턴스가 손실되는 경우에 대비해 상태를 보존할 필요가 있다. 상태를 보존하기 위한 여러 가지 접근 방식이 있지만 모두 복제를 수반한다. 애플리케이션의 로직 정보와 전혀 관련 없는 하나의 옵션은 스냅샷을 만드는 것이다. 메모리와 디스크를 특정 간격으로 단순히 복사하면 된다.

그러나 스냅샷에 대한 이야기가 시작되면 어떻게 만들고 관리할지에 대한 많은 의사 결정이 필요하다. 여러분은 얼마나 자주 스냅샷을 만드는가? 스냅샷이 일관성을 유지할 수 있도록 어떻게 하는가? 즉, 스냅샷을 만드는 중간에 변경이 발생하기 때문에 의도치 않았지만 일시적이지 않은 상태를 캡처할 수도 있다. 또한 복구 시간은 얼마나 걸리는가? 복구 시점 목표Recovery Point Objective(RPO)에 대한 복구 시간 목표Recovery Time Objective(RTO)의 트레이드오프는 본질적으로 복잡하다. 스냅샷 생성, RTO, RPO에 대한 상세 내용을 잘 모르더라도, 단지 이 설명만으로 스트레스 수준을 다소 높일 수 있을 것이다. 나는 주요 스토리지 시스템 공급업체에서 10년 이상 일했다.

복원력을 위해 데이터의 복사본을 생성하는 또 다른 접근 방식은 복제 단계를 데이터 저장소의 일부로 만드는 것이다. 여기서 애플리케이션 이벤트는 데이터의 기본 복사본의 저장소와 하나 이상의 복제 저장소 모두에 트리거를 유발한다. 어떤 이유로 기본 저장소가 사라져도 복제 저장소를 사용하도록 보장하기 위해 데이터의 복사본은 장애 경계에 걸쳐 분산된다. 서로 다른 호스트, 서로 다른 가용 영역, 또는 서로 다른 스토리지 장치에 저장된다. 그러나 프로세스가 장애 경계를 걸치게 되면 데이터를 처리하는 분산 시스템이 필요하고 솔직히 이것은 풀기 어려운 문제다.

모든 시스템에서 일관성, 가용성, 분할내성이라는 세 가지 속성 중 두 가지만 유지할 수 있다는 CAP 이론[5]을 들어봤을 것이다. 분산 시스템은 항상 간헐적인 네트워크 파티션으로 어려움을 겪기 때문에 분산 데이터 시스템은 일관성과 가용성 중 하나의 속성만을 충족할 수 있다. CAP 이론과 분산 상태 저장 서비스의 도전 과제에 대한 상세한 연구는 논의 범위 밖이지만 다음의 노트에 나의 생각을 정리했다.

---

5 어떠한 분산 시스템도 일관성(Consistency), 가용성(Availability), 분할내성(Partition tolerance)(또는 생존성) 중에서 세 가지를 만족시킬 수 없다는 이론이다. 세 가지 특성의 머리글자를 따서 'CAP 이론'이라 부르며, '브루어의 정리'라고도 한다. 2000년 전산학자 에릭 브루어(Eric Brewer)가 이 명제를 가설로서 제시했으며, 2002년 세스 길버트와 낸시 린치가 그 가설을 증명했다고 한다. – 옮긴이

|**노트**| 기존 정의에 따라 고도로 분산된 클라우드 기반의 시스템에서 상태 처리는 특별한 주의와 복잡한 알고리즘이 필요하다. 소프트웨어를 구성하는 모든 앱에서 문제를 해결하기보다는 클라우드 네이티브 아키텍처의 특정 영역에만 솔루션을 집중시킬 것이다. 그런 부분이 바로 상태 저장 서비스다.

따라서 특별히 설계된 상태 저장 서비스에 상태 정보를 두고 앱에서는 제거한다. 잠시 뒤 쿡북 애플리케이션에서 작업할 것이다. 그러나 먼저 상태 비저장 앱의 몇 가지 다른 장점부터 짚어보고자 한다. 예를 들어 분산된 데이터를 복원하는 복잡성을 낮추는 것이다. 앱이 상태 비저장이면 클라우드 네이티브 애플리케이션 플랫폼은 오래된 인스턴스가 손실된 경우 신규 앱 인스턴스를 쉽게 생성할 수 있다. 원본을 시작했던 것과 동일한 기본 상태에서 신규 인스턴스를 시작하면 된다. 그 상태로도 시작하기에 충분하다. 라우팅 계층은 여러 인스턴스에 로드를 분산할 수 있으며 처리해야 하는 요청의 볼륨에 따라 로드의 숫자를 조정할 수 있다. 새 인스턴스를 등록하는 것 외에 별도의 운영 작업은 필요치 않다. 인스턴스는 쉽게 이동할 수 있다. 인스턴스가 실행 중인 호스트를 업그레이드할 필요가 있다 해도 전혀 문제없다. 새 인스턴스를 시작하고 트래픽을 라우팅하면 될 뿐이다.

나란히 배포해서 실행하는 모든 앱의 여러 버전을 합리적으로 관리할 수 있다. 이전에 언급한 지속적인 딜리버리에서 병렬 배포의 중요성을 상기하자. 트래픽의 일부를 최신 버전으로 라우팅하고, 다른 일부 트래픽은 이전 버전으로 라우팅할 수 있다. 앱 컴포넌트가 다양하더라도 상태는 상태 저장 서비스에서 지속적으로 일관되게 처리된다.

앱이 데이터를 메모리와 로컬 디스크에 저장해도 확실히 문제는 없다. 그러나 해당 데이터는 만들어진 장소에서 한 번의 앱 호출 기간 동안에만 존재한다고 확신할 수 있다. 구체적인 예제로, 이미지를 로드하고 특정 방식으로 처리해 새로운 렌더링을 반환하는 앱을 생각해보자. 이미지 처리 과정은 여러 단계일 수 있으며 중간 결과를 디스크에 저장할 수 있다. 그러나 로컬 저장소는 한시적이며, 최종 이미지가 생성돼 호출자에게 반환할 때까지만 존재한다. 일어나기 힘든 일을 위해 헛된 노력을 하는 경우이며, 동일한 앱 인스턴스에 다음 요청이 왔을 때 어떤 데이터도 이용할 수 있다고 기대하기 어렵다.

이때 개발자의 역할은 보존해야 할 상태와 그렇지 않은 것을 명시해 앱을 설계하고 호출에 필요한 데이터를 상태 저장 서비스에 위치시키는 것이다. 이 설계 요소를 신중하게 고려한다면 두 가지 장점을 모두 누릴 수 있다. 전체 구현물 중 일부인 상태 비저장 앱은 실행 중인 시스템의 규모와 유동성을 처리하기 위해 관리 가능하며, 다른 일부는 데이터, 즉 상태를 관리하는 더 까다로운 작업을 처리하기 위해 설계할 수 있다.

5.4.2 앱을 상태 비저장으로 만들기

이제 쿡북 예제로 돌아가보자. 지금까지는 간단한 사용자 인증을 구현했었다. 그러나 인증된 토큰을 메모리에 저장하기 때문에 요청을 사용자의 토큰을 저장하지 않은 인스턴스로 라우팅하면 이미 처리했던 로그인을 다시 요청할 것이다.

해결책은 간단하다. 유효한 로그인 토큰을 유지하기 위한 키/값 저장소를 소개하고, 앱을 해당 상태 저장 서비스에 바인딩할 것이다. 모든 앱 인스턴스는 이러한 바인딩을 포함하므로 앱 인스턴스에 라우팅되는 모든 요청은 유효한 토큰에 접근할 것이다. 바인딩이 기록되는 방법은 6장에서 앱 설정을 다룰 때 상세히 설명할 것이다. 그림 5.11은 이전 흐름을 포함하는 그림 5.8을 업데이트한 토폴로지를 표현한다.

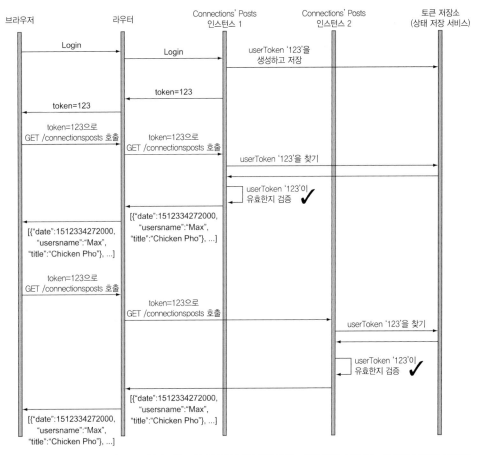

▲ **그림 5.11** Connections' Posts 서비스의 모든 인스턴스에 바인딩되는 상태 저장 서비스는 유효한 토큰을 저장함으로써 앱이 상태 비저장이 되도록 한다. 그러나 전체 소프트웨어 솔루션은 상태 저장이다.

클라우드 네이티브 저장소의 cloudnative-statelessness 디렉터리/모듈 내에서 솔루션을 구현했다. 아래에 정리된 일련의 명령으로 만들어질 배포 토폴로지는 그림 5.12에서 설명한다. 솔루션은 소스 코드 저장소의 마스터 브랜치^master branch에 있다. 따라서 이전에 복제해서 앞선 태그로 체크아웃했다면 다음과 같이 마스터 브랜치로 분기할 수 있다.

```
git checkout master
```

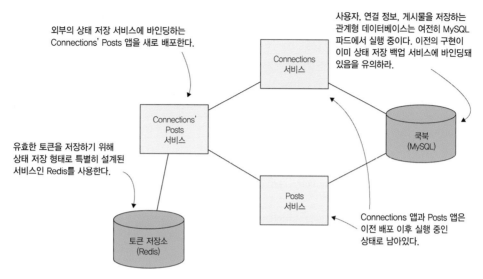

외부의 상태 저장 서비스에 바인딩하는
Connections' Posts 앱을 새로 배포한다.

사용자, 연결 정보, 게시물을 저장하는
관계형 데이터베이스는 여전히 MySQL
파드에서 실행 중이다. 이전의 구현이
이미 상태 저장 백업 서비스에 바인딩돼
있음을 유의하라.

유효한 토큰을 저장하기 위해
상태 저장 형태로 특별히 설계된
서비스인 Redis를 사용한다.

Connections 앱과 Posts 앱은
이전 배포 이후 실행 중인
상태로 남아있다.

▲ **그림 5.12** 신규 배포는 Connections' Posts 서비스를 상태 비저장 버전으로 교체하고, 인증 토큰을 저장하는 Redis 서버를 추가한다.

지금 구현하는 내용은 Redis를 상태 저장 서비스로 사용하며, 미니큐브 환경에 다른 배포를 통해 서비스를 실행할 것이다. Redis 서버를 시작하기 위해 다음 명령을 실행한다.

```
kubectl create -f redis-deployment.yaml
```

컨테이너가 실행되고 나면 Redis CLI에서 다음 명령을 통해 서비스에 연결할 수 있다. 물론 다른 클라이언트 도구를 사용해도 무방하다. 연결된 후에는 Redis에 저장된 키를 조회할 수 있다.

```
redis-cli -h $(minikube service redis-svc --format "{{.IP}}") \
-p $(minikube service redis-svc --format "{{.Port}}")
> keys *
```

이제 이전에 배포한 Connections' Posts 서비스를 새로 배포한 것과 교체할 것이다. 앱의 코드 변경은 미미하다.

먼저 CloudnativeApplication 스프링 부트 설정과 메인 클래스에서 토큰의 로컬 저장소를 삭제하고, 토큰 저장소에 연결하는 데 사용할 Redis 클라이언트 설정을 추가한다.

```
public class CloudnativeApplication {

@Value("${redis.hostname}")
    private String redisHostName;
    @Value("${redis.port}")
    private int redisPort;

    @Bean
    public RedisConnectionFactory redisConnectionFactory() {

        return new LettuceConnectionFactory
          (new RedisStandaloneConfiguration(redisHostName, redisPort));
    }

    public static void main(String[] args) {
        SpringApplication.run(CloudnativeApplication.class, args);
    }
}
```

다음으로는 이제 삭제된 로컬 저장소에 토큰을 저장하는 대신 LoginController.java 코드에서 외부의 상태 저장 서비스에 토큰과 사용자 이름 쌍을 저장할 Redis 클라이언트를 사용한다.

```
...
CloudnativeApplication.validTokens.put(userToken, username);   ◀──── 삭제한다

ValueOperations<String, String> ops = this.template.opsForValue();
ops.set(userToken, username);
```

그런 다음 이제 삭제된 로컬 저장소에서 토큰을 검색하는 대신 ConnectionsPostsContr oller에서 쿠키를 통해 공급되는 토큰에서 사용자 이름을 추출하기 위해 Redis 클라이언트를 사용할 것이다.

```
...
String username
      = CloudnativeApplication.validTokens.get(token);   ◀──── 삭제한다

ValueOperations<String, String> ops = this.template.opsForValue();
String username = ops.get(token);
```

지금 진행하는 것을 명확하게 하기 위해 다음 명령을 통해 이전 버전의 Connections' Posts 앱을 삭제할 것이다.

```
kubectl delete deploy connectionsposts
```

Connections' Posts 앱의 신규 버전을 배포하기 전에 배포 매니페스트에 있는 Redis 연결 정보를 설정해야 한다. cookbookdeployment-connectionsposts-stateless.yaml 파일을 편집해 Redis 호스트 이름과 포트 정보를 적절한 곳에 넣어준다. 다음 두 명령을 통해 호스트 이름과 포트 값을 조회할 수 있다.

```
minikube service redis --format "{{.IP}}"
minikube service redis --format "{{.Port}}"
```

완료하면 YAML 파일은 다음 내용과 유사해질 것이다.

```
- name: CONNECTIONPOSTSCONTROLLER_POSTSURL
  value: "http://192.168.99.100:31040/posts?userIds="
- name: CONNECTIONPOSTSCONTROLLER_CONNECTIONSURL
  value: "http://192.168.99.100:30494/connections/"
- name: CONNECTIONPOSTSCONTROLLER_USERSURL
  value: "http://192.168.99.100:30494/users/"
- name: REDIS_HOSTNAME
  value: "192.168.99.100"
- name: REDIS_PORT
  value: "32410"
```

이제 다음 명령으로 새로운 앱을 배포할 수 있다.

```
kubectl create \
-f cookbook-deployment-connectionsposts-stateless.yaml
```

그리고 일반적인 명령 집합으로 소프트웨어를 테스트한다.

```
curl -i $(minikube service --url connectionsposts-svc)/connectionsposts
curl -X POST -i -c cookie \
$(minikube service --url connectionsposts-svc)/login?username=cdavisafc
curl -i -b cookie \
$(minikube service --url connectionsposts-svc)/connectionsposts
```

POST 방식의 curl 명령은 Redis 스토어에 신규 키를 생성할 것이다. 신규 키는 Redis CLI를 통해 실행하는 keys * 명령을 통해 조회할 수 있다. 그리고 이제 상태 저장 앱이 갖는 문제를 확인했던 토폴로지로 돌아가보자. 다음 명령을 실행해 Connections' Posts 앱을 두 개의 인스턴스로 확장한다.

```
kubectl scale --replicas=2 deploy/connectionsposts
```

이전에 사용했던 kubectl logs –f <podname> 명령을 사용해 이제 두 인스턴스에 대한 로그를 스트리밍할 수 있다. 마지막 curl 명령을 반복해서 두 인스턴스 모두 유효한 토큰을 조회할 수 있고 정확하게 응답을 처리할 수 있는지 확인한다.

```
curl -i -b cookie \
$(minikube service --url connectionsposts-svc)/connectionsposts
```

그렇다. 이 작업은 정말 간단하다. 물론 상태 비저장 앱을 만드는 것은 신중해야 한다. 아마도 오랜 습관을 깨야 할 것이다. 그러나 패턴은 간단하고 그 결과로 엄청난 혜택을 얻는다. 독자 중 일부 극소수는 분산 상태 저장 서비스를 관리해야 하는 좀 더 어려운 문제를 다룰 것이다. 그러나 대다수는 쉽게 상태 비저장 앱을 만들고, 클라우드 네이티브 기반 상태 저장 서비스 영역에서 발생하는 고된 작업과 혁신을 활용할 수 있다.

하지만 애플리케이션 토폴로지는 이제 더 복잡해졌고, 커져버린 분산 범위에는 몇 가지 문제가 발생한다. 상태 저장 서비스를 새로운 곳으로 이동해야 할 때 무슨 일이 벌어지는가? 아직 다루지 않았지만, 새로운 URL을 받거나 연결에 필요한 자격 증명을 업데이트한다고 가정하자. 상태 저장 서비스에 대한 접근이 잠시라도 중단되면 어떻게 되는가? 이러한 과제를 비롯한 더 많은 것을 이 책에서 자세히 다룰 것이다. 그다음에는 클라우드의 변화하는 특성과 애플리케이션의 요구 사항을 쉽게 맞출 수 있는 방법으로 애플리케이션 설정을 다루는 방법을 배울 것이다.

요약

- 상태 저장 애플리케이션은 클라우드 네이티브 환경에서 제대로 작동하지 않는다.
- 앱 사용자와 앱 간의 일련의 상호작용이 세션 상태에 논리적으로 저장된다고 판단될 때는 상태가 애플리케이션에 포함되는 일반적인 형태다.
- 상태 저장 서비스는 분산된 클라우드 기반 설정에서 데이터 복원이라는 중요한 문제를 처리해야 하는 특별한 유형의 서비스다.
- 대부분의 앱은 상태 비저장이어야 하며, 상태 처리는 상태 저장 서비스로 이관해야 한다.
- 앱을 상태 비저장으로 만드는 것은 간단하며, 클라우드 환경에서 중요한 이점을 실현할 수 있다.

6

애플리케이션 설정: 그저 환경 변수만을 의미하지 않는다

6장에서 다루는 내용

- 애플리케이션 설정의 요구 사항
- 시스템과 애플리케이션 설정 값의 차이
- 속성 파일의 올바른 사용 방법
- 환경 변수의 올바른 사용 방법
- 구성 서버

그림 6.1의 내용은 5장의 시작 부분에서도 이미 제시했다. 이 다이어그램은 여러 애플리케이션 인스턴스에 같은 입력값을 주면 같은 결과를 생성하는 것처럼 간단해 보이지만 다른 요인들도 이 결과에 영향을 미친다는 것을 보여준다. 다른 요인에는 요청 이력, 시스템 환경, 애플리케이션 설정 같은 것이 있다. 5장에서는 일련의 요청으로 인한 상태를 공유 백엔드 서비스에 저장해 첫 번째 요청의 영향을 제거하는 기술을 살펴봤고, 이를 통해 앱 인스턴스를 상태 비저장으로 가능하게 만들었다.

6장에서는 남은 두 개의 영향 요소인 시스템 환경과 앱 설정을 다룬다. 이 두 요소는 클라우드 네이티브 소프트웨어에서 새롭게 나온 것이 아니다. 앱의 기능은 실행 중인 환경과 적용된 설정에 항상 영향을 받아왔다. 그러나 이 책에서 언급하고 있는 새로운 아키텍처는 새로운 도전을 가져온다. 그중 몇 가지를 제시함으로써 6장을 시작한다. 다음으로는 앱의 설정 계층이라고 불리는 내용을 다룬다. 이는 시스템 환경과 애플리케이션 설정을 모두 앱에 적용하는 메커니즘이다. 그런 다음 시스템 환경 값을 가져오는 구체적인 내용을 살펴본다. 아마도 독자들은 '환경 변수에 설정을 저장하기'라는 문구를 들어봤을 것이다. 그리고 마지막으로 앞선 장에서 언급했던 스노우플레이크 방지에 주목하며 앱 설정에 집중한다. 그림 6.1에 표시한 '결국'이라는 단어도 설명한다.

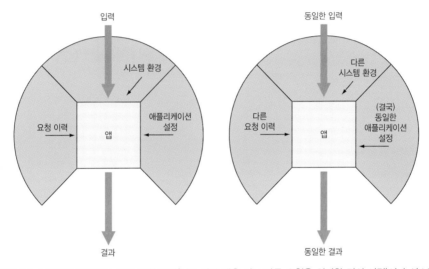

▲ **그림 6.1** 클라우드 네이티브 앱은 요청 이력(서로 다른 앱은 서로 다른 요청을 처리한 것의 이력)이나 시스템 환경 값(예를 들어 IP 주소)과 같이 환경에 영향을 주는 요소의 차이에도 불구하고 일관된 결과를 보장해야만 한다. 애플리케이션 설정은 인스턴스 간에는 동일해야만 하지만 경우에 따라 다를 수 있다.

6.1 왜 설정까지 이야기해야 할까?

여기서 애플리케이션 설정을 이야기하는 이유는 무엇일까? 개발자는 애플리케이션 환경 설정을 사용하는 것이 설정 값을 하드 코딩하는 것보다 훨씬 좋다는 것을 알고 있다. 그렇지 않은가? 속성 파일은 거의 모든 프로그래밍 프레임워크에 존재하며 우리는 오랫동안 모범 사례를 경험했다. 애플리케이션 설정도 새로운 것은 아니다.

그러나 클라우드 네이티브 컨텍스트는 새로운 것이다. 경험 많은 개발자조차도 앱 설정을 올바르게 처리하기 위해 그동안 사용하던 패턴과 방식을 발전시켜야 할 만큼 충분히 새롭다. 클라우드 네이티브 애플리케이션은 본질적으로 이전보다 더 분산돼 있다. 예를 들어 하나의 인스턴스에 더 많은 자원을 할당하지 않고 앱 인스턴스를 추가로 실행해서 워크로드 증가에 대응한다. 클라우드 인프라 자체도 지속적으로 변화하고 있으며, 이는 지난 수십 년 동안 앱을 배포했던 인프라보다 훨씬 더 큰 변화였다. 플랫폼의 이러한 핵심적인 차이로 인해 환경에 영향을 주는 요소가 앱에 표현되는 새로운 방식을 가져오고, 결국 앱은 그것을 다루기 위한 새로운 방법이 필요하다. 핵심적인 몇 가지 차이점을 간단히 살펴보자.

6.1.1 앱 인스턴스의 수를 증가시키거나 감소시키는 동적 스케일링

5장에서 다중 앱 인스턴스의 콘셉트를 소개했으며, 이 콘셉트가 설계에 미치는 영향은 이미 잘 알고 있을 것이다. 여기서는 애플리케이션 설정에 영향을 미치는 두 가지 뉘앙스에 주목할 것이다.

첫째, 과거에도 여러 개의 앱 인스턴스를 배포했을지도 모르지만 상대적으로 적은 수였을 것이다. 그러한 앱 인스턴스에 설정을 적용해야 하는 상황이 되면, 이상적이지는 않지만 설정 정보를 '수동'으로 설정하는 것이 훨씬 다루기 쉬웠다. 물론 설정 변경을 하기 위해 스크립트와 다른 도구를 이용했을 수 있지만 완전히 자동화하지는 않았을 것이다. 이제 앱이 수백 또는 수천 개의 인스턴스로 확장되고, 그러한 인스턴스가 끊임없이 이동하면 반자동 방식은 더 이상 효과가 없을 것이다. 소프트웨어는 설계부터 운영 방식까지 모든 앱 인스턴스가 동일한 설정 값을 갖고 실행되게 보장해야 하며, 앱 중단 시간 없이 설정 값을 업데이트할 수 있어야 한다.

두 번째 요인은 더욱 흥미롭다. 지금까지는 앱이 생성하는 결과 관점으로 앱 설정을 다뤘다. 동일한 입력이 주어졌을 때 동일한 결과를 만들도록 앱 인스턴스가 필요로 하는 것에 초점을 맞췄다. 그러나 앱의 설정은 해당 앱의 소비자가 그 앱을 찾고 연결하는 방법에도 큰 영향을 줄 수 있다. 직접적으로 말해, 만약 앱 인스턴스의 IP 주소와 포트가 변경되거나 어떤 척도로 설정 데이터 변경을 고려한다면 앱의 모든 소비자에게 이러한 변화를 알릴 책임은 앱에게 있는가? 결론부터 말하면, 대답은 '그렇다.'다. 서비스 탐색을 본격적으로 다루는 8장과 9장 정도까지는 아니겠지만, 이 내용을 일부 다룰 것이다. 당분간은 앱 설정이 네트워크 영향도를 가진다는 점만 간단히 이해하길 바란다.

6.1.2 인프라 변경으로 인한 설정 변경

클라우드를 통해 저가형 상용 서버를 사용할 수 있으며, 클라우드의 내부 아키텍처와 일부 내부 컴포넌트의 견고성(또는 그 부족)으로 인해 더 높은 비율로 인프라가 실패할 수 있다는 이야기를 들었을 것이다. 모든 내용이 사실이지만 하드웨어 장애는 여전히 인프라 변경의 한 가지 원인일 뿐이고, 그 일부일 수도 있다.

훨씬 빈번하고 반드시 필요한 인프라 변경은 업그레이드에서 비롯된다. 애플리케이션은 물리적 컴퓨팅, 스토리지, 네트워킹 이상의 서비스를 제공하는 플랫폼에서 점점 더 많이 실행되고 있다. 예를 들어 애플리케이션 팀(개발과 운영)이 더 이상 자체 운영체제를 제공하지 않아도 된다. 대신 런타임 환경을 구축할 플랫폼으로 코드를 전송한 다음 앱을 배포하고 실행할 수 있다. 앱 관점에서 볼 때 인프라의 일부인 플랫폼이 운영체제의 업그레이드를 필요로 한다면(예를 들어 운영체제 취약성 때문에), 이는 인프라의 변경으로 나타난다.

운영체제를 업그레이드하는 예를 계속 생각해보자. 운영체제는 애플리케이션을 중지했다가 다시 시작해야 한다는 점에서 여러 유형의 인프라 변경 사항을 잘 보여준다. 클라우드 네이티브 애플리케이션의 장점 중 하나는 시스템 전체에 다운타임이 발생하지 않도록 하는 여러 개의 인스턴스가 있다는 것이다. 이전 운영체제에서 실행 중인 인스턴스를 삭제하기 전에 새로운 버전의 운영체제로 이미 업그레이드한 노드에서 새로운 앱 인스턴스가 먼저 시작될 것이다. 이 새로운 인스턴스는 다른 노드에서 이전과는 분명히 다른 컨텍스트로 실행될 것이며, 앱과 소프트웨어 전체가 적응해야 할 것이다. 그림 6.2는 이 프로세스의 단계를 나타낸다. 업그레이드 전후의 애플리케이션에 대해 IP 주소와 포트가 다르다는 점에 유의하라.

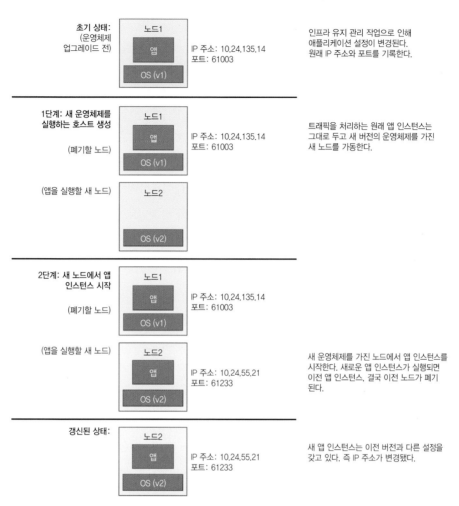

초기 상태:
(운영체제
업그레이드 전)

노드1

앱

OS (v1)

IP 주소: 10.24.135.14
포트: 61003

인프라 유지 관리 작업으로 인해
애플리케이션 설정이 변경된다.
원래 IP 주소와 포트를 기록한다.

1단계: 새 운영체제를
실행하는 호스트 생성

(폐기할 노드)

(앱을 실행할 새 노드)

노드1

앱

OS (v1)

IP 주소: 10.24.135.14
포트: 61003

노드2

OS (v2)

트래픽을 처리하는 원래 앱 인스턴스는
그대로 두고 새 버전의 운영체제를 가진
새 노드를 가동한다.

2단계: 새 노드에서 앱
인스턴스 시작

(폐기할 노드)

(앱을 실행할 새 노드)

노드1

앱

OS (v1)

IP 주소: 10.24.135.14
포트: 61003

노드2

앱

OS (v2)

IP 주소: 10.24.55.21
포트: 61233

새 운영체제를 가진 노드에서 앱 인스턴스를
시작한다. 새로운 앱 인스턴스가 실행되면
이전 앱 인스턴스, 결국 이전 노드가 폐기
된다.

갱신된 상태:

노드2

앱

OS (v2)

IP 주소: 10.24.55.21
포트: 61233

새 앱 인스턴스는 이전 버전과 다른 설정을
갖고 있다. 즉 IP 주소가 변경됐다.

▲ **그림 6.2** 애플리케이션 설정 변경은 흔히 예상되는 변경(예: 롤링 업그레이드)이나 예기치 않은 인프라의 변경으로 인해 발생한다.

인프라 변경의 의도적인 원인은 업그레이드뿐만이 아니다. 널리 수용되는 흥미로운 보안 기술에 따르면, 공격 대상이 지속적으로 변화하는 경우가 오랫동안 지속되는 경우보다 침투하기 어려우므로 애플리케이션 인스턴스는 자주 재배치해야 한다.[1]

---

1   자세한 내용은 저스틴 스미스(Justin Smith)의 'The Three Rs of Enterprise Security: Rotate, Repave, and Repair'에서 확인하라(http://mng.bz/gNKe).

6.1.3 다운타임 없이 애플리케이션 설정 업데이트하기

지금까지는 외부 요인에 의해 애플리케이션이 변경되는 예를 살펴봤다. 앱 인스턴스 수를 조정해도 해당 인스턴스에 변경 사항이 직접 적용되지는 않는다. 대신 여러 인스턴스가 존재하면 애플리케이션 전체 관점에서 상황에 따라 변할 수 있는 이점이 있다.

그러나 때로는 프로덕션 환경에서 실행되는 앱에 단순히 새로운 설정 값을 적용해야 할 때가 있다. 예를 들어 한 웹 애플리케이션은 각 페이지 하단에 저작권을 표시하며, 12월에서 1월로 바뀌면 전체 앱을 재배포하지 않고 날짜를 업데이트하려고 한다.

다른 예로, 한 시스템의 컴포넌트에서 다른 시스템의 컴포넌트에 접근하기 위해 사용하는 암호가 정기적으로 업데이트되는 자격 증명 교체는 조직의 보안 방식에 일반적으로 필요하다. 프로덕션 환경에서 애플리케이션을 운영하는 팀(구축한 팀과 동일)이 새로운 비밀정보를 제공하는 동시에 시스템 전체가 계속 정상적으로 작동하는 것처럼 간단해야 한다.

이러한 유형의 컨텍스트 변경은 애플리케이션 설정 데이터의 변경을 나타내며 인프라 변경과 달리 일반적으로 앱 팀 자체가 제어한다. 이러한 차이로 인해 변경을 좀 더 '수동적인manual' 방식으로 처리하고 싶을 수도 있다. 그러나 곧 살펴보겠지만, 앱의 관점에서 보면 앱 자체의 의도적인 변경 처리와 외부에 의한 변경 처리 모두 유사한 접근법으로 처리할 수 있을 뿐 아니라 그렇게 하는 것이 매우 바람직하다.

이 모든 시나리오에서의 요령은 적절하게 추상화하고 앱 배포를 매개변수화해서 다양한 상황에 따라 달라질 수 있는 요소를 적절한 방식으로 적시에 앱에 주입할 수 있게 하는 것이다. 다른 패턴과 마찬가지로 목표는 이러한 요구 사항에 맞게 설계하기 위해 시도되고, 테스트되고, 반복 가능한 방법을 갖는 것이다.

이 반복 가능한 패턴으로 시작하는 곳은 애플리케이션 자체다. 애플리케이션에 대한 정확한 설정 데이터를 명확하게 정의해 필요에 따라 값을 삽입할 수 있는 기법을 만든다.

6.2 앱의 설정 계층

클라우드 네이티브 소프트웨어를 다룬 책을 읽고 있다면, 마이크로서비스 기반 애플리케이션에 권장되는 패턴과 사례 모음인 '12 팩터 앱Twelve-Factor App'(https://12factor.net)을 들어봤을 것이다. 그 내용에서 가장 자주 인용되는 팩터 중 하나는 세 번째(#3) 팩터인 '환경에 설정 저장'이다. https://12factor.net/config의 간단한 설명에서는 환경 변수에 앱의 설정 데이터를 저장하는 것을 추천한다.

이 접근 방식의 유효한 주장 중 하나는 사실상 모든 운영체제가 환경 변수 개념을 지원하고 모든 프로그래밍 언어가 그 변수에 접근할 수 있는 방법을 제공한다는 것이다. 이와 같은 내용은 애플리케이션 이식성에 적합할 뿐만 아니라 앱이 실행되는 시스템 유형에 관계없이 일관된 운영 방식의 기초를 형성할 수 있다. 예를 들어, 자바의 이러한 지침에 따라 다음과 같은 코드를 사용해서 환경 변수에 저장된 설정 데이터에 접근하고 사용할 수 있다.

```
public Iterable<Post> getPostsByUserId(
    @RequestParam(value="userIds", required=false) String userIds,
    HttpServletResponse response) {
    String ip;
    ip = System.getenv("INSTANCE_IP");
    ...
}
```

이 방법을 사용하면 코드를 다른 환경에서 사용할 수 있지만, 이런 간단한 접근법에는 몇 개의 허점이 있다. 첫째, 환경 변수가 모든 유형의 설정 데이터에 가장 적합한 방법은 아니다. 즉, 시스템 설정에서는 효과가 있지만 애플리케이션 설정에서는 효과가 적다. 둘째, 코드베이스 전체에 System.getenv 호출이 퍼져 있어 이 앱 설정을 추적하기 어렵다.

더 나은 방법은 애플리케이션에 앱의 설정 옵션을 확인할 수 있는 특정 설정 계층을 두는 것이다. 6장을 진행하는 과정에서, 시스템 환경 설정과 앱 설정이 처리되는 방식에 차이가 있지만 이 앱 설정 계층은 모두 공통이다(그림 6.3). 자바에서는 속성 파일을 사용하며 대부분의 언어는 유사한 구조를 제공한다.

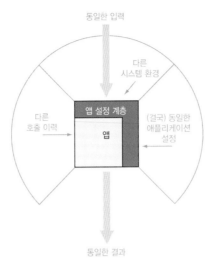

▲ **그림 6.3** 앱에는 시스템 환경과 애플리케이션 설정을 모두 지원하는 특정 설정 계층이 있다. 이 계층은 값을 제공하는 방식과 관계없이 값을 사용하도록 구현할 수 있다.

속성 파일의 사용에 대부분 익숙하겠지만, 여기서 공유하고자 하는 것은 그 속성 파일들을 찾는 방법이다. 그 내용은 6장 뒷부분에서 시스템과 앱 설정 간의 차이점을 자세히 알아볼 때 다룰 예정이다.

여기서 설명하는 접근 방식의 가장 큰 장점은 속성 파일이 모든 설정 매개변수를 정의할 수 있는 단일 논리적 장소라는 것이다. 속성 파일이 여러 개 있을 수 있지만, 일반적으로 프로젝트 구조에서 동일한 위치에 모두 배치된다. 이를 통해 개발자나 애플리케이션 운영자는 애플리케이션의 설정 매개변수를 쉽게 검토하고 이해할 수 있다. 코드 본문에 흩어져 있는 System.getenv 호출을 이전에 언급했던 것을 기억하는가? 개발자가 기존 코드를 인수받았는데 수십 개의 소스 코드 파일을 '탐험'해서 어떤 데이터가 앱의 입력값인지 확인해야 한다고 상상해보자. 그렇다, 속성 파일이 좋다.

속성 파일이 오늘날 사용되는 방식에서 가장 큰 단점을 꼽는다면, 일반적으로 배포 가능한 아티팩트(Java, JAR 파일)에 포함돼 있으며, 그 속성 파일에는 종종 실제 설정 값을 갖고 있다는 것이다. 애플리케이션의 개발-운영 생명 주기를 최적화하기 위한 핵심 중 하나는 전체 SDLC에서 사용되는 단일 배포 가능 아티팩트가 있다는 것이다. 다양한 개발, 테스트, 프로덕션 환경에서 상황은 달라지므로 각 환경에 맞게 서로 다른 속성 파일을 갖고 싶을 것이다. 그러려면 빌드를 다르게 해야 하고 아티팩트 파일이 달라야 한다. 그렇지 않으면, "내 머신에서는 잘 동작하는데."라는 말이 나올 수 있다.

> |팁| 다행인 점은 배포마다 다른 속성 파일을 갖는 대안이 있다는 것이다.

그리고 이 부분은 조정해야 한다. 속성 파일을 첫 번째로는 애플리케이션의 설정 데이터 사양으로, 두 번째로는 애플리케이션 컨텍스트의 게이트웨이로 생각한다. 속성 파일은 코드 전체에서 사용할 수 있는 변수를 정의하며, 그 값은 적정 시점에 가장 적합한 소스(시스템 환경system env과 앱 설정app config)에서의 변수에 바인딩된다. 모든 언어는 코드 전체에서 이러한 특성 파일에 정의된 변수에 접근하기 위한 수단을 제공한다. 코드 샘플에서는 이미 이 기술을 사용하고 있다.

Posts 서비스의 application.properties 파일을 살펴보자.

리스트 6.1 application.properties

```
management.security.enabled=false
spring.jpa.hibernate.ddl-auto=update
spring.datasource.username=root
spring.datasource.password=password
ipaddress=127.0.0.1
```

속성 파일에서 코드까지 스레드를 추적하기 위해 `ipaddress` 속성을 자세히 살펴보자. 아직까지 관심을 기울이지 않았지만, 앱 인스턴스가 트래픽을 제공하는 IP 주소를 로그 출력 내에서 인쇄하고 있다. 이 소프트웨어를 로컬로 실행하면 `127.0.0.1` 값이 인쇄된다. 그러나 쿠버네티스에 서비스를 배포할 때 로그 파일이 동일한 IP를 잘못 보고하고 있다는 것을 알 수 있다. 방금 말한 것처럼 그다지 좋지 않은 작업을 수행했기 때문이다. 즉, 속성 파일에서 직접 해당 변수에 값을 바인딩한다. 바로 수정할 것이며, 다음 두 절에서는 속성의 가치를 얻는 방법을 설명할 예정이다. 지금은 앱 구현을 위한 추상화 방법으로서 속성 파일에 집중할 것이다. PostsController.java 파일에는 다음 코드가 있다.

```java
public class PostsController {

    private static final Logger logger
        = LoggerFactory.getLogger(PostsController.class);
    private PostRepository postRepository;

    @Value("${ipaddress}")
     private String ip;

    @Autowired
    public PostsController(PostRepository postRepository) {
        this.postRepository = postRepository;
    }
...
}
```

로컬 변수 ip는 ipaddress라는 환경 변수에서 값을 가져온다. 스프링은 이 부분을 간단하게 하기 위해 @Value 어노테이션을 제공한다. 애플리케이션 소스는 값을 주입할 수 있는 데이터 멤버를 정의하고, 정의된 속성에서 해당 값을 가져온다. 속성 파일에는 해당 값을 애플리케이션에 쉽게 입력할 수 있을 뿐만 아니라 개발자나 운영자에게 애플리케이션의 설정 데이터 사양을 제공하기 위해 모든 설정 매개변수가 나열된다.

그러나 다시 한 번 이야기하자면 속성 파일에 127.0.0.1 값을 하드 코딩한 것은 좋지 않다. 자바와 같은 일부 언어는 앱을 시작할 때 속성 값을 재정의할 수 있도록 해서 이에 대한 솔루션을 제공하고 있다. 예를 들어 다음 명령으로 Posts 서비스를 시작해 ipaddress에 새로운 값을 제공할 수 있다.

```
java -Dipaddress=192.168.3.42 \
     -jar cloudnative-posts/target/cloudnative-posts-0.0.1-SNAPSHOT.jar
```

하지만 세 번째(#3) 팩터인 '환경에 설정 저장'으로 다시 돌아가고자 한다. 중요한 조언이다. 속성 파일에서 명령줄로 값 바인딩을 이동하면 환경에 따라 다른 빌드를 수행할 필요가 없지만, 다른 시작 명령은 설정 오류가 운영 방식에 영향을 끼칠 수 있는 새로운 방법을 제공한다. 대신 IP 주소를 env 변수에 저장하면 다음 명령을 사용해 모든 환경에서 앱을 시작할 수 있다. 앱은 실행 중인 컨텍스트를 간단히 흡수한다.

```
java -jar cloudnative-posts/target/cloudnative-posts-0.0.1-SNAPSHOT.jar
```

일부의 프로그래밍 언어 프레임워크는 환경 변수를 애플리케이션 속성에 매핑하는 기능을 지원한다. 예를 들어, 스프링 프레임워크에서 env 변수 IPADDRESS를 설정하면 해당 값이 ipaddress 특성에 주입된다. 유연성을 확보하고 코드 선명도를 향상시키기 위해 한 가지 추상화를 더 추가해보자. 속성 파일의 ipaddress 행을 다음과 같이 업데이트한다.

```
ipaddress=${INSTANCE_IP:127.0.0.1}
```

이 줄은 이제 ipaddress의 값이 env 변수 INSTANCE_IP에서 구체적으로 도출되고 해당 env 변수가 정의되지 않은 경우, ipaddress는 기본값 127.0.0.1로 설정되는 것을 의미한다. 적절한 기본값을 나타내는 한, 속성 파일에 값을 입력해도 괜찮다. 기본값이 올바르지 않을 때 값을 덮어 쓰는 방식을 처리하기 위한 의도다.

그림 6.4의 다이어그램으로 이 모든 것을 정리해보자. 애플리케이션 소스는 속성 파일에 정의된 속성을 참조한다. 속성 파일은 앱의 설정 매개변수 사양으로 작동하며 env 변수에서 가져올 수 있는 값을 명확하게 나타낸다.

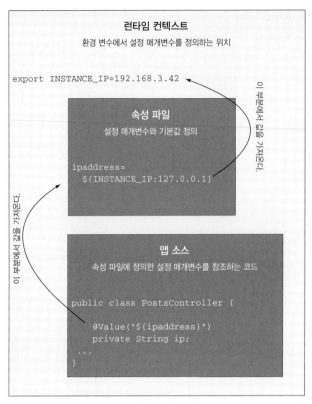

▲ **그림 6.4** 애플리케이션 소스는 속성 파일에 정의한 속성을 참조한다. 속성 파일은 앱의 설정 매개변수 스펙으로 작동하며 env 변수(INSTANCE_IP)에서 값을 가져와야 한다는 것을 나타낸다.

이런 방식으로 작성된 속성 파일은 이제 모든 환경으로 인스턴스화할 수 있는 단일 배포 가능 아티팩트로 컴파일된다. 아티팩트는 해당 환경의 컨텍스트를 흡수하도록 명시적으로 설계됐다. 이 방법은 클라우드 환경에서 애플리케이션을 올바르게 설정하기 위한 핵심 패턴이다.

그러나 아직 전체를 이야기하지는 않았으며, 언급한 모든 것은 100% 사실이다. 하지만 생략을 통해 속성 파일은 항상 환경 변수에서 값을 가져오는 것을 암시했다(그러나 항상 그런 것은 아닐 수도 있다고 암시했다). 설정 데이터가 올 수도 있는 곳이다. 대안이 될 수 있다. 그리고 일반적으로 시스템 설정 데이터나 애플리케이션 설정 데이터가 있는지 여부에 따라 차이점이 나타난다. 이제 각각을 살펴보자.

6.3 시스템/환경 값 주입하기

시스템 값이 의미하는 것은 애플리케이션 개발자나 운영자가 직접 제어하지 않는 값이다. 우와. 대체 이게 무슨 말인가? 이것은 내가 지금껏 경험해왔던 직업 세계에서는 완전히 미친 개념이다. 컴퓨터와 컴퓨터 프로그램은 결정론적이다. 그리고 모든 입력을 동일한 방식으로 제공하면 출력을 완전히 제어할 수 있다. 그러한 통제 중 일부를 포기하라는 제안은 많은 소프트웨어 전문가들을 불편하게 만들 것이다. 그러나 클라우드로 전환하려면 반드시 필요하다. 2장에서 이야기한 개념으로 돌아가면, 변화는 예외가 아니라 규칙이다. 또한 일부 제어권을 포기하면 시스템을 좀 더 독립적으로 운영할 수 있어 궁극적으로 소프트웨어를 좀 더 민첩하고 생산적으로 딜리버리할 수 있다.

시스템 변수는 인프라에서 일반적으로 제공하는 애플리케이션 컨텍스트의 일부를 반영한다. 나는 이 부분을 인프라의 상태를 표현한다고 말하고 싶다. 이미 논의했듯이 개발자로서 우리가 할 일은 알려지지도 않았고 끊임없이 변화하는 상황에서 실행되더라도 앱 결과가 일관되게 유지하는 것이다.

좀 더 자세히 파악하기 위해 로깅 출력에 IP 주소를 포함하는 구체적인 예를 살펴보자. 과거에는 IP 주소를 끊임없이 변화하는 것으로 생각하지 않았을 수도 있다. 하지만 클라우드에서는 상황이 바뀌었다. 앱 인스턴스는 지속적으로 생성되며 매번 새로운 IP 주소를 할당받는다. 로그 출력에 IP 주소를 포함시키는 것은 클라우드 설정에서 실행할 때 특히 흥미롭다. 특정 요청을 처리한 앱의 특정 인스턴스를 추적할 수 있기 때문이다.

6.3.1 설정을 위해 환경 변수를 사용하는 방법을 자세히 알아보기

cloudnative-abundantsunshine 저장소, 특히 cloudnative-appconfig 디렉터리와 모듈로 시작해보자. Connections' Posts 서비스의 구현체를 보면 속성 파일이 이전 절에 표시된 ipaddress 정의를 이미 반영하고 있음을 알 수 있다. 다음과 같이 읽는다.

```
ipaddress=${INSTANCE_IP:127.0.0.1}
```

앱에는 `ipaddress` 값이 필요하며 인프라에는 그 값이 있다. 그럼 어떻게 이 둘을 연결할까? 이 부분과 관련해서 세 번째(#3) 팩터가 문제를 해결했다. 환경 변수는 거의 모든 환경에서 일정하다. 인프라와 플랫폼은 이를 제공하는 방식을 알고 있으며, 애플리케이션 프레임워크는 사용하는 방법을 알고 있다. 이 편재성^{ubiquity}을 사용하는 것이 중요하다. 이를 통해 앱이 모든 종류의 리눅스, 맥 OS, 윈도우에서 실행되는지 여부와 관계없이 모범 사례를 설정할 수 있다.

이 모든 작업을 확인하기 위해 최신 버전의 앱을 쿠버네티스에 배포하고자 한다.

셋업

이전 장의 예와 마찬가지로 샘플을 실행하려면 다음과 같은 표준 도구가 설치돼야 한다.

- 메이븐
- 깃
- 자바 1.8
- 도커
- `mysql` CLI와 같은 MySQL 클라이언트
- `redis-cli`와 같은 Redis 클라이언트
- 미니큐브

마이크로서비스 구축하기(선택 사항)

앱을 쿠버네티스에 배포할 것이다. 이를 위해 도커 이미지가 필요하므로 해당 이미지를 미리 빌드해 도커 허브^{Docker Hub}에서 사용할 수 있게 했다. 따라서 소스에서 마이크로서비스를 구축할 필요가 없다. 그러나 코드를 직접 작성하지 않더라도 코드를 연구하는 것은 이해를 돕는 데 필요하므로 다음의 단계를 수행한다.

cloudnative-abundantsunshine 디렉터리에서 다음 태그를 확인한 후, cloudnative-appconfig 디렉터리로 변경한다.

```
git checkout appconfig/0.0.1
cd cloudnative-appconfig
```

그런 다음 코드를 빌드하기 위해 다음 명령을 입력한다(선택 사항).

```
mvn clean install
```

이 명령을 실행하면 세 개의 앱이 각각 빌드돼 각 모듈의 대상 디렉터리에 JAR 파일이 생성된다. JAR 파일을 쿠버네티스에 배포하려면, 5장의 '쿠버네티스를 사용하려면 빌드된 도커 이미지가 필요하다' 사이드바에서 설명한 대로 docker build 및 docker push 명령도 실행해야 한다. 이 경우, 나의 이미지 대신 여러분의 이미지를 가리키기 위해 쿠버네티스 배포 YAML 파일을 갱신해야만 한다. 하지만 여기서는 이 단계를 반복하지 않는다. 대신 배포 매니페스트에는 도커 허브 저장소에 저장된 이미지를 제공한다.

앱 실행하기

아직 실행하지 않은 경우, 5장의 5.2.2절에서 설명한 대로 미니큐브를 시작한다. 새로운 슬레이트slate로 시작하려면 이전 작업에서 남은 배치와 서비스를 삭제한다. 이를 위해 delete DeploymentComplete.sh라는 스크립트를 제공했다. 이 간단한 배시bash 스크립트를 사용하면 MySQL 및 Redis 서비스를 계속 실행할 수 있다. 옵션 없이 스크립트를 호출하면 세 가지 마이크로서비스의 배포만 삭제된다. all을 인수로 사용해 스크립트를 호출하면 MySQL과 Redis도 삭제한다. 다음 명령으로 환경이 깨끗한지 확인한다.

```
$kubectl get all
NAME                            READY   STATUS      RESTARTS   AGE
pod/mysql-75d7b44cd6-jzgsk      1/1     Completed   0          2d3h
pod/redis-6bb75866cd-tzfms      1/1     Completed   0          2d3h

NAME                 TYPE        CLUSTER-IP     EXTERNAL-IP   PORT(S)           AGE
service/kubernetes   ClusterIP   10.96.0.1      <none>        443/TCP           2d5h
service/mysql-svc    NodePort    10.107.78.72   <none>        3306:30917/TCP    2d3h
service/redis-svc    NodePort    10.108.83.115  <none>        6379:31537/TCP    2d3h
```

```
NAME                           READY    UP-TO-DATE    AVAILABLE    AGE
deployment.apps/mysql          1/1      1             1            2d3h
deployment.apps/redis          1/1      1             1            2d3h

NAME                                    DESIRED    CURRENT    READY    AGE
replicaset.apps/mysql-75d7b44cd6           1          1         1      2d3h
replicaset.apps/redis-6bb75866cd           1          1         1      2d3hNAME
```

MySQL과 Redis는 계속 실행되도록 남겨둔다.

Redis와 MySQL을 지운 경우, 다음 명령으로 각각을 다시 배포한다.

```
kubectl create -f mysql-deployment.yaml
kubectl create -f redis-deployment.yaml
```

완료되면 배포는 그림 6.5와 같다. Connections 서비스, Posts 서비스, Connections' Posts 서비스의 인스턴스가 각각 하나씩 있다. 이 토폴로지를 달성하려면 지금 배포 매니페스트를 편집해야 할 수도 있다. 다음에 요약된 단계는 5장에서 자세히 설명한다.

1. MySQL 데이터베이스를 가리키도록 Connections 서비스를 설정한다. 다음 명령으로 URL을 찾아서 배포 매니페스트 파일의 적절한 위치에 입력한다.

   ```
   minikube service mysql-svc  \
     --format "jdbc:mysql://{{.IP}}:{{.Port}}/cookbook"
   ```

2. 다음 명령을 실행해 Connections 서비스를 배포한다.

   ```
   kubectl create -f cookbook-deployment-connections.yaml
   ```

3. MySQL 데이터베이스를 가리키도록 Posts 서비스를 설정한다. 1단계의 명령으로 얻은 것과 동일한 URL을 사용해 배치 매니페스트 파일의 적절한 위치에 입력한다.

4. Posts 서비스를 배포한다.

   ```
   kubectl create -f cookbook-deployment-posts.yaml
   ```

5. Redis 서비스뿐만 아니라 Posts, Connections, Users 서비스를 가리키도록 Connections' Posts 서비스를 설정한다. 이러한 값은 각각 다음 명령으로 찾을 수 있다.

Posts URL	```minikube service posts-svc --format "http://{{.IP}}:{{.Port}}/posts?userIds=" --url```
Connections URL	```minikube service connections-svc --format "http://{{.IP}}:{{.Port}}/connections/" --url```
Users URL	```minikube service connections-svc --format "http://{{.IP}}:{{.Port}}/users/" --url```
Redis IP	```minikube service redis-svc --format "{{.IP}}"```
Redis port	```minikube service redis-svc --format "{{.Port}}"```

6. Connections' Posts 서비스를 배포한다.

```
kubectl create -f cookbook-deployment-connectionsposts.yaml
```

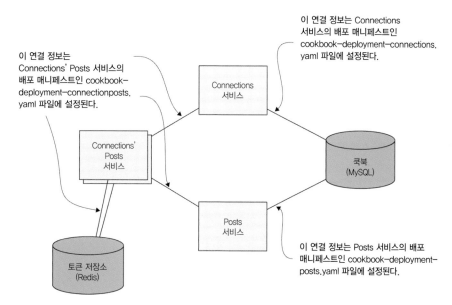

▲ **그림 6.5** 이와 같은 소프트웨어 배포 토폴로지는 서비스 간의 연결을 수동으로 편집해야 한다. 클라우드 네이티브 패턴을 좀 더 진행하게 되면 이러한 수동 설정은 점차 없어진다.

이제 배포가 완료됐다. 하지만 배포 매니페스트에서 해당 항목에 도달하는 시스템 값을 설정하는 데 주의를 기울여야 한다. 다음은 Connections' Posts 서비스의 배포 매니페스트 부분을 보여준다.

리스트 6.3 cookbook-deployment-connectionsposts.yaml

```yaml
apiVersion: apps/v1
kind: Deployment
metadata:
  name: connectionsposts
  labels:
    app: connectionsposts
spec:
  replicas: 2
  selector:
    matchLabels:
      app: connectionsposts
  template:
    metadata:
      labels:
        app: connectionsposts
    spec:
      containers:
      - name: connectionsposts
        image: cdavisafc/cloudnative-appconfig-connectionposts:0.0.1
        env:
          - name: INSTANCE_IP
            valueFrom:
              fieldRef:
                fieldPath: status.podIP
```

서비스 사양의 일부로 env라는 이름의 섹션을 볼 수 있다. 이곳에서 앱이 실행될 컨텍스트에 대한 환경 변수를 정확하게 정의할 수 있다. 쿠버네티스는 다양한 방법을 제공한다. INSTANCE_IP의 경우 쿠버네티스 플랫폼 자체에서 제공한 속성으로부터 값을 가져온다. 쿠버네티스만이 파드의 IP 주소(앱이 실행될 엔티티)를 알고 있으며, status.podIP 속성을 통해 배포 매니페스트에서 해당 값에 접근할 수 있다. 쿠버네티스에서 런타임 컨텍스트를 결정하면 INSTANCE_IP 값으로 시드를 설정해서 환경 설정 파일을 통해 애플리케이션으로 가져온다.

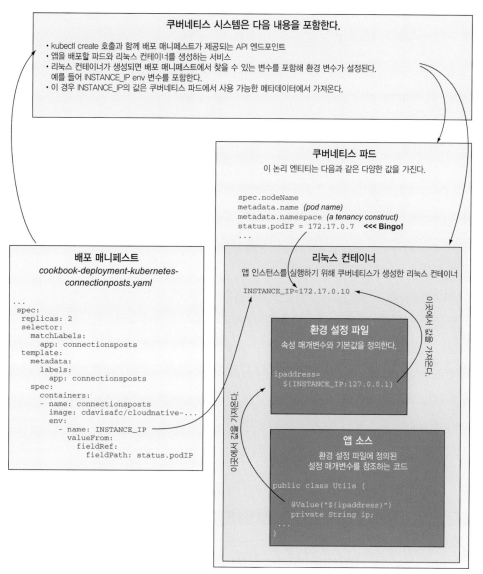

▲ **그림 6.6** 앱 인스턴스의 배포와 관리를 담당하는 쿠버네티스는 배포 매니페스트에 정의한 환경 변수를 설정하고, 앱을 위해 구축된 인프라 개체에서 값을 가져온다.

그림 6.6에 이 모든 내용이 요약돼 있다. '리눅스 컨테이너'라고 표시된 상자는 그림 6.4의 상자와 정확히 일치한다. 여기에 보이는 것은 쿠버네티스 컨텍스트에서 실행되는 앱 설정 계층이다. 그림 6.6은 해당 컨텍스트가 앱 설정 계층과 어떻게 상호작용하는지 보여준다. 다이어그램은 다음과 같이 다양한 정교함을 보여준다.

- 쿠버네티스에는 배포 매니페스트를 제공할 수 있는 API가 있다.
- 이 배포 매니페스트를 사용하면 env 변수를 정의할 수 있다.
- 배포가 생성되면 쿠버네티스는 파드 내에 파드와 컨테이너를 생성하고, 각각 특정한 값을 가지도록 설정한다.

그러나 이러한 상대적 복잡성에도 불구하고 리눅스 컨테이너에 담긴 내용은 단순하다. 앱이 env 변수에서 값을 가져올 때는 추상화 기법으로 env 변수를 사용해 모든 쿠버네티스의 복잡성으로부터 앱을 보호한다. 이렇게 단순함과 우아함을 추구함으로써 '12 팩터 앱'의 세 번째(#3) 팩터로 자리잡을 수 있었다.

리스트 6.3의 코드를 보면 Utils 자바 클래스를 사용해 앱이 실행 중인 IP 주소와 포트를 연결하는 태그를 생성한다. 그런 다음 이 태그는 로그 출력에 포함된다. 이 클래스의 인스턴스가 생성되면 INSTANCE_IP 환경 변수 설정을 포함해 리눅스 컨테이너가 이미 초기화된다. 이는 ipaddress 속성을 초기화한 다음 @Value 어노테이션을 사용해 Utils 클래스로 가져온다. 비록 환경 변수라는 주제와 관련 없지만, 완전성을 위해 ApplicationContextAware 클래스를 만들고 내장 서블릿 컨테이너가 초기화될 때까지 기다리는 리스너^{listener}를 구현했음을 밝힌다. 이때 앱이 실행되는 포트가 설정됐으며, EmbeddedServletContainer를 통해 조회할 수 있다.

리스트 6.4 Utils.java

```java
public class Utils implements ApplicationContextAware,
                ApplicationListener<ServletWebServerInitializedEvent> {

    private ApplicationContext applicationContext;
    private int port;
    @Value("${ipaddress}")
```

```
    private String ip;

    public String ipTag() {
        return "[" + ip + ":" + port +"] ";
     }

    @Override
    public void setApplicationContext(
            ApplicationContext applicationContext)
                                            throws BeansException {
        this.applicationContext = applicationContext;
     }

    @Override
    public void onApplicationEvent(ServletWebServerInitializedEvent
                            embeddedServletContainerInitializedEvent) {
        this.port = embeddedServletContainerInitializedEvent
                        .getApplicationContext().getWebServer().getPort();
    }
}
```

좋다. 이 모든 것이 정상적으로 작동하는지 볼 시간이다.

MySQL 서비스를 다시 시작한 경우, MySQL 클라이언트로 서버에 연결하고 create database 명령을 실행해 cookbook 데이터베이스를 만든다. 예를 들면 다음과 같다.

```
$mysql -h $(minikube service mysql-svc --format "{{.IP}}") \
  -P $(minikube service mysql-svc --format "{{.Port}}") -u root -p
mysql> create database cookbook;
Query OK, 1 row affected (0.00 sec)
```

여기서 자세히 설명하는 것 외에도, Connections 서비스와 Posts 서비스 모두에서 로그를 스트리밍할 수 있다. 하지만 Connections' Posts 서비스를 위한 로그 출력이 정말 필요하다. 이 서비스를 몇 번 호출해보자. 인증을 위해 첫 번째 단계가 다시 호출되며, 그런 다음에 간단한 curl 명령을 사용해 여러분이 팔로우하는 사람의 게시물에 접근할 수 있다.

```
# 인증
curl -X POST -i -c cookie \
    $(minikube service --url connectionsposts-svc)/login?username=cdavisafc
# 이 명령을 4-5회 반복 실행해 게시물 가져오기
curl -i -b cookie \
    $(minikube service --url connectionsposts-svc)/connectionsposts
```

쿠버네티스는 집계된 로그 스트리밍을 지원하지 않으므로 로그를 보기 위해 서비스를
여러 번 호출한 적이 있다. 그러나 이제 단일 명령으로도 두 인스턴스의 로그를 볼 수 있다.

```
$ kubectl logs -lapp=connectionsposts
...
...  : Tomcat started on port(s): 8080 (http) with context path ''
...  : Started CloudnativeApplication in 16.502 seconds
...  : Initializing Spring FrameworkServlet 'dispatcherServlet'
...  : FrameworkServlet 'dispatcherServlet': initialization started
...  : FrameworkServlet 'dispatcherServlet': initialization completed
...  : Starting without optional epoll library
...  : Starting without optional kqueue library
...  : [172.17.0.7:8080] getting posts for user network cdavisafc
...  : [172.17.0.7:8080] connections = 2,3
...  : [172.17.0.7:8080] getting posts for user network cdavisafc
...  : [172.17.0.7:8080] connections = 2,3
...
...  : Started CloudnativeApplication in 15.501 seconds
...  : Initializing Spring FrameworkServlet 'dispatcherServlet'
...  : FrameworkServlet 'dispatcherServlet': initialization started
...  : FrameworkServlet 'dispatcherServlet': initialization completed
...  : Starting without optional epoll library
...  : Starting without optional kqueue library
...  : [172.17.0.4:8080] getting posts for user network cdavisafc
...  : [172.17.0.4:8080] connections = 2,3
...  : [172.17.0.4:8080] getting posts for user network cdavisafc
...  : [172.17.0.4:8080] connections = 2,3
```

이 예제를 살펴보면 Connections' Posts 서비스의 두 인스턴스에서 출력된 내용을 볼
수 있다. 로그는 동시에 접근할 수 없다. 따라서 이 명령은 단순히 한 인스턴스의 로그에 접

근해 덤프한 후, 다음 인스턴스에 대해서도 동일하게 수행된다. 그러나 각각의 IP 주소가 적혀 있기 때문에 두 개의 서로 다른 인스턴스에서 발생한 로그라 하더라도 출력한 위치를 확인할 수 있다. 여기서 한 인스턴스의 IP 주소는 172.17.0.7이고, 다른 인스턴스는 172.17.0.4다. 두 개의 요청은 IP 주소가 172.17.0.4인 인스턴스로 트래픽이 전달됐고, 다른 두 개의 요청은 IP 주소가 172.17.0.7인 인스턴스로 갔다는 것을 알 수 있다. 쿠버네티스는 각 인스턴스의 컨텍스트에 존재하는 환경 변수에 값을 생성했으며, 앱은 환경 변수에 접근하도록 만들어진 환경 설정 파일을 통해 값을 가져왔다. 이것은 괜찮은 설계다.

실행 중인 컨테이너의 환경 변수를 살펴보자. 다음 명령을 실행해 파드 이름을 자신의 이름으로 바꾸면 된다.

```
$ kubectl exec connectionsposts-6c69d66bb6-f9bjn -- env
PATH=/usr/local/sbin:/usr/local/bin:/usr/sbin:/usr/bin:/sbin:/bin...
CONNECTIONPOSTSCONTROLLER_POSTSURL=http://192.168.99.100:32119/posts?userIds=
CONNECTIONPOSTSCONTROLLER_CONNECTIONSURL=http://192.168.99.100:30955/
➡ connections/
CONNECTIONPOSTSCONTROLLER_USERSURL=http://192.168.99.100:30955/users/
REDIS_HOSTNAME=192.168.99.100
REDIS_PORT=31537
INSTANCE_IP=172.17.0.7
KUBERNETES_PORT_443_TCP_PROTO=tcp
...
```

출력된 긴 값 목록에서 INSTANCE_IP를 찾을 수 있다. 쿠버네티스는 사용자의 지시에 따라 해당 값을 파드의 IP 주소로 설정한다(Connections' Posts 서비스에 대한 배포 YAML의 내용을 기억하라). 이것은 앱이 실행되는 시스템에서 설정한 애플리케이션 설정 값이다.

다행히 이 예제는 명확하게 설명하는 데 도움이 됐다. 그럼에도 불구하고 인사이트를 갖춘 다른 도구를 제공하고자 한다. 각 서비스의 일부로 무언가가 실행되고 있다고 아직 말하지 않았다. 스프링 부트의 마법을 통해 애플리케이션은 앱이 실행되는 환경을 볼 수 있는 엔드포인트를 자동으로 구현한다. 다음 명령을 실행해 출력을 확인하자.

```
curl $ (minikube service --url connectionsposts-svc) / actuator / env
```

JSON 출력이 길지만, 다음 중 일부가 포함돼 있음을 알 수 있다.

```
...
  "systemEnvironment": {
    "PATH": "/usr/local/sbin:/usr/local/bin:...",
    "INSTANCE_IP": "172.17.0.7",
    "PWD": "/",
    "JAVA_HOME": "/usr/lib/jvm/java-1.8-openjdk",
    ...
  },
  "applicationConfig: [classpath:/application.properties]": {
    ...
    "ipaddress": "172.17.0.7"
  },
...
```

사용 가능한 데이터 중에는 수정한 IP 주소가 있다. systemEnvironment 키 아래에 값이 172.17.0.7인 INSTANCE_IP 키가 포함된 맵을 볼 수 있다. applicationConfiguration 키 아래에서도 동일한 IP 주소 값을 갖는 ipaddress 키가 포함된 맵을 볼 수 있다. 의도한 대로 연결됐다.

이 출력의 다른 값을 살펴보면, 많은 환경 변수가 있다. 그러나 다른 상황 값^{contextual} $_{value}$도 함께 지정돼 있는 것을 알 수 있다. 예를 들어 프로세스 ID(PID), 운영체제 버전(os. version)을 비롯해 env 변수에 저장되지 않은 다른 많은 값이 표시된다. 이로 인해 환경 변수가 앱의 상황에 맞는 값만이 아니라는 점을 알게 됐다. /actuator/env 엔드포인트는 앱에 대해 좀 더 광범위한 정보를 제공한다. 이제 해당 애플리케이션 환경의 다른 부분과 값을 가져오는 다른 방법으로 넘어가보자.

6.4 애플리케이션 설정 주입

방금 살펴본 설정 데이터의 유형은 런타임 환경의 일부분과 런타임 플랫폼에 의해 관리되는 값을 사용해 환경 변수를 사용하는 것이 자연스럽고 효과적이다. 그러나 클라우드 네이티브 시스템을 처음 시작했을 때는 애플리케이션 설정을 관리하는 데 필요한 다른 요소와 세 번째(#3) 팩터[2](환경에 설정 저장)를 합리화하는 데 어려움을 겪었다. 궁극적으로는 애플리케이션 설정 데이터를 관리하는 더 나은 방법이 있다는 것이다. 그것이 지금 전달하고 싶은 내용이다.

애플리케이션을 프로덕션에서 실행할 때, 설정 데이터가 구현 자체만큼 중요하다고 생각한다. 적절한 설정이 없으면 소프트웨어가 작동하지 않을 것이기 때문이다. 이것은 코드 관리에 적용하는 것과 동일한 수준으로 관리해야 한다. 특히 다음과 같다.

- 데이터는 저장돼야 하고 접근을 제어해야 한다. 이는 소스 코드를 다루는 방식과 너무 비슷해서 가장 일반적인 도구 중 하나는 깃[Git]과 같은 소스 코드 제어(SCC) 시스템이다.
- 수작업으로 설정 데이터를 설정하면 안 된다. 설정을 변경해야 하는 경우 소스 코드 제어(깃) 저장소를 변경하고 해당 설정을 실행 중인 시스템에 적용하기 위한 몇 가지 작업을 호출한다.
- 특정 버전의 앱에 기반해 배포를 일관되게 다시 만들 수 있도록 설정을 버전화해야 하며, 특정 버전의 설정과 함께 결합해야 한다. 또한 운영 동작(좋은 것과 나쁜 것)이 적용된 설정과 서로 관계될 수 있도록 어떤 시간에 어떤 속성을 사용했는지도 알아야 한다.
- 분산 시스템의 컴포넌트 간 통신에 사용되는 자격 증명과 같은 일부 설정 데이터는 민감하다. 이와 같은 추가적인 요구 사항은 해시코프[HashiCorp]의 볼트[Vault]와 같은 특수한 목적을 지닌 설정 저장소로 해결할 수 있다.[3]

애플리케이션 설정 데이터를 관리하기 위한 답변의 첫 번째 부분은 설정 데이터 저장소에서 관리된다는 것이다(설정 관리 데이터베이스는 약간의 부담이 수반되므로 이 용어의 사용을 피하고 있다. 이는 클라우드 네이티브 세계에는 적용되지 않는 특정한 패턴이 있다는 것을 의미한다). 설정 저장소는 단순히 키/값을 저장하고, 버전 기록을 유지하며, 다양한 접근 제어 메커니즘이

---

2 '12 팩터 앱'의 세 번째 팩터를 의미한다. - 옮긴이

3 해시코프의 볼트는 해시코프 사에서 제공하는 비밀정보, 즉 공개되면 안 되는 비밀번호, API 키, 토큰 등을 저장하고 관리하는 도구다. - 옮긴이

적용된다.

그리고 애플리케이션 설정을 관리하기 위한 답변의 두 번째 부분은 서비스가 버전화된 접근 제어 데이터를 애플리케이션에 쉽게 전달한다는 것이다. 이 서비스는 구성 서버 configuration server에서 제공한다. 이것을 실행 예제에 추가해보자.

6.4.1 구성 서버 소개

현재 우리의 구현체인 Connections' Posts 서비스에서는 일정 수준의 제어 기능을 제공한다. 사용자는 서비스가 결과를 전달하기 전에 인증을 받아야 한다. 그러나 궁극적으로 데이터를 제공하는 두 가지 서비스인 Connections 서비스와 Posts 서비스는 여전히 열려 있다. 이 서비스들을 보안 정보로 보호해보자. 이러한 서비스는 로그인한 특정 사용자가 호출하지 않고 다른 소프트웨어 모듈(우리의 경우 Connections' Posts 서비스)에서 호출하기 때문에 사용자 인증과 권한 대신 보안 정보를 사용할 것이다. 예를 들어 여기서 Posts 서비스를 사용해 로그인한 사용자는 사용자 집합에 대한 게시물을 얻지만, 다른 설정에서는 동일한 서비스를 사용해 현재 인기 있는 블로거에 대한 게시물을 가져올 수 있다.

이 예에서는 보안이 필요한 서비스(Connections 서비스와 Posts 서비스)에 보안을 설정하고, 클라이언트(Connection's Posts 서비스)에 동일한 보안을 설정함으로써 보안을 구현했다. 구현을 상세히 살펴보기 전에 먼저 이러한 값을 관리하는 방법을 살펴보자.

먼저, 보안을 유지할 소스 코드 저장소를 작성하려고 한다. 처음부터 다시 만들 수도 있고, 더 쉽게 만들기 위해 내가 갖고 있는 아주 간단한 저장소인 https://github.com/cdavisafc/cloud-native-config.git에서 포크fork할 수도 있다. 연습을 진행하면서 변경 사항을 커밋하기 위해서는 포크를 해야 한다. 여기에는 의심스러운 속성 파일인 mycookbook.properties가 있다. 이 파일에는 Posts 서비스를 보호할 비밀과 Connections 서비스를 보호할 비밀이라는 두 가지 값이 포함돼 있다.

```
com.corneliadavis.cloudnative.posts.secret=123456
com.corneliadavis.cloudnative.connections.secret=456789
```

이제 이러한 설정 값에 대한 접근을 관리할 서비스를 설정하고, 이를 위해 스프링 클라우드 컨피규레이션^{Spring Cloud Configuration}(https://github.com/springcloud/spring-cloud-config)을 사용한다. SCCS^{Spring Cloud Configuration Server}는 분산 시스템(클라우드 네이티브 소프트웨어)의 데이터 관리에 적합한 오픈소스 구현체다. HTTP 기반 웹 서비스로 실행되며 전체 소프트웨어 딜리버리 생명 주기에 걸쳐 데이터를 설정할 수 있도록 지원한다. 자세한 내용은 저장소에 있는 README를 참조하면 되지만, 여기서 몇 가지 핵심 기능을 시연해보자.

이제 조각을 조립하기 시작한다. 먼저 다음 저장소 태그를 확인한다.

```
git checkout appconfig/0.0.2
```

이어서 SCCS를 가동시키자. 다행히도 서버에 이미 도커 이미지가 있으며, 쿠버네티스 배포 매니페스트도 제공했다. 일반적인 명령으로 파드를 생성하기 전에 https://github.com/cdavisafc/cloudnative-config.git 저장소를 포크하고, 저장소에 있는 배포 매니페스트를 다음의 스니펫^{snippet}에 있는 URL로 바꾼다.

```
env:
  - name: SPRING_CLOUD_CONFIG_SERVER_GIT_URI
    value: "https://github.com/cdavisafc/cloud-native-config.git"
```

그리고 나서 다음 명령으로 서비스를 생성한다.

```
kubectl create -f spring-cloud-config-server-deployment.yaml
```

서버가 시작되고 나면, 다음 명령을 사용해 설정에 접근할 수 있다.

```
$ curl $(minikube service --url sccs-svc)/mycookbook/dev | jq
{
  "name": "mycookbook",
  "profiles": [
    "dev"
  ],
  "label": null,
  "version": "67d9531747e46b679cc580406e3b48b3f7024fc8",
  "state": null,
  "propertySources": [
```

```
{
    "name": "https://github.com/cdavisafc/cloud-native-
    ➡ config.git/mycookbook.properties",
    "source": {
      "com.corneliadavis.cloudnative.connections.secret": "456789",
      "com.corneliadavis.cloudnative.posts.secret": "123456"
    }
  }
 ]
}
```

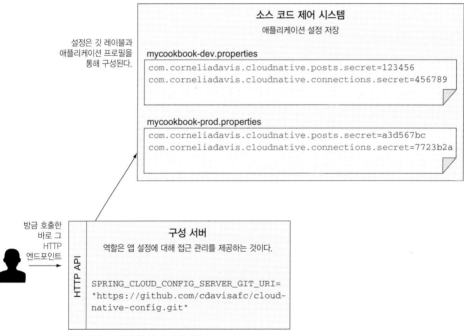

▲ **그림 6.7** 설정 값을 저장하는 소스 코드 제어 시스템과 해당 데이터에 대한 접근 관리를 제공하는 설정 서비스를 사용해 애플리케이션을 설정할 수 있다.

SCCS는 깃 레이블과 애플리케이션 프로필을 모두 사용해 태그 설정을 지원한다. 샘플 설정 저장소에는 mycookbook 애플리케이션에 대한 두 개의 설정 파일(개발용과 프로덕션용)이 있다. 이전 curl 명령을 실행하고 /dev를 /prod로 바꾸면 프로덕션 프로필에 대한 값이 나타난다. 이제 설정한 내용이 그림 6.7에 나와 있다. 설정을 저장하는 깃허브 저장소와 접근을 관리하는 설정 서비스다.

보안을 보장하는 관계의 양 끝을 살펴보자. 다음 리스트에서 Posts(그리고 같은 방법으로, Connections) 서비스는 전달된 보안 정보가 설정된 것과 일치하는지 확인하고, Connections' Posts 서비스는 설정된 보안 정보를 전달한다.

리스트 6.5 PostsController.java

```java
public class PostsController {
    ...

    @Value("${com.corneliadavis.cloudnative.posts.secret}")
     private String configuredSecret;
     ...

    @RequestMapping(method = RequestMethod.GET, value="/posts")
    public Iterable<Post> getPostsByUserId(
        @RequestParam(value="userIds", required=false) String userIds,
        @RequestParam(value="secret", required=true) String secret,
        HttpServletResponse response) {
        Iterable<Post> posts;

        if (secret.equals(configuredSecret)) {

            logger.info(utils.ipTag() +
                "Accessing posts using secret " + secret);

            // DB에서 게시물을 찾아서 반환
            ...
        } else {
            logger.info(utils.ipTag() +
                "Attempt to access Post service with secret " + secret
                + " (expecting " + password + ")");
            response.setStatus(401);
            return null;
        }

    }
```

```
    ...
}
```

Connections' Posts 서비스에서 설정된 보안 정보는 다음 리스트와 같이 Connections
또는 Posts 서비스로 요청 시 전달된다.

리스트 6.6 ConnectionsPostsController.java

```
public class ConnectionsPostsController {

    ...

    @Value("${connectionpostscontroller.connectionsUrl}")
    private String connectionsUrl;
    @Value("${connectionpostscontroller.postsUrl}")
    private String postsUrl;
    @Value("${connectionpostscontroller.usersUrl}")
    private String usersUrl;
    @Value("${com.corneliadavis.cloudnative.posts.secret}")
    private String postsSecret;
    @Value("${com.corneliadavis.cloudnative.connections.secret}")
    private String connectionsSecret;

    @RequestMapping(method = RequestMethod.GET, value="/connectionsposts")
    public Iterable<PostSummary> getByUsername(
        @CookieValue(value = "userToken", required=false) String token,
        HttpServletResponse response) {

        if (token == null) {
            logger.info(utils.ipTag() + ...);
            response.setStatus(401);
        } else {
            ValueOperations<String, String> ops =
                this.template.opsForValue();
            String username = ops.get(token);
            if (username == null) {
                logger.info(utils.ipTag() + ...);
                response.setStatus(401);
            } else {
                ArrayList<PostSummary> postSummaries
```

```
            = new ArrayList<PostSummary>();
        logger.info(utils.ipTag() + ...);

        String ids = "";
        RestTemplate restTemplate = new RestTemplate();

        // 연결 가져오기
        String secretQueryParam = "?secret=" + connectionsSecret;
        ResponseEntity<ConnectionResult[]> respConns
            = restTemplate.getForEntity(
                connectionsUrl + username + secretQueryParam,
                ConnectionResult[].class);
        ConnectionResult[] connections = respConns.getBody();
        for (int i = 0; i < connections.length; i++) {
            if (i > 0) ids += ",";
            ids += connections[i].getFollowed().toString();
        }
        logger.info(utils.ipTag() + ...);

        secretQueryParam = "&secret=" + postsSecret;
        // 연결에 대한 게시물 가져오기
        ResponseEntity<PostResult[]> respPosts
            = restTemplate.getForEntity(
                postsUrl + ids + secretQueryParam,
                PostResult[].class);
        PostResult[] posts = respPosts.getBody();

        for (int i = 0; i < posts.length; i++)
            postSummaries.add(
                new PostSummary(
                    getUsersname(posts[i].getUserId()),
                    posts[i].getTitle(),
                    posts[i].getDate()));

        return postSummaries;
    }
}
return null;
}
...
}
```

실제 구현에서는 절대 하지 못할 특정 작업들을 제외하고는 잠시 후에 다시 돌아올 것이다. 또한 그 어떤 것도 여러분을 놀라게 하지 않을 것이다. 그러나 설정 값을 앱으로 가져오는 방식을 살펴보자. Connections' Posts 서비스에 대한 속성 파일은 다음과 같다.

```
management.endpoints.web.exposure.include=*
connectionpostscontroller.connectionsUrl=http://localhost:8082/connections/
connectionpostscontroller.postsUrl=http://localhost:8081/posts?userIds=
connectionpostscontroller.usersUrl=http://localhost:8082/users/
ipaddress=${INSTANCE_IP:127.0.0.1}
redis.hostname=localhost
redis.port=6379
com.corneliadavis.cloudnative.posts.secret=drawFromConfigServer
com.corneliadavis.cloudnative.connections.secret=drawFromConfigServer
```

이미 말했듯이, 여기서 정의된 속성은 단순히 값을 저장하는 역할을 하는 것일 수도 있다. 두 보안 정보 모두 drawFromConfigServer를 읽는 값이 있다(이것은 명령이 아니라 임의의 이름이다. 똑같이 푸바foobar로 설정했을 수도 있다). 그리고 Connections' Posts 컨트롤러에는 다음과 같은 라인이 있다.

```
@Value("${com.corneliadavis.cloudnative.posts.secret}")
private String postsSecret;
@Value("${com.corneliadavis.cloudnative.connections.secret}")
private String connectionsSecret;
```

이것은 익숙해 보인다. INSTANCE_IP 시스템 설정 값에서 가져오기 위해 사용했던 것과 정확히 같은 기법이기 때문이다. 이것이 바로 요점이다. 애플리케이션 설정 계층은 값이 시스템/환경 값인지 또는 주입되는 애플리케이션 설정 값인지에 관계없이 정확히 동일한 형태를 취한다.

그림 6.8은 애플리케이션 설정 데이터가 실행 중인 애플리케이션으로 어떻게 들어가는지 보여준다. 속성 파일을 중심에 둔 애플리케이션 설정 계층은 그림 6.4와 같이 단순하게 유지된다. 단 하나 변경된 점은 구성 서버가 프로퍼티 파일에 정의된 변수에 바인딩을 제공하고 있다는 것이다.

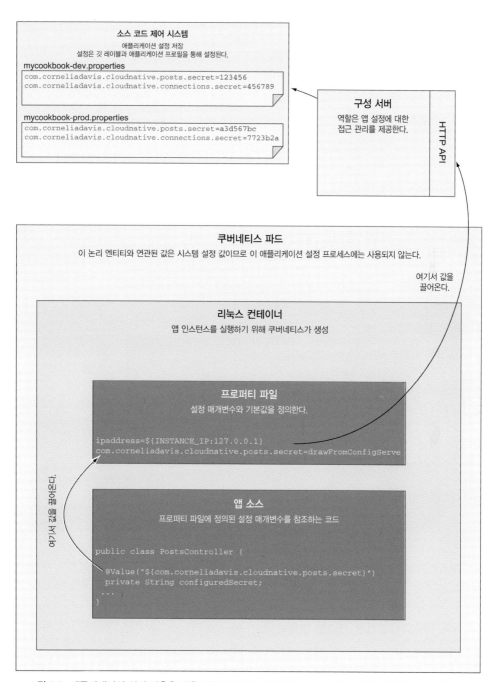

소스 코드 제어 시스템
애플리케이션 설정 저장
설정은 깃 레이블과 애플리케이션 프로필을 통해 설정된다.

mycookbook-dev.properties
```
com.corneliadavis.cloudnative.posts.secret=123456
com.corneliadavis.cloudnative.connections.secret=456789
```

mycookbook-prod.properties
```
com.corneliadavis.cloudnative.posts.secret=a3d567bc
com.corneliadavis.cloudnative.connections.secret=7723b2a
```

구성 서버
역할은 앱 설정에 대한
접근 관리를 제공한다.

HTTP API

쿠버네티스 파드
이 논리 엔티티와 연관된 값은 시스템 설정 값이므로 이 애플리케이션 설정 프로세스에는 사용되지 않는다.

여기서 값을
끌어온다.

리눅스 컨테이너
앱 인스턴스를 실행하기 위해 쿠버네티스가 생성

프로퍼티 파일
설정 매개변수와 기본값을 정의한다.

```
ipaddress=${INSTANCE_IP:127.0.0.1}
com.corneliadavis.cloudnative.posts.secret=drawFromConfigServe
```

앱 소스
프로퍼티 파일에 정의된 설정 매개변수를 참조하는 코드

```
public class PostsController {

@Value("${com.corneliadavis.cloudnative.posts.secret}")
private String configuredSecret;
...
}
```

여기서 값을 끌어온다.

▲ **그림 6.8** 애플리케이션 설정 계층은 값을 주입하기 위한 수단으로서 프로퍼티 파일에 의존한다. 이러한 값은 구성 서버를 사용해 유입된다.

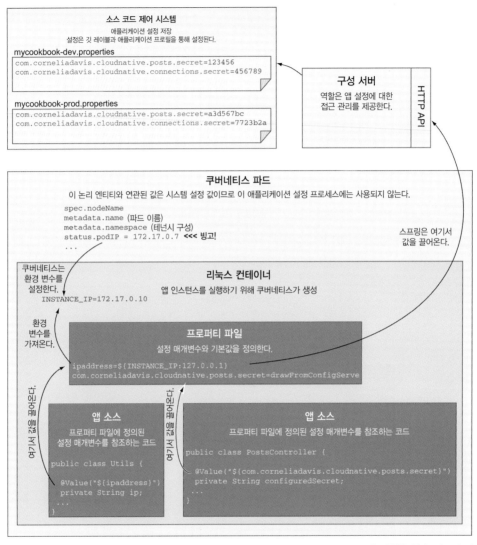

▲ **그림 6.9** 프로퍼티 파일은 시스템 설정과 애플리케이션 설정 모두에서 공통의 설정 계층 역할을 한다. 시스템 설정 데이터는 환경 변수를 통해 주입되고, 애플리케이션 설정 데이터는 설정 서비스를 통해 주입된다.

이제 애플리케이션과 시스템 설정을 모두 하나의 다이어그램으로 정리해보기 위해 그림 6.9를 참조한다. 이는 바로 샘플 애플리케이션에서 구현된 것이다. 다시 한 번 애플리케이션 설정 계층에 사용되는 패턴은 두 가지 유형의 설정 데이터 모두에 대해 동일하다는 점에 유의한다. 다른 점은 해당 애플리케이션 설정 계층에 값이 주입되는 방식이다. 시스템

데이터의 경우 플랫폼(이 경우에는 쿠버네티스)에서 처리하며, 환경 변수의 사용을 통해 잘 서비스된다. 애플리케이션 설정 데이터의 경우 스프링을 사용하고 있으며(다른 옵션도 있으며, 이와 관련해 더 알고 싶다면 향후 나의 블로그 게시물을 찾아보길 바란다.), 이 접근 방식을 통해 애플리케이션 설정 데이터의 버전을 지정할 수 있다.

6.4.2 보안은 더 많은 요구 사항을 추가한다

클라우드 네이티브 애플리케이션을 설정하기 위한 주요 디자인 패턴에 대해 쉽게 생각할 수 있도록 이러한 방식으로 구현을 만들었다. 하지만 여기서 하지 않은 몇 가지 일이 있다.

- 쿼리 문자열에 보안 정보를 절대 전달하지 않는다. 그 대신 HTTP 헤더나 바디에서 전달한다.
- 로그 파일에 보안 값을 절대 프린트하지 않는다.
- 설정 저장소에서 어떤 민감한 값이라도 최소한의 암호화를 수행한다. SCCS는 암호화를 지원하며, 해시코프의 볼트 같은 기술은 자격 증명 관리를 위한 추가 서비스를 제공한다.
- Posts 컨트롤러와 Connections 컨트롤러의 모든 메소드가 메소드 기능을 감싸고 있는 동일한 코드를 갖고 있다는 것을 알 수 있다. 이 상용구 코드(보일러플레이트 boilerplate)는 메소드의 주요 기능에 집중하는 것을 방해하고 너무 자주 반복된다. 대부분의 최신 프로그래밍 프레임워크는 보안 관련 추상화를 제공해서 이 기능을 좀 더 우아하게 설정할 수 있도록 한다.

6.4.3 동작 보기: 구성 서버를 사용한 애플리케이션 설정

좋다. 모든 앱에 설정된 보안 정보가 일치한다면 구현이 아주 잘될 것이다. 이는 클라우드 네이티브 애플리케이션 설정과 관련된 주요 관심사 중 하나에 직접적으로 연결되는데, 바로 이 애플리케이션은 고도로 분산돼 있다는 점이다! mycookbook 속성은 하나의 앱에 대해 정의되지 않으며, 서로 다른 마이크로서비스 간에 동일한 설정이 사용된다는 점에 유의한다. 보안 정보를 설정할 수 있는 단일 장소가 있고, 실행할 때 마이크로서비스들을 적절한 방식으로 일치시킬 것이다.

모든 것이 준비돼 있으므로, 설계한 것이 설명한 대로 작동하는지 검증해보자.

셋업

6.3.1절의 예에서 설정 지침을 따랐다면 더 이상 수행할 필요가 없다. 항상 그랬듯이, 소스에서 실행 파일을 빌드하고, 도커 이미지를 작성하고, 도커 허브 저장소로 푸시할 수 있다. 하지만 이미 해당 작업을 수행했으며 도커 허브에서 이용할 수 있다. 모든 설정 파일은 적절한 도커 이미지를 가리키고 있다.

앱 실행

먼저, 쿠버네티스에 배포한 일련의 마이크로서비스를 정리한다. 다음 명령을 입력해 한 번에 수행할 수 있는 스크립트를 제공했다는 것을 기억한다.

```
./deleteDeploymentComplete.sh
```

서비스를 재배포하기 전에 구성 서버에 배포 프로세스를 연결하려고 할 것이다. 구성 서버는 이미 배포했다(이전에 설명한 대로 아직 하지 않은 경우 지금 배포한다). 이제 스프링 프레임워크가 해당 연결을 사용해 설정 값을 찾고 주입할 수 있도록 해당 구성 서버의 위치를 구현에 삽입해야 한다. 각 서비스에 대한 쿠버네티스 배포 매니페스트에서 SCCS에 대한 URL이 있는 환경 변수의 정의와 기타 사항을 확인한다. Posts, Connections, Connections' Posts 배포 매니페스트라는 세 가지 위치 모두에 특정 URL을 제공해야 한다. 다음 명령으로 정확한 값을 얻을 수 있다.

```
minikube service --url sccs-svc
```

Redis와 MySQL 서비스가 실행 중인 상태라면, 해당 URL은 업데이트할 필요가 없다. 다음 두 가지 명령을 사용해 Posts 서비스와 Connections 서비스를 배포할 수 있다.

```
kubectl create -f cookbook-deployment-connections.yaml
kubectl create -f cookbook-deployment-posts.yaml
```

다시, 이제 Posts 서비스와 Connections 서비스의 속성 URL을 가리키도록 Connections' Posts 서비스에 대한 배포 매니페스트를 업데이트해야 한다. 다음과 같이 이 값을 얻을 수 있다는 점을 기억한다.

Posts URL	`minikube service posts-svc --format "http://{{.IP}}:{{.Port}}/posts?userIds=" --url`
Connections URL	`minikube service connections-svc --format "http://{{.IP}}:{{.Port}}/connections/" --url`
Users URL	`minikube service connections-svc --format "http://{{.IP}}:{{.Port}}/users/" --url`

이제 다음과 같이 Connections' Posts 서비스를 배포한다.

```
kubectl create -f cookbook-deployment-connectionsposts.yaml
```

먼저 게시물을 인증한 후 가져와서 이전에 했던 것처럼 Connections' Posts 서비스를 호출한다.

```
# 인증
curl -X POST -i -c cookie \
    $(minikube service --url connectionsposts-svc)/login?username=cdavisafc
# 게시물 읽어오기
curl -i -b cookie \
    $(minikube service --url connectionsposts-svc)/connectionsposts
```

아무것도 변하지 않았다. 예상했겠지만, Posts 서비스의 로그 파일들을 조사해 그 내부를 빠르게 살펴보겠다.

```
... : [172.17.0.4:8080] Accessing posts using secret 123456
... : [172.17.0.4:8080] getting posts for userId 2
... : [172.17.0.4:8080] getting posts for userId 3
```

보안 정보인 123456을 이용해 Posts 서비스에 접속한 것을 볼 수 있다. 분명히, 보안 정보는 호출자(Connections' Posts)와 피호출자(Posts) 서비스 모두에 적절히 설정됐다.

이제 애플리케이션 설정을 업데이트해야 하는 경우 어떻게 되는가? 단일 서비스에 대해 모든 애플리케이션 인스턴스에 동일하게 새 값을 주입하고, 다른 서비스에 값을 삽입해야 하는 경우 이 값도 조정해야 한다. 시도해보자. 가장 먼저 해야 할 일은 mycookbook의 개발 환경 프로필에 대한 보안 값을 업데이트하는 것이다. 원하는 대로 값을 변경할 수 있다. 그런 다음 변경 사항을 저장소에 커밋하고 깃허브에 푸시해야 한다. cloud-nativeconfig 디렉터리에서 다음과 같이 수행한다.

```
git add .
git commit -m "Update dev secrets."
git push
```

이제 Connections' Posts 데이터에 접근하는 최종 curl을 수행하면 모든 것이 예상대로 작동한다. 그러나 Posts 로그 파일을 다시 보면, Posts 접속이 여전히 보안 정보인 123456을 성공적으로 사용하고 있음을 알 수 있다. 그리고 이 내용은 다음 장의 주제인 애플리케이션 생명 주기에서 다룰 것이다. 설정 변경 사항이 적용되는 시점을 숙고해야 한다. 지금까지의 예에서 보면, 새로운 자격 증명이 아직 적용되지 않았다는 것을 알 수 있다.

이제 시작할 것이므로, 파드를 삭제해서 Posts 서비스를 다시 시작하도록 한다. Posts 서비스의 한 개 인스턴스가 항상 실행돼야 한다고 명시한 쿠버네티스의 배포를 인스턴스화했으므로, 쿠버네티스는 즉시 Posts 서비스의 새로운 인스턴스를 위한 새로운 파드를 만들 것이다.

```
kubectl delete pod/posts-66bcfcbbf7-jvcqb
```

이제 Connections' Posts 서비스에 대해 다시 curl을 수행한다. 두 가지를 보게 될 것이다.

- 첫 번째로, 서비스 호출이 실패한다.
- 두 번째로, Posts 서비스의 로그 파일을 보면 다음과 같은 이유를 알 수 있다.

```
... : [172.17.0.7:8080] Attempt to access Post service with secret
123456 (expecting abcdef)
```

Posts 서비스를 삭제하고 다시 만들 때 Posts 서비스가 새 설정 값을 선택했다. 그러나 Connections' Posts 서비스에는 여전히 기존의 설정 값이 설정돼 있다. 기존 값을 버리고, 새로운 값을 기대했다. 분명히 인스턴스 간(때로는 서비스 간) 설정 업데이트를 조정해야 하지만, 이를 수행하기 전에 애플리케이션 생명 주기 문제와 패턴을 연구해야 한다. 그것은 다음 장에서 다룰 주제다.

요약

- 클라우드 네이티브 소프트웨어 아키텍처에서는 애플리케이션 설정에 사용하는 기법을 재평가해야 한다. 일부는 기존 방식을 그대로 사용하고, 일부는 새로운 접근법이 유용하다.

- 클라우드 네이티브 애플리케이션 설정은 환경 변수에 설정을 저장하는 것만큼 간단하지 않다.

- 프로퍼티 파일은 소프트웨어 설정을 적절히 처리하는 과정에서 중요한 부분이다.

- 설정에 환경 변수를 사용하는 것이 시스템 설정 데이터에 이상적이다.

- 앱에 환경 변수를 제공하기 위해 쿠버네티스와 같은 클라우드 네이티브 플랫폼을 사용할 수 있다.

- 앱 설정은 소스 코드와 마찬가지로 소스 코드 저장소에서의 관리, 버전 관리, 접근 제어가 처리돼야 한다.

- SCCS와 같은 구성 서버는 애플리케이션에 설정 값을 전달하는 데 사용된다.

- 이제 클라우드 네이티브 애플리케이션 생명 주기와 본질적으로 관련이 있는, 설정이 적용되는 시점을 생각해야 한다.

7

애플리케이션 생명 주기: 지속적인 변경에 대한 설명

7장에서 다루는 내용

- 무중단 업그레이드: 블루/그린 배포와 롤링
- 카나리(Canary) 배포
- 자격 증명 교체 패턴
- 애플리케이션 생명 주기와 문제 해결
- 애플리케이션 상태 점검

애플리케이션 생명 주기는 매우 기본적인 것 같다. 앱은 배포되고, 시작되고, 실행되며, 결국 종료된다. '셧다운'이 예기치 않게 발생할 때 오는 혼돈을 제외하면, 애플리케이션의 생명 주기는 일반적으로 지루하다. 또한 우리는 그러길 희망한다. 그렇다면 왜 이 주제를 7장에서 다룰까?

이 질문에 답하기 전에 먼저 애플리케이션 생명 주기의 정의를 명확히 설명한다. 여기서 다루는 애플리케이션 생명 주기는 이미 여러 번 언급한 소프트웨어 개발 생명 주기(SDLC)와 명확히 다르다. SDLC는 소프트웨어를 설계하고, 개발하고, 단위 테스트^{unit test}를 통과하고, 통합 테스트를 통과해 프로덕션으로 딜리버리되는 전체 과정을 다룬다.

반면에 애플리케이션 생명 주기는 애플리케이션이 프로덕션 배포를 위해 준비된 후 진행되는 모든 단계다. 주로 소프트웨어의 개발이나 관리보다는 애플리케이션 자체의 상태에 관심을 갖는다. 배포됐는가? 실행 중인가? 정지됐는가? 정지된 경우, 장애인가? 아니면 의도적으로 정지한 것인가? SDLC의 일부로 앱을 배포하는 것을 고려하는 것은 당연하지만, 여기서 중점을 두는 것은 애플리케이션의 실행 상태다.

7장의 내용을 이해하는 데 도움을 주고 나중에 나올 설명에 대한 근거를 제공하기 위해 그림 7.1은 앱의 생애lifetime를 상당히 일반적으로 표현했다. 배포물을 생성하는 것은 애플리케이션 생명 주기의 일부이지만 SDLC의 일부로서 그 부분은 제외했다. 반면에 프로비저닝provisioning1된 환경과 폐기된 환경을 애플리케이션 생명 주기 내에 포함시킨 것을 의아해할 수 있다. 이 부분은 곧 설명할 예정이니 잠시 인내심을 갖고 기다려보자.

▲ **그림 7.1** 간단한 다이어그램으로 나타낸 앱 생명 주기 단계

앱은 시작되고 중단된다. 클라우드 네이티브 환경에서 이 부분을 흥미롭게 하는 것은 무엇인가? 그것은 바로 클라우드 네이티브 애플리케이션을 특징짓는 두 가지 요인, 즉 고도로 분산되고 지속적으로 변화한다는 것이다.

첫 번째 특징부터 살펴보자. 이미 여러 개의 인스턴스가 배포될 때도 일괄적으로 하나의 논리적 엔티티로 동작해야 한다고 배웠다. 그렇다면 앱에 새 설정을 적용하거나 새 버전을 배포하는 작업을 적절하게 처리하는 방법은 무엇인가? 모든 애플리케이션에 똑같은 방식을 적용해야 할까? 아니면 다른 접근 방식은 없을까? (그림 6.1은 모든 인스턴스가 '결국에는' 동일한 구성을 가져야 한다는 것을 보여준다. 이는 7장에서 다루는 자료의 예시였다.)

두 번째로, 지속적인 변경에 대해서는 장애나 운영체제의 취약점을 해결하는 것과 같은

---

1   사용자의 요구에 맞게 시스템 자원을 할당, 배치, 배포해뒀다가 필요시 시스템을 즉시 사용할 수 있는 상태로 미리 준비해 두는 것을 말한다. - 옮긴이

관리 이벤트로 인해 앱이 정기적으로 옮겨다닌다는 사실을 상기해야 한다. 이를 시작으로 해서 앱의 많은 시작과 중지로 이어지는 것 외에도 고려해야 할 연쇄적인 효과가 있다. 예를 들어, 다른 마이크로서비스가 방금 시작된 애플리케이션에 의존할 때는 새로 실행된 애플리케이션의 정보가 해당 종속 애플리케이션에서 사용 가능해야 할 수 있다.

클라우드 네이티브 애플리케이션의 애플리케이션 생명 주기는 수십 년 전에 실행된 애플리케이션 생명 주기와 다르며, 이는 애플리케이션 설계에 대한 새로운 요구 사항을 제시한다. 이것이 7장 전체에서 앱 생명 주기에 집중하는 이유다.

애플리케이션 생명 주기와 교차하는 몇 가지 운영 문제를 간략히 검토한 후, 하나의 앱이 여러 인스턴스로 동작하는(거의 항상 그럴 것이다.) 애플리케이션 생명 주기를 설명하겠다. 이미 충분히 밝혔듯이 소프트웨어는 함께 동작하는 많은 앱들로 구성돼 있다. 그래서 한 앱에 대한 애플리케이션 생명 주기 이벤트가 다른 앱에 어떤 영향을 미치는지 알아야 할 필요성을 이야기하겠다. 그런 다음 현재 우리의 앱이 마치 '하루살이'[2]와도 같은 컨텍스트를 살펴보고, 그것이 우리의 앱 설계app design에 어떤 의미가 있는지 설명하겠다. 마지막으로 애플리케이션 생명 주기의 관점에서 서버리스serverless, 혹은 좀 더 정확히 말해 FaaSFunction as a Service 프로그래밍 패러다임을 간략하게 설명하겠다.

7.1 운영에 대한 공감대 형성

앱 생명 주기는 개발보다 운영에 더 가깝지만, 개발자는 운영 환경에서 효과적으로 관리할 수 있는 소프트웨어를 제공해야 한다. 애플리케이션 운영자와 공감대를 갖는 것은 7장에서 다루는 주제다(음, 요즘 독자들은 개발만큼이나 운영을 잘할 것 같으니까 스스로 고민해야 할 문제다). 클라우드 네이티브 생명 주기의 영향 측면에서 운영에 관한 주요 관심 사항을 간단히 살펴보자.

- **관리 용이성**: 운영의 첫 번째 관심사 중 하나는 애플리케이션 배포 관리의 지속 가능성이다. 가능하면 관리 기능은 자동화해야 하고, 관리 업무를 해야 할 때는 효율적

---

2   원문에서는 'ephemeral'로 표기돼 있으며, 잠깐 쓰고 버려져서 생명 주기가 매우 짧은 것을 의미한다. - 옮긴이

이고 안정적으로 수행돼야 한다. 소프트웨어를 설계하는 방법이 현저한 영향을 미칠 수 있다. 예를 들어 앱 구성을 변경하면 거의 항상 앱을 다시 시작해야 하므로, 어떤 것을 환경 설정 값으로 만들고 어떤 것을 입력 데이터로 만들지를 신중하게 결정해야 한다.

■ **복원력**: 이 책을 마칠 때쯤이면, 앱 주위에서 변화가 끊임없이 일어나고 있음에도 불구하고 운영자를 대신해 앱이 계속 동작하도록 하는 플랫폼에 대해 확고한 인식을 갖게 될 것이다. 때로는 이 플랫폼을 인간이 하는 수많은 작업을 처리하는 로봇이라고 생각하고 싶다. 하지만 중요한 것은 로봇은 릴리스 노트를 읽지 않는다는 것이다. 확실히 은유적으로 언급했지만, 그 의도는 클라우드 네이티브 소프트웨어의 많은 측면에서와 같이 앱의 생명 주기에서도 그대로 해당된다. 예를 들어 쿠버네티스와 같은 시스템은 하나의 앱이 실패한 경우에 새로운 인스턴스를 시작하려면, 앱이 실패했거나 실패가 진행 중인 것을 감지하는 객관적인 방법이 있어야 한다. 애플리케이션 개발자는 애플리케이션이 실패했을 때 이를 감지할 수 있는 방법을 플랫폼에 제공해야 한다.

■ **반응성**: 소프트웨어 사용자는 시기 적절하게 결과를 받아야 하며, 여기서 시기 적절한 것은 사용 사례에 따라 다르다. 예를 들어 사용자가 파워포인트 파일을 슬라이드셰어^{SlideShare}에 업로드하는 경우, 포맷을 변환하는 데 몇 분이 걸리더라도 다른 사용자는 그 파일을 사용할 수 없으므로 문제가 없다. 반면에 사용자가 처음으로 뉴스 집계 사이트에 접속했는데 페이지가 뜨는 데 수십 초가 걸린다면, 아마도 마지막 방문이 될 가능성이 크다. 많은 요인들이 앱의 반응성에 영향을 미칠 것이며, 앱 생명 주기는 사용자 행동과 관련된 내용 중 하나다. 예를 들어, 사용자 요청이 있은 후에 앱이 시작되면 사용자는 그 시작 시간을 그대로 느낄 것이다. 전자의 예에서는 사용자가 아마 알아차리지 못할 것이다. 후자의 경우 그 시간은 고객을 유지하거나 잃을 수 있음을 의미한다.

■ **원가 관리**: 클라우드가 보장하는 가장 큰 특징 중 하나는 비용 효율성이다. 최대 부하를 대비한 여유 있는 인프라 준비, 구성, 관리 대신 현재 필요한 리소스만 사용할 수 있다. 트래픽 부하에 따라 애플리케이션 용량을 확장하거나 유휴 컴퓨팅 시간을

최적화할 수 있는 것은 IT 비용을 관리할 수 있는 강력한 수단이 된다. 이러한 애플리케이션 확장 작업은 새로운 애플리케이션을 시작하고, 이전 애플리케이션을 중단하는 것을 의미한다. 이때 애플리케이션 생명 주기 이벤트를 반드시 정상적으로 처리해야 한다.

이 장의 나머지 부분에서는 앞서 언급한 관심 사항에 적합한 여러 가지 패턴을 다루겠다.

7.2 단일 애플리케이션 생명 주기, 다중 인스턴스 생명 주기

구체적인 예제인 Posts 서비스부터 시작하자. 6장에서는 인증에 사용되는 비밀키를 서비스의 설정 정보로 추가했었다. 앱의 인스턴스가 두 개 이상이라고 가정하자. 각 인스턴스가 동일한 설정 정보(동일한 비밀키)를 갖고 실행되고 있다. 모든 것이 정상적이며, 앱 역시 원하는 대로 동작하고 있다. 그런데 아차, 무심코 비밀키를 저장한 mycookbook.properties 파일을 공개 깃허브 저장소에 체크인했다.

비록 실수를 빨리 깨닫고 파일을 가져오더라도 키는 이미 유출됐을 수 있으므로 이 자격 증명은 변경돼야 한다. 그렇게 하려면, 설정 정보 파일을 변경하고 설정 서버를 통해 해당 설정으로 실행 중인 모든 앱에 적용해야 한다. 여기서 애플리케이션 생명 주기를 생각해볼 필요가 있다.

> |주의| 이제 문제라고 판단하는 것, 즉 동작하는 코드 샘플 내에는 공개 깃허브 저장소로 자격 증명을 저장하도록 돼 있다는 점을 알게 된다. 반복해서 설명하는 6장에서의 권고 사항에 주목하자. 비밀키는 해시코프의 볼트나 피보탈의 CredHub처럼 중요한 정보를 처리하도록 특별히 설계된 저장소에 저장돼야 한다. 여기서는 샘플 코드를 단순화하기 위해 깃허브를 사용하고 있다.

"그 설정을 실행 중인 앱에 적용하자."라고 말하지만, 이 표현은 좀 솔직하지 못하다. 다시 말해, '새로운 설정 정보를 적용해 애플리케이션을 재시작하자.'는 의미다. 그것이 6장의 마지막에서 언급한 내용이다. Posts 파드를 삭제해 쿠버네티스가 새로운 파드를 만들도록 했다. 이것은 애플리케이션 구성과 애플리케이션 생명 주기에서 가장 중요한 교훈이다.

|**노트**| 실행 중인 앱에 새로운 설정이 적용되면, 새로운 설정이 적용된 상태에서 앱을 다시 만들고 다시 시작해야 한다.

독자 일부는 이 가이드에 불편함을 느낄 수도 있다. 비용을 연관시켜볼 때 앱을 다시 시작하는 것은 낭비처럼 보일 수 있다. 앱을 시작하는 데는 시간이 걸리며, 실행 환경을 재생성하는 것은 훨씬 더 많은 비용을 소모한다. 그리고 스프링을 잘 알고 있다면, 이미 쉽게 사용할 수 있는 /refresh 엔드포인트를 생각할 수도 있다. /refresh 엔드포인트를 호출하면, 앱을 완전히 다시 시작하지 않고 애플리케이션 컨텍스트를 새로 고친다. 그런데 /refresh 엔드포인트를 사용하는 것은 어려운 애플리케이션 배포를 관리하기 더 어렵게 만드는 '삼류 운전사'라고 생각한다.

그 이유를 설명하기 위해 다음 시나리오를 생각해보자. Posts 서비스의 두 인스턴스를 배포했다고 가정해보자. 앞에서 살펴본 것처럼, 하나 이상의 앱 인스턴스를 실행할 때 클라우드 네이티브 애플리케이션 아키텍처를 사용하는 묘책 중 하나는 여러 인스턴스가 실행돼도 하나의 논리적인 애플리케이션과 같이 동일한 결과를 제공하는 것이다. Posts 서비스에 요청을 하면, 어떤 인스턴스에 도달했는지에 관계없이 동일한 결과가 나온다. 그림 7.2는 로드 밸런서 뒤쪽에 Posts 서비스의 두 인스턴스를 보여준다.

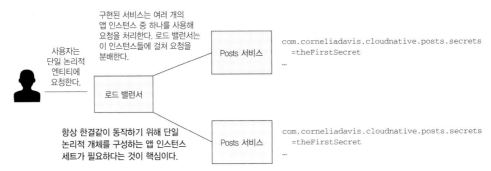

▲ **그림 7.2** Posts 서비스의 두 인스턴스는 동일한 환경 설정으로 실행되며 단일 논리적 애플리케이션으로 동작한다.

이제 /refresh 엔드포인트에 curl을 수행할 경우, 어떤 일이 발생하는지 생각해보자. curl 명령은 단 하나의 인스턴스에만 도달해서 사실상 그 인스턴스에 대한 비밀키만 업데이트한다. 그림 7.3에서 볼 수 있듯이 하나의 인스턴스는 theFirstSecret을 사용해 실행되고, 다른 인스턴스는 theSecondSecret 설정 정보로 실행된다. 다음과 같은 요청이 올 때, 로드 밸런서가 첫 번째 인스턴스로 요청을 보내면 요청이 성공하지만 두 번째 인스턴스에 도달하면 요청이 실패한다는 것을 쉽게 알 수 있다. 두 개의 인스턴스가 하나의 논리적 앱으로 동작하지 않게 된다.

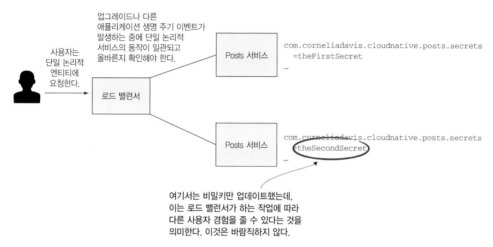

▲ **그림 7.3** Posts 서비스의 두 인스턴스는 환경 설정이 다르기 때문에 요청이 앱의 첫 번째 인스턴스로 전달되는지 아니면 두 번째 인스턴스로 전달되는지에 따라 요청에 대한 결과가 크게 달라진다. 무중단 업그레이드 중에도 이 문제를 피해야 한다.

```
$ curl http://myapp.example.com /posts?secret=theFirstSecret
```

그러면 해결 방법이 간단하다고 생각할지도 모른다. 모든 인스턴스를 롤링^{rolling}해 설정을 업데이트하면 된다고 생각할 것이다. 궁극적으로는 그 말이 맞다. 하지만 애플리케이션이 동작하는 것을 유지하면서 그렇게 모든 인스턴스를 롤링 업데이트하는 것은 쉽지 않다. 업그레이드 과정 동안 모든 앱 인스턴스가 한 번씩 순환 업데이트되는 방식과 업데이트 중 전체 시스템의 상태를 포함한 요소까지 고려해야 한다.

모든 인스턴스에 적용되려면 또 다른 /refresh curl 명령을 실행하면 좋겠지만, 이 명령이 다른 앱 인스턴스에 도달한다는 보장이 없다. 이야말로 /refresh URL을 사용하는 것이 삼류 운전사인 이유다. 우리는 사용자 인터페이스를 사용해 관리 기능을 수행하려고 할 것이다. 모든 앱 인스턴스의 구성을 업그레이드하는 것은 절대적으로 관리 기능이며, 인스턴스에 대해 동작하는 도구를 사용해야 하고, 이를 제어할 수 있어야 한다. 로드 밸런서에 휘둘리면 안 된다. 모든 인스턴스의 설정을 업그레이드하는 관리 기능은 반드시 로드 밸런서의 앞쪽이 아니라 뒤쪽에 있어야 한다.

7.3절에서 구체적인 예를 들어 설명할 때는 이렇게 제어할 수 있는 도구를 설명하겠지만(스포일러 주의: 그 도구는 쿠버네티스의 한 기능이다.), 지금은 그러한 제어 기능이 존재한다고 가정하고 논의를 계속하자. /refresh URL을 사용하는 메커니즘이 올바르지 않더라도, 애플리케이션 구성을 새로 고치는 것이 목적이므로 이 새로운 설정을 모두 중단 시간 없이 적용하려고 한다. 다음의 세 가지 옵션을 고려해보자.

- 앱이 실행되는 동안 설정을 변경한다.
- 새로운 설정이 적용된 두 번째 인스턴스 세트를 실행해놓고, 모든 트래픽을 기존 인스턴스 세트에서 신규 인스턴스 세트로 한 번에 전환한다. 이것이 블루^{blue}/그린^{green} 배포다.
- 애플리케이션 인스턴스를 롤링해 서브셋(전체 세트가 아닌 일부 세트)을 하나씩 변경해 나간다. 이것이 롤링 업그레이드다.

몇 가지 이유로 첫 번째 옵션을 즉시 배제하고 싶다. 첫째, 많은 애플리케이션과 애플리케이션 프레임워크는 시작 시에만 설정 변경 사항을 적용한다. 예를 들어, 샘플에서 .property 파일을 사용한 방법으로는 애플리케이션 컨텍스트를 갱신할 때까지 설정 변경이 적용되지 않는다. 애플리케이션 컨텍스트를 갱신하는 것은 애플리케이션을 재시작하는 것과 거의 같다(그리고 /refresh 엔드포인트를 수행하는 것과 정확히 같다).

또한 재시작 없이 설정 변경을 적용하면 애플리케이션이 복제될 수 없는 상태가 될 수 있다. 예를 들어 앱이 시작될 때 참조 데이터를 로드하고, 그 참조 데이터의 위치는 설정 파라미터 값으로 제공된다고 가정해보자. 해당 설정 파라미터를 변경하고 새 위치에서 데이터를 로드한 경우, 메모리에 로드된 참조 데이터는 첫 번째 로드와 두 번째 로드의 조합이 되며 앱은 해당 상태를 반영해 동작한다. 이제 앱이 다운되고 문제를 해결하려 한다고 가정해보자. 애플리케이션이 다운됐을 때와 동일한 상태의 인스턴스를 얻을 수 있는 방법은 없다. 이미 반복적으로 봤듯이, 애플리케이션 인스턴스가 자주 생성되는 클라우드 환경에서는 앱을 재생성할 수 있도록 배포하는 것이 매우 중요하다.

> |**노트**| 그림 7.4와 같이 인스턴스 기동 타임에 애플리케이션 설정을 적용하는 것으로 운영 방식을 단순화할 수 있다. 이와 같은 방법을 강력히 권장한다.

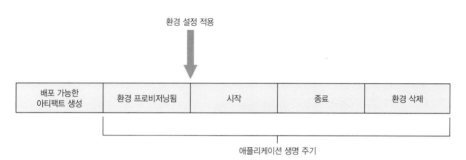

▲ **그림 7.4** 애플리케이션 환경 설정은 애플리케이션을 시작할 때 가장 잘 적용된다. 대부분의 애플리케이션 프레임워크는 자연스럽게 이러한 방식으로 동작한다.

두 번째와 세 번째 옵션은 모두 클라우드 네이티브 앱에서 중요한 것들이다. 각각을 좀 더 깊이 살펴보자.

7.2.1 블루/그린 배포

실행 중인 앱의 설정이나 버전을 업데이트하는 데 사용되는 블루/그린 배포는 개발자 입장에서 볼 때 가장 간단한 접근 방법이다. '블루' 버전은 실행되고 있는 앱의 버전이다. 그리고 새로 배포하고 싶은 버전이 '그린' 버전이다.

그림 7.5는 클라우드 네이티브 앱의 여러 인스턴스가 배포돼 있는 경우의 배포 프로세스를 나타낸다. 먼저 앱의 블루 인스턴스에 트래픽을 주는 로드 밸런서가 있어야 한다. 다음 단계로 새로운 그린 버전의 인스턴스 세트를 배포한다. 하지만 모든 트래픽은 여전히 블루 버전으로 보내진다. 이제 그린 인스턴스에도 트래픽을 보내 정상적으로 동작하는지 확인할 수 있는 상태가 됐다. 상태 확인이 완료되면 블루 버전에서 그린 버전으로 모든 트래픽을 넘긴다.

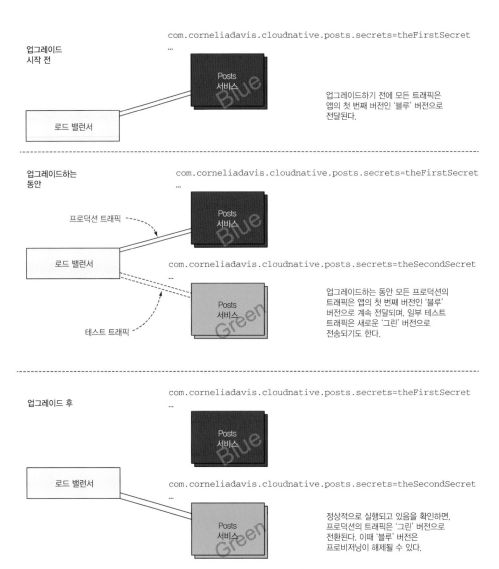

업그레이드
시작 전

`com.corneliadavis.cloudnative.posts.secrets=theFirstSecret`
...

Posts
서비스
Blue

로드 밸런서

업그레이드하기 전에 모든 트래픽은
앱의 첫 번째 버전인 '블루' 버전으로
전달된다.

업그레이드하는
동안

`com.corneliadavis.cloudnative.posts.secrets=theFirstSecret`
...

프로덕션 트래픽

Posts
서비스
Blue

로드 밸런서

`com.corneliadavis.cloudnative.posts.secrets=theSecondSecret`
...

Posts
서비스
Green

테스트 트래픽

업그레이드하는 동안 모든 프로덕션의
트래픽은 앱의 첫 번째 버전인 '블루'
버전으로 계속 전달되며, 일부 테스트
트래픽은 새로운 '그린' 버전으로
전송되기도 한다.

업그레이드 후

`com.corneliadavis.cloudnative.posts.secrets=theFirstSecret`
...

Posts
서비스
Blue

로드 밸런서

`com.corneliadavis.cloudnative.posts.secrets=theSecondSecret`
...

Posts
서비스
Green

정상적으로 실행되고 있음을 확인하면,
프로덕션의 트래픽은 '그린' 버전으로
전환된다. 이때 '블루' 버전은
프로비저닝이 해제될 수 있다.

▲ **그림 7.5** 앱의 여러 버전을 동시에 실행하는 것이 허용되지 않을 때(여러 버전이 단일 논리적 인스턴스로 작동할
수 없는 경우) 블루/그린 배포를 사용한다.

> |**노트**| 롤링 업그레이드보다 블루/그린 배포가 단순한 이유는 블루/그린 배포의 경우 한 번에 하나의 버전만 실행되기 때문이다.

앞의 노트는 정말 흥미롭다. 운영 환경에서 한 번에 하나의 앱 버전만 실행되는 것은 익숙한 개념이지만, 오히려 이런 가정을 제거하면 다른 큰 장점을 얻을 수 있다. 롤링 업그레이드가 바로 그 한 가지 예다.

7.2.2 롤링 업그레이드

롤링 업그레이드는 실행 중인 애플리케이션을 다운타임 없이 업데이트하고, 블루/그린 배포와 마찬가지로 업데이트가 완료되면 모든 트래픽이 새로운 버전의 앱으로 보내진다. 그러나 업그레이드 과정은 블루/그린 배포와 비교해서 뚜렷한 차이가 있다.

그림 7.6은 그 과정을 묘사한다. 처음에 모든 트래픽은 현재 버전의 앱의 여러 인스턴스에 로드 밸런싱되고 있다. 업그레이드하는 동안 현재 버전 인스턴스의 일부를 점진적으로 오프라인으로 전환하고, 새로운 버전의 앱의 여러 인스턴스를 온라인으로 전환해 이전 버전을 대체한다. 이렇게 하면 원래 버전의 앱 인스턴스와 새로운 버전의 앱 인스턴스에 트래픽이 로드 밸런싱된다. 여러 버전의 앱이 동시에 서비스하고 있다! 첫 번째로 진행하는 인스턴스 교체가 잘 처리되면, 다음 인스턴스를 교체하는 식으로 진행된다. 롤링 업그레이드는 이전 버전의 앱이 모두 새로운 것으로 교체되면 완료된다.

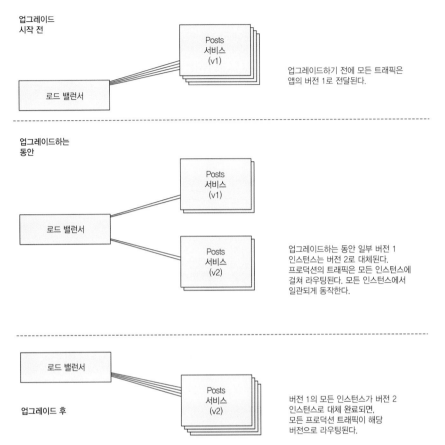

업그레이드
시작 전

로드 밸런서

Posts
서비스
(v1)

업그레이드하기 전에 모든 트래픽은
앱의 버전 1로 전달된다.

업그레이드하는
동안

로드 밸런서

Posts
서비스
(v1)

Posts
서비스
(v2)

업그레이드하는 동안 일부 버전 1
인스턴스는 버전 2로 대체된다.
프로덕션의 트래픽은 모든 인스턴스에
걸쳐 라우팅된다. 모든 인스턴스에서
일관되게 동작한다.

로드 밸런서

업그레이드 후

Posts
서비스
(v2)

버전 1의 모든 인스턴스가 버전 2
인스턴스로 대체 완료되면,
모든 프로덕션 트래픽이 해당
버전으로 라우팅된다.

▲ **그림 7.6** 롤링 업그레이드 중에 운영 트래픽은 둘 이상의 버전의 앱으로 라우팅된다. 요청이 다른 버전에 분산돼
있더라도 앱은 단일 논리적 개체로서 기능할 수 있어야 한다.

다시 한 번 그림 6.1로 돌아가보면, 결국 앱의 모든 인스턴스가 동일한 설정으로 실행
된다는 것을 알 수 있다. 이제 독자는 이것이 의미하는 바를 구체적으로 알 수 있을 것이다.

> |**노트**| 롤링 업그레이드 중에는 동일한 앱의 다른 버전이 트래픽을 처리한다.

위 노트의 요점은 아주 흥미롭다. 우리의 근본적인 전제 중 하나를 상기해보자. 독립적
인 애플리케이션 인스턴스 세트는 모두 전체적으로 일관되게 동작해야 한다. 앱을 호출하

면 응답하는 인스턴스가 어떤 것이든 관계없이 결과가 동일해야 한다. 한번 생각해보자. 애플리케이션 아키텍트/개발자는 애플리케이션의 이러한 배포 패턴을 지원하도록 설계됐는지 확인해야 한다. 여기서 한 가지 사실을 명확히 해두자. 롤링 업그레이드가 항상 가능한 것은 아니지만, 설계 시 그 특성을 인식한다면 롤링 업그레이드 배포 패턴을 사용할 수 있다.

7.2.3 병렬 배포

의심할 여지없이, 롤링 업그레이드가 가능하도록 소프트웨어를 만드는 데는 더 많은 주의가 필요하다(곧 코드 기반의 구체적인 예를 살펴보겠다). 모든 인스턴스가 새 버전으로 전환된 경우 결국 블루/그린 배포와 롤링 업그레이드가 동일한 결과를 얻는데, 롤링 업그레이드를 하기 위해 추가적인 노력을 해서 얻는 것이 무엇인지 궁금할 수 있다. 간단하게 대답하면 '얻는 것이 많다.'고 할 수 있지만, 여기서는 특히 두 가지 점을 설명하겠다.

첫째, 업그레이드 동안 애플리케이션 용량을 안정적으로 유지하려면 블루 인스턴스 수만큼 그린 인스턴스도 필요하다. 스위칭이 돼서 모든 트래픽이 새로운 버전의 인스턴스로 라우팅된 후에야 이전 인스턴스의 자원을 해제할 수 있다. 롤링 업그레이드를 사용하면 한 번에 교체되는 인스턴스 수인 배치 크기를 선택할 수 있으며, 이를 통해 업그레이드에 필요한 리소스를 제어할 수 있다. 그림 7.7에서 둘의 차이를 확인할 수 있다.

둘째, 여러 버전을 동시에 실행할 수 있도록 앱이 설계됐다는 것은 단순히 롤링 업그레이드를 하는 것 이상의 많은 이점이 있다. 그중 하나는 민첩성이다.

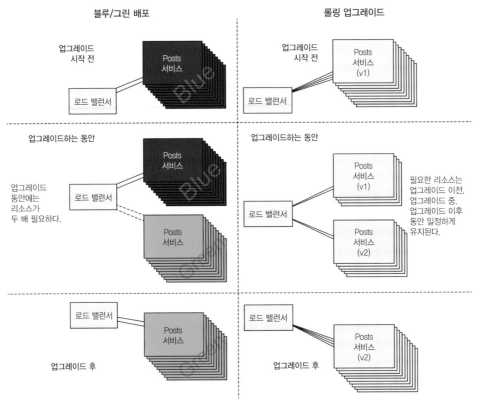

▲ **그림 7.7** 블루/그린 업그레이드와 롤링 업그레이드를 결정할 때 한 가지 고려해야 할 점은 리소스 요구 사항이다. 블루/그린 배포 중에 Posts API에는 두 배의 리소스가 필요한 반면에 롤링 업그레이드는 리소스 요구 사항이 약간 증가할 뿐이다.

클라우드 네이티브 소프트웨어는 여러 앱으로 구성돼 있으며 각 앱마다 여러 개의 인스턴스가 동시에 실행된다. 현대 소프트웨어의 주요 목표는 소프트웨어의 빈번한 진화다. 소프트웨어를 구성하는 다양한 마이크로서비스를 업그레이드할 때마다 중단해야 한다면, 소프트웨어가 진화하는 속도를 현저하게 떨어뜨린다는 사실을 이전 내용에서 배웠다. 이러한 접근은 다양한 컴포넌트들과 팀들에 걸친 수십, 수백 가지의 의존성을 추적하는 과거의 악몽 같은 간트 차트Gantt chart[3]를 산출했고, 운영 변경 전에 강제로 맞춰야 했다.

이제 소프트웨어의 다른 많은 컴포넌트에서 우리의 앱이 사용된다고 생각해보자. 이 앱

---

3 위키피디아에서 간트 차트에 대한 상세한 정보를 확인할 수 있다(http://mng.bz/O2za).

을 업그레이드하려는 경우 모든 소비자가 동시에 새 앱에 맞춰 조정하길 원하는가? 물론 대답은 '아니오.'일 것이다. 여러 버전이 동시에 실행될 수 있는 방식으로 앱을 구축했다면, 일부 소비자는 이전 버전을 사용하고 다른 소비자들은 신규 버전을 사용하게 할 수 있다. 이것을 병렬 배포parallel deploy라고 부른다.

병렬 배포의 또 다른 사용 사례는 실험experimentation을 지원하는 것이다. 이 개념을 설명하기 위해 항상 사용하는 예는 전자 상거래 추천 엔진이다. 비록 내가 해당 분야와 관련된 직접적인 지식을 갖추진 못했지만, 아마존이 여러 버전의 추천 엔진을 한 번에 작동시키고 있다고 장담할 수 있다. 쇼핑객에게 관련 품목을 제안하는 알고리즘은 복잡하며, 머신러닝을 통해 생산된 모델에 의해 구동된다. 알고리즘을 약간 수정하거나 심지어 모델에 다른 설정만 적용하면 다른 클릭률과 구매량이 생성된다. 결과를 최적화하기 위해 판매업체는 이러한 여러 버전을 동시에 실행하고, 결과를 분석한 후 더 나은 버전을 유지할 수 있다.

병렬 배포는 강력하지만, 소프트웨어의 버전 관리를 더 중요하게 한다. 트래픽이 둘 이상의 앱 버전으로 라우팅되는 경우에 버전은 식별 가능해야 하며, 실행 중인 소프트웨어의 버전은 궁극적으로 배포 가능한 아티팩트의 버전과 실행 중인 인스턴스에 적용되는 설정의 버전으로 구성된다.

> |**노트**| 실행 중인 앱 버전 = 배포 가능한 아티팩트의 버전 + 앱 설정 버전

배포 가능한 아티팩트의 버전을 제어하는 것은 빌드 파이프라인에 의해 처리돼야 한다. 애플리케이션 설정 버전은 소스 코드 제어를 통해 처리된다. 예를 들어 깃을 사용하는 경우 앱 운영자는 커밋 SHAcommit Secure Hash Algorithm를 버전으로 사용할 수 있다.

이 절의 요점을 요약하면 다음과 같다.

- 업그레이드 애플리케이션 생명 주기 이벤트 중에도 여러 앱 인스턴스가 일괄적으로 동작하도록 해야 한다.
- 여러 버전을 동시에 실행할 수 있는 방식으로 앱을 구축하면 롤링 업그레이드를 사용할 수 있으며, 다른 이점도 제공된다.

- 롤링 업그레이드는 블루/그린 배포보다 더 많은 이점을 제공한다.

마지막으로 롤링 업그레이드를 할 수 있는 모든 앱은 블루/그린 배포 방식으로도 배포할 수 있다는 점을 지적할 필요가 있다. 그러나 그 반대의 경우는 성립하지 않는다. 롤링 업그레이드를 사용하려면 다른 인스턴스 버전과 구성이 동시에 실행될 수 있도록 앱이 설계돼야 한다. 블루/그린 배포를 사용하면 한 번에 하나의 버전과 구성만 트래픽을 처리할 수 있으므로, 그러한 특별한 처리가 필요하지 않다. 업그레이드와 같은 앱 생명 주기 이벤트가 발생하는 동안 여러 인스턴스에서 앱이 올바르게 동작하는 것은 목표하는 그림의 절반에 지나지 않는다. 앱의 클라이언트에 어떠한 영향을 미치는지 고려하는 것도 중요하다. 한 앱의 생명 주기가 다른 앱의 생명 주기에 어떤 영향을 미치는가? 지금부터 알아보자.

7.3 서로 다른 앱 생명 주기 전반에서 조율

그림 7.3에서 Posts 서비스로 돌아가보면, 두 개의 앱 인스턴스가 일관된 행동을 제공하지 못하는 것은 분명하다. 이제는 7.2절의 내용을 소화했기 때문에 이 앱을 롤링 방식으로 업그레이드할 수 없다는 것을 알았다. 블루/그린 배포를 사용해 앱을 업데이트했다고 가정해보자. 이제 Posts 서비스에 새 비밀키 설정이 적용됐다.

하지만 이것은 또 다른 문제를 일으킨다. 앱 생명 주기 이벤트는 적용하려고 하는 앱뿐만 아니라 다른 의존하는 앱에도 영향을 미친다. 예를 들어, Connections' Posts 서비스는 Posts 서비스의 클라이언트이기 때문에 한 앱의 앱 생명 주기 이벤트가 종속 앱에 어떤 영향을 미치는지 알 수 있다. 이 시나리오에서 Posts 서비스의 자격 증명을 변경할 때는 Connections' Posts 서비스에도 변경이 필요하다. 이 의존성은 그림 7.8에 나타나 있다.

문제는 이러한 업데이트를 조율하는 방법이다. 분명히 자격 증명 변경은 어떤 유형의 '트랜잭션'[4]도 아니다. 소프트웨어는 분산된 시스템이고, 충분히 명확하게 밝혀진 바와 같이 자율성을 유지하는 것은 클라우드 네이티브 소프트웨어를 구성하는 앱의 중요한 특성이

---

4   모든 종속 항목을 업데이트하는 동안 소프트웨어에 다운타임을 유발하는 것은 트랜잭션의 한 가지 유형이며, 이는 무중단이 아닌 것이 분명하다.

다. 서비스와 클라이언트를 단지 동시에만 업데이트할 수 있다면 많은 자율성을 잃게 된다.

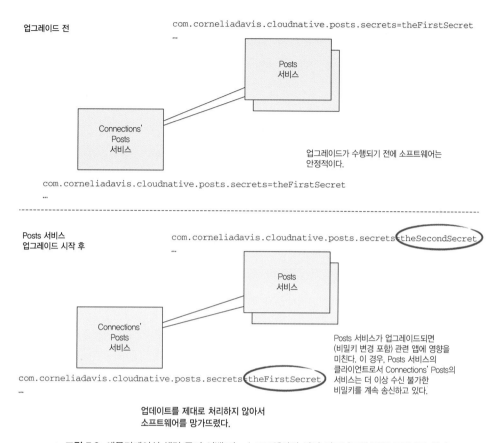

▲ **그림 7.8** 애플리케이션 생명 주기 이벤트는 소프트웨어의 여러 컴포넌트에 걸쳐 조정돼야 한다.

대신 다운타임 없이 소프트웨어가 완전히 작동하도록 유지하면서 서로 다른 애플리케이션 간에 애플리케이션 생명 주기 이벤트가 독립적으로 진행될 수 있도록 애플리케이션을 설계해야 한다. 하나의 패턴으로 모든 사례를 해결할 수는 없다. 애플리케이션 아키텍트와 개발자로서 올바른 알고리즘을 설계하는 것이 우리의 일이다.

> |**노트**| 앱을 설계하고 API를 문서화해서 종속 서비스에 영향을 미치는 모든 생명 주기 이벤트가 제거되거나, 최소화되거나, 해당 클라이언트에 의해 적응될 수 있도록 해야 한다.

그렇다. 이 말은 다소 추상적이다. 더 이해하기 쉽게 샘플 앱으로 돌아가보자. 이전에 Posts 서비스의 비밀키를 노출시켜 결과적으로 실행 중인 앱의 설정을 업데이트해야 했던 때로 돌아가보자. 새 설정을 적용해 모든 앱의 인스턴스를 다시 실행했다. 잠시 동안 블루/그린 배포나 롤링 업데이트를 사용하는 것은 걱정하지 말자. 첫 번째로, 단순한 접근 방식은 다음과 같은 문제가 생긴다.

- Posts 서비스를 처음 업데이트하면 Connections' Posts 서비스에서 이전 비밀키로 보내는 요청은 실패한다.
- Connections' Posts 서비스를 처음 업데이트하면 새 비밀키로 전송이 시작되고, 이전 Posts 서비스에 대한 요청은 실패한다.
- 다운타임을 발생시키지 않으면서 동시에 업데이트할 수 없다는 것을 이미 입증했다.

따라서 애플리케이션을 설계할 때는 더 똑똑하게 해야 한다. 자격 증명을 변경할 때 일반적으로 사용되는 패턴이 있다. 이 기술의 핵심은 비밀키를 업데이트하기 위한 단계적 접근법을 구현하는 것이다. 하나의 단계에서 클라이언트 서비스는 하나 이상의 비밀키를 허용한다. 그림 7.9는 다음과 같은 흐름을 나타낸다.

- 업데이트를 시작하기 전에 클라이언트와 서버 모두에 동일한 비밀키를 설정한다.
- 승인된 자격 증명 목록에 새 자격 증명을 추가하도록 Posts 서비스 앱을 업데이트한다. 목록에 있는 자격 증명 중 어느 것이든 접근이 허가된다(대부분의 경우 목록은 두 개의 자격 증명으로 제한된다). 클라이언트가 여전히 예전 비밀키를 사용하고 있지만, 그 비밀키는 여전히 서비스 목록에 있으므로 요청은 성공할 것이다.
- 그런 다음 Connections' Posts 앱을 업데이트하고 이전 자격 증명을 새 자격 증명으로 바꾼다. 새로운 비밀키가 현재 자격 증명 목록을 지원하는 Posts 앱에 이미 구성돼 있으므로 새로운 클라이언트 인스턴스의 요청이 성공할 것이다.
- 마지막으로 클라이언트의 업그레이드가 완료되면 Posts 서비스 앱을 업데이트해 이전 비밀키를 제거할 수 있다.

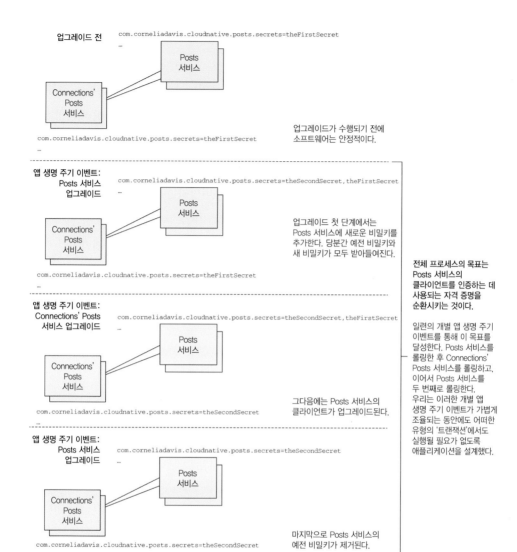

▲ 그림 7.9 이러한 자격 증명 교체(rotation) 패턴은 소프트웨어 아키텍트/개발자가 반드시 염두에 둬야 할 고려 사항의 한 예다. 이 패턴의 목표는 소프트웨어가 애플리케이션 생명 주기 이벤트 동안 수많은 애플리케이션에 영향을 미치는 다운타임을 방지하는 것이다.

소프트웨어 업계에 얼마간 종사한 사람이라면, 처음에는 이 운영 흐름에 부정적인 반응을 보일 수도 있다. 이 흐름에는 재배포가 많이 포함되고, 각 재배포는 새로운 앱 인스턴스를 없애고 생성하는 과정을 통해 제공된다. 그러나 오래된 본능은 잊어야 한다. 클라우드 네이티브 앱은 이렇게 수명이 짧도록 설계됐고, 더욱 견고하고 관리하기 쉽게 만들어진다. 변경은 예외가 아니라 규칙인 것을 기억해야 한다.

마지막으로, 이러한 설계가 각 앱의 업그레이드를 롤링으로 가능하게 해준다는 점을 언급하고 싶다. 업그레이드의 첫 번째 단계에서 Connections' Posts 서비스는 이전 비밀키를 사용하고 있으며, 새로운 인스턴스가 이미 업데이트된 비밀키를 추가했음에도 불구하고 Posts 서비스의 이전 인스턴스와 새로운 인스턴스 모두 해당 자격 증명을 허용한다. 다음 단계에서 Connections' Posts의 일부 인스턴스는 이전 비밀키를 전송하는 반면, 다른 인스턴스는 새 비밀키를 전송하는 것이다. 다시 말해, Posts 서비스는 두 가지 모두를 받아들인다. Connections' Posts 서비스가 완전히 업데이트된 후에는 새로운 자격 증명만 전송하게 될 것이므로, Posts 서비스의 두 번째 업데이트 동안 이전 버전과 새로운 버전이 모두 성공하게 될 것이다. 이는 그림 7.10에 묘사돼 있다.

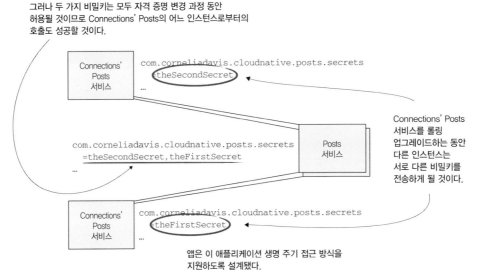

▲ **그림 7.10** Connections' Posts의 롤링 업그레이드 중에 다른 인스턴스는 서로 다른 비밀키를 전송한다. 앱은 이 애플리케이션 생명 주기 접근 방식을 지원하도록 설계됐다.

지금까지 아키텍처를 논의했고, 이제 애플리케이션 전반에 걸친 생명 주기 이벤트의 조율과 롤링 업그레이드에 대한 연습을 바탕으로 하는 경험을 얻자. 6장 마지막부터 수정하고 있는 샘플 애플리케이션에서 적절한 자격 증명 변경을 통해 진행할 것이다.

7.4 실행해보기: 자격 증명 변경과 앱 생명 주기

코드를 따라 하기 위해 다음 명령을 실행함으로써 샘플 저장소에서 마스터 브랜치를 체크 아웃하고 애플리케이션 생명 주기 디렉터리로 변경하자.

```
git checkout master
cd cloudnative-applifecycle
```

이 예제에서는 그림 7.9에 나와 있는 자격 증명 순환 패턴을 구현한다. Posts 서비스를 롤링 방식으로 업데이트하고 Connections' Posts 서비스를 롤링 방식으로 업데이트한 후, 마지막으로 다시 Posts 서비스를 롤링 방식으로 다시 업데이트하자. 각 앱에는 두 개의 인스턴스가 배포돼 있고, 시작 상태에서는 앱 인스턴스 간에 일치하도록 구성된 자격 증명이 있으며, Connections' Posts 서비스와 Connections 및 Posts 서비스 간에 조율된다는 점에 유의한다. 이 세 개의 앱은 각각 구성 서버를 통해 깃허브에 체크인된 단일 mycook book.properties 파일로부터 설정되고 있다는 것을 기억해야 한다. 이 파일은 내 쿡북 소프트웨어를 구성하고 있는 세 개의 앱에 대한 설정 파일이라는 점에 유의한다.

7.3절에 설명된 자격 증명 순환 패턴을 따르려면 Posts와 Connections의 구현을 업데이트해 유효한 비밀키 목록을 보관할 수 있어야 하며, 그중 어느 것이든 서비스를 호출하는 데 사용될 수 있다. 자격 증명의 저장은 Utils 클래스의 싱글톤 인스턴스 내에서 발생하며, 주요 부분은 다음 코드에 표시된다.

리스트 7.1 Utils.java

```java
public class Utils implements
ApplicationContextAware, ApplicationListener<ApplicationEvent> {

    // <간결함을 위해 생략함>
    @Value("${com.corneliadavis.cloudnative.posts.secrets}")
    private String configuredSecretsIn;
    private Set<String> configSecrets;
```

```
    // <간결함을 위해 생략함>

    @Override
    public void onApplicationEvent(ApplicationEvent applicationEvent) {

        if (applicationEvent instanceof ServletWebServerInitializedEvent) {
            ServletWebServerInitializedEvent
                servletWebServerInitializedEvent
                    = (ServletWebServerInitializedEvent) applicationEvent;
            this.port = servletWebServerInitializedEvent...
        } else if (applicationEvent instanceof ApplicationPreparedEvent) {
            configSecrets = new HashSet<>();
            String secrets[] = configuredSecretsIn.split(",");
            for (int i=0; i<secrets.length; i++)
                configSecrets.add(secrets[i].trim());
            logger.info(ipTag()
                            + "Posts Service initialized with secret(s): "
                            + configuredSecretsIn);

        }
}

public String ipTag() { return "[" + ip + ":" + port +"] "; }

public boolean isValidSecret(String secret) {
    return configSecrets.contains(secret);
}

// 프로덕션 환경에서는 존재하지 않는 일부 로깅을 용이하게 하기 위해
// 다음 메소드가 포함됨
public String validSecrets() {
    String result = "";
    for (String s : configSecrets)
        result += s + ",";
    return result;
    }
}
```

먼저 onApplicationEvent 메소드, 특히 ApplicationPreparedEvent를 처리하는 사례에 주목하자. 스프링 프레임워크를 통해 구현된 다양한 애플리케이션 생명 주기 이벤트에 대

한 세부 정보를 살펴보지 않아도, 애플리케이션이 완전히 초기화될 때 ApplicationPrepa redEvent가 발생한다는 점을 알고 있어야 한다. configuredSecretsIn 문자열은 구성 서버를 통해 com.corneliadavis.cloudnative.posts.secrets 프로퍼티의 값으로부터 초기화됐다. 여기서는 이것을 파싱^{parsing}하고 값을 Set으로 로딩함으로써 isValidSecret 메소드의 정의에서 보듯이 간단한 유효성 검사를 한다.

이제 다음 리스트의 Posts 컨트롤러 구현을 살펴보면, 처리를 진행하기 전에 전달된 비밀키의 유효성을 확인하기만 하면 된다는 것을 알 수 있다. 비밀키가 유효하지 않을 경우, 전달된 비밀키와 앱에 구성된 유효한 비밀키 모두를 출력한다. 실제 애플리케이션에서는 이러한 값을 로그에 인쇄하지 않지만, 여기서는 인쇄하는 것이 이러한 개념을 시험 삼아 해보는 데 도움이 된다.

리스트 7.2 PostsController.java 내의 메소드

```
@RequestMapping(method = RequestMethod.GET, value="/posts")
public Iterable<Post> getPostsByUserId(
    @RequestParam(value="userIds", required=false) String userIds,
    @RequestParam(value="secret", required=true) String secret,
    HttpServletResponse response) {

    Iterable<Post> posts;

    if (utils.isValidSecret(secret)) {

        logger.info(utils.ipTag()
            + "Accessing posts using secret " + secret);

        if (userIds == null) {
            logger.info(utils.ipTag() + "getting all posts");
            posts = postRepository.findAll();
            return posts;
        } else {
            ArrayList<Post> postsForUsers = new ArrayList<Post>();
            String userId[] = userIds.split(",");
            for (int i = 0; i < userId.length; i++) {
                logger.info(utils.ipTag()
```

```
                    + "getting posts for userId " + userId[i]);
                posts = postRepository.findByUserId(
                                    Long.parseLong(userId[i]));
                posts.forEach(post -> postsForUsers.add(post));
            }
            return postsForUsers;
        }
    } else {
        logger.info(utils.ipTag()
            + "Attempt to access Post service with secret " + secret
            + " (expecting one of " + utils.validSecrets() + ")");
        response.setStatus(401);
        return null;
    }

}
```

여기서는 패턴의 서비스 측면에서 두 가지 핵심 부분을 다룬다. (1) 애플리케이션 시작 시 비밀키가 구성되고, (2) 무중단 자격 증명 순환 패턴을 지원하기 위해 서비스는 한 번에 둘 이상의 유효한 비밀키를 허용한다. 여기서는 Posts 서비스의 코드만 제공했지만, Connections 서비스에서도 구조는 동일하다.

이제 리스트 7.3의 Connections' Posts 앱 구현에서 클라이언트 측면을 살펴보자. 기본 구조는 Posts 및 Connections 앱과 유사하며, 비밀키 설정을 처리하는 Utils 클래스를 사용한다. 그런 다음 Posts 서비스와 Connections 서비스에 대한 호출이 이뤄지는 앱 컨트롤러에서 싱글톤 utils 객체를 통해 값에 접근한다. 먼저 컨트롤러 코드를 보면 간단하다는 것을 알 수 있다. Posts 또는 Connections 비밀키를 utils 객체에 요청해 설정하고, 쿼리 문자열에 전송한다.

리스트 7.3 ConnectionsPostsController.java 내의 메소드

```
@RequestMapping(method = RequestMethod.GET, value="/Connections' Posts")
public Iterable<PostSummary> getByUsername(
    @CookieValue(value = "userToken", required=false) String token,
    HttpServletResponse response) {
```

```
    // <간결함을 위해 생략함>

        // 연결 가져오기                    앱에 환경 설정된
        String secretQueryParam  ◄─────  Connections 비밀키에 접근
            = "?secret=" + utils.getConnectionsSecret();
        ResponseEntity<ConnectionResult[]> respConns
            = restTemplate.getForEntity(
                connectionsUrl + username + secretQueryParam,
                ConnectionResult[].class);
        // <간결함을 위해 생략함>

앱에 환경
설정된 Posts
비밀키에 접근 └─►  secretQueryParam = "&secret=" + utils.getPostsSecret();
        // 연결에 해당하는 게시물 가져오기
        ResponseEntity<PostResult[]> respPosts
            = restTemplate.getForEntity(
                postsUrl + ids + secretQueryParam,
                PostResult[].class);
        // <간결함을 위해 생략함>
}
```

이곳의 Utils.class는 대부분 Posts 앱 내 동일 클래스와 비슷하지만, 하나의 미묘한 차이가 있다. com.corneliadavis.cloudnative.connections.secrets와 com.corneliadavis.cloudnative.posts.secrets 프로퍼티들은 mycookbook.properties 파일에서 추출되고, 각각 비밀키 목록을 포함할 수 있으며, Connections' Posts 서비스에는 가장 최근의 비밀키만 있으면 된다. 운영 관행을 확립해 Connections' Posts 서비스에 대한 문서화를 포함해야 할 것이고, 거기에는 가장 최근의 비밀키를 항상 비밀키 목록의 첫 번째에 위치시켜야 한다는 내용이 포함될 것이다. 보다시피, 싱글톤 utils 객체의 상태에는 Posts 서비스와 Connections 서비스 각각에 대해 하나의 비밀키만 저장한다. 그 점을 분명히 하자면, 프로퍼티 파일에 둘 이상의 프로퍼티가 있더라도 앱에 설정되는 프로퍼티는 하나의 비밀키다. 다시 말해, 다음 코드는 프로덕션 시스템에 적합하지 않은 로깅 출력을 포함하지만 유용한 교육 도구다.

```
@Override
public void onApplicationEvent(ApplicationEvent applicationEvent) {
    if (applicationEvent instanceof ServletWebServerInitializedEvent) {
            ServletWebServerInitializedEvent
                servletWebServerInitializedEvent
                    = (ServletWebServerInitializedEvent) applicationEvent;
            this.port = servletWebServerInitializedEvent...;
    } else if (applicationEvent instanceof ApplicationPreparedEvent) {
        connectionsSecret = connectionsSecretsIn.split(",")[0];
        postsSecret = postsSecretsIn.split(",")[0];
        logger.info(ipTag()
            + "Connection Posts Service initialized with Post secret: "
            + postsSecret + " and Connections secret: "
            + connectionsSecret);
    }
}
```

좋다. 그럼 이것을 동작시켜보자.

셋업

6장과 마찬가지로, 예제를 실행하려면 다음과 같은 표준 도구가 설치돼 있어야 한다.

- 메이븐

- 깃

- 자바 1.8(선택 사항: 컨테이너 이미지를 직접 빌드할 경우에 필요하다.)

- 도커(선택 사항: 컨테이너 이미지를 직접 빌드할 경우에 필요하다.)

- MySQL 클라이언트(예: mysql CLI)

- Redis 클라이언트(예: reids-cli)

- 미니큐브

마이크로서비스 빌드(선택 사항)

쿠버네티스에 애플리케이션을 배포하려면 도커 이미지가 필요하므로 도커 허브에 이 이미지들을 미리 만들어 사용할 수 있도록 해뒀다. 그러므로 소스로부터 마이크로서비스를 빌드할 필요는 없다.

아직 수행하지 않았다면 마스터 브랜치를 확인하자. 그리고 cloudnative-abundant sunshine 디렉터리에서 cloudnative-applifecycle 디렉터리로 변경한다.

```
git checkout master
cd cloudnative-applifecycle
```

그런 다음 코드를 빌드하려면(선택 사항), 다음 명령을 입력한다.

```
mvn clean install
```

이 명령을 실행하면 세 개의 앱이 각각 빌드돼 각 모듈의 대상 디렉터리에 JAR 파일이 생성된다. 이러한 JAR 파일을 쿠버네티스에 배포하려면, 5장의 '쿠버네티스를 사용하려면 빌드된 도커 이미지가 필요하다' 사이드바에서 설명한 대로 도커 빌드와 도커 푸시 명령을 실행해야 한다. 이렇게 하면 쿠버네티스 배포 YAML 파일도 나의 것이 아니라 독자의 이미지를 가리키도록 업데이트해야 한다. 여기서는 그 단계를 반복하지 않겠다. 대신 나의 도커 허브 저장소에 저장된 이미지를 가리키는 배포 파일을 제공한다.

앱 실행

미니큐브를 아직 실행하지 않았다면 5장의 5.2.2절에서 설명한 대로 미니큐브를 실행하자. 새롭게 시작하려면 이전 작업에서 남아있을 수 있는 배포된 것들을 모두 삭제한다. 이를 위한 스크립트 deleteDeploymentComplete.sh를 제공한다. 이 간단한 배시 스크립트를 통해 MySQL과 Redis를 계속 실행할 수 있다.

옵션 없이 스크립트를 호출하면 세 개의 마이크로서비스 배포만 삭제된다. all이라는 인자와 함께 호출하면 MySQL과 Redis도 삭제된다. 쿠버네티스 서비스는 삭제되지 않으므로 각 앱 배포 매니페스트에 URL을 구성하는 단계를 생략할 수 있다.

다음 명령으로 환경이 깨끗한지 확인하자.

```
$ kubectl get all
NAME                             READY   STATUS    RESTARTS   AGE
pod/mysql-75d7b44cd6-s8zcr       1/1     Running   0          70m
pod/redis-6bb75866cd-kf99k      1/1     Running   0          72m
pod/sccs-787888bfc-x9p2m         1/1     Running   0          73m

NAME                              TYPE        CLUSTER-IP      EXTERNAL-IP   PORT(S)
service/connections-svc          NodePort    10.103.148.230  <none>        80:30955/TCP
service/connectionsposts-svc     NodePort    10.104.253.33   <none>        80:31742/TCP
service/kubernetes               ClusterIP   10.96.0.1       <none>        443/TCP
service/mysql-svc                NodePort    10.107.78.72    <none>        3306:30917/TCP
service/posts-svc                NodePort    10.110.192.11   <none>        80:32119/TCP
service/redis-svc                NodePort    10.108.83.115   <none>        6379:31537/TCP
service/sccs-svc                 NodePort    10.107.16.107   <none>        8888:30455/TCP

NAME                      READY   UP-TO-DATE   AVAILABLE   AGE
deployment.apps/mysql     1/1     1            1           70m
deployment.apps/redis     1/1     1            1           72m
deployment.apps/sccs      1/1     1            1           73m

NAME                                  DESIRED   CURRENT   READY   AGE
replicaset.apps/mysql-75d7b44cd6      1         1         1       70m
replicaset.apps/redis-6bb75866cd      1         1         1       72m
replicaset.apps/sccs-787888bfc        1         1         1       73m
```

MySQL과 Redis가 실행되고 있다는 점에 유의한다. Redis와 MySQL을 삭제한 경우 다음 명령으로 각각을 배포하고, 이후 두 가지 명령을 사용해 cookbook 데이터베이스를 생성한다.

```
kubectl create -f mysql-deployment.yaml
kubectl create -f redis-deployment.yaml
mysql -h $(minikube service mysql-svc --format "{{.IP}}") \
    -P $(minikube service mysql-svc --format "{{.Port}}") -u root -p
mysql> create database cookbook;
```

다음에 나오는 진행 단계를 완료하면, 배치는 그림 7.9의 첫 번째 단계와 같다. 각각 두 개의 Connections 및 Posts 서비스와 두 개의 Connections' Posts 서비스의 인스턴스가 있다. 이 토폴로지를 얻으려면 배포 매니페스트를 편집해야 한다. 여기서 요약된 이 단계들은 5장에서 자세히 설명한다.

1. 다음 값으로 Connections 서비스와 Posts 서비스를 설정한다.

MySQL URL	`minikube service mysql-svc --format "jdbc:mysql://{{.IP}}:{{.Port}}/cookbook"`
SCCS URL	`Minikube service sccs-svc --format "http://{{.IP}}:{{.Port}}"`

2. Connections 서비스를 배포한다.

```
kubectl apply -f cookbook-deployment-connections.yaml
```

3. Posts 서비스를 배포한다.

```
kubectl apply -f cookbook-deployment-posts.yaml
```

4. Connections' Posts 서비스가 Posts, Connections, Users 서비스와 Redis 서비스를 가리키도록 설정한다. 이 값들은 각각 다음 명령으로 확인된다.

Posts URL	`minikube service posts-svc --format "http://{{.IP}}:{{.Port}}/posts?userIds=" --url`
Connections URL	`minikube service connections-svc --format "http://{{.IP}}:{{.Port}}/connections/" --url`
Users URL	`minikube service connections-svc --format "http://{{.IP}}:{{.Port}}/users/" --url`
Redis IP	`minikube service redis-svc --format "{{.IP}}"`
Redis 포트	`minikube service redis-svc --format "{{.Port}}"`
SCCS URL	`Minikube service sccs-svc --format "http://{{.IP}}:{{.Port}}"`

5. Connections' Posts 서비스를 배포한다.

```
kubectl apply -f cookbook-deployment-connectionsposts.yaml
```

마이크로서비스에 대해 curl 명령을 실행해 배포를 테스트할 수 있다. Posts 서비스와 Connections 서비스는 쿼리 문자열에 비밀키의 전달이 필요하며, Connections' Posts 서비스는 콘텐츠가 제공되기 전에 먼저 로그인해야 한다. 명령은 다음과 같다.

```
curl -i $(minikube service --url connections-svc)/connections?secret=anyval
curl -i $(minikube service --url connections-svc)/users?secret=anyvalue
curl -i $(minikube service --url posts-svc)/posts?secret=foobar
curl -X POST -i -c cookie \
    $(minikube service --url connectionsposts-svc)/login?username=cdavisafc
curl -b cookie \
    $(minikube service --url connectionsposts-svc)/connectionsposts
```

> |팁| 소프트웨어에 구성된 비밀키를 찾는 간단한 방법은 ?secret=anyvalue를 사용해 Posts 서비스와 Connections 서비스에 curl을 실행하고, 로그를 보는 것이다. 여기서는 허용된 값을 로그에 출력하고 있다는 것을 상기하자.

이제 업그레이드 프로세스의 첫 번째 단계를 실행해보자. 소프트웨어 배포를 위한 설정 파일을 업데이트한 다음 Posts 서비스를 롤링 업데이트하면 된다. 설정을 깃허브에 저장하고 SCCS를 사용해 해당 환경 설정을 인스턴스에 전달하도록 한 것을 상기하자. 다음 라인을 업데이트해 cloud-native-config 저장소에서 mycookbook.properties 파일을 편집한다.

```
com.corneliadavis.cloudnative.posts.secrets=originalSecret
```

새로운 비밀키를 목록의 앞에 추가하자.

```
com.corneliadavis.cloudnative.posts.secrets=newSecret,originalSecret
```

이 변경 사항을 깃허브 저장소에 커밋하고 푸시해야 한다. Posts 서비스를 롤링 업그레이드하려면 kubectl apply 명령을 사용한다. 이 환경 설정 변경은 SCCS를 통해 실행되기 때문에 프로퍼티 변경은 쿠버네티스에서 볼 수 없으며, 쿠버네티스가 애플리케이션 인스턴스를 순환시키도록 무언가를 해야 한다. 우리가 사용하는 요령은 쿠버네티스가 앱 인스턴스를 롤링할 때 배치 YAML에서 env 변수를 갖는 것이다. `VERSIONING_TRIGGER` 값을 새로운 값으로 변경하기만 하면 된다. 이 작업은 cookbook-deployment-posts.yaml 파일에서 수행된다.

```
- name: VERSIONING_TRIGGER
  value: "1"
```
◀━━ 값을 새로운 값으로 업데이트해야 한다.
일반적으로 숫자를 증가시킨다.

롤링 업그레이드를 시작하기 위한 명령을 실행하기 전에 터미널 창에서 현재 환경에서 실행 중인 파드에 대한 감시를 설정한다.

```
watch kubectl get pods
```

이제 다음 명령을 사용해 롤링 업그레이드를 시작하자.

```
kubectl apply -f cookbook-deployment-posts.yaml
```

감시 중인 창에서 Posts 서비스의 새로운 인스턴스가 생성되고, 오래된 인스턴스는 종료된 후에 결국 폐기된다. 이것은 그림 7.6에 설명된 업그레이드 프로세스를 수행하고 있다. 이런 유형의 애플리케이션 생명 주기 자동화를 처음 봤을 때는 꽤 멋져 보였다. 이제 여러 가지 비밀키를 확인하기 위해 잘못된 비밀키로 시작하는 Posts 서비스 curl을 실행해 본다.

```
curl -i $(minikube service --url posts-svc)/posts?secret=aBadSecret
```

두 개의 파드 인스턴스에 대한 로그를 살펴보자. 그중 하나에서 다음과 같은 내용의 메시지가 나올 것이다.

```
Attempt to access Post service with secret aBadSecret (expecting one of
newSecret,oldSecret,)
```

로그 파일에 비밀키 정보를 보내지 말아야 한다는 것을 다시 한 번 상기하자. 여기서는 예제를 연습할 때 도움이 되므로 로그 파일에 출력하고 있다. 이 메시지는 새 설정이 Posts 서비스에 적용됐음을 나타낸다. 이제 비밀키 중 하나를 사용해 Posts 서비스를 호출하고 응답을 받을 수 있다.

Connections' Posts 서비스는 여전히 oldSecret을 사용하고 있으므로 지금 업데이트하자. 이미 깃허브에서 환경 설정을 업데이트했으므로 쿠버네티스는 롤링 업그레이드만 수행한다. Posts 서비스에서 했던 것처럼 VERSIONING_TRIGGER 값을 올려 cookbook-deployment- connectionsposts.yaml 파일을 편집하면 된다.

```
- name: VERSIONING_TRIGGER          값을 새로운 값으로 업데이트해야 한다.
  value: "1"              ◄─────     일반적으로 숫자를 증가시킨다.
```

이제 다음 명령을 실행해 롤링 업그레이드를 시작하자.

```
kubectl apply -f cookbook-deployment-connectionsposts.yaml
```

업그레이드하는 동안이나 업그레이드를 마친 후에 언제든지 Connections' Posts 서비스를 호출할 수 있다. 어떤 인스턴스로 전달되는지에 따라 오래된 비밀키나 새로운 비밀키 중 하나가 Posts 서비스에 보내질 것이다. 다시 말하면, 우리가 구현한 패턴 때문에 모든 것이 예상대로 작동할 것이다.

마지막으로 Connections' Posts 서비스가 완전히 업그레이드된 후 환경 설정에서 이전 비밀키를 제거할 수 있다(커밋하고 깃허브에 반드시 푸시하도록 한다). VERSIONING_TRIGGER 값을 올려서 배포 YAML을 업데이트하고 다음 명령을 실행한다.

```
kubectl apply -f cookbook-deployment-posts.yaml
```

쿠버네티스가 Posts 서비스의 롤링 업그레이드를 완료하면 자격 증명 교체가 완료된다. 소프트웨어를 완벽하게 다운타임 없이 업그레이드했으며, (쿠버네티스에 탑재된 애플리케이션 생명 주기 자동화 기능인) 롤링 업그레이드를 사용할 수 있었다. 우리 소프트웨어가 이를 지원하도록 특별히 설계돼 있기 때문이다.

7.5 생명 주기 짧은 런타임 환경 처리

클라우드 네이티브 앱의 주요 특징 중 하나는 끊임없이 폐기하고 새로 만든다는 점이라는 것이 지금쯤은 확실해졌다. Posts 앱과 Connections 앱의 모든 인스턴스를 두 번 롤링한 자격 증명 교체 예에서 먼저 새 비밀키를 추가한 후 나중에 이전 비밀키를 제거한다는 것을 경험했다. 다시 말하지만, 독자들이 이런 방식을 싫어할 수 있다는 것을 이해한다. 이는 안정성을 추구하며 변화를 원치 않는다는 신념에 반하는 것이지만, 클라우드에서는 변화가 불가피하며 심지어 새로운 형태의 안정성까지도 가져올 수 있다.

그러나 다른 많은 클라우드 네이티브 패턴과 적용 사례처럼, 이 새로운 패러다임을 수용하는 것은 애플리케이션 개발자/아키텍트의 새로운 관심사와 우려 사항을 단계적으로 유발시킨다. 지금 이야기하고 싶은 주된 화제는 이러한 런타임 컨텍스트의 짧은 수명이 앱의 관리성에 미치는 영향이다. 이와 같은 화제를 바탕으로 해서, (1) 문제 해결과 (2) 반복성이라는 두 가지 주제를 이야기하고자 한다.

후자에 관한 내용을 먼저 이야기해보겠다. 몇 번이나 이미 언급했기 때문에 간단히 말해보면, 애플리케이션 배포(배포되는 특정 조각, 실행되는 방법, 실행되는 컨텍스트)가 100% 재현 가능해야 한다는 것이 요점이다. 클라우드 네이티브 애플리케이션 플랫폼은 이 목표를 지원하는 많은 기능을 제공하므로 이러한 플랫폼을 사용하기 위한 최상의 방법을 배우는 것이 중요하다. 하지만 문제 해결을 좀 더 자세히 언급해보면, 이 플랫폼의 장점으로는 제대로 설정된 경우에는 ssh로 런타임 환경을 허용하지 않는 것임을 강조할 수 있다. 왜일까? 간단히 말해, 복제 불가능한 앱의 실행 인스턴스를 만들 수 없도록 하기 위해서다.

앱이 실행되고 있는 컨테이너에 ssh를 허용한다고 가정해보자. 이 안에서 애플리케이션 프로덕션 환경 설정의 일부가 아닌, 단지 문제 해결을 위해 몇 가지 작업을 수행한다고 가정한다. 예를 들어 모니터링 도구를 허용하기 위해 포트를 열거나 추가 패키지를 설치할 수 있다. 문제를 해결하면, 책임 있는 엔지니어일 경우 내부 소스나 환경 설정으로 돌아 들어가서 그곳에 변화를 반영하게 된다. 그다음에는 실행 중인 컨테이너에서 빠져나왔다. 왜 안 될까? 잘 동작하는데. 그러나 컨테이너는 스노우플레이크가 됐다. 비록 '수정'한 모든 것을 앱과 환경 설정 소스에 다 반영했다고 생각하지만 이 유일한 컨테이너에서만 동작하는 적절한 설정을 갖고 있을 가능성이 있다. 나중에 여러 가지 이유로 인해 인스턴스를 교체할 때, 새 앱 인스턴스가 이전 문제를 다시 가져올 수 있거나 그렇지 않을 수도 있다. 스노우플레이크가 만들어질 수 없도록 운영을 제한하는 것은 소프트웨어 배포의 관리성을 크게 향상시킨다.

그래서 두 번째 요점이 생겼다. 인스턴스에 ssh로 들어갈 수 없다면 앱이 예상대로 작동하지 않을 때 어떤 상황이 발생하는지 어떻게 파악할 수 있을까? 한마디로 말해, 로깅과 메트릭이 그 해답이다. 소프트웨어 개발자는 문제를 진단하기에 충분한 정보가 로그와 메트릭에 포함되도록 해야 한다. 그리고 이 흐름에서 또 다른 반전, 특히 애플리케이션 생명 주기와 관련된 변화가 있다. 문제를 해결할 무렵에는 문제가 발생한 앱 인스턴스가 더 이상 존재하지 않을 수 있다. 앱이 실패하면 컨테이너가 폐기됐을 가능성이 높고, 새로운 인스턴스가 그 자리를 대신하게 된다.

문제가 있는 앱 인스턴스를 없애는 관행은 클라우드 네이티브 플랫폼에서 매우 흔하기 때문에 '12 팩터 앱' 지침의 11번째(#11) 팩터인 '이벤트 스트림으로 로그 처리'가 포함된다. 이 특별한 가이드의 요점은 클라우드 네이티브 애플리케이션을 실행하는 플랫폼이 애플리케이션 생명 주기에 대한 제어권을 유지하면서도 데이터를 사용할 수 있도록 로그 데이터 출력에 대한 계약 또는 API를 설정하는 것이다. 내가 env 변수를 사용해 기술한 유사한 인수^{argument}를 독자들은 봐왔고, 모든 런타임 환경에 stdout 및 stderr 스트림이 존재하며 모든 프로그래밍 언어/프레임워크는 해당 스트림에 쓰기를 지원하기 때문에 익숙할 것이다.

| **팁**| 핵심 구절을 찾았다. 로그를 stdout과 stderr로 써라.

이것은 단순히 코드 전체에서 System.out을 사용해야 한다는 것을 의미하지는 않는다. 아파치 Log4j나 Logback 같은 로깅 프레임워크가 개발된 이유가 있다. 이것을 설정할 수 있으며, 기본적으로 모든 로그 출력을 stdout과 stderr로 보내도록 지정할 수 있다.

메트릭 데이터는 로그 데이터보다 본질적으로 구조가 더 복잡하고 서로 다른 애플리케이션과 플랫폼에 따라 매우 다양하기 때문에 메트릭에 대한 이야기는 간단하지 않다. 필요

한 모든 인사이트를 제공하기 위해 플랫폼과 도구를 적용할 수 있는 일련의 메트릭 데이터
는 없다. 그렇지만 이 주제는 중요하며, 사실상의 표준 방식과 도구가 등장하기 시작했다.
11장은 그중 일부를 다룬다.

이 주제를 다루는 장이 있지만, 애플리케이션 생명 주기가 여기에 미치는 영향 때문에
간단한 문제 해결을 포함시키겠다. 핵심 애플리케이션 로직처럼 관측 가능 데이터를 처리
하는 방법은 본질적으로 애플리케이션 생명 주기보다 역동적인 특성을 고려해야 한다. 몇
단락 전에 요점을 강조하는 단어('그것')[5]를 강조했다. 즉, 클라우드 네이티브 세계에서 인간
은 애플리케이션 생명 주기를 제어하지 않는다. 시스템(가장 좋은 경우, 쿠버네티스 또는 클라우
드 파운드리와 같은 지능형 시스템)이 제어한다. 시스템은 훨씬 더 강력한 계약이나 API를 요구
하며, 우리는 애플리케이션이 이러한 계약을 충족하도록 보장할 책임이 있다.

7.6 앱 생명 주기 상태 가시성

7.3절에서는 서로 다르지만 관련이 있는 앱에서 애플리케이션 생명 주기 문제를 설명했다.
특히, 일련의 생명 주기 이벤트를 통해 운영상의 필요성이 어떻게 처리되는지 살펴봤다. 이
앱 간의 관계에 대한 또 다른 요소가 있는데, 한 애플리케이션이 다른 앱 생명 주기 이벤트
를 알아야 할 필요가 있을 때 발생한다.

예를 들어, 잘 알다시피 어떤 이유로든 Posts 서비스가 다시 만들어질 때(파드가 아니라
쿠버네티스의 서비스를 의미한다.), 그 서비스에 대한 새로운 URL을 포함하는 구성으로
Connections' Posts 서비스를 다시 배포할 필요가 있다. 만약 후자의 애플리케이션을 전자
의 변화에 따라 자동으로 업데이트할 수 있다면, 여러분의 경험은 훨씬 더 나아질 것이다.
좀 더 기다려보자. 이렇게 고치는 데까지 몇 페이지밖에 남지 않았다.

애플리케이션 생명 주기의 관점에서, 이는 Connections' Posts 서비스가 Posts 서비스
에 대한 생명 주기 이벤트가 언제 발생하는지 아는 것에 달려 있다는 사실을 의미한다. 가
장 간단한 의미에서 Posts 서비스는 생명 주기 상태를 이용할 수 있도록 하는 책임이 있다.

---

5   여기서는 플랫폼을 가리키고 있다. - 옮긴이

예를 들어, 그림 7.11은 앱이 시작될 때 브로드캐스트되는 애플리케이션 생명 주기 이벤트를 보여준다.

▲ **그림 7.11** 애플리케이션 시작은 클라우드 네이티브 소프트웨어의 다른 많은 컴포넌트가 관심을 가질 만한 중요한 이벤트다.

한 단계 더 나아가서 그림 7.12는 이 생명 주기 이벤트에 대한 의존성을 보여준다. 이 다이어그램에서 처음에 Connections' Posts 서비스는 IP 주소 10.24.1.35로 Posts 서비스에 도달하고 있었지만, IP 주소 10.24.1.128로 새로운 Posts 서비스를 시작하면 그 정보를 브로드캐스트할 책임이 있으며 Connections' Posts 서비스는 그 IP 주소로 업데이트돼야 한다.

Posts 서비스에서 이러한 브로드캐스트를 어떻게 처리하는지, 어디서 퍼블리싱하는지, 그리고 어떻게 이해 당사자들이 관련 정보를 수집할 수 있는지는 지금 이 시점에서 자세히 논의하지 않는다. 그것은 그림 7.12에서 모호한 '마법'으로 표현돼 있으며, 나중에 다시 그 이야기를 할 것이다. 지금까지 `minikube service list` 명령을 사용해 새로운 IP와 포트를 찾아내고, YAML 파일을 편집해 전체 프로토콜을 구현했다. 그러나 이것은 자동화돼야 하며, 여기서 중요한 점은 Posts 앱 생명 주기 이벤트는 소프트웨어의 다른 부분에 영향을 미치기 때문에 이를 구체적으로 설명해야 한다는 것이다.

어느 한쪽의 책임이라고 하기에는 좀 모호한데, 개발자가 그 이벤트에 대해 브로드캐스트하거나 소비할 책임이 있다는 것을 은연중에 암시하기는 했다. 비록 완전한 답은 좀 복잡하고 또 본문을 통해 진행하면서 이 문제를 좀 더 자세히 연구하게 되겠지만, 요컨대 클라우드 네이티브 애플리케이션 플랫폼을 사용하는 경우 일반적으로 이러한 우려를 해결해줄 수 있다는 것이다.

이 문제를 충분히 이해할지 모르겠지만, 지금까지 서술한 내용을 어느 정도는 비판적으로 읽길 바란다. 그림 7.12에서 신뢰할 수 없는 네트워크를 통해 고도로 분산돼 있는 여러 컴포넌트 간의 조율 작업을 살펴봤지만, 모든 이해 당사자들에게 브로드캐스트된 생명 주기 이벤트가 전달되고 그것에 의존해야 적절히 운영된다.

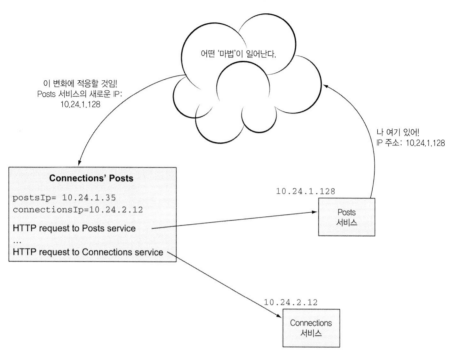

▲ **그림 7.12** 다른 컴포넌트가 영향을 받기 때문에 앱은 생명 주기 이벤트를 브로드캐스트할 의무가 있다. 다른 컴포넌트들도 마찬가지로 그러한 변화에 적응할 책임이 있다.

여기에 진실이 있다. 여기서 설명한 것처럼 브로드캐스트된 이벤트를 하나의 최적화 개념으로 생각해야 한다. 최적화로 언급을 시작한 이유는 그것이 이 문제를 잘 표현해주는 것이기 때문이다. 현대의 소프트웨어가 잘 동작하게 하려면 협업 환경에서 제 역할을 해야 하는 수많은 요소들이 필요하다. 개략적으로 보면 간단하다. 애플리케이션 생명 주기 이벤트에 의해 상태 변경이 일어나는 것들은 그 이벤트를 받아야 한다. 하지만 현실은 더 복잡하다. 이 모든 것은 여러 가지 실패 시나리오가 발생함에도 불구하고 동작해야 한다. 애플리케이션 생명 주기 이벤트가 항상 발생하지는 않는다. 이벤트가 발생해야 하지만 때로는 이벤트가 유실되기도 한다. 그리고 심지어 이벤트가 유실되지 않더라도, 이벤트 처리가 정상적으로 동작해야 하는 컴포넌트에서 인식되지 않거나 작동되지 않을 때도 있다.

이를 이해하기 위해 그림 7.1과 7.11보다 훨씬 단순한 애플리케이션 생명 주기를 그림 7.13에서 제시하겠다. 그림 7.13은 가능한 실패 시나리오를 모델링하는 것 외에도 애플리케이션 생명 주기 상태 간의 발생 가능한 전이를 더 많이 보여준다. 앱이 배포된 후, 앱은 성공적으로 시작되거나 실패할 수 있다. 앱이 실행 중이지만 제대로 동작하지 않거나, 시작됐지만 응답하지 않거나, 완전히 실패할 수 있다. 성공적으로 시작돼 한동안 작동하던 앱도 실패하거나, 더 나쁘게는 계속 실행되지만 응답하지 않을 수 있다. 우아하게 종료하든, 그렇게 우아하게 종료하지 않든 상관없이 어느 순간 앱과 그 앱이 동작하던 환경은 없어질 것이다.

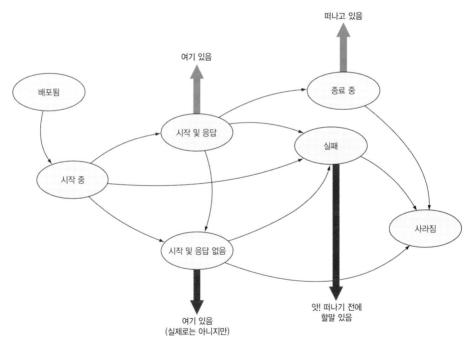

▲ **그림 7.13** 애플리케이션 생명 주기 상태와 이들 간의 전이다. 잘 동작하는 경우라면, 앱을 시작하고 중지할 때 앱 생명 주기 변경 이벤트를 브로드캐스트할 수 있는 기회가 있다. 그러나 무엇인가 잘못된 경우라면, 상태 변경 브로드캐스트는 부정확하거나 아예 생성되지 않을 수도 있다.

시나리오를 조금 확장하면 Connections' Posts 서비스는 새로운 Posts 서비스가 시작될 때뿐만 아니라 사라질 때도 알 필요가 있다는 것을 깨달았다. 이 다이어그램을 통해 두 가지 경우를 모두 학습할 수 있다. 주석이 있는 두꺼운 화살표를 추가했다. 이는 그림 7.11의 단일 화살표와 동일하지만 좀 더 복잡한 생명 주기 모델로 업데이트됐다. 상단에 있는 주석들은 '잘 동작하는 경우' 이벤트의 브로드캐스트를 보여준다. 앱이 성공적으로 시작되면 앱이 존재함을 알리고, 정상적으로 종료되고 있을 때는 먼저 그 앱이 없어지고 있다는 것을 알린다. 그러나 아래쪽을 향한 화살표에서 보듯이, 시작이 그렇게 훌륭하지 않거나 앱이 경고도 없이 중단돼서 그 앱이 곧 다운된다는 것을 알릴 수 있는 기회를 강탈당하면 어떻게 될까?

이것은 그리 드라마틱하지는 않지만 클라우드 네이티브 마술의 일부분이다. 앱은 잘 동작하는 경우만 있는 것이 아니라 계속 동작 중이거나 잘못됐을 때도 스스로 치유돼야 한다. 이러한 특정 상황을 다루기 위한 해결책은 상태 점검health check/응답 처리기responder와 결합된 헬스 엔드포인트이며, 개발자로서 독자는 이러한 것들 사이의 조율에서 중요한 역할을 한다. 개념은 간단하다. 헬스 엔드포인트는 앱의 상태를 나타내는 데이터를 표시하며, 상태 점검/응답 처리기는 그 상태에 대해 질문하고 행동하는 일종의 제어 루프를 구현한다. 이는 앞서 언급한 생명 주기 이벤트의 유실 결함을 다중화로 해결한다. 질문 제어 루프는 연속적으로 작동하므로(예: 10초마다), 한 번 또는 두 번의 통신 시도가 순간적인 실수로 인해 성공하지 못하면, 다음 시도가 성공하며 시스템이 계속 작동한다. 이것은 이미 언급한 최종 일관성의 또 다른 예다.

그림 7.14는 이 기본 패턴을 나타내는 두 개의 시퀀스 다이어그램을 나타낸다. 요청이 있을 때마다 앱은 현재의 생명 주기 상태로 대응하며, 제어 루프는 정기적으로 요청하고 적절하게 응답한다. 첫 번째 시퀀스 다이어그램은 시스템이 제대로 작동할 때 어떤 일이 발생하는지 보여준다. 즉 제어 루프는 앱 헬스 엔드포인트를 확인하고, 모든 것이 정상임을 나타내는 응답을 받으면 다음 간격을 기다렸다가 다시 묻는다. 두 번째 시퀀스 다이어그램은 앱이 실행 중이지만 응답하지 않거나 헬스 엔드포인트가 오류를 반환할 때 발생하는 작업을 보여준다. 한 번의 실패로 반드시 복원 조치를 하는 것은 아니지만, 반복된 실패로 어떤 일이 발생하는지 잠시 후에 예제를 실행함으로써 보여줄 것이다.

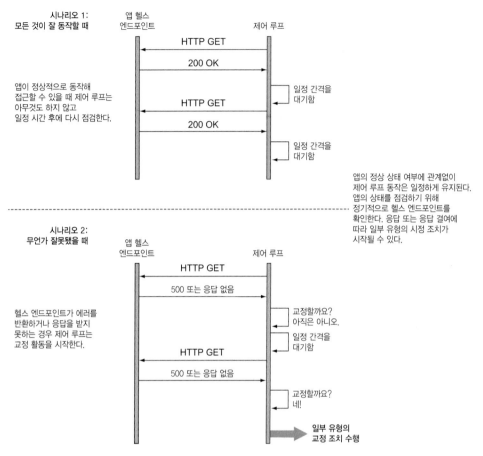

시나리오 1:
모든 것이 잘 동작할 때

앱 헬스
엔드포인트

제어 루프

HTTP GET

200 OK

앱이 정상적으로 동작해
접근할 수 있을 때 제어 루프는
아무것도 하지 않고
일정 시간 후에 다시 점검한다.

일정 간격을
대기함

HTTP GET

200 OK

일정 간격을
대기함

앱의 정상 상태 여부에 관계없이
제어 루프 동작은 일정하게 유지된다.
앱의 상태를 점검하기 위해
정기적으로 헬스 엔드포인트를
확인한다. 응답 또는 응답 결여에
따라 일부 유형의 시정 조치가
시작될 수 있다.

시나리오 2:
무언가 잘못됐을 때

앱 헬스
엔드포인트

제어 루프

HTTP GET

500 또는 응답 없음

헬스 엔드포인트가 에러를
반환하거나 응답을 받지
못하는 경우 제어 루프는
교정 활동을 시작한다.

교정할까요?
아직은 아니오.

일정 간격을
대기함

HTTP GET

500 또는 응답 없음

교정할까요?
네!

일부 유형의
교정 조치 수행

▲ **그림 7.14** 제어 루프는 시스템의 '틈새 결함'을 보완하는 다중화를 제공해 클라우드 네이티브 시스템에서 중요한 역할을 한다.

개발자는 이 모든 작업을 수행하는 데 중요한 역할을 담당한다는 점을 언급했다. 하지만 여기서는 프로토콜의 양면에 책임이 있다고 생각하지 않는다는 점을 분명히 하고자 한다. 제어 루프는 클라우드 네이티브 플랫폼인 쿠버네티스, 클라우드 파운드리, 또는 이와 유사한 플랫폼에서 발생한다.[6] 개발자는 애플리케이션 헬스 엔드포인트를 관리하고 문제가 발생할 경우 새 인스턴스를 생성해 수정될 수 있는 앱을 개발해야 한다. 지금 당장은 엔드포인트에만 집중하자. 개선 작업은 이 책 전체의 내용이다. 개발자가 책임지는 것은 앱

---

6   애플리케이션 플랫폼에 이러한 유형의 제어 루프가 없다면 클라우드 네이티브 플랫폼이 아니다.

상태를 정확하게 반영하는 헬스 엔드포인트를 구현하는 것이다. 예를 들어, 데이터베이스와 같은 지속적인 서비스에 대한 연결이 제대로 작동하는지 확인할 수 있다.

시스템 전체적으로 장애, 즉 네트워크 중단, 앱 장애 등에 대한 복원이 가능하도록 제작됐으며 제어 루프는 필요한 이중화를 제공한다. 이제는 초기에 브로드캐스트 기반 설계를 최적화로 생각해야 하는 이유가 분명하다. 상태를 브로드캐스트하기 위해 다음 제어 루프 주기를 기다리는 대신에 생명 주기 상태 변경 이벤트가 즉시 브로드캐스트를 시작한다. 어떤 이유로 브로드캐스트 이벤트가 손실되면 다음에 제어 루프가 실행될 때 다른 이벤트가 발생한다.

7.6.1 실행해보기: 헬스 엔드포인트와 프로브

좋다. 추상적인 것은 충분하다. 그럼 이제 예제를 통해 이것을 현실화해보자. 만약 앞 장에서 샘플을 실행했다면, 이미 준비된 것이다. 앞서 실행한 코드는 이미 여기서 시연하려는 것이 포함돼 있다. 앞에서 설명한 폴링^{polling} 방식을 구현하려면 /healthz 엔드포인트를 각 서비스에 추가해야 한다. 다소 억지스러운 이 코드는 단순히 불린^{Boolean} 클래스를 체크한다. true(기본값)로 설정하면 성공 상태 코드를 반환하고, false로 설정하면 애플리케이션이 오랫동안 멈춰^{sleep} 효과적으로 응답하지 않게 된다. 시작됐으나 무응답 상태인 앱은 다음과 같다.

리스트 7.5 Posts_Controller.java 내의 메소드

```java
@RequestMapping(method = RequestMethod.GET, value="/healthz")
        public void healthCheck(HttpServletResponse response)
                                            throws InterruptedException {
        if (this.isHealthy) response.setStatus(200);
        else Thread.sleep(400000);
}
```

데모의 나머지 절반인 헬스 엔드포인트를 지속적으로 폴링해 데이터를 검색하고 그에 따라 행동하는 제어 루프는 쿠버네티스에서 동작한다.

```
livenessProbe:
  httpGet:
      path: /healthz
      port: 8080
  initialDelaySeconds: 60
  periodSeconds: 5
```

이 코드 라인들은 제어 루프(활성 프로브$^{liveness\ probe}$)를 구성해 매 5초마다 쿠버네티스가 파드의 /healthz 엔드포인트로 HTTP GET 요청을 보내도록 한다. 쿠버네티스는 TCP 활성 프로브도 지원한다. 새로운 파드가 시작될 때, 쿠버네티스는 제어 루프가 시작되기 전까지 60초 동안 기다리며, 헬스 엔드포인트가 앱 상태를 정확하게 반영하기 전에 서비스가 초기화될 시간을 제공한다. 쿠버네티스가 오류 상태 코드를 수신하거나 응답이 없을 경우에는 언제든지 컨테이너를 재시작한다. 이것을 실제로 살펴보자.

실행해보기

실행 중인 소프트웨어가 없는 경우에는 7.5절에서 다룬 '앱 실행' 부분의 단계를 수행해보자. 두 개의 Posts 서비스 파드의 로그를 두 개의 터미널 창에서 스트리밍한다. 현재 두 개의 파드가 있다면, 두 개의 창에서 다음 명령을 사용하면 된다.

```
$ kubectl logs -f posts-439493379-0w7hx
$ kubectl logs -f posts-439493379-hfzt1
```

모든 것이 양호한지 확인하려면 /healthz 엔드포인트를 포함한 모든 Posts 서비스의 엔드포인트에 curl 명령을 실행할 수 있다. 물론 로그에서 이 작업을 확인하자.

```
$ curl $(minikube service --url posts-svc)/posts?secret=newSecret
[
  {
    "id": 7,
    "date": "2019-02-17T05:42:51.000+0000",
    "userId": 2,
    "title": "Chicken Pho",
```

```
      "body": "This is my attempt to re-create what I ate in Vietnam..."
    },
    {
      "id": 9,
      "date": "2019-02-17T05:42:51.000+0000",
      "userId": 1,
      "title": "Whole Orange Cake",
      "body": "That's right, you blend up whole oranges, rind and all..."
    },
    {
      "id": 10,
      "date": "2019-02-17T05:42:51.000+0000",
      "userId": 1,
      "title": "German Dumplings (Kloesse)",
      "body": "Russet potatoes, flour (gluten free!) and more..."
    },
    {
      "id": 11,
      "date": "2019-02-17T05:42:51.000+0000",
      "userId": 3,
      "title": "French Press Lattes",
      "body": "We've figured out how to make these dairy free, but just as
      ➥ good!..."
    }
]
$ curl -i $(minikube service --url posts-svc)/healthz
HTTP/1.1 200
X-Application-Context: mycookbook
Content-Length: 0
Date: S un, 17 Feb 2019 06:13:34 GMT
```

이제 Posts 서비스 인스턴스 중 하나를 '시작됐으나 무응답' 상태로 전환하려면 다음 curl 명령을 실행하자.

```
$ curl -i -X POST $(minikube service --url posts-svc)/infect
```

로그 스트림을 주시해보자. 5~10초 내에 두 개의 로그 스트림 중 하나에 다음과 같은 행이 표시되고 로그 스트리밍 세션이 종료된다. 로그 스트리밍은 연결된 컨테이너가 사라질 때 종료된다. infect 엔드포인트가 Posts 서비스에서 isHealthy 불린 값을 단순히 바꾼다.

```
... ConfigServletWebServerApplicationContext : Closing
➥ org.springframework.boot.web.servlet.context.AnnotationConfigServletWeb
➥ ServerApplicationContext@27c20538: startup date [Sun Feb 17 06:03:15 GMT
➥ 2019]; parent: org.springframework.context.annotation.AnnotationConfig
➥ ApplicationContext@2fc14f68
... o.s.j.e.a.AnnotationMBeanExporter : Unregistering JMX-exposed beans on
➥ shutdown
... o.s.j.e.a.AnnotationMBeanExporter : Unregistering JMX-exposed beans
... j.LocalContainerEntityManagerFactoryBean : Closing JPA
➥ EntityManagerFactory for persistence unit 'default'
```

그러나 쿠버네티스의 제어 루프는 오래된 컨테이너를 버리는 일만 하지는 않는다. 제어 루프는 또한 새로운 컨테이너에서 앱의 새로운 인스턴스를 시작했다. 새 컨테이너에서 kubectl logs 명령을 실행해 다시 로그 스트리밍을 실행하면, 앱이 다시 실행되고 있음을 확인할 수 있다. 쿠버네티스는 파드가 아니라 컨테이너만 다시 시작하므로 파드 이름은 변경되지 않았다.

```
$ kubectl logs -f posts-5876ffd568-gr5bf
... s.c.a.AnnotationConfigApplicationContext : Refreshing org.
➥ springframework.context.annotation.AnnotationConfigApplicationContext
➥ @2fc14f68: startup date [Sun Feb 17 06:15:30 GMT 2019]; root of context
➥ hierarchy
... trationDelegate$BeanPostProcessorChecker : Bean 'configuration
➥ PropertiesRebinderAutoConfiguration' of type [org.springframework
➥ .cloud.autoconfigure.ConfigurationPropertiesRebinderAutoConfiguration
➥ $$EnhancerBySpringCGLIB$$3cd10333] is not eligible for getting
➥ processed by all BeanPostProcessors (for example: not eligible for
➥ auto-proxying)
```

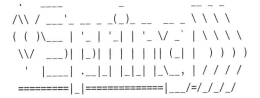

```
   :: Spring Boot ::          (v2.0.6.RELEASE)
...
... o.s.b.w.embedded.tomcat.TomcatWebServer : Tomcat started on port(s):
➥ 8080 (http) with context path ''
... c.c.c.config.CloudnativeApplication : Started
➥ CloudnativeApplication in 15.74 seconds (JVM running for 16.605)
```

이 예제는 앱의 상태를 이용 가능하게 함으로써 앱에 불가피한 변화가 발생했을 때 쿠버네티스와 같은 시스템이 적절히 대응하게 할 수 있다는 것을 보여준다. 클라우드 네이티브 애플리케이션의 개발자로서 클라우드 네이티브 애플리케이션 런타임 모델에 적합한 구현을 할 책임이 있다.

이 절에서 설명한 것은 폴링 방식이지만, 이 패턴을 구현하는 또 다른 방법으로 하트비트heartbeat를 브로드캐스트할 수도 있다. 이 기법에서 컴포넌트는 하나의 제어 루프로 생명 주기 상태를 지속적으로 브로드캐스트하고, 이 앱의 상태에 관심이 있는 엔티티들은 이러한 이벤트를 수신하고 적절하게 대응한다. 여기서 4장의 토론 내용을 상기해보자. 여기서 설명하려고 하는 것이 이벤트 기반 패턴이다. 아키텍트와 개발자로서 소프트웨어 전체의 구조적 패턴을 이해하고 적절히 설계하고 구현해야 한다. 두 접근 방식의 핵심은 제어 루프가 분산 시스템에 내재된 불확실성을 보상하는 다중화를 제공한다는 것이다.

7.7 서버리스

이 책(또는 7장)은 서버리스 컴퓨팅에 관한 것이 아니다. 그러나 애플리케이션 생명 주기와 관련해 특별히 7장에서는 클라우드 네이티브 소프트웨어의 특정 요소를 좀 더 깊이 이해할 수 있다. 서버리스에 관한 논의의 초기에 대개 나오는 내용과 같이, 서버리스 스타일로 실행되고 있는 기능들이 절대적으로 서버에서 실행되고 있기 때문에 서버리스라는 명칭은 다소 부적절하다. 단지 개발자는 이런 세부 사항에 전혀 관심을 갖지 않아도 된다. 대신, 서버리스 시스템이 모든 것을 처리한다.

개발자의 생산성은 확실히 이 컴퓨팅 스타일(서버리스)의 목표 중 하나이지만, 대부분의 서버리스 시스템은 기능이 실행되는 시간 동안만 사용료를 부과하기 때문에 운영 효율과 경제성도 마찬가지로 서버리스의 목표다. 구체적인 목표와 상관없이, 중점을 두고 싶은 것은 서버리스 플랫폼이다. 이 플랫폼은 매우 현저한 클라우드 네이티브 플랫폼이다. 우선 가장 기본적인 방법으로 모델을 살펴보자.

가장 기본적인 수준에서 서버리스 컴퓨팅은 이벤트에 대한 응답을 하기 위해 활성화돼 처리될 때만 애플리케이션을 실행한다. 애플리케이션 생명 주기의 관점에서 보면 런타임 환경이 프로비저닝되고, 앱이 구축되고 시작되며, 요청 처리가 완료되는 경우다. 실행 후 런타임 환경은 폐기된다. 그림 7.15를 참조하자.

▲ **그림 7.15** 단일 기능 호출에 대해 모든 생명 주기 단계를 통과한다.

이 애플리케이션 생명 주기는 낯설지 않다. 독특한 점은 프로비저닝부터 폐기까지 모든 단계가 각각의 호출에 따라 일어난다는 것이다. 서버리스 컴퓨팅에서 가장 마음에 드는 부분은 이 궁극적인 기능이 클라우드 네이티브 소프트웨어의 패턴을 극대화하는 역할을 한다는 점이다. 예를 들어 각 호출에 대해 런타임 환경이 완전히 다시 생성되는 경우, 앱은 이전 호출의 내부 상태에 결코 의존할 수 없다. 예를 들어 스티키 세션 같은 것들이다.

하지만 서버리스 환경에서 실행되는 클라우드 네이티브 앱에 더 관심을 기울여야 할 점이 있다. 그것은 효율성과 지연 시간에 관련 있다. 그림 7.15를 보면 처리 요청과 완료 사이에 많은 일이 일어나야 할 것이 분명해 보인다. 어떻게 이 모든 것이 정상적인 응답 요구사항을 충족하면서 발생할 수 있을까? 중요한 점은 독자(개발자)의 역할인 최적화를 통해 이뤄진다는 것이다.

그림 7.16은 다시 서버리스 생명 주기 단계를 나타내지만, 이번에는 몇 가지 표기를 더했다. 애플리케이션 생명 주기의 초기 단계는 전적으로 시스템에 의해 처리되며, 실제로 서

버리스 플랫폼은 특히 환경 프로비저닝과 애플리케이션 구축을 빠르게 하는 데 초점을 맞춘다. 대부분은 컨테이너로 구현되고 신속한 배포가 가능한 아티팩트를 위한 형식을 사용한다. 개발자는 애플리케이션의 시작과 실제 실행만 제어하자. 이것이 필요한 만큼만 빨리 일어나도록 하는 데 집중해야 한다.

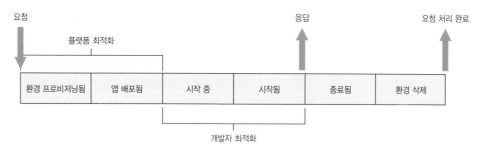

▲ **그림 7.16** 서버리스 컴퓨팅은 초기 단계를 최적화하는 플랫폼이 필요하고, 개발자는 앱의 시작과 실행을 최적화하는 역할을 한다.

솔직히 말해, 모든 처리가 서버리스 환경에서 가장 잘 이뤄지는 것은 아니다. 실행 시간이 매우 짧고 지속적으로 요청되는 워크로드가 있는 경우, 특히 시작 '비용'이 기능을 실행하는 것보다 크다면 애플리케이션 인스턴스를 하나 이상 시작해 이미 실행 중인 인스턴스에서 요청을 받는 것이 더 나을 수 있다. 반면에 실행 빈도가 낮고 프로비저닝, 애플리케이션의 배포와 시작에 걸리는 시간보다 실행 시간이 훨씬 더 많이 걸리는 프로세싱이 있다면 서버리스 패러다임이 이상적일 수 있다.

서버리스 컨텍스트에서 실행될 앱을 구축하는 경우에는 시작 비용에 각별히 유의해야 하며, 이 비용이 기능 실행 비용을 줄이지 않도록 해야 한다. 그것을 조절할 수 있는 몇 가지 장치가 있다. 첫째, 사용하는 프로그래밍 언어는 직접적인 영향을 미친다. JVM을 시작하는 데 수십 초가 걸릴 수 있으며, 코드 실행 시간이 수 밀리 초라면 끔찍할 것이다. 둘째, 언어를 선택한 후에도 앱 기능을 지원하기 위해 런타임에 로드해야 하는 항목을 최소화해야 한다. 예를 들어, 사용되지 않는 종속성을 코드에 포함시키지 않는다. 이를 명심하지 않으면, 이유 없이 느린 시작이라는 대가를 치르게 될 것이다.

이제, 오늘날 시장에 있는 대부분의 서버리스 플랫폼이 앱 생명 주기의 영향을 가장 적은 형태로 줄이기 위해 최적화를 구현하고 있다는 점을 강조하고자 한다. 예를 들어, 애플리케이션 환경은 상대적으로 짧은 시간 내에 발생하는 요청을 위해 미리 준비되고 재사용되는 경우가 많지만, 서버리스 컴퓨팅에서의 앱은 이런 특징을 활용하면 안 된다는 것이 다른 플랫폼보다 명백하다. 다시 말하지만, 그것은 내가 서버리스와 관련해 가장 좋아하는 내용 중 하나이며 클라우드 네이티브 패턴의 필요성을 분명히 한다.

요약

- 클라우드 환경에서는 앱의 생명 주기를 생각하고 그것을 단일 논리적 엔티티로 취급해야 하지만 각 앱 인스턴스는 독자적인 생명 주기를 갖는다.
- 또한 앱 생명 주기 이벤트가 광범위한 소프트웨어를 구성하는 다른 앱에 미치는 영향에도 세심한 주의를 기울여야 한다.
- 앱의 여러 인스턴스가 다른 환경 설정으로 동시에 실행되는 것이 가능해야만 롤링 업그레이드를 사용할 수 있다. 그렇지 않으면 블루/그린 배포를 사용해야 한다. 롤링 업그레이드와 블루/그린 모두 다운타임 없이 할 수 있다.
- 신중하게 구성된 자격 증명 교체 패턴은 롤링 업그레이드를 통해 수행될 수 있다.
- 의도적으로 앱 인스턴스를 교체하면 이러한 패턴들을 제공할 수 있으므로 과거의 편견을 버리고 실행하자.
- 애플리케이션 로그는 stdout과 stderr로 보내야 하며, 대부분의 클라우드 네이티브 플랫폼이 stdout을 처리한다.
- 시스템 상태를 유지하고 종속 앱이 변화에 적절히 대응할 수 있도록 애플리케이션 상태를 제공해야 한다.
- 서버리스는 본문에서 다루는 패턴의 대부분을 사용하는 클라우드 네이티브 프로세싱의 극단적인 형태다.

8

앱에 접근하기: 서비스, 라우팅, 서비스 탐색

8장에서 다루는 내용

- 다중 앱 인스턴스를 대표하는 단일 서비스
- 서버 측 로드 밸런싱
- 클라이언트 측 로드 밸런싱
- 서비스 인스턴스로 동적 라우팅
- 서비스 탐색

앱은 여러 개의 인스턴스로 배포되고 있지만 하나의 논리적 엔티티로 동작해야 한다고 이미 언급했다. 그리고 앱은 하나의 요청이 동일한 인스턴스로 호출된 이전 요청에 종속되지 않도록 상태 비저장을 유지해야 한다는 것도 알았다. 애플리케이션 생명 주기 이벤트가 발생해도 어떤 인스턴스가 특정 요청을 처리하는지에 관계없이 동일한 결과를 보장하기 위해 모든 인스턴스에 걸쳐 환경 설정을 신중하게 관리해야 하는 방법도 살펴봤다. 이 시점에서는 이 하나의 논리적인 엔티티를 공식화하길 원한다. 그렇게 함으로써 샘플 애플리케이션에 있는 세 개 마이크로서비스 간의 불안정한 연결을 제거할 수 있다.

첫 번째 원칙으로 시작하는 동안 잠시만 기다려보자. 이 원칙은 중요하다. 앱을 여러 개의 인스턴스로 배포하며, 수요에 따라 배포를 확장하고 좀 더 탄력적인 시스템을 구축할 수 있는 효과적인 방법을 제공한다는 것을 알고 있다. 그림 8.1은 실행 중인 예제를 구성하는 세 개의 앱 각각에 대한 여러 인스턴스를 보여준다.

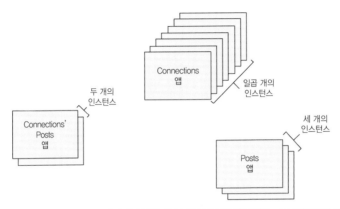

▲ **그림 8.1** 클라우드 네이티브 소프트웨어에서 앱은 여러 인스턴스로 배포된다. 소프트웨어가 예상대로 작동하려면 각 앱 인스턴스 세트가 단일 논리적 엔티티로 작동해야 한다.

7장에서는 이러한 앱이 어떻게 작동하는지 자세히 살펴보지 않고 서로 연결시켜왔다. 이제 각 인스턴스 집합을 단일 논리적 앱으로 추상화해서 하나의 박스로 표현해보자. 그림 8.2에서 보듯이 단일 논리적 앱으로서 각 부분에 좀 더 상세히 레이블을 붙였다. 논리적 엔티티에 앱 이름을 붙였고, 그 인스턴스들에 더 정확하게 인스턴스로 레이블을 붙였다.

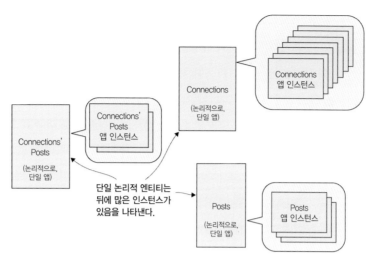

▲ **그림 8.2** 각 앱 인스턴스 세트는 앱의 동작을 정의하는 논리적 엔티티로 표시된다. 이 동작은 모든 인스턴스에서 동일하게 예상된다.

그런 다음 그림 8.3에서와 같이 각 앱의 구현 세부 정보를 백그라운드로 밀어 넣을 수 있다(잠시만 기다리자. 곧 세부 정보로 다시 돌아간다). 이 다이어그램에서 또 하나의 작업은 논리 엔티티에 '서비스'라는 레이블을 지정한 것이다. 다른 컨텍스트에서 이미 이 용어를 사용한 적이 있지만, 여기서 사용하는 방식은 이전에 사용한 방식과 완전히 일치한다. 이전에는 앱 코드에서 사용한 컴포넌트(예: 데이터베이스 또는 메시지 버스)로 '서비스'를 언급했다. 그러나 앱은 대부분 다른 앱에서 사용하는 소프트웨어 컴포넌트이므로 실제로 서비스다.

이제 서비스(또는 논리적 앱)에 초점을 맞추면 소프트웨어를 연결된 서비스 집합으로 정의할 수 있다. 알다시피, Connections' Posts 서비스는 그림 8.3과 같이 Connections 서비스와 Posts 서비스에 의존한다. 이 배포에서 Connections' Posts의 클라이언트는 풍부한 햇살 웹 페이지다.

8장은 근본적으로 이러한 서비스와 특히 서비스의 두 가지 측면에 관한 것이다. 첫 번째는 이런 서비스가 서비스를 표현하는 앱 인스턴스와 연결되는 방법(라우팅)에 관한 것이고, 두 번째는 클라이언트가 서비스를 찾고 해결하는 방법(서비스 탐색)에 관한 것이다. 라우팅과 서비스 탐색은 여러 가지 방법으로 구현될 수 있으며, 소프트웨어 설계자/개발자는 이를 이해해야만 소프트웨어를 최상으로 설계할 수 있다.

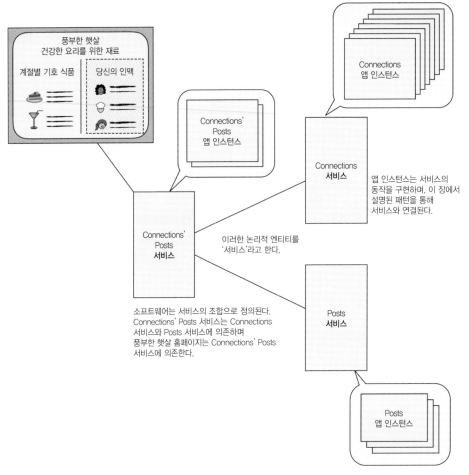

▲ **그림 8.3** 소프트웨어는 서비스의 조합으로 정의된다. 각 서비스는 서비스 인스턴스의 집합으로 구현된다.

지금 이 순간에는 아마 대부분의 내용이 다소 추상적으로 느껴질 것이다. 좀 더 친숙하고 구체적인 예로 이 장을 시작해보자. 그다음에는 라우팅 주제를 자세히 알아보겠다. 클라우드 네이티브 소프트웨어의 경우, 반드시 동적 라우팅이 돼야 한다. 이는 들어오는 요청이 서비스 추상화에서 획득된 끊임없이 변화하는 앱 인스턴스 집합에 도달한다는 의미이며, 여기서는 기존 로드 밸런싱과 클라이언트 측 로드 밸런싱을 모두 다룰 것이다. 전자의 경우 클라이언트 호출은 요청을 인스턴스로 라우팅하는 중앙 집중식 로드 밸런서를 통과하며, 후자의 경우는 클라이언트 내에 로드 밸런싱이 내장된다. 그다음에는 서비스 클라이언트가 서비스를 찾아서 해결하는 방법을 살펴보겠다. 이는 자연스럽게 네임 서버와 DNS에 대한 내용으로 이어질 것이다. 그리고 나서는 마지막으로 실행 예제에서 취약한 서비스 설정을 수정해보자.

8.1 서비스 추상화

서비스를 상위 수준에서 언급하는 것은 쉽다. 이 책의 반 이상을 그렇게 해왔지만 이제 모호한 측면을 바로잡아보자. 그림 8.4에 나온 간단한 멘탈 모델부터 시작해본다.

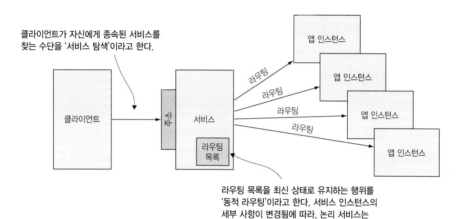

▲ **그림 8.4** 앱 인스턴스 세트를 대표하는 단일 논리적 앱은 서비스다. 클라이언트가 종속적인 서비스를 찾아 접속할 수 있는 프로토콜은 서비스 탐색이다. 수신 요청을 앱 인스턴스 집합 전체에 분배하는 수단은 동적 라우팅이다.

여기에 네 개의 앱 인스턴스와 해당 인스턴스로 구현된 단일 논리적 앱을 나타내는 서비스가 있다. 서비스 왼쪽에는 서비스 주소를 통해 접근하는 클라이언트가 있다. 클라이언트가 해당 서비스를 찾는 방법을 서비스 탐색이라고 한다. 요청이 서비스에 들어오면 인스턴스 중 하나로 라우팅된다. 알다시피 서비스 인스턴스는 때로는 두 개, 때로는 열 개가 되듯이 항상 바뀔 것이다. 이들의 IP 주소도 바뀐다. 한 인스턴스가 특정 순간에 구현을 정확히 대표하기 위해서는 서비스가 라우팅할 인스턴스 목록을 최신 상태로 유지해야 한다. 이것이 바로 동적 라우팅이다. 8장 전체에서는 그림 8.4의 다이어그램을 반복해서 참조할 것이다.

> |**노트**| 서비스 주소 지정, 라우팅, 서비스 탐색과 관련된 일부 설계 결정 사항은 소프트웨어 배포 시
> 점에 결정되고, 다른 설계 결정 사항은 소프트웨어 개발 시점에 결정된다.

지금까지 이야기한 대부분과 마찬가지로 클라우드 네이티브 서비스를 처리하는 패턴은 구축할 소프트웨어와 소프트웨어가 실행될 플랫폼에서 모두 구현된다. 궁극적으로 소프트웨어 설계자 또는 개발자의 역할은 구현 시 다양한 배포 옵션이 가능하도록 만드는 것이다. 그렇지 않고 구현 자체에 패턴을 사용해 구축한다면 해당 선택으로 인한 영향을 명확하게 이해해야 한다.

이러한 설계 결정 사항을 이해하는 여정을 시작하기 위해 몇 가지 예를 살펴보자.

8.1.1 서비스 사례: 구글링

아마도 독자는 아직 서비스와 서비스 탐색 관점에서 생각해본 적이 없을 것이므로, 여기서는 완전히 익숙한 사례로 시작해보자. 구글로 무언가를 검색할 때 어떤 일이 일어나는지 살펴보자. 이 경우 서비스 클라이언트인 웹 브라우저에 www.google.com을 입력하면, 이름으로 구글 검색 서비스를 찾아간다. 그러나 구글 홈페이지에 대한 요청은 특정 IP 주소로 보내지며, 이름을 주소로 변경해주는 방법은 도메인 네임 서버(DNS)의 풀이를 통해 이뤄진다.

인터넷을 동작시키는 DNS의 세부 사항은 복잡하며, 구현물은 데이터가 전파되는 방식에 관한 규칙이 포함된 고도로 분산된 계층적 시스템이다. 간단하게 핑ping을 사용해 www.google.com이라는 도메인 네임의 IP 주소를 얻어보자.

```
$ ping www.google.com
PING www.google.com (216.58.193.68): 56 data bytes
64 bytes from 216.58.193.68: icmp_seq=0 ttl=53 time=19.189 ms
```

실제로 이 이름은 다양한 IP 주소로 해석될 수 있지만, 여기서는 요점을 밝히기 위해 하나만 필요하다. 그림 8.5는 그림 8.4보다 상세한 버전이며, 검색 서비스 IP 주소를 보여준

다. 클라이언트가 이름을 통해 서비스를 참조할 때 서비스 탐색 프로세스는 DNS를 통해 이름 → IP 주소 매핑을 참조한 다음 이 IP 주소를 통해 서비스를 처리한다.

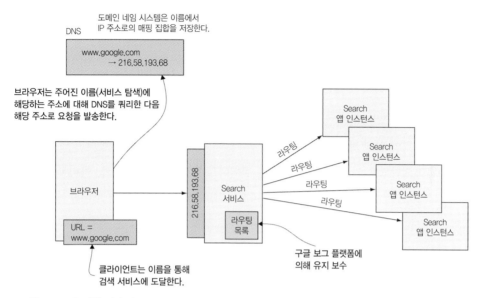

▲ **그림 8.5** 구글 검색 서비스는 www.google.com이라는 이름으로 주소가 지정되며 해당 이름은 DNS를 통해 구체적인 IP 주소로 매핑된다. 구글 플랫폼은 검색 서비스 인스턴스에 대한 라우팅 목록을 최신 상태로 유지하고 요청 간 로드 밸런싱을 수행한다.

서비스 추상화의 오른편에는 서비스를 구현하는 인스턴스로 트래픽을 전달하는 데 사용되는 경로가 있다. 구글 SRE^Site Reliability Engineering 팀에 참여해본 적은 없지만, 이 IP 주소에는 구글 홈페이지 앱 인스턴스에 들어오는 트래픽을 분산시키는 로드 밸런서가 있다고 가정하는 것이 합리적이다. 이 앱의 인스턴스는 지속적으로 변경되므로 서비스에 포함된 라우팅 목록을 최신 상태로 유지해야 하며, 이는 구글 플랫폼 자체에서 수행된다.[1] 그림 8.5는 동적 라우팅 과정에서 보그^Borg의 역할을 보여준다.

우리는 이런 기본 서비스 패턴을 사용해 하루에도 여러 번 간단하게 조작할 수 있다. 즉, www.google.com이라는 이름을 사용해 서비스에 도달한다. DNS는 이 이름을 IP 주소로 매핑해 서비스 탐색 프로세스의 일부로 사용된다. 구글 플랫폼 자체에서 경로 목록을

---

1 구글은 2015년 발표한 '보그와 함께 구글에서 대규모 클러스터 관리'라는 논문에서 이 플랫폼을 서술했다.

최신 상태로 유지하는 로드 밸런서는 서비스를 구현하는 앱 인스턴스로 트래픽을 라우팅한다.

이제 두 번째 사례에서는 두 가지 사실을 설명하고 있다. 첫 번째로는 서비스 탐색 프로세스를 사용하지 않을 때 발생하는 상황을 보여주고, 두 번째로는 동적 라우팅 테이블을 유지 관리하는 작업에 대한 더 많은 인사이트를 제공한다.

8.1.2 서비스 사례: 블로그 수집기

블로그 수집기의 실행 예를 보자. 특히 Posts 앱의 여러 인스턴스를 실행하고 있다면 동적 라우팅이 필요하므로 이 서비스를 보게 될 것이다. 서비스의 클라이언트, 특히 Connections' Posts 앱 또한 살펴보자. 구글의 예와 마찬가지로, 서비스 추상화의 오른쪽 면(동적 라우팅)과 왼쪽(서비스 주소 지정과 서비스 탐색) 모두를 볼 것이다. 그림 8.6은 그림 8.4의 좀 더 상세한 버전을 제공한다.

Posts 서비스 클라이언트인 Connections' Posts 서비스는 Posts 서비스에 대한 IP 주소로 설정돼 있으며, cook-deployment-connectionposts.yaml 파일에 정의된 환경 변수를 보면 Posts URL이 http://192.168.99.100:31930/posts?userIds=과 같이 설정됐다는 것을 알 수 있다. Posts 서비스를 다시 만들 때마다 이 URL에 새로운 IP 주소/포트 조합을 제공해 Connections' Posts 앱을 재설정해야 했던 것을 기억하자. 서비스 탐색을 사용하지 않았기 때문에 이 작업을 수행할 수밖에 없었다. 8장의 끝부분에서는 이 부분을 수정하게 된다. 그림 8.6에서는 서비스에 이 IP 주소를 할당하고 그 값도 서비스 클라이언트에 하드 코딩돼 있음을 알 수 있다.

서비스의 오른쪽에는 라우팅 경로가 있다. 쿠버네티스는 서비스 앞 단에 어떤 앱 인스턴스(태그tag와 셀렉터selector)를 지정할 수 있는지에 대한 간단하고 우아한 방법이 있다. Posts 서비스의 각 인스턴스는 키/값, 즉 app:posts 쌍으로 태깅된다. 서비스는 셀렉터를 통해 정의되며, 이 서비스가 app:posts 태그가 있는 앱 인스턴스 목록을 나타내도록 지정한다. 이것은 그림 8.6의 오른쪽에 묘사돼 있다. 쿠버네티스 자체는 서비스에 접근할 때마다 요청이 현재 인스턴스 중 하나로 라우팅되도록 라우팅 목록을 지속적으로 최신 상태로 유지하는 프로세스가 구현돼 있다.

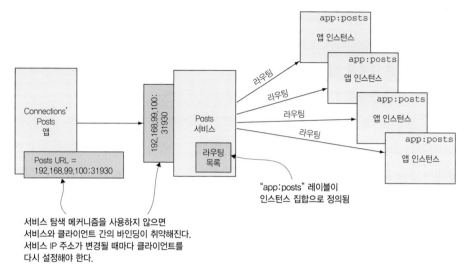

▲ **그림 8.6** 지금까지 블로그 수집 소프트웨어의 환경 설정은 어떠한 유형의 서비스 탐색도 사용하지 않았고, Connections' Posts 서비스에서 Posts 서비스로 IP 주소를 통해 연결했다. 결과적으로 불안정한 배치가 이뤄졌다.

이 두 가지 예가 서비스에 대한 독자의 멘탈 모델 핵심 부분을 설명하는 데 도움이 됐길 바란다. 아직 구체적인 구현을 다루지 않았으며 암시한 상충 관계도 많이 언급하지 않았다. 서비스 추상화의 오른쪽 면부터 지금 자세히 살펴보겠다.

8.2 동적 라우팅

서비스 추상화의 오른쪽에 있는 두 가지 요소를 설명할 필요가 있다. 하나는 앱 인스턴스 목록이 최신 상태로 유지되는 방법이고, 다른 하나는 해당 서비스 인스턴스로 트래픽이 라우팅되는 방법이다. 후자를 로드 밸런싱이라고 하며, 여기서 두 가지 접근 방식(서버 측 로드 밸런싱과 클라이언트 측 로드 밸런싱)을 다루고자 한다.

8.2.1 서버 측 로드 밸런싱

확실히 가장 일반적으로 구현된 것이므로 서버 측 로드 밸런싱이 독자들에게 익숙할 것이다. 이 패턴을 구현한 배포물을 살펴보면, 들어오는 요청을 수락하고 해당 요청을 인스턴스 중 하나로 전송하는 컴포넌트가 있다. 나의 고객을 기반으로 해서 보면, 일반적으로 하드웨어 기반 및 소프트웨어 기반 로드 밸런서(F5, 엔진엑스와 시스코^{Cisco}, 시트릭스^{Citrix} 등의 네트워킹 회사 제품 포함)와 주요 클라우드 공급자(구글, 아마존, 마이크로소프트 등)의 로드 밸런싱 서비스를 주로 사용한다.

로드 밸런싱은 일반적으로 TCP/UDP 프로토콜 수준이나 HTTP 수준에서 이뤄진다. 로드 밸런서가 라우팅할 인스턴스를 선택하는 방법은 다양하다. 예를 들어, 라운드 로빈^{round-robin}이나 랜덤^{random} 방식이 있다. 이 선택 알고리즘의 세부 사항은 크게 신경 쓰지 않아도 된다. 클라우드 네이티브 소프트웨어의 경우 이러한 특정 사항에 전적으로 의존해서는 안 되므로 여기서는 세부 사항을 의도적으로 생략할 것이다. 하나의 요청에 대한 처리가 이전에 정확히 동일한 인스턴스에 도달한 이전 요청에 따라 결정되도록 클라우드 네이티브 앱을 구축해서는 안 되는 것처럼, 특정 순서로 순환되는 인스턴스에 의존해서는 안 된다. 그리고 로드 밸런싱 장비가 세션 선호도(스티키 세션으로 알려짐)로 동작하게 허용하는 경우가 많으므로, 이렇게 해서는 안 된다는 것을 다시 한 번 강조한다. 스티키 세션에 의존하는 앱은 클라우드 네이티브가 아니다.

중앙 집중식 로드 밸런싱에는 몇 가지 이점이 있다.

- 기술이 성숙하다. 여기서 언급한 로드 밸런서는 수십 년 동안 발전해왔으며, 그로 인해 견고하다.
- 중앙 집중식 구현은 고도로 분산된 구현보다 동작을 추론하기가 더 쉬운 경우가 많다.
- 중앙 집중식 단일 엔티티의 설정은 대개 분산된 엔티티를 설정하는 것보다 쉽다.

반면에 단일 엔티티는 시스템에서 단일 실패 지점을 나타낼 수 있지만, 실질적으로 서버 측 로드 밸런서는 확장성과 탄력성을 위해 거의 항상 클러스터로 배포된다. 그림 8.7은 모든 서비스 인스턴스에 로드를 분산시키는 서버 측 로드 밸런서(클러스터로 표시)를 통과하는 클라이언트 요청을 보여준다.

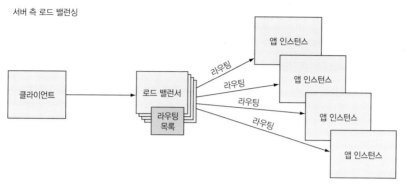

서버 측 로드 밸런싱

▲ **그림 8.7** 중앙 집중식 또는 서버 측의 로드 밸런싱으로 클라이언트 요청은 서비스 인스턴스에 대한 라우팅 목록이 있는 로드 밸런싱 클러스터에 의해 처리된다. 로드 밸런서는 클라이언트 요청을 서로 다른 애플리케이션 인스턴스로 분산한다.

8.2.2 클라이언트 측 로드 밸런싱

로드 밸런서 클러스터를 극단적으로 활용하려면 로드 밸런싱 컴포넌트를 매우 광범위하게 분산해 그림 8.8과 같이 클라이언트 자체에 포함시킬 수 있다. 클라이언트의 각 인스턴스에 자체 로드 밸런싱 기능이 내장돼 있다는 점에 유의하자.

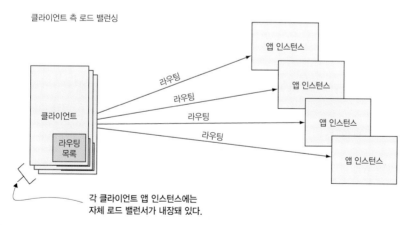

클라이언트 측 로드 밸런싱

각 클라이언트 앱 인스턴스에는
자체 로드 밸런서가 내장돼 있다.

▲ **그림 8.8** 클라이언트 측 로드 밸런싱을 통해 클라이언트는 서비스 인스턴스에 직접 요청을 보내고, 모든 인스턴스에 요청을 분산하는 작업을 수행한다. 서비스 인스턴스에 대한 라우팅 목록은 클라이언트 자체 내에서 유지 관리된다.

클라이언트 측 로드 밸런싱은 소프트웨어를 구성하는 마이크로서비스의 수가 급격히 증가했고 그에 비례해서 시스템을 통해 네트워크 요청 수도 증가했기 때문에 인기를 끌었다. 로드 밸런서를 클라이언트로 가져오면 네트워크에서 한 번의 홉^{hop}을 효과적으로 제거할 수 있으며 규모에 따라 성능에 현저한 차이가 생길 수 있다. 그림 8.7과 그림 8.8을 비교해보면 클라이언트가 서비스 인스턴스에서 직접 접근하는 것을 볼 수 있다.

클라이언트 측 로드 밸런싱의 경우에는 거의 대부분 넷플릭스 리본$^{Netflix Ribbon}$(https://github.com/Netflix/ribbon)과 같이 라이브러리를 애플리케이션 바이너리로 가져오거나 이스티오(https://istio.io/)와 같은 사이드카^{sidecar} 기법을 이용한다. 어느 쪽이든 항상 성능을 최적화해 클라이언트 측 로드 밸런싱을 사용한다는 결론에 도달하기 전에 다음과 같은 영향을 고려하자.

- 라이브러리를 코드에 번들링하는 경우에는 클라이언트 측 로드 밸런싱 프레임워크를 업데이트하려면 애플리케이션을 다시 빌드해야 한다.
- 로드 밸런싱 기능의 환경 설정이 더 어려울 수 있다.
- 선택한 특정 클라이언트 측 로드 밸런싱 기능을 사용하는 세부적인 방법을 알아야 한다. 이미 테스트를 잘 거친 범용적인 라이브러리를 사용해 클라이언트에서 TCP 또는 HTTP 요청을 하는 것은 이미 잘 알고 있을 것이다. 이제 새로운 프로토콜을 배우고 있다.
- 가장 중요한 것은 애플리케이션의 배포 옵션을 제한하는 것이다. 예를 들어, 리본을 사용하기로 했다면 회사 정책에 의해 강제된 서버 측 로드 밸런서를 사용하기가 훨씬 어려워진다.

소프트웨어에서 클라이언트 측 또는 서버 측 부하 분산을 사용할지 여부는 기업 표준의 영향을 받을 가능성이 높고, 개발 팀 내에서 합의된 아키텍처 원칙의 영향을 확실히 많이 받을 수 있다. 클라이언트 측 로드 밸런싱을 사용하든, 서버 측 로드 밸런싱을 사용하든 상관없이 플랫폼이 이를 구현한다 할지라도, 라우팅 기능을 위해 서비스 인스턴스 목록이 최신 상태로 유지되는 방법으로서 패턴을 하나 더 이해해야 한다.

8.2.3 라우팅 최신화

표면적으로 라우팅 목록을 최신 상태로 유지하는 것은 간단해 보인다. 새 인스턴스를 만들 때 해당 주소를 목록에 추가하고, 인스턴스를 삭제할 때 목록에서 제거하면 된다. 그러나 개념이 아주 간단한 것이라도 고도로 분산되고 끊임없이 변화하는 환경에서는 복잡해진다. 애플리케이션 생명 주기를 다룬 7장의 내용을 되돌아보면, 이미 어떤 극단의 경우도 고려 했다는 것을 상기해보자. 예를 들어, 애플리케이션이 갑자기 다운될 경우 그 상태를 미처 전달하지 못하고 죽는 사례를 들 수 있다. 라우팅 테이블의 정확도가 그런 결코 일어나지 않는 극단적인 사례에 의존한다면 시스템은 잘 작동하지 않을 것이다.

제대로 작동하는 시스템의 핵심에는 배포의 실제 상태를 지속적으로 평가하고 실제로 라우팅 테이블에 반영하는 제어 루프가 있다. 클라우드 네이티브 플랫폼은 이 핵심 기능을 제공하며, 우리가 할 일은 플랫폼이 그 작업을 적절하게 수행하도록 필요한 정보를 앱에서 표현하는 것이다. 라우팅 최신화는 두 가지를 의미한다. (1) 플랫폼이 시스템의 실제 상태 에 대한 정확한 모델을 구축할 수 있도록 정보를 제공하는 것과 (2) 서비스가 구현된 인스 턴스를 식별하는 방법을 제공하는 것이다.

이 중 첫 번째 부분은 이미 7장에서 다뤘다. 독자는 플랫폼이 앱의 상태를 평가하는 데 사용할 수 있는 엔드포인트를 구현할 책임이 있다. 이러한 상태 엔드포인트 프로브^{endpoint} ^{probe}를 구현하도록 클라우드 네이티브 플랫폼인 쿠버네티스를 구성했으며, 이러한 프로브 를 사용해 시스템 상태 모델을 구축했음을 기억하자.

라우팅 경로를 최신으로 유지하기 위한 두 번째 부분은 목록에 있어야 하는 앱 인스턴 스 집합을 식별할 수 있는 방법이다. 다시 말하지만, 이 작업이 수행되는 방식은 플랫폼에 따라 다르며, 쿠버네티스에서는 태그와 셀렉터를 사용해 수행한다. 비록 이전에 세부 정보 를 제시하지 않았지만, 이것은 우리의 소프트웨어 배포에 항상 포함됐다. 그림 8.9는 Posts 서비스의 배포 매니페스트(cookbook-deployment-posts.yaml)의 일부다.

```
kind: Service                                    (추상) 서비스 정의
apiVersion: v1                                   (단일 논리적 Posts 서비스를 나타내는 엔티티)
metadata:
  name: posts-svc
spec:
  selector:                                      이 서비스가 나타내는
    app: posts                                   인스턴스 목록은 셀렉터로 제공된다.
  ports:                                         해당 셀렉터는 app:posts 태그를
  - protocol: "TCP"                              사용한 모든 앱 인스턴스를 지정한다.
    port: 80
    targetPort: 8080
  type: NodePort
---
apiVersion: apps/v1beta1
kind: Deployment
metadata:
  name: posts
  labels:
    app: posts
spec:
  replicas: 2
  selector:
    matchLabels:                                 앱 인스턴스에는
      app: posts                                 app: posts 태그가 붙어있다.
  template:                                      쿠버네티스는 앱 인스턴스를
    metadata:                                    시작하면 이 메타데이터를
      labels:                                    자신에게 연결한다.
        app: posts
    spec:
      containers:
      - name: posts
        image: cdavisafc/cloudnative-applifecycle-posts
```

▲ **그림 8.9** Posts (추상) 서비스의 매니페스트와 이를 구현하는 서비스 인스턴스의 매니페스트. 서비스 인스턴스 경로의 목록은 서비스 셀렉터를 사용해 특정 기준을 충족하는 모든 앱 인스턴스를 찾는 제어 루프를 통해 최신 상태로 유지된다(이 경우, 레이블 app:posts).

여기서는 쿠버네티스가 서비스 추상화를 Service[2]라고 적절히 부르는 것을 볼 수 있으며, 서비스 정의의 일부는 태그 app:posts를 가진 셀렉터라는 것을 알 수 있다. 더 아래로 내려가면, 앱 인스턴스 정의에서 app:posts 태그를 포함한 메타데이터 태그가 지정되는 것을 볼 수 있다. 라우팅 목록을 최신 상태로 유지하는 제어 루프는 시스템의 실제 상태 모델에 대한 적절한 쿼리를 발행하고 그에 따라 라우팅 테이블을 업데이트한다.

좋다. 이제 Posts 서비스의 오른쪽 면에 대한 구체적인 구현을 보여줄 수 있는 동적 라우팅과 로드 밸런싱에 대한 충분한 정보를 얻었다. 여기서 보는 것은 책 전체에서 사용해온 미니큐브 기반의 구축에 관한 것이다.

---

2 쿠버네티스 오브젝트의 한 종류다. – 옮긴이

그림 8.6까지 거슬러 올라가면 거기서 묘사된 서비스를 로드 밸런서로 생각하고 싶은 유혹이 따르지만, 이는 추상적인 것에 불과하다. 미니큐브 기반 배포에서 로드 밸런서는 큐브 프록시^{Kube Proxy}라고 하는 쿠버네티스 컴포넌트의 단일 인스턴스로 구현된다(미니큐브는 프로덕션용 쿠버네티스가 아니므로 단일 장애 지점은 허용된다). 이름에서 알 수 있듯이 큐브 프록시는 들어오는 요청을 받아 적절한 백엔드로 라우팅하는 프록시일 뿐이다. 쿠버네티스에서는 각 앱 인스턴스에 자체 IP 주소가 할당되며, 조금 전 확인한 것처럼 제어 루프가 app:posts 태그를 가진 인스턴스의 집합을 지속적으로 쿼리하고 있다. 결과 시스템은 그림 8.10에 나타나 있다. 분명히 이것은 서버 측 로드 밸런싱의 구현이다.

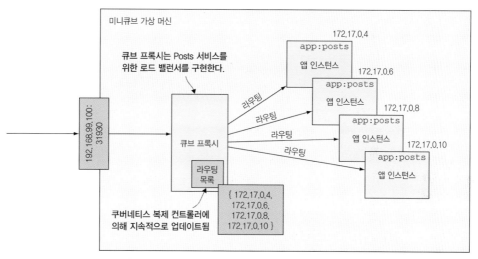

▲ **그림 8.10** 미니큐브에서 실행되는 Posts 서비스의 구체적인 구현. 큐브 프록시는 로드 밸런서 구현이며 Posts 서비스의 모든 인스턴스에 대한 IP 주소 목록을 포함한다.

그림 8.4에 묘사된 서비스 추상화의 오른쪽(그리고 다음 그림의 많은 부분)을 다룬 후, 이제 서비스의 접근 방법을 보여주는 왼쪽으로 돌아가보자. Posts 서비스를 만들 때 미니큐브는 큐브 프록시가 수신하는 포트를 동적으로 할당했다. 이 포트와 함께 미니큐브 가상 머신의 IP 주소가 서비스에 접근하는 데 사용돼 왔다. 하지만 이것은 불안정하다. 서비스 주소가 변경되면 클라이언트를 재설정해야 한다. 이는 샘플에서 서비스 탐색 프로세스를 사용하지 않았기 때문이다. 클라이언트는 지금부터 깊이 공부할 서비스 탐색 프로세스를 통해 더 나

은 방법으로 서비스를 참조할 수 있다.

8.3 서비스 탐색

핵심은 클라이언트가 의존하고 있는 서비스의 (변경) 주소로부터 클라이언트를 느슨하게 결합시키는 단순한 추상화다. 복잡하지 않다. 네이밍 서비스만 있으면 된다. 그림 8.11은 클라이언트가 서비스를 이름으로 참조할 수 있는 간단한 프로토콜을 나타낸다. 즉, 해당 이름의 주소 찾기가 수행되고 연결이 설정된다.

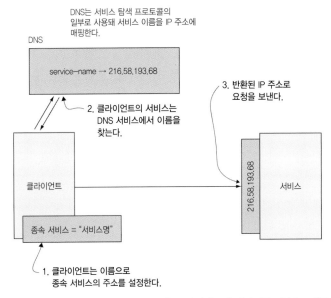

▲ **그림 8.11** 서비스에 접근할 때, 서비스 탐색 프로토콜은 클라이언트가 서비스를 이름으로 참조할 수 있도록 해서 좀 더 탄력적인 바인딩이 가능하다.

이 패턴을 작동시키는 데는 두 가지 부분이 있다. 첫째, 네이밍 서비스에 기입하는 방법이 있어야 한다. 둘째, 이름이 주어지면 주소를 가져오는 방법이 있어야 한다. 다시 말하면, 간단한 지도처럼 단순하게 들린다. 그러나 분산 시스템 환경에서 이 작업을 수행하면 더 까다로워진다. 다행스런 소식은 이 문제를 직접 해결할 필요가 없다는 것이다. 네이밍 시스템이 풍부하며, 단순히 시스템을 효과적으로 사용하는 것이 중요하다.

그러나 이러한 기능을 사용하는 방법을 설명하기 전에 클라우드 네이티브 앱의 컨텍스트에서 네이밍 시스템의 특성을 이야기하겠다. 고도로 분산된 소프트웨어 토폴로지에서는 독립적으로 작동하는 복제된 조각을 갖는 것이 매우 중요하다는 사실을 이미 잘 알고 있을 것이다. 네이밍 서비스는 그 자체로 복제되고 분산된 시스템이다. CAP 이론의 세부 사항을 언급하지 않아도 네이밍 서비스는 일반적으로 일관성보다 가용성을 선호하도록 설정되며, 이 특정 사용 사례에 적합한 선택이다. 그 이유를 알고 싶다면, 클라이언트가 서비스에 접근할 때 어떤 일이 발생하는지 고려해보자.

일관성보다 가용성을 선호한다는 것은 클라이언트가 주소를 네이밍 서비스에 요청할 때 항상 응답을 받지만 그 응답은 오래된 정보일 수 있다는 점을 의미한다. 서비스가 새로운 주소에서 제공되거나 더 이상 이전 주소에서 제공되지 않지만 최신 정보는 아직 전체 시스템에 전파되지 않는 때에 부정확한 응답이 발생한다. 이는 클라이언트의 질문에 응답하는 네이밍 서비스 노드가 좀 오래된 경우다. 그러나 잘 설정된 네이밍 서비스는 이러한 불일치가 발생할 수 있는 창구를 최소화할 것이다. 클라이언트는 네이밍 해석 없이는 서비스에 도달하기 위해 아무것도 할 수 없기 때문에, 그리고 대부분의 경우 네이밍 서비스에서 주어진 응답은 정확할 것이기 때문에 일관성보다는 가용성을 선호하는 것이 좋다. 그러나 비록 드물지만 불일치가 일어날 수 있으므로 네이밍 시스템의 클라이언트는 이러한 가능성을 고려해야 한다.

클라이언트 앱의 개발자로서, 여러분은 필요한 보상 활동을 구현할 책임이 있다. 특정 불일치에 적응하도록 구현해야 하는 경우는 이것만이 아니지만, 다행히도 다음 장에서 자세히 연구할 재시도 같은 몇 가지 기본적 패턴이 많은 도움이 된다. 서비스 탐색 프로토콜에 몇 가지 기본 재시도 기능을 추가해보자.

최근에 인스턴스를 폐기하고 새 인스턴스를 생성한 일부 생명 주기 이벤트를 처리한 서비스가 있다고 가정하자. 클라이언트가 그 서비스에 접속할 때 클라이언트는 서비스에 접근할 수 있는 IP 주소를 얻기 위해 DNS를 참조하지만, DNS는 일관성보다 가용성을 선호하기 때문에 DNS는 현재 폐기된 서비스 인스턴스의 IP 주소로 응답한다. 클라이언트는 그 서비스에 접근하려고 시도하지만, 당연히 아무런 응답도 받지 못한다. 한두 번 요청을 다시 시도할 수도 있지만(9장에서 재시도 횟수를 훨씬 더 자세히 다룬다.) 결국 실패할 것이다. 이 동작은 그림 8.12의 상단에 나타나 있다.

DNS는 결국 일치한다는 것을 알고, 이 동작을 조금만 조정하면 훨씬 더 좋은 결과를 얻는다. 몇 번의 재시도 실패 후 다시 DNS에 IP 주소를 요청할 수 있으며, 그 사이에 DNS가 업데이트돼 일치했기 때문에 새로운 IP 주소를 얻게 된다. 새 주소로 서비스에 접근하려는 시도가 성공했고, 이제 클라이언트는 작업을 완료할 수 있다. 그림 8.12의 하단 부분은 이 프로토콜을 보여준다. 클라이언트 코드 내에서 사용하는 프레임워크에 따라 이 구현에 대해 명시적으로 책임을 질 수도 있고 그렇지 않을 수도 있다. 프레임워크는 우리를 위해 이 프로토콜을 투명하게 구현할 수 있다. 물론 개발자 개인은 이 구현을 책임질 것인지 여부를 명확히 이해하는 것이 중요하다.

그런데 기존 IP 주소에 서비스가 있는데 그것이 다른 서비스라면 어떻게 될까? 이것은 훨씬 더 위험한 문제다. 이 난제에 대해 간단히 대답하면, 네이밍 서비스는 절대로 보안 구현으로 사용돼서는 안 된다는 것이다. 서비스 구현이나 배포는 무단 접근이 허용되지 않도록 접근 제어 메커니즘을 구현해야 한다. 이러한 구현이 시행되면 오래된 IP 주소에 대한 클라이언트의 접근이 거부됐음을 나타내는 오류 메시지가 표시되며, 클라이언트는 적절하게 대응할 수 있다. 접근 제어 문제가 오래된 IP 주소의 결과일 수 있다는 것을 안다면, 클라이언트 개발자로서 네이밍 서비스로 확인해 업데이트된 IP 주소를 사용할 수 있는지 확인하고 사용 가능한 경우 재시도할 것이다.

서비스 탐색을 둘러싼 가장 중요한 사례에 대한 이 논의는 9장과 10장에서 나오는 보상 메커니즘을 더 깊이 다루기 위한 복선이다. 이 논의는 일단 접어두고 핵심 서비스 탐색 패턴의 구체적인 구현을 살펴보자.

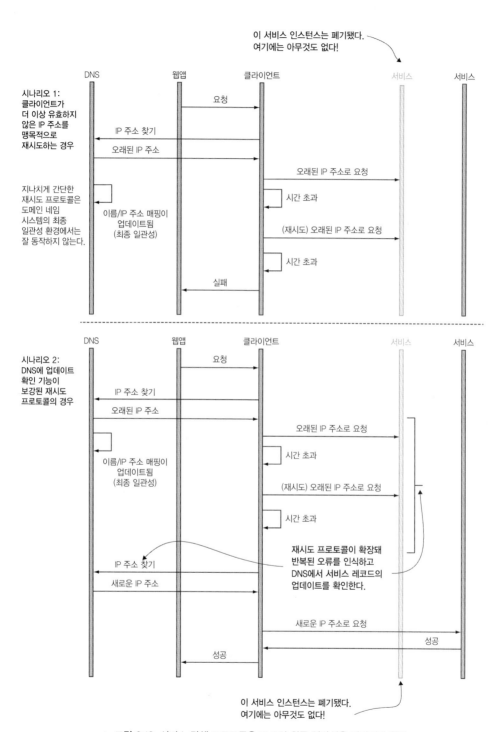

▲ **그림 8.12** 서비스 탐색 프로토콜은 DNS의 최종 일관성을 담당해야 한다.

8.3.1 웹에서의 서비스 탐색

웹 브라우저에서 www.google.com에 접근하면 어떻게 될까? 이 장의 앞부분에서 이미 이 시나리오를 살펴봤다. 브라우저는 네이밍 서비스(이 경우 DNS)에 접근한 후 요청을 해당 주소로 전송하는 클라이언트 측 프로토콜을 구현한다. 하지만 애초에 어떻게 적절한 항목이 DNS에 들어갔을까? 명시적으로 레지스트리에 항목을 넣음으로써 그렇게 됐다는 것을 알고 있을 것이다.

그림 8.13은 구글 클라우드 플랫폼(GCP) 내에서 제공하는 DNS 인터페이스인 클라우드 DNS용 콘솔이다. 여기서는 IP 주소에 이름을 매핑하는 것을 볼 수 있다. 이 경우 GCP에 클라우드 파운드리를 설치하기 위해 이러한 도메인과 IP 매핑 정보를 생성했다.

Record sets

	DNS name ∧	Type	TTL (seconds)	Data
	kerman.cf-app.com.	NS	21600	ns-cloud-d1.googledomains.com. ns-cloud-d2.googledomains.com. ns-cloud-d3.googledomains.com. ns-cloud-d4.googledomains.com.
	kerman.cf-app.com.	SOA	21600	ns-cloud-d1.googledomains.com.
☐	*.apps.kerman.cf-app.com.	A	300	35.190.29.206
☐	*.dev-k8s.kerman.cf-app.com.	A	300	35.202.105.107
☐	pcf.kerman.cf-app.com.	A	300	35.184.74.187
☐	*.pks.kerman.cf-app.com.	A	300	35.193.27.67
☐	*.sys.kerman.cf-app.com.	A	300	35.190.29.206
☐	doppler.sys.kerman.cf-app.com.	A	300	35.224.193.77
☐	loggregator.sys.kerman.cf-app.com.	A	300	35.224.193.77
☐	ssh.sys.kerman.cf-app.com.	A	300	35.202.74.34
☐	tcp.kerman.cf-app.com.	A	300	35.225.64.210
☐	*.ws.kerman.cf-app.com.	A	300	35.224.193.77

▲ **그림 8.13** 도메인 이름을 IP 주소에 매핑하는 DNS 항목

이 시나리오에서 웹의 DNS 서비스는 네이밍 서비스의 구현을 제공하고 있으며, 소프트웨어 배포 프로세스를 통해 매핑 항목이 DNS에 배치됐다. 그리고 URL pcf.kerman.cf-app.com에 접근하면 웹 브라우저에서 DNS를 찾아 IP 주소 35.184.74.187을 얻고 클라우드 파운드리 오퍼레이션즈 매니저Cloud Foundry Operations Manager 애플리케이션을 가져온다.

8.3.2 클라이언트 측 로드 밸런싱을 이용한 서비스 탐색

앞에서 본 것처럼 서비스 탐색은 주소를 클라이언트 구현에 넣어서 긴밀하게 결합하지 않고, 특정 주소에서 서비스를 찾을 수 있도록 하는 것이다. 이 프로토콜은 로드 밸런싱이 서버 측에서 구현될 때와 클라이언트 측에서 구현될 때 모두 사용되지만 약간의 차이가 있다. 그림 8.14는 이를 명확하게 보여준다. 차이점을 말하자면, 바로 시점이다.

서버 측 로드 밸런싱을 이용한 네이밍 확인은 대개 서비스 호출의 일부로 수행되는데, DNS를 찾아본 후 서비스에 요청을 한다. 반면 클라이언트 측 로드 밸런싱에서는 서비스 탐색 프로토콜을 사용해 클라이언트 측 로드 밸런서의 일부인 라우팅 목록을 업데이트한다. 로드 밸런싱과 서비스 탐색 내용이 어느 정도 혼합돼 있으니 잠시 세부 사항을 살펴보자.

이미 넷플릭스 리본과 클라이언트 측 로드 밸런서의 구현을 언급했다. 이 프레임워크는 클라이언트 코드가 이름을 통해 종속 서비스를 참조할 수 있는 프로그래밍 모델이다. 스프링 프레임워크를 사용해 다음과 같은 클래스 어노테이션으로 이용할 수 있다.

```
@RibbonClient(name = "posts-service")
```

코드에서는 예를 들어 restTemplate을 사용해 서비스에 접근할 수 있다.

```
String posts
= restTemplate.getForObject("http://posts-service/posts", String.class);
```

주소를 찾아 요청을 보내는 일은 스프링 프레임워크와 리본 클라이언트의 조합으로 구현한다. 그러나 서비스 탐색은 또한 이름과 주소를 쌍으로 해서 네이밍 서비스에 등록하는 것에 의존하고 있다. 여기서는 클라이언트 측 로드 밸런싱을 사용하는 경우 이를 원활하게 하기 위한 특수 서비스가 필요하다. 넷플릭스 리본은 또 다른 서비스인 넷플릭스 유레카Netflix Eureka(https://github.com/Netflix/eureka)와 함께 사용된다.

서버 측 로드 밸런싱

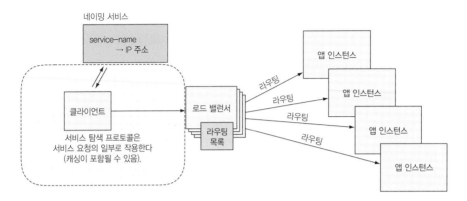

클라이언트 측 로드 밸런싱

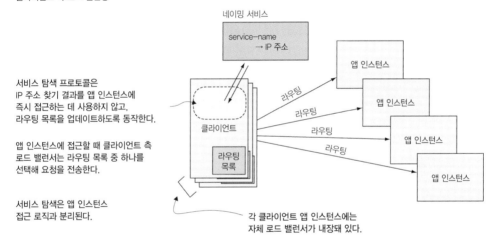

서비스 탐색 프로토콜은
IP 주소 찾기 결과를 앱 인스턴스에
즉시 접근하는 데 사용하지 않고,
라우팅 목록을 업데이트하도록 동작한다.

앱 인스턴스에 접근할 때 클라이언트 측
로드 밸런서는 라우팅 목록 중 하나를
선택해 요청을 전송한다.

서비스 탐색은 앱 인스턴스
접근 로직과 분리된다.

각 클라이언트 앱 인스턴스에는
자체 로드 밸런서가 내장돼 있다.

▲ **그림 8.14** 서비스 탐색은 클라이언트 측 로드 밸런싱 또는 서버 측 로드 밸런싱의 사용 여부에 따라 다르다.

이 경우 유레카 서비스가 실행 중이어야 한다. 지정된 이름에서 IP 주소를 결정하는 것
은 네이밍 서비스다. 유레카에 서비스 인스턴스를 등록하는 가장 간단한 방법은 스프링 프
레임워크를 다시 사용하는 것이다. 클래스 경로에 유레카용 스프링 부트 스타터를 포함하
고 설정된 유레카 서비스의 위치 정보가 있는 애플리케이션은 스프링 프레임워크에 의해
자동으로 유레카에 등록된다. 이것은 스프링 프레임워크에서 관리하는 애플리케이션 생명
주기의 일부다.

8.3.3 쿠버네티스에서 서비스 탐색

8장에서 다루고자 하는 마지막 예제는 실행 중인 예제에 서비스 탐색을 추가하는 단계다. 이렇게 함으로써 이 책의 초반부에서 우리를 괴롭혔던 불안정한 설정을 없앨 수 있다. 물론 패턴은 지난 두 가지 사례와 동일하다. 어떤 종류의 네이밍 서비스가 있고, 그 네이밍 서비스에 진입점을 위치시키는 과정과 이름에서 IP 주소를 얻기 위한 프로토콜이 존재한다.

쿠버네티스는 CoreDNS라는 서비스로 DNS를 구현했다(좋다. 쿠버네티스에 포함된 DNS를 Kube-DNS라고 불렀을 때가 있었는데 그때가 좀 더 재미있었다. 2018년 말에 Kube-DNS는 사실상 CoreDNS로 대체됐다). CoreDNS는 선택적인 컴포넌트이지만, 기본으로 설치하면 된다. CoreDNS는 쿠버네티스 클러스터에 (파드 안의) 앱으로 배포된다. 쿠버네티스의 컴포넌트 뿐만 아니라 다른 앱에서도 서비스 탐색 프로토콜을 설정하는 등록 및 찾기 작업을 수행하기 위해 CoreDNS와 인터페이싱한다. 다음 명령을 실행하면 CoreDNS가 실행되고 있음을 알 수 있다.

```
$ kubectl get pods --namespace=kube-system
NAME                                  READY   STATUS    RESTARTS   AGE
coredns-86c58d9df4-8mfq8              1/1     Running   0          6d19h
coredns-86c58d9df4-sfqjm              1/1     Running   0          6d19h
etcd-minikube                        1/1     Running   0          6d19h
kube-addon-manager-minikube          1/1     Running   0          6d19h
kube-apiserver-minikube              1/1     Running   0          6d19h
kube-controller-manager-minikube     1/1     Running   0          6d19h
kube-proxy-jwcmg                     1/1     Running   0          16h
kube-scheduler-minikube              1/1     Running   0          6d19h
storage-provisioner                  1/1     Running   0          6d19h
```

위의 결과 값으로 CoreDNS가 두 개의 파드로 실행되고 있다는 것을 알 수 있다. 네이밍 서비스는 소프트웨어를 구성하는 데 중요한 요소다. 따라서 매우 탄력적인 방식으로 배치돼야 하며, 멀티 인스턴스로 배치해 복원력을 높인다.

서비스 탐색 프로토콜의 일부분부터 살펴보면, 서비스가 생성될 때 쿠버네티스는 자동으로 DNS 등록을 수행한다. 쿠버네티스가 특정 서비스를 등록하는 이름은 배포 매니페스트에 명시적으로 설정되거나, 기본값은 서비스 이름과 같은 표준 서비스 필드에서 파생될 수 있다.

서비스 탐색의 나머지 한 부분인 찾기에 대한 접근은 간단하다. CoreDNS는 다른 DNS와 똑같이 작용한다. 예를 들어 restTemplate을 사용해 HTTP 요청을 하는 DNS 서비스와 일반적으로 인터페이싱하는 모든 프로세싱은 CoreDNS에 대한 찾기를 수행할 것이다. 쿠버네티스는 CoreDNS 주소가 실행 중인 파드에 설정되도록 보장한다.

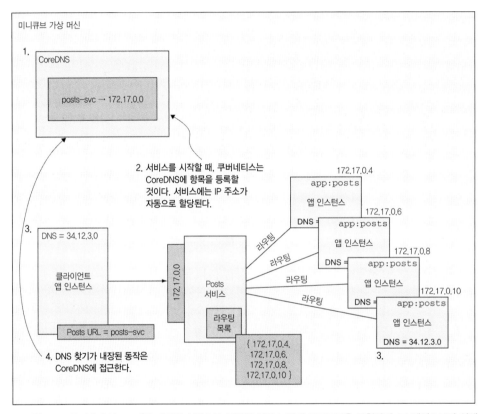

▲ **그림 8.15** 쿠버네티스는 도메인 네이밍 서비스를 포함해 서비스 탐색 프로토콜을 구현하며, 그 레지스트리 안에서 항목을 자동으로 생성하고 접근하는 처리를 한다.

그림 8.15는 다음 내용을 모두 포함한다.

1. 쿠버네티스 클러스터에는 CoreDNS라는 DNS 서비스가 내장돼 있다.
2. 시작할 때는 서비스의 이름과 주소가 CoreDNS 서비스에 추가된다.

3. 쿠버네티스 환경에서 실행되는 모든 파드(앱)에는 CoreDNS의 주소가 설정된다.

4. 이름이 포함된 URL에 HTTP 요청을 하는 것과 같은 모든 DNS 접근 작업은 먼저 CoreDNS 서비스에 접근해 주소를 확인한다.

이제 우리의 블로그 통합 사례에 이 모든 새로운 지식을 적용할 준비가 됐다.

8.3.4 실제로 구현해보기: 서비스 탐색 활용

마침내 때가 왔다! 이제 샘플 애플리케이션을 구성하는 다양한 서비스 간의 취약한 설정을 제거해보자. 작업을 마치고 나면, 더 이상 하나의 서비스가 IP 주소를 통해 다른 서비스 주소를 지정하지 않으며 서비스용 IP 주소가 변경될 때 업데이트해야 하는 취약한 설정도 아니다. 대신 DNS 서비스를 사용해 서비스 탐색 프로토콜을 구현한다. 또는 애플리케이션을 배포하는 플랫폼(이 경우 쿠버네티스)에서 해당 프로토콜을 구현한다.

셋업

이 시점에서는 이 책의 앞 장에서 다룬 샘플을 실행하기 위한 설정 지침을 참조한다. 이 장에는 샘플을 실행하기 위한 새로운 요건이 없다.

cloudnative-servicediscovery 디렉터리 내의 파일에 접근할 수 있으므로 터미널 창을 해당 디렉터리로 변경하자.

앱 실행

배포 매니페스트를 변경했고 배포 컴포넌트를 설정하는 데 더 이상 취약한 단계가 없으므로, 모든 쿠버네티스 서비스뿐만 아니라 데이터베이스와 구성 서버 컴포넌트를 포함한 샘플 앱의 전체 배포를 삭제하는 것이 좋다. 이를 통해 서비스 탐색 프로토콜을 직접 구현하지 않고 자동화된 서비스 탐색을 추가해서 구현이 얼마나 간단한지 명확히 알 수 있다. 제공된 스크립트를 다음과 같이 실행하면 된다.

```
$ ./deleteDeploymentComplete.sh all
```

여기서 제공한 것을 보면, 우선 이 디렉터리 안에 파일이 거의 없다는 것을 알 수 있다. 샘플 애플리케이션에 대한 유틸리티 스크립트와 배포 매니페스트 몇 개만 포함돼 있다. 소스 코드도 없다. 8장의 초반부에서 다룬 것을 기억하는가? 설계 결정이 개발 시간만큼 배포 시간의 문제가 될 가능성이 높다고 말했다. 예를 들어 Connections' Posts 앱에서 Posts 서비스에 이르기까지 종속 서비스를 호출했던 코드는 이미 DNS 서비스를 사용하는 기술을 쓰고 있기 때문에 앱 배포 매니페스트에서 취약한 IP 주소를 이름으로 대체하도록 코드를 변경할 필요가 없다. 배포 매니페스트 파일에는 7장에서 만든 도커 이미지가 사용됐다.

먼저 두 개의 데이터베이스 서비스와 SCCS를 구축해보자. 이 작업은 다음 세 가지 명령으로 수행된다.

```
kubectl apply -f mysql-deployment.yaml
kubectl apply -f redis-deployment.yaml
kubectl apply -f spring-cloud-config-server-deployment-kubernetes.yaml
```

cookbook 데이터베이스를 다시 만드는 것을 잊지 말자.

```
$ mysql -h $(minikube service mysql-svc --format "{{.IP}}") \
        -P $(minikube service mysql-svc --format "{{.Port}}") -u root -p
mysql> create database cookbook;
```

익숙한 명령인 `kubectl get all`을 실행해서 최종적으로 만들어진 배치, 서비스, 파드를 볼 수 있다.

이제 Connections 서비스에 대한 배포 매니페스트에서 수행한 변경 사항을 살펴보자.

- 이름으로 참조하기 위해 MySQL 서비스로 URI를 업데이트했다. 이제 관련 환경 변수의 정의는 다음과 같다.

```
- name: SPRING_APPLICATION_JSON
  value: '{"spring":{"datasource":{"url":
  ➡ "jdbc:mysql://mysql-svc/cookbook"}}}'
```

- 또한 SCCS를 가리키는 값도 이름으로 돼 있는 것을 알 수 있다.

```
- name: SPRING_CLOUD_CONFIG_URI
  value: "http://sccs-svc:8888"
```

이제 다음 명령을 사용해 Connections 서비스를 실행하자.

```
kubectl apply -f cookbook-deployment-connections.yaml
```

이제 다음 명령으로 시작할 수 있는 Posts 서비스에 대해 동일한 설정을 볼 수 있다.

```
kubectl apply -f cookbook-deployment-posts.yaml
```

마지막으로 다음 리스트에서는 Connections' Posts 배포 매니페스트에서 이제 Redis, SCCS, 그리고 각 Posts 서비스와 Connections 서비스를 이름으로 참조하는 것을 볼 수 있다.

리스트 8.1 cookbook-deployment-connectionsposts.yaml에서 발췌

```
- name: CONNECTIONPOSTSCONTROLLER_POSTSURL
  value: "http://posts-svc/posts?userIds="
- name: CONNECTIONPOSTSCONTROLLER_CONNECTIONSURL
  value: "http://connections-svc/connections/"
- name: CONNECTIONPOSTSCONTROLLER_USERSURL
  value: "http://connections-svc/users/"
- name: REDIS_HOSTNAME
  value: "redis-svc"
- name: REDIS_PORT
  value: "6379"
- name: SPRING_APPLICATION_NAME
  value: "mycookbook"
- name: SPRING_CLOUD_CONFIG_URI
  value: "http://sccs-svc:8888"
```

다음 명령으로 이 서비스를 시작할 수 있다.

```
kubectl apply -f cookbook-deployment-connectionsposts.yaml
```

배포 매니페스트 중 하나를 편집할 필요가 없다는 사실을 알고 있었는가? 바로 이것이 서비스 탐색을 통한 느슨한 결합 덕분에 볼 수 있는 아름다움이다.

Connections' Posts 서비스 설정에서는 두 가지 추가 사항에 주목하자.

첫째, Posts 서비스와 Connections 서비스를 지칭하는 데 사용되는 이름 뒤에 어떤 포트 번호도 붙지 않는다. 이전 설정에서 두 서비스 모두 동일한 IP 주소(미니큐브 가상 시스템의 주소)에서 서로 다른 포트로 수신하고 있음을 알 수 있을 것이다. URI를 서비스 이름으로 바꾸었을 때 IP 주소에 대한 취약 바인딩을 제거했을 뿐만 아니라 트래픽이 라우팅되는 방식도 변경됐다. IP 주소가 사용됐을 때, 북쪽/남쪽 길을 통해 Posts 서비스와 Connections 서비스로 라우팅했다. 요청은 쿠버네티스 환경 밖으로 이동해서 미니큐브 VM의 IP 주소를 통해 다시 들어온다. IP 주소와 포트를 서비스 이름으로 교체할 때, Connections' Posts에서 Posts로의 라우팅은 동쪽/서쪽 도로를 사용해 쿠버네티스 환경 내에 머물렀다. 또한 쿠버네티스가 서비스 개체를 만들 때는 해당 개체에 내부 IP 주소를 할당하는데, 이것이 CoreDNS의 이름과 연관된 IP 주소다.

두 번째로 주목할 것은 이 첫 번째 포인트와 관련 있다. Redis 서비스의 포트 번호가 현재 6379로 설정돼 있다는 점에 유의하자. 이전 설정에서는 Posts 및 Connections 서비스와 마찬가지로 북쪽/남쪽 경로를 통해 Redis 서비스에 접근했다. 그러나 Redis 호스트 이름을 DNS에 등록된 redis-svc로 변경할 때는 동쪽/서쪽 라우팅이 사용되며, 트래픽은 redis-svc로 직접 전송된다. Redis 서비스의 정의를 살펴보면 포트 6379에서 수신하도록 설정됐으며, 해당 포트로 들어오는 요청은 실제 Redis 서비스를 실행하는 파드가 수신하는 targetPort로 전달된다.

```
kind: Service
apiVersion: v1
metadata:
  name: redis-svc
spec:
  selector:
    app: redis
  ports:
  - protocol: "TCP"
    port: 6379
    targetPort: 6379
  type: NodePort
```

이제 샘플 애플리케이션이 완전히 작동하고 있다. 이전과 다른 한 가지 중요한 차이점이 있다면, Posts 서비스나 Connections 서비스를 삭제하고 다시 만들 수 있으며 그 서비스들의 클라이언트인 Connections' Posts 서비스를 재설정하거나 재배포할 필요가 없다는 것이다. 서비스 탐색 프로토콜을 통해 종속 서비스에 대한 접근이 용이하기 때문에 클라우드 네이티브 소프트웨어 배포는 이러한 변경을 허용한다.

클라우드 네이티브 소프트웨어 배포의 지속적인 변화에 적응하는 것은 상태 점검과 라우팅 최신화 등을 제공하는 플랫폼의 도움 없이는 다루기 어려울 것이다. 서비스 탐색은 똑같이 필수적인 프로토콜이다. 플랫폼이 소프트웨어에 이러한 서비스를 제공할 수 있도록 애플리케이션 코드와 배포를 구축하는 것이 우리의 직업이다.

요약

- 단순한 추상화는 의존적 서비스에서 좀 더 느슨하게 클라이언트를 결합하는 데 사용할 수 있다.
- 중앙 집중식(또는 서버 측)과 클라이언트 측이라는 두 가지 주요 로드 밸런싱 접근 방식을 사용할 수 있으며, 각각 장단점이 있다.
- 로드 밸런싱 장비의 설정은 동적이고 매우 자동화돼야 한다. 클라우드 네이티브 환

경에서 트래픽이 라우팅되는 인스턴스가 과거에 비해 훨씬 더 자주 변경되고 있기 때문이다.

- DNS와 같은 네이밍 서비스는 클라이언트가 지속적으로 변화하는 토폴로지에서도 종속 서비스를 찾을 수 있도록 해주는 서비스 탐색 프로토콜의 중심이다.

- 도메인 네이밍 서비스를 사용할 때 개발자는 이름 대 IP 주소 테이블name-to-IP-address table이 결국 일관된다는 사실을 고려해야 한다. 또한 기한이 지난 항목에 대해서도 고려해야 한다.

- 서비스 탐색 프로토콜을 사용하면 훨씬 더 탄력적인 소프트웨어 구현이 가능해진다.

9

상호작용 이중화: 재시도와 기타 제어 루프

9장에서 다루는 내용

- 재시도: 시간 초과 시 접근 시도 반복
- 재시도 폭풍
- 안전하면서 멱등성[1] 있는 서비스
- 폴백
- 제어 루프

웹 서핑을 할 때, 접근하려는 웹 페이지가 로드되지 않으면 어떻게 하는가? 새로 고침 버튼을 누르는가? 지금까지 다중화된 서비스 인스턴스를 많이 이야기했지만, 이제는 클라우드 네이티브 소프트웨어에서 다중화가 사용되는 다른 경우, 즉 요청을 할 때로 눈을 돌리고자 한다. 하나의 앱 인스턴스만으로는 항상 실행되기가 불가능한 것처럼, 문제가 발생하지 않도록 하려면 각각의, 그리고 모든 요청에 따라 다르게 대응해야 한다. 또한 소프트웨어도 여러분이 하는 것처럼 요청을 반복할 것이다. 글쎄, 어쩌면 그냥 그렇지 않을 수도 있다. 이것을 좀 더 상세히 알아보자.

---

1   멱등성(idempotence)은 수학이나 전산학에서 주로 사용하는 용어로, 연산을 여러 번 적용하더라도 결과가 달라지지 않는 성질을 말한다. – 옮긴이

간단한 것부터 시작해보자. 어떤 글을 읽기 위해 페이지를 로드하는 것이다. 예를 들어 해커 뉴스 홈페이지(https://news.ycombinator.com/)를 보면 '펑크음악을 연주하는 수도사'(https://www.nytimes.com/2007/04/22/nyregion/thecity/22monk.html)라는 헤드라인이 마음에 들어서 링크를 클릭하고 전체 기사를 읽는다. 기사가 로드되지 않거나 부분적으로만 로드됐을 때, 새로 고침 버튼을 누르면 정상적으로 로드된다.

그러나 즐겨 찾는 전자 상거래 사이트에서 주문 버튼을 클릭한 후 바로 로드하지 못할 때는 해당 버튼을 다시 클릭할 가능성이 거의 없다. 먼저 구매가 이뤄졌는지 쇼핑 카트를 확인하거나, 주문 목록을 확인하거나, 주문 확인 이메일을 받았는지 확인할 것이다. 만약 주문이 이뤄졌다는 사실을 확인했다면 아무 문제없다. 부분적으로 실패한 요청을 반복할 필요는 없다. 반면에 주문이 이뤄지지 않았다고 확신한다면, 돌아가서 구매 요청을 반복할 것이다.

독자가 방문하는 몇몇 웹사이트에서 우연히 볼 수 있는 또 다른 기능, 즉 '나는 로봇이 아닙니다.'라는 식의 확인 기능이나 캡차^{captcha}에도 관심을 가져보자. 이러한 유형의 위젯은 일반적으로 관리자가 특정 웹사이트 상호작용을 수행하거나, 봇이 (많은 수의) 계정을 만들지 못하도록 하거나, 암호를 해킹하지 못하도록 하는 데 사용된다. 이 기능은 기본적으로 재시도에 관한 것이며, 여기서 다룰 요청 다중화의 또 다른 측면을 강조한다. 즉, 인간 사용자에서 기계 클라이언트로 이동할 때는 요청의 양과 빈도 모두에서 크게 증가한다는 것을 인지해야 한다.

이러한 친숙한 시나리오는 다중화된 상호작용에 대한 탐구를 시작하기에는 좋지만, '요청 행위의 주체'와 '상황' 모두가 다르다는 점을 이해하는 것이 중요하다. 클라우드 네이티브 소프트웨어 아키텍처에서 클라이언트와 상호작용하는 서비스는 프로그램이다. 소프트웨어 기반 클라이언트는 인간이 하는 것과 유사한 결정을 내려야 한다. 예를 들어 요청한 것을 포기하기 전에 얼마나 기다려야 하는지를 결정하는 일이다. 또한 재시도해서는 안 되는 때를 이해할 필요가 있고, 또한 프로그램 내에서 이를 인식할 필요가 있다.

이 책에서 '상호작용'이라는 단어를 사용하고 있다는 것을 눈치챘을지도 모른다. 첫 번째 장에 설명한 클라우드 네이티브 소프트웨어의 멘탈 모델^{mental model}로 되돌아가보자. 상호작용은 첫 번째 장에서 소개한 주요 엔티티 중 하나다. 8장에서 해당 주제에 접근했지만,

주로 상호작용이 설정되기 전에 필요한 것, 예를 들어 클라이언트가 종속적인 서비스를 어떻게 찾는지에 관한 것이었다. 이제 상호작용의 클라이언트 측에 초점을 맞추고 상호작용을 본격적으로 언급할 것이다(그림 9.1 참조). 10장은 상호작용의 서비스 종료를 다루게 된다.

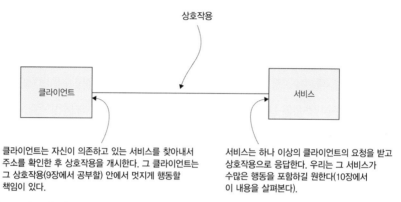

상호작용

클라이언트

서비스

클라이언트는 자신이 의존하고 있는 서비스를 찾아내서 주소를 확인한 후 상호작용을 개시한다. 그 클라이언트는 그 상호작용(9장에서 공부할) 안에서 멋지게 행동할 책임이 있다.

서비스는 하나 이상의 클라이언트의 요청을 받고 상호작용으로 응답한다. 우리는 그 서비스가 수많은 행동을 포함하길 원한다(10장에서 이 내용을 살펴본다).

▲ **그림 9.1** 상호작용의 양쪽에 적용되는 특정 디자인 패턴은 시스템을 훨씬 더 견고하고 신뢰할 수 있게 한다. 이 장에서는 클라이언트 측면 패턴을 다루고, 다음 장에서는 서비스 측면 패턴을 다룰 예정이다.

샘플 애플리케이션에 단순한 재시도 구현을 추가하는 것으로 장을 시작하며, 이 패턴의 가치를 입증하기 위해 몇 가지 실험을 실행해보자. 그리고 그 실험들을 극단적으로 실행하면, 많은 양의 재시도가 전체 시스템에 파급되는 부정적인 결과를 가질 때 어떤 일이 일어나는지 알 수 있을 것이다. 그런 다음 이 재시도 폭풍retry storm을 막기 위한 기법을 탐구할 것이다. 마지막으로 재시도 요청은 반복적인 활동의 한 예에 불과하며, 제어 루프의 일반적인 패턴과 클라우드 네이티브 소프트웨어에서 이들의 중요한 역할을 이야기함으로써 이 장을 끝낼 것이다.

9.1 재시도 요청

클라우드 네이티브 소프트웨어는 분산 시스템으로 정의할 수 있다. 과거에 코드의 다른 부분에서 기능을 불러내는 것은 메소드 호출이었고, 모든 것이 동일한 프로세스 내에서 실행됐다. 오늘날의 구현은 네트워크를 항상 신뢰할 수 없다 하더라도 네트워크를 통한 요청이 대부분이다. 그리고 네트워크가 정상일 때도, 프로세스가 떠있고 가동되는 동안 호출하는 서비스가 똑같이 정상이라는 보장은 없다. 이러한 분산된 시스템의 특성 때문에 요청 복원력 문제를 해결해야 한다.

여기서 시작과 동시에 한 가지를 분명히 하겠다. 요청 복원력을 정의하거나 실현할 수 있는 방법은 여러 가지가 있다. 기존의 접근 방식은 요청 내구성에 초점을 맞추는 것이다. 즉, 요청이 손실되지 않도록 보장하는 방법이다. 그러나 이 방법은 서버와 스토리지 장치를 강화시키는 전통적인 접근 방식과 유사하다. 즉, 서버 장치가 실패하지 않도록 더 강하고 튼튼하게 만든다. 그 대신 이 책 전반에 걸쳐 살펴보는 좀 더 현대적인 패러다임은 컴포넌트가 실패한다는 것을 받아들이고 그 필연적인 실패에 맞춰 복원력을 달성한다. 이것이 이 장에서 요구하는 바다. 이는 각 요청을 잃어버릴 수 없는 것으로 취급하지 않고 요청을 다중화해 처리함으로써 복원력을 달성하는 것을 지향한다. 이후 장에서는 요청을 저장하는 접근법을 제시하지만, 간단하지는 않다. 나중을 위해 이 모든 것을 남겨두겠다.

9.1.1 기본 요청 재시도

기본적인 패턴은 간단하다. 앱은 원격 서비스에 요청을 할 것이고, 만약 그것이 적절한 시간 내에 회신하지 않는다면 요청을 다시 시도할 것이다. 지금까지 독자는 Connections' Posts 서비스가 Connections 서비스와 Posts 서비스를 모두 호출한 후 집계된 결과를 반환하는 블로그 집계기$^{Blog\ Aggregator}$를 알아봤다.

잠시 후에 보게 될 시연에서는 클라이언트로서 Posts 서비스에 HTTP 요청을 하는 Connections' Posts 서비스에 초점을 맞추고 있다(아직도 Connections 서비스에 요청을 하고 있지만, 이 실습에서는 Connections' Posts와 Posts 간의 상호작용에 초점을 맞춘다). 이 예제에서는 이 요청과 관련해 재시도(그림 9.2)를 구현했으므로 이제 Connections' Posts 서비스가 Posts 서비스를 호출해 응답을 수신하지 못할 때 요청을 다시 시도하기만 하면 된다.

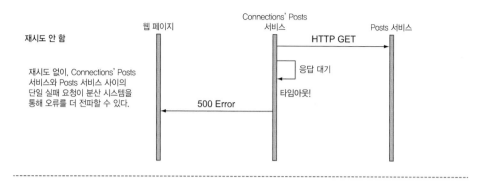

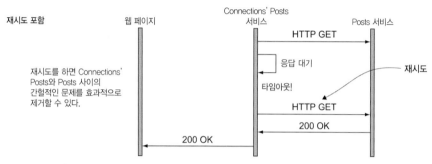

▲ **그림 9.2** 재시도를 하면 분산 시스템의 일부를 다른 부분의 오류로부터 격리시킬 수 있다.

이렇게 간단한 재시도를 통해 전체 시스템이 장애에 대한 내구성을 향상시키게 되므로, Connections' Posts 서비스가 집계된 블로그 게시물 세트를 생성하지 못한 경우에도 결과를 반환할 수 있다.

9.1.2 실행해보기: 단순 재시도

9장과 10장에서는 서비스 간의 상호작용에서 다양한 클라우드 네이티브 패턴을 적용할 때의 영향을 파악하는 일련의 실험을 진행할 것이다. 첫 번째 예는 그 토대를 제시하며, 그 뒤에 이어지는 구현체를 만드는 것은 맨 마지막에 하겠다. 간단한 재시도부터 시작하자.

셋업

앞 장들에서 샘플을 실행하기 위한 설정 지침을 참조한다. 이 장에서는 샘플을 실행하기 위한 새로운 요건이 없다.

cloudnative-requestresilience 디렉터리의 파일에 접근하기 위해 터미널 창에서 해당 디렉터리로 변경한다.

앞 장들에서 설명한 것처럼 도커 이미지를 미리 제작해 도커 허브에서 사용할 수 있도록 했다. 자바 소스와 도커 이미지를 구축해 자신의 이미지 저장소로 밀어 넣으려면 이전 장들(가장 자세한 지침은 5장에서 다룬다.)을 참조한다.

앱 실행

이 장을 진행하면서 여러 버전의 재시도 패턴을 사용할 것이므로 시작하기 전에 깃허브 리포GitHub repo에서 태그가 맞는지 확인한다.

```
git checkout requestretries/0.0.1
```

쿠버네티스 클러스터가 필요하며, 이 초기 예에서는 미니큐브를 사용할 수 있다. 미니큐브를 어떻게 실행하고 가동하는지 알고 싶다면 5장의 5.2.2절에서 다룬 내용을 참조한다. 새 슬레이트로 시작하려면 이전 작업에서 남은 배포를 모두 삭제한다. 삭제하기 위한 deleteDeploymentComplete.sh 스크립트를 이미 제공했다. 이 간단한 배시 스크립트를 통해 MySQL, Redis, 스프링 클라우드Spring Cloud 서비스를 계속 실행할 수 있다. 옵션 없이 호출하면 세 개의 마이크로서비스 배포만 삭제되고, 인수 all로 호출하면 MySQL, Redis, SCCS 서비스도 삭제된다. 다음 명령을 사용해 환경이 깨끗이 지워졌는지 확인한다.

```
$ kubectl get all
```

NAME	READY	STATUS	RESTARTS	AGE
pod/mysql-6585c56bff-hfwn5	1/1	Running	0	2m
pod/redis-846b8c56fb-wr6zx	1/1	Running	0	2m
pod/sccs-84cc988f57-d2mgm	1/1	Running	0	2m

NAME	CLUSTER-IP	EXTERNAL-IP	PORT(S)	AGE
service/connectionsposts-svc	10.101.76.173	\<none\>	80:31224/TCP	44s
service/connections-svc	10.105.144.139	\<none\>	80:32290/TCP	44s
service/kubernetes	10.96.0.1	\<none\>	443/TCP	4m
service/mysql-svc	10.109.9.155	\<none\>	3306:32260/TCP	2m

```
service/posts-svc        10.98.202.179   <none>    80:32746/TCP    45s
service/redis-svc        10.109.19.150   <none>    6379:30270/TCP  2m
service/sccs-svc         10.98.94.67     <none>    8888:32640/TCP  2m

NAME                       DESIRED   CURRENT   UP-TO-DATE   AVAILABLE   AGE
deployment.apps/mysql      1         1         1            1           2m
deployment.apps/redis      1         1         1            1           2m
deployment.apps/sccs       1         1         1            1           2m

NAME                               DESIRED   CURRENT   READY   AGE
replicaset.apps/mysql-6585c56bff   1         1         1       2m
replicaset.apps/redis-846b8c56fb   1         1         1       2m
replicaset.apps/sccs-84cc988f57    1         1         1       2m
```

mysql, redis, sccs는 실행 중이고, 세 개의 마이크로서비스용 서비스도 실행 중이다. redis, mysql, sccs를 삭제한 경우 deployServices.sh 배시 스크립트를 실행해 각각 배포한다. MySQL 서비스를 새로 만들었으면, 다음 명령으로 cookbook 데이터베이스를 작성하는 것을 잊지 않는다.

```
$ mysql -h $(minikube service mysql-svc --format "{{.IP}}") \
    -P $(minikube service mysql-svc --format "{{.Port}}") -u root -p
mysql> create database cookbook;
```

이제 Connections' Posts, Connections, Posts YAML 파일을 가리키는 세 개의 kubectl apply 명령을 실행해 세 개의 마이크로서비스를 배포한다. 세 개 모두를 요약한 스크립트를 만들었으므로 간단히 실행하면 된다.

```
./deployApps.sh
```

이전에 수행한 것처럼 먼저 로그인한 다음 연결에 대한 게시물 목록에 접근해서 Connections' Posts 마이크로서비스를 호출한다.

```
curl -i -X POST -c cookie \
  $(minikube service --url connectionsposts-svc)/login?username=cdavisafc
curl -i -b cookie \
  $(minikube service --url connectionsposts-svc)/connectionsposts
```

이 시점에서는 마지막 명령을 반복적으로 실행해 일관된 결과를 얻을 수 있어야 한다.

이제 문제를 일으켜보자. 이전 장에서 엔드포인트를 Posts 서비스에 추가해 서비스를 중단했다는 점을 상기해본다. /infect 엔드포인트에 대해 HTTP 포스트를 호출함으로써, 그다음 요청에 대한 응답은 400초 지연된다. 꽤 망가졌다. 배치 매니페스트에서는 8장의 끝에서 추가한 활성 프로브를 제거했다. 지금 실험에서는 이렇게 서비스를 고장 내야 한다. 현재 두 개의 Posts 서비스 인스턴스가 실행 중이므로 POST 요청을 통해 두 개중 하나를 중단한다.

```
curl -i -X POST $(minikube service --url posts-svc)/infect
```

Connections' Posts 서비스를 다시 호출하기 전에 다른 터미널 창에서 다음 명령을 실행해 해당 서비스에 대한 로그 스트리밍을 시작한다.

```
kubectl logs -f <name of your Connections' Posts pod>
```

이제 Connections' Posts 서비스에 몇 번 더 접근한다. 여기서는 다음 두 가지 사실에 주목하길 바란다. 첫 번째로, 각 curl에 대해 응답을 받는다는 것이다. 이는 통합 서비스가 제대로 작동하고 있다는 점을 보여준다. 하지만 두 번째로, 로그를 보면 다음과 같은 항목을 볼 수 있다는 점도 유의해야 한다.

```
... : [172.17.0.10:8080] getting posts for user network cdavisafc
... : [172.17.0.10:8080] connections = 2,3
... : [172.17.0.10:8080] On (0) request to unhealthy posts service I/O
➥ error on GET request for "http://posts-svc/posts": Read timed out;
➥ nested exception is java.net.SocketTimeoutException: Read timed out
... : [172.17.0.10:8080] On (1) request to unhealthy posts service I/O
➥ error on GET request for "http://posts-svc/posts": Read timed out;
➥ nested exception is java.net.SocketTimeoutException: Read timed out
... : [172.17.0.10:8080] On (2) request to unhealthy posts service I/O
➥ error on GET request for "http://posts-svc/posts": Read timed out;
➥ nested exception is java.net.SocketTimeoutException: Read timed out
... : [172.17.0.10:8080] Retrieved results from database
```

이는 Posts 서비스에 대한 요청 중 시간이 초과된 요청이 있었지만 그 실패가 클라이언트에 다시 전파되는 대신 Connections' Posts 서비스가 요청을 다시 시도해 자동으로 복구된다는 것을 보여준다. 몇 번의 재시도(앞의 예에서는 세 번의 재시도)가 있어도, 결국 정상적인(감염되지 않은) Posts 서비스에 도달해서 그 결과를 반환했다.

ConnectionsPostsController.java 파일의 구현 내용을 살펴보자.

리스트 9.1 ConnectionsPostsController.java에서 발췌

```
int retryCount = 0;
while (implementRetries || retryCount == 0) {
  try {
    RestTemplate restTemp = restTemplateBuilder
                              .setConnectTimeout(connectTimeout)
                              .setReadTimeout(readTimeout)
                              .build();
    ResponseEntity<PostResult[]> respPosts
      = restTemp.getForEntity(postsUrl + ids + secretQueryParam,
                              PostResult[].class);
    if (respPosts.getStatusCode().is5xxServerError()) {
      response.setStatus(500);
      return null;
    } else {
      logger.info(utils.ipTag() + "Retrieved results from database");
      PostResult[] posts = respPosts.getBody();
      for (int i = 0; i < posts.length; i++)
        postSummaries.add(
          new PostSummary(getUsersname(posts[i].getUserId()),
          posts[i].getTitle(), posts[i].getDate()));
      return postSummaries;
    }
  } catch (Exception e) {
    // 연결이 시간 초과됐을 때 발생
    // 단순한 구현을 위해
    // 간단히 다시 시도
    logger.info(utils.ipTag() +
      "On (" + retryCount + ") request to unhealthy posts service  " +
      e.getMessage());
    if (implementRetries)
```

```
      retryCount++;
    else {
      logger.info(utils.ipTag( ) +
        "Not implementing retries - returning with a 500");
      response.setStatus(500);
      return null;
} }
}
```

보다시피 구현은 간단하다. 새로운 애플리케이션 속성을 통해 제어되는 재시도를 구현하는 경우에는 Posts 서비스에 요청한다. 시간이 초과되면 while 반복문을 유지하고 다시시도한다. 샘플을 실행할 때 본 바로 그 로그 메시지를 생성하는 라인을 볼 수 있다.

이는 매우 간단하지만, 여기에 이미 첫 번째 뉴앙스가 있다. 즉, 시간 초과 예외가 발생하기 전에 얼마나 오래 기다릴 것인가? 이는 궁극적으로 애플리케이션 운영자가 결정할 수 있는 사항이며, 사용자가 결정할 수도 있다. 대기 종료 시간이 너무 길어서 업스트림 클라이언트(Connections' Posts 서비스를 호출하는 웹 페이지)가 오랫동안 대기할 수 있으며, 클라이언트에서 대기 종료가 발생할 수 있다. 대기 종료 시간이 너무 짧으면 Connections' Posts에서 정상적인 결과 값을 잃을 수 있다(다음 절에서 다룰 일부 다운스트림 파급 효과다). 현재 구현에서는 다음 코드에서 보듯이 연결 시간 제한을 1/4초로 설정하고 읽기 시간 제한을 1/2초로 설정했다.

```
RestTemplate restTemplate = restTemplateBuilder
                                .setConnectTimeout(250)
                                .setReadTimeout(500)
                                .build();
```

사람이 웹 페이지를 새로 고친 경우와 예제에서 다운스트림 서비스로부터 응답을 받지 못한 이유를 전혀 신경 쓰지 않았다는 점에 주목할 필요가 있다. 여기서 한 모든 일 중 다운스트림에서 응답을 얻지 못한 이유에는 결코 관심을 가지지 않았다. 그것은 네트워크 문제일 수도 있고, 애플리케이션의 버그일 수도 있으며, 다른 수많은 문제일 수 있다. 문제가 간헐적으로 발생하면 그 이유는 대부분 중요하지 않다. 지속적인 문제가 발생하기 시작할 때만 신경 써야 하며, 심지어 앱의 문제가 아니라 일반적인 모니터링 문제다. 이후 장에서는 문제 해결을 다룰 것이다.

9.1.3 재시도: 무엇이 잘못될 수 있는가?

앞의 예에서 소프트웨어는 curl 명령으로 시스템에 제한된 부하를 줬을 때는 아주 잘 작동한다. 그러나 특정한 부하에 맞게 잘 조정된 시스템에서 무언가 잘못될 경우에는 다른 이야기가 될 수 있다. 이는 고속도로의 교통 상황과 좀 비슷하다.

시속 60마일로 주행하는 14,000대의 자동차가 1시간 내에 통과할 수 있을 만큼 충분한 차선이 있는 고속도로를 생각해보자(따로 계산해본 바에 따르면, 4차선 고속도로다). 사고가 일어나지 않는 한, 모든 것은 괜찮다. 그러나 사고에 의해 두 개 차선이 이용 불가능해지면 상황은 빠르게 변한다. 현재 절반의 차선을 주행하고 있는 동일한 교통량이 안전한 운전 거리를 유지하기 위해 속도를 줄여야 할 뿐만 아니라, 예전과 같은 양으로 가용 차선이 줄어든 고속도로에 접근하는 차들은 상당히 빠르게 교통 체증을 일으킬 것이다. 그리고 우리 모두가 경험했듯이, 사고 현장이 해결되더라도 대기 중인 모든 교통량이 다시 정상적으로 주행하려면 시간이 좀 걸린다. 이 시나리오는 그림 9.3에 나타나 있다.

이 상황은 앱 인스턴스의 네트워크를 통한 요청 흐름과 정확히 동일하다. 사이트 신뢰성 엔지니어[2]가 요청 볼륨과 사소한 고장에 의해 발생하는 약간의 변동 여지를 둔 토폴로지를 설계한 것은 의심의 여지 없이 부하 중 상당 부분이 수용되면 시스템을 통해 그 영향을 파급시킬 수 있다. 이것을 실습으로 확인해보자.

---

2   조직이 해당 시스템, 서비스, 제품에서 적절한 수준의 안정성을 달성하도록 지원하는 엔지니어이며, 고도의 소프트웨어 기술을 이용해 시스템 운영 관리 전반을 담당한다. 주 업무는 소프트웨어 개발이며 운영 업무는 50% 이하로 제한하고 있다. 구글을 시작으로 해서 주요 IT 기업들이 업무 환경에 적용하고 있다. – 옮긴이

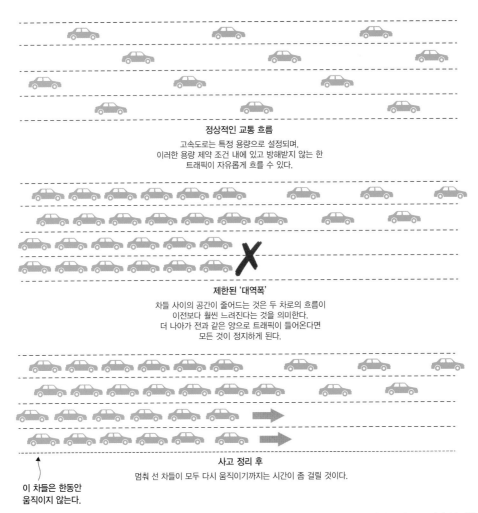

정상적인 교통 흐름
고속도로는 특정 용량으로 설정되며,
이러한 용량 제약 조건 내에 있고 방해받지 않는 한
트래픽이 자유롭게 흐를 수 있다.

제한된 '대역폭'
차들 사이의 공간이 줄어드는 것은 두 차로의 흐름이
이전보다 훨씬 느려진다는 것을 의미한다.
더 나아가 전과 같은 양으로 트래픽이 들어온다면
모든 것이 정지하게 된다.

이 차들은 한동안
움직이지 않는다.

사고 정리 후
멈춰 선 차들이 모두 다시 움직이기까지는 시간이 좀 걸릴 것이다.

▲ **그림 9.3** 제한된 네트워크는 이전과 같은 볼륨으로 계속 들어오는 요청을 받는 제한적인 고속도로처럼 동작한다. 제한이 풀리더라도 대기 중인 모든 트래픽이 다시 이동하려면 시간이 다소 걸릴 수 있다.

9.1.4 재시도 폭풍 생성

앞 절에서는 기본적인 패턴을 제시했다. Connections' Posts 서비스는 처음에 응답을 받지 못하는 경우 Posts 서비스에 대한 호출을 재시도할 것이다. 개념적으로 이것은 완전히 이치에 맞고, 지금 구현한 것으로 사소한 결함을 아주 잘 다룰 수 있다. 그러나 좀 더 중요한 일이 발생할 경우(고속도로 사고 같은)에는 재시도가 도움이 되지 않을 수 있으며 시스템의 전체적인 상태를 해칠 수도 있다. 여기서 하고 싶은 것은 앞 절에서 제시한 단순한 구현을 실험해보는 것이다.

상기해보면, Connections' Posts 서비스(클라이언트)와 Posts 서비스 사이의 상호작용에 초점을 맞추고 있다. 첫 번째 예에서 봤듯이 이 요청을 중심으로 재시도를 구현했다. 그림 9.4는 앞에서 봤듯이 재시도 횟수를 반복해서 표시하며, 다음 예에서 더 많은 것을 볼 수 있다. 그럼 따라 할 수 있도록 준비해보자.

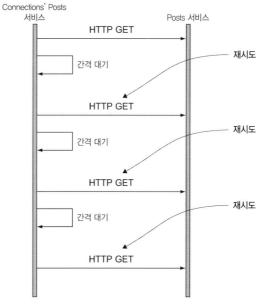

▲ **그림 9.4** 클라이언트인 Connections' Posts 서비스는 Posts 서비스에 대한 연결 대기 종료나 읽기 대기 종료로 재시도를 할 것이다. Posts 서비스에 HTTP 요청을 해서 성공 상태 코드를 수신할 때까지 계속 시도할 것이다.

9.1.5 실행해보기: 재시도 폭풍 생성

이 실습은 이전 실습의 코드를 변경하지 않지만, 시스템에 상당한 양의 트래픽 부하를 보내고 짧은 중단을 시뮬레이션하며 그 결과를 관찰할 것이다(스포일러 주의: 이는 다소 불쾌하다).

셋업

9장의 첫 번째 예에서 나열한 모든 것을 한 번의 조정으로 사용한다.

- 더 큰 쿠버네티스에 접근한다.
- 쿠버네티스 클러스터는 권한이 있는 컨테이너를 실행하도록 허용해야 한다.

소프트웨어를 로딩한 다음 시스템에 오류를 발생시킬 것이다. 예를 들어, 고속도로에서 모든 차선을 잃었을 때 어떤 일이 일어나는지, 그리고 그 차선들이 복구됐을 때 어떤 일이 일어나는지 살펴보고 싶다. 시스템에 상당한 부하를 가하기 위해, 우리의 샘플 앱을 더 많이 배포할 것이다. 그러므로 이것을 실행하기 위해 더 큰 환경이 필요할 것이다.

꽤 복잡한 주제이지만 준비할 사항만 간단히 하자면 다음과 같다. 특권privileged 컨테이너는 비특권nonprivileged 컨테이너가 실행하는 것보다 더 많은 명령을 그 안에서 실행하도록 허용하며, 네트워크 트래픽을 제한하기 시작할 때 필요할 것이다. 좋은 소식은 대부분의 클라우드 공급자들이 기본적으로 특권 컨테이너가 활성화된 쿠버네티스 클러스터를 제공한다는 점이다.

이 책을 저술하던 무렵에는 구글의 GKEGoogle Kubernetes Engine가 쿠버네티스 클러스터를 만들기 가장 쉬운 퍼블릭 클라우드 환경을 제공한다는 것을 알게 됐다. 모든 노드에서 약 25~30GB의 메모리를 가진 클러스터가 필요할 것이다. GKE는 또한 필요로 하는 특권 컨테이너를 기본적으로 가능하게 한다.

이 절의 시뮬레이션을 실행하려면 깃 리포Git repo에서 다음 태그를 체크아웃한다.

```
git checkout requestretries/0.0.2
```

앱 실행

이 실험을 실행하는 데는 세 가지 과정이 있다.

1. 애플리케이션 배포
2. 애플리케이션에 대한 부하 발생

3. 다양한 고장 시나리오 시뮬레이션과 결과 관찰

더 큰 쿠버네티스 클러스터나 충분한 용량을 갖도록 크기를 조정할 수 있는 클러스터에서 예제를 미리 실행하지 않았다면, 샘플을 구성하는 모든 컴포넌트를 새로 배포해야 할 것이다. 여기서는 설치 과정을 자세히 살펴보지 않겠지만, 요약하자면 새로운 쿠버네티스 클러스터를 만들고 kubectl로 연결한 후 다음과 같이 수행한다.

1. 애플리케이션 설정이 위치한 깃 리포를 가리키도록 SCCS의 배포 매니페스트(spring-cloud-config-server-deployment-kubernetes.yaml)를 편집한다. 물론, 계속 나의 리포를 가리키고 있을 것이다.

2. MySQL, Redis, SCCS를 배포한다. 제공된 스크립트(deployServices.sh)를 간단히 실행하면 된다.

3. CLI 클라이언트로 MySQL에 연결하고 create database cookbook; 명령을 실행해 cookbook 데이터베이스를 만든다. MySQL 배포 매니페스트에서 MySQL 데이터베이스의 서비스 유형에 대해 LoadBalancer를 지정해서 공용 IP 주소를 할당한다는 점에 유의한다. 이를 사용해 mysql CLI에 연결할 수 있다.

4. deployApps.sh 배시 스크립트를 실행해 세 개의 마이크로서비스를 모두 배포한다.

배포 결과는 다음과 같을 것이다.

```
$ kubectl get pods
NAME                               READY   STATUS    RESTARTS   AGE
connection-posts-685c669f7b-4qvx7  1/1     Running   0          6d
connection-posts-685c669f7b-6lgmf  1/1     Running   0          6d
connection-posts-685c669f7b-6pt9p  1/1     Running   0          6d
connection-posts-685c669f7b-d8q8h  1/1     Running   0          6d
connection-posts-685c669f7b-z7gsw  1/1     Running   0          6d
connections-7cf9b5ccf9-cjnhs       1/1     Running   0          6d
connections-7cf9b5ccf9-cw4s9       1/1     Running   0          6d
connections-7cf9b5ccf9-kskqm       1/1     Running   0          6d
connections-7cf9b5ccf9-mfj8b       1/1     Running   0          6d
connections-7cf9b5ccf9-nd4nw       1/1     Running   0          6d
connections-7cf9b5ccf9-nnl8r       1/1     Running   0          6d
```

```
connections-7cf9b5ccf9-xjq8j          1/1      Running    0    6d
mysql-64bd6d89d8-96vb6                 1/1      Running    0    27d
posts-7785bcf45-9tfj4                  1/1      Running    0    6d
posts-7785bcf45-bsn8g                  1/1      Running    0    6d
posts-7785bcf45-w5xzs                  1/1      Running    0    6d
posts-7785bcf45-wtbv8                  1/1      Running    0    6d
redis-846b8c56fb-bm5z9                 1/1      Running    0    27d
sccs-84cc988f57-hp2z2                  1/1      Running    0    27d
```

애플리케이션에 부하를 주기 위해 아파치 JMeter를 사용한다. 나는 JMeter의 쿠버네티스 배포뿐만 아니라 부하 테스트의 세부 사항이 포함된 설정 파일도 만들었다. 이 실행을 위한 첫 번째 단계는 설정 파일을 업로드하는 것이며, 쿠버네티스 컨피그 맵^{Kubernetes config map}을 만들 때 이 파일을 업로드하는 것이다. 다음 명령을 실행한다.

```
kubectl create configmap jmeter-config \
 --from-file=jmeter_run.jmx=loadTesting/ConnectionsPostsLoad.jmx
```

부하 테스트를 실행하기 위해 이제 JMeter 배포를 간단히 생성한다. 부하 테스트를 중지하려면 배포를 삭제한다. 지금 해보자. 다음 명령을 실행한다.

```
kubectl create -f loadTesting/jmeter-deployment.yaml
```

JMeter 출력을 보려면 다음과 같은 명령을 사용해 JMeter 파드의 로그를 스트리밍한다(JMeter 파드 이름 삽입).

```
kubectl logs -f <name of your jmeter pod>
```

다음과 같은 로그 출력을 확인한다.

```
$ kubectl logs -f jmeter-deployment-7d747c985-kjxct
START Running Jmeter on Mon Feb 18 19:42:17 UTC 2019
JVM_ARGS=-Xmn506m -Xms2024m -Xmx2024m
jmeter args=-n -t /etc/jmeter/jmeter_run.jmx
Feb 18, 2019 7:42:19 PM java.util.prefs.FileSystemPreferences$1 run
INFO: Created user preferences directory.
```

```
Creating summariser <summary>
Created the tree successfully using /etc/jmeter/jmeter_run.jmx
Starting the test @ Mon Feb 18 19:42:19 UTC 2019 (1550518939413)
Waiting for possible Shutdown/StopTestNow/Heapdump message on port 4445
summary +      530 in 00:00:30 =   17.7/s Err:       0 (0.00%) Active: 328
summary =      612 in 00:00:40 =   15.3/s Err:       0 (0.00%)
summary +     1027 in 00:00:30 =   34.3/s Err:       0 (0.00%) Active: 576
summary =     1639 in 00:01:10 =   23.4/s Err:       0 (0.00%)
summary +     1521 in 00:00:30 =   50.7/s Err:       0 (0.00%) Active: 823
summary =     3160 in 00:01:40 =   31.6/s Err:       0 (0.00%)
summary +     2014 in 00:00:30 =   66.6/s Err:       0 (0.00%) Active: 1073
summary =     5174 in 00:02:10 =   39.7/s Err:       0 (0.00%)
summary +     2512 in 00:00:30 =   84.4/s Err:       0 (0.00%) Active: 1319
summary =     7686 in 00:02:40 =   48.0/s Err:       0 (0.00%)
summary +     2939 in 00:00:30 =   98.0/s Err:       0 (0.00%) Active: 1500
summary =    10625 in 00:03:10 =   55.9/s Err:       0 (0.00%)
```

위의 로그는 부하가 최대 용량(천천히 부하가 증가되게 설정돼 있다.)에 도달한 후 Connections' Posts 앱이 0.0%의 오류로 초당 100건 가까운 요청을 처리하고 있다는 것을 보여준다. 부하 테스트를 중지하려면 다음 명령을 실행한다.

```
kubectl delete deploy jmeter-deployment
```

이제 배포를 설정해 부하 테스트가 제대로 작동하는지 확인했으므로 실험을 시작해보자.

Posts 서비스와 MySQL 서비스 사이의 네트워크 중단을 시뮬레이션할 것이다. 실제 환경에서 이러한 네트워크 중단은 하드웨어 장애(예: 물리적 스위치 손실) 또는 설정 오류(예: 방화벽 규칙의 잘못된 수정)에 의해 발생할 수 있다. 여기서 동일한 효과를 내려면 MySQL 서비스의 라우팅 규칙을 '허용 안 함'으로 변경하거나 나중에 네트워크를 수정할 때 Posts 서비스의 특정 인스턴스의 요청을 허용하도록 변경한다.

그림 9.5는 Connections' Posts 서비스의 다섯 개 인스턴스, Posts 서비스의 네 개 인스턴스, MySQL 서비스의 한 개 인스턴스를 보여준다. 각 인스턴스 사이의 라인은 이러한 서비스가 통신할 수 있는 연결을 나타낸다. 각 Posts 서비스는 IP 주소로 주석을 달고 MySQL 서비스는 파드 이름으로 주석을 달았다. 이러한 연결 중 하나에서 트래픽이 흐르

지 않도록 하려면, MySQL 인스턴스에서 특정 IP 주소의 트래픽을 거부하는 라우팅 규칙을 생성할 것이다. 이 작업을 수행하려면 MySQL 컨테이너에서 route 명령을 실행해야 하며, 이 명령은 kubectl exec 명령을 사용해 실행한다. IP 주소 10.36.1.13에서 실행되는 Posts 서비스와 mysql-57bdb878f5-dhlck라는 파드에서 실행되는 Posts 인스턴스 간의 네트워크 연결을 끊으려면 다음 명령을 실행한다.

```
kubectl exec mysql-57bdb878f5-dhlck -- route add -host 10.36.1.13 reject
```

이것은 그림 9.5의 연결 라인에 X로 표시된다. IP 주소 10.36.1.13에서 실행되는 Posts 서비스가 MySQL 서비스에 연결하려고 하면 시간이 초과된다. 이 시간 제한은 Connections' Posts 서비스로 전파되며, 그 결과는 재시도일 것이다. 운이 좋으면 해당 재시도가 다른 Posts 인스턴스에 도달해 데이터베이스에 접근할 수 있으며 Connections' Posts 요청이 성공할 것이다.

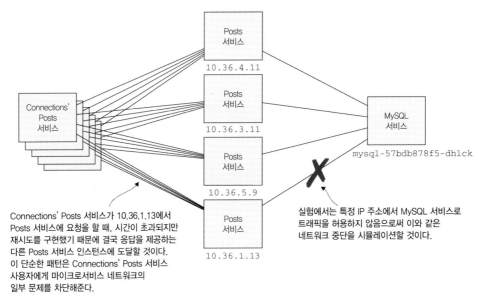

Connections' Posts 서비스가 10.36.1.13에서 Posts 서비스에 요청을 할 때, 시간이 초과되지만 재시도를 구현했기 때문에 결국 응답을 제공하는 다른 Posts 서비스 인스턴스에 도달할 것이다. 이 단순한 패턴은 Connections' Posts 서비스 사용자에게 마이크로서비스 네트워크의 일부 문제를 차단해준다.

실험에서는 특정 IP 주소에서 MySQL 서비스로 트래픽을 허용하지 않음으로써 이와 같은 네트워크 중단을 시뮬레이션할 것이다.

▲ 그림 9.5 Connections' Posts 서비스의 다섯 개 인스턴스와 네 개의 Posts 서비스를 포함하는 배포는 전자의 인스턴스가 후자의 인스턴스에 연결할 수 있는 20가지 경로로 이뤄진다. Posts 서비스의 인스턴스와 MySQL 서비스의 단일 인스턴스 사이에는 네 개의 연결이 있다. 재시도는 마이크로서비스 네트워크를 통해 정상적으로 동작하는 경로를 찾는 효과적인 방법이다.

MySQL 서비스가 동작하는 컨테이너에서 라우팅 차단 규칙을 제거하는 kubectl exec 명령을 실행해 연결을 다시 설정한다.

```
kubectl exec mysql-57bdb878f5-dhlck -- route delete -host 10.36.1.13 reject
```

이러한 메커니즘이 만들어진 상태에서 이제 두 가지 실험을 실행해보자.

1. 재시도 로직을 사용하도록 설정한 상태에서 이전에 사용했던 라우팅 차단 명령을 통해 MySQL 서비스에서 모든 Posts 인스턴스를 완전히 분리한다. 재시도 설정은 Connections' Posts 앱에 대한 배포 매니페스트에서 CONNECTIONPOSTCONTROLLER_IMPLEMENTRETRIES 환경 변수를 true로 설정하면 된다.

2. 재시도 로직을 사용하지 않도록 설정한 상태에서 이전에 사용한 라우팅 차단 명령을 통해 MySQL 서비스에서 모든 Posts 인스턴스를 완전히 분리한다. 재시도 설정은 Connections' Posts 앱에 대한 배포 매니페스트에서 ConnectionPOSTCONTROLLER_IMPLEMENTRETRIES의 환경 변수를 false로 설정하면 된다. Posts 서비스에 대한 연결 시도가 시간을 초과하면 Connections' Posts 서비스는 오류 상태와 함께 반환되며 결과는 나타나지 않는다.

앞선 kubectl exec 명령을 수작업으로 네 번이나 실행하는 수고를 덜어주기 위해 alternetwork-db.sh를 제공했다. 그러나 MySQL 파드 이름과 Posts 인스턴스의 IP 주소를 반영하려면 이 스크립트를 편집해야 한다.

일반적인 kubectl 명령으로 MySQL 서비스의 이름을 얻을 수 있다.

```
kubectl get pods
```

Posts 인스턴스의 IP 주소를 얻으려면 다음을 사용한다.

```
kubectl get pods -l app=posts -o wide
```

이제 다음 명령을 실행해 모든 Posts 인스턴스에서 MySQL 인스턴스로의 연결을 거부할 수 있다.

```
./alternetwork-db.sh add
```

다음은 Connections' Posts 서비스 인스턴스 중 하나에서 로그를 출력한 것으로, 트래픽이 발생하고 재시도 수행으로 전환됐음을 보여준다.

```
2019-02-18 04:05:55.986  ... connections = 2,3
2019-02-18 04:05:55.989  ... getting posts for user network cdavisafc
2019-02-18 04:05:55.995  ... connections = 2,3
2019-02-18 04:05:56.055  ... getting posts for user network cdavisafc
2019-02-18 04:05:56.056  ... getting posts for user network cdavisafc
2019-02-18 04:05:56.059  ... On (0) request to unhealthy posts service  I/O
➡ error on GET request for "http://posts-svc/posts": Connect to posts-
➡ svc:80 [posts-svc/10.19.252.1] failed: connect timed out; nested
➡ exception is org.apache.http.conn.ConnectTimeoutException: Connect to
➡ posts-svc:80 [posts-svc/10.19.252.1] failed: connect timed out
2019-02-18 04:05:56.060  ... connections = 2,3
2019-02-18 04:05:56.060  ... connections = 2,3
2019-02-18 04:05:56.070  ... getting posts for user network cdavisafc
2019-02-18 04:05:56.074  ... connections = 2,3
2019-02-18 04:05:56.092  ... On (1) request to unhealthy posts service  I/O
➡ error on GET request for "http://posts-svc/posts": Connect to posts-
➡ svc:80 [posts-svc/10.19.252.1] failed: connect timed out; nested
➡ exception is org.apache.http.conn.ConnectTimeoutException: Connect to
➡ posts-svc:80 [posts-svc/10.19.252.1] failed: connect timed out
2019-02-18 04:05:56.093  ... On (2) request to unhealthy posts service  I/O
➡ error on GET request for "http://posts-svc/posts": Connect to posts-
➡ svc:80 [posts-svc/10.19.252.1] failed: connect timed out; nested
➡ exception is org.apache.http.conn.ConnectTimeoutException: Connect to
➡ posts-svc:80 [posts-svc/10.19.252.1] failed: connect timed out
2019-02-18 04:05:56.229  ... On (0) request to unhealthy posts service  I/O
➡ error on GET request for "http://posts-svc/posts": Connect to posts-
➡ svc:80 [posts-svc/10.19.252.1] failed: connect timed out; nested
➡ exception is org.apache.http.conn.ConnectTimeoutException: Connect to
➡ posts-svc:80 [posts-svc/10.19.252.1] failed: connect timed out
2019-02-18 04:05:56.232  ... On (0) request to unhealthy posts service  I/O
➡ error on GET request for "http://posts-svc/posts": Connect to posts-
➡ svc:80 [posts-svc/10.19.252.1] failed: connect timed out; nested
➡ exception is org.apache.http.conn.ConnectTimeoutException: Connect to
➡ posts-svc:80 [posts-svc/10.19.252.1] failed: connect timed out
```

```
2019-02-18 04:05:56.310  ... On (0) request to unhealthy posts service  I/O
➥ error on GET request for "http://posts-svc/posts": Connect to posts-
➥ svc:80 [posts-svc/10.19.252.1] failed: connect timed out; nested
➥ exception is org.apache.http.conn.ConnectTimeoutException: Connect to
➥ posts-svc:80 [posts-svc/10.19.252.1] failed: connect timed out
2019-02-18 04:05:56.343  ... On (6) request to unhealthy posts service  I/O
➥ error on GET request for "http://posts-svc/posts": Connect to posts-
➥ svc:80 [posts-svc/10.19.252.1] failed: connect timed out; nested
➥ exception is org.apache.http.conn.ConnectTimeoutException: Connect to
➥ posts-svc:80 [posts-svc/10.19.252.1] failed: connect timed out
```

다음은 이 실험에서 나온 JMeter 출력이고, 세 개의 지점에 주석을 달았다. 실행이 시작
되면 Connections' Posts 앱은 0.0%의 오류로 결과를 반환한다. 그런 다음 time marker 1
에서 `./alternetwork-db.sh add` 명령을 실행하면 오류율이 빠르게 100%로 되는 것을 알
수 있다. Connections' Posts 서비스는 절대 돌아오지 않으며, JMeter는 요청 시 시간을
초과(그리고 시도 횟수를 오류로 간주함)하지만 Connections' Posts 앱은 계속해서 Posts 서비
스에 무한정으로 재시도한다.

```
START Running Jmeter on Mon Feb 18 20:08:18 UTC 2019
JVM_ARGS=-Xmn402m -Xms1608m -Xmx1608m
jmeter args=-n -t /etc/jmeter/jmeter_run.jmx
Feb 18, 2019 8:08:20 PM java.util.prefs.FileSystemPreferences$1 run
INFO: Created user preferences directory.
Creating summariser <summary>
Created the tree successfully using /etc/jmeter/jmeter_run.jmx
Starting the test @ Mon Feb 18 20:08:21 UTC 2019 (1550520501121)
Waiting for possible Shutdown/StopTestNow/Heapdump message on port 4445
summary +     67 in 00:00:08 =    8.2/s Err:     0 (0.00%) Active: 67
summary +    501 in 00:00:30 =   16.7/s Err:     0 (0.00%) Active: 314
summary =    568 in 00:00:38 =   14.9/s Err:     0 (0.00%)
summary +    999 in 00:00:30 =   33.3/s Err:     0 (0.00%) Active: 562
summary =   1567 in 00:01:08 =   23.0/s Err:     0 (0.00%)
summary +   1493 in 00:00:30 =   49.8/s Err:     0 (0.00%) Active: 810
summary =   3060 in 00:01:38 =   31.2/s Err:     0 (0.00%)
summary +   1992 in 00:00:30 =   66.4/s Err:     0 (0.00%) Active: 1059
summary =   5052 in 00:02:08 =   39.4/s Err:     0 (0.00%)
summary +   2488 in 00:00:30 =   82.9/s Err:     0 (0.00%) Active: 1307
```

```
summary =    7540 in 00:02:38 =   47.7/s Err:      0 (0.00%)
summary +    2929 in 00:00:30 =   97.7/s Err:      0 (0.00%) Active: 1500
summary =   10469 in 00:03:08 =   55.7/s Err:      0 (0.00%)
summary +    2997 in 00:00:30 =   99.9/s Err:      0 (0.00%) Active: 1500
summary =   13466 in 00:03:38 =   61.7/s Err:      0 (0.00%)

<time marker 1 — I have broken the network between Posts and MySQL>

summary +    2515 in 00:00:30 =   83.8/s Err:   2239 (89.03%) Active: 1500
summary =   15981 in 00:04:08 =   64.4/s Err:   2239 (14.01%)
summary +    3000 in 00:00:30 =  100.0/s Err:   3000 (100.00%) Active: 1500
summary =   18981 in 00:04:38 =   68.2/s Err:   5239 (27.60%)
summary +    2961 in 00:00:30 =   98.7/s Err:   2961 (100.00%) Active: 1500
summary =   21942 in 00:05:08 =   71.2/s Err:   8200 (37.37%)
summary +    2970 in 00:00:30 =   99.0/s Err:   2970 (100.00%) Active: 1500
summary =   24912 in 00:05:38 =   73.7/s Err:  11170 (44.84%)
summary +    3007 in 00:00:30 =  100.1/s Err:   3007 (100.00%) Active: 1500
summary =   27919 in 00:06:08 =   75.8/s Err:  14177 (50.78%)
summary +    2968 in 00:00:30 =   99.0/s Err:   2968 (100.00%) Active: 1500
summary =   30887 in 00:06:38 =   77.6/s Err:  17145 (55.51%)

<time marker 2 — I have repaired the network between Posts and MySQL>

summary +    3007 in 00:00:30 =  100.2/s Err:   3007 (100.00%) Active: 1500
summary =   33894 in 00:07:08 =   79.2/s Err:  20152 (59.46%)
summary +    2995 in 00:00:30 =   99.8/s Err:   2995 (100.00%) Active: 1500
summary =   36889 in 00:07:38 =   80.5/s Err:  23147 (62.75%)
summary +    2997 in 00:00:30 =   99.9/s Err:   2997 (100.00%) Active: 1500
summary =   39886 in 00:08:08 =   81.7/s Err:  26144 (65.55%)
summary +    3000 in 00:00:30 =   99.9/s Err:   3000 (100.00%) Active: 1500
summary =   42886 in 00:08:38 =   82.8/s Err:  29144 (67.96%)

<another 6 minutes of 100% error!!>

summary +    3011 in 00:00:30 =  100.4/s Err:   3011 (100.00%) Active: 1500
summary =   78913 in 00:14:38 =   89.9/s Err:  65171 (82.59%)
summary +    2982 in 00:00:30 =   99.4/s Err:   2982 (100.00%) Active: 1500
summary =   81895 in 00:15:08 =   90.2/s Err:  68153 (83.22%)
summary +    3057 in 00:00:30 =  101.9/s Err:   2999 (98.10%) Active: 1500
summary =   84952 in 00:15:38 =   90.6/s Err:  71152 (83.76%)
```

```
summary +    3054 in 00:00:30 =  101.8/s Err:  2390 (78.26%) Active: 1500 summary =
88006 in 00:16:08 =   90.9/s Err: 73542 (83.56%)
summary +    2982 in 00:00:30 =   99.3/s Err:  2442 (81.89%) Active: 1500
summary =  90988 in 00:16:38 =   91.2/s Err: 75984 (83.51%)
summary +    3025 in 00:00:30 =  101.0/s Err:  2418 (79.93%) Active: 1500
summary =  94013 in 00:17:08 =   91.4/s Err: 78402 (83.39%)
summary +    2991 in 00:00:30 =   99.7/s Err:  2374 (79.37%) Active: 1500
summary =  97004 in 00:17:38 =   91.7/s Err: 80776 (83.27%)
summary +    3106 in 00:00:30 =  103.5/s Err:  2253 (72.54%) Active: 1500
summary = 100110 in 00:18:08 =   92.0/s Err: 83029 (82.94%)
summary +    3017 in 00:00:30 =  100.6/s Err:  1825 (60.49%) Active: 1500
summary = 103127 in 00:18:38 =   92.2/s Err: 84854 (82.28%)
summary +    2997 in 00:00:30 =   99.9/s Err:  1839 (61.36%) Active: 1500
summary = 106124 in 00:19:08 =   92.4/s Err: 86693 (81.69%)
summary +    2987 in 00:00:30 =   99.5/s Err:  1787 (59.83%) Active: 1500
summary = 109111 in 00:19:38 =   92.6/s Err: 88480 (81.09%)
summary +    3036 in 00:00:30 =  101.3/s Err:  1793 (59.06%) Active: 1500
summary = 112147 in 00:20:08 =   92.8/s Err: 90273 (80.50%)
summary +    2985 in 00:00:30 =   99.5/s Err:  1795 (60.13%) Active: 1500
summary = 115132 in 00:20:38 =   93.0/s Err: 92068 (79.97%)
summary +    2988 in 00:00:30 =   99.6/s Err:  1786 (59.77%) Active: 1500
summary = 118120 in 00:21:08 =   93.1/s Err: 93854 (79.46%)
summary +    3009 in 00:00:30 =  100.1/s Err:  1859 (61.78%) Active: 1500
summary = 121129 in 00:21:38 =   93.3/s Err: 95713 (79.02%)
summary +    3021 in 00:00:30 =  100.9/s Err:  1829 (60.54%) Active: 1500
summary = 124150 in 00:22:08 =   93.5/s Err: 97542 (78.57%)
summary +    3001 in 00:00:30 =  100.1/s Err:  1802 (60.05%) Active: 1500
summary = 127151 in 00:22:38 =   93.6/s Err: 99344 (78.13%)
summary +    3121 in 00:00:30 =  104.0/s Err:  1308 (41.91%) Active: 1500
summary = 130272 in 00:23:08 =   93.8/s Err: 100652 (77.26%)
summary +    3096 in 00:00:30 =  103.1/s Err:  1036 (33.46%) Active: 1500
summary = 133368 in 00:23:38 =   94.0/s Err: 101688 (76.25%)
summary +    2976 in 00:00:30 =   99.3/s Err:   596 (20.03%) Active: 1500
summary = 136344 in 00:24:08 =   94.2/s Err: 102284 (75.02%)
summary +    3005 in 00:00:30 =  100.1/s Err:   583 (19.40%) Active: 1500
summary = 139349 in 00:24:38 =   94.3/s Err: 102867 (73.82%)
summary +    3002 in 00:00:30 =  100.1/s Err:   634 (21.12%) Active: 1500
summary = 142351 in 00:25:08 =   94.4/s Err: 103501 (72.71%)
summary +    2999 in 00:00:30 =  100.0/s Err:   596 (19.87%) Active: 1500
summary = 145350 in 00:25:38 =   94.5/s Err: 104097 (71.62%)
```

```
summary +    3013 in 00:00:30 =  100.4/s Err:    580 (19.25%) Active: 1500
summary = 148363 in 00:26:08 =   94.6/s Err: 104677 (70.55%)
summary +    3016 in 00:00:30 =  100.5/s Err:    579 (19.20%) Active: 1500
summary = 151379 in 00:26:38 =   94.7/s Err: 105256 (69.53%)
summary +    2999 in 00:00:30 =  100.0/s Err:    600 (20.01%) Active: 1500
summary = 154378 in 00:27:08 =   94.8/s Err: 105856 (68.57%)
summary +    2999 in 00:00:30 =  100.0/s Err:    571 (19.04%) Active: 1500
summary = 157377 in 00:27:38 =   94.9/s Err: 106427 (67.63%)
summary +    2988 in 00:00:30 =   99.6/s Err:    600 (20.08%) Active: 1500
summary = 160365 in 00:28:08 =   95.0/s Err: 107027 (66.74%)
summary +    3107 in 00:00:30 =  103.6/s Err:     58 (1.87%) Active: 1500
summary = 163472 in 00:28:38 =   95.1/s Err: 107085 (65.51%)
summary +    2995 in 00:00:30 =   99.8/s Err:      0 (0.00%) Active: 1500
summary = 166467 in 00:29:08 =   95.2/s Err: 107085 (64.33%)
summary +    3007 in 00:00:30 =  100.2/s Err:      0 (0.00%) Active: 1500
summary = 169474 in 00:29:38 =   95.3/s Err: 107085 (63.19%)
```

위 출력의 time marker 2에서 MySQL 서비스를 분리하고 3분 후에 다음 명령을 실행해 네트워크를 복구한다.

```
./alternetwork-db.sh delete
```

시스템이 정상 상태로 돌아오기까지 얼마나 걸리는지 찾아야 한다. 바로 Connections' Posts 서비스가 0.0%의 오류를 발생시키는 지점이다.

보다시피 출력된 로그는 다소 길다. 네트워크가 복구되고 나서 약 9분이 지난 후에 회복의 첫 징후를 볼 수 있다. 그런 다음 시스템이 완전히 복구되기까지 12~13분이 더 걸린다. 이것이 재시도 폭풍이다. 시스템은 길게 늘어선 재시도들로 인해 너무 압도돼서 회복하는 데 4분의 1시간이 훨씬 넘게 걸렸다. 아마존이 그동안 판매 거래를 완료할 수 없다고 상상해보라. 그것은 값비싼 정전일 것이다!

여기서 보여준 것은 아주 작은 예다. 수백 개의 서비스 인스턴스가 연결된 시스템에서 일시적인 네트워크 문제는 심지어 애플리케이션 인스턴스의 충돌까지 이어지는 수 시간 동안의 정전을 초래할 수 있다. 이 책을 시작하면서 소개했던 이야기를 기억하는가? 아마존의 정전은 결국 짧은 네트워크 정전 후에 발생한 재시도 폭풍에 의해 야기됐다.

재시도 폭풍의 완화를 다루기 전에 재시도 옵션을 끈 채로 같은 테스트를 실행하길 바란다. 이번에는 Posts 서비스에 접속하려는 시도가 시간을 초과하면, Connections' Posts 서비스는 아무런 결과 없이 오류를 반환하지만 반환되기는 할 것이다. 재시도를 해제하려면 cook-deployment-kubernetes-connectionposts.yaml 파일에서 환경 변수 CONNECTIONPOSTCONTROLLER_IMPLEMENTRETRIES 값을 false로 변경하고 다음 명령으로 배포를 업데이트한다.

```
kubectl apply -f cookbook-deployment-kubernetes-connectionposts.yaml
```

그런 다음 이전에 kubectl create 명령을 사용한 것처럼 JMeter 파드를 만들 수 있다. 이전 배치를 아직 삭제하지 않은 경우 먼저 kubectl delete deploy 명령을 사용한다. 다음은 JMeter의 출력이며, 두 개의 time marker가 삽입돼 있다.

```
START Running Jmeter on Mon Feb 18 20:58:54 UTC 2019
JVM_ARGS=-Xmn528m -Xms2112m -Xmx2112m
jmeter args=-n -t /etc/jmeter/jmeter_run.jmx
Feb 18, 2019 8:58:56 PM java.util.prefs.FileSystemPreferences$1 run
INFO: Created user preferences directory.
Creating summariser <summary>
Created the tree successfully using /etc/jmeter/jmeter_run.jmx
Starting the test @ Mon Feb 18 20:58:56 UTC 2019 (1550523536966)
Waiting for possible Shutdown/StopTestNow/Heapdump message on port 4445
summary +     18 in 00:00:02 =    7.9/s Err:     0 (0.00%) Active: 18
summary +    401 in 00:00:30 =   13.4/s Err:     0 (0.00%) Active: 263
summary =    419 in 00:00:32 =   13.0/s Err:     0 (0.00%)
summary +    890 in 00:00:30 =   29.7/s Err:     0 (0.00%) Active: 506
summary =   1309 in 00:01:02 =   21.0/s Err:     0 (0.00%)
summary +   1378 in 00:00:30 =   46.0/s Err:     0 (0.00%) Active: 752
summary =   2687 in 00:01:32 =   29.1/s Err:     0 (0.00%)
summary +   1877 in 00:00:30 =   62.6/s Err:     0 (0.00%) Active: 1000
summary =   4564 in 00:02:02 =   37.3/s Err:     0 (0.00%)
```

```
summary +   2369 in 00:00:30 =    79.0/s Err:     0 (0.00%) Active: 1249
summary =   6933 in 00:02:32 =    45.5/s Err:     0 (0.00%)
summary +   2869 in 00:00:30 =    95.6/s Err:     0 (0.00%) Active: 1498
summary =   9802 in 00:03:02 =    53.8/s Err:     0 (0.00%)
summary +   3004 in 00:00:30 =   100.2/s Err:     0 (0.00%) Active: 1500
summary =  12806 in 00:03:32 =    60.3/s Err:     0 (0.00%)
summary +   2998 in 00:00:30 =    99.9/s Err:     0 (0.00%) Active: 1500
summary =  15804 in 00:04:02 =    65.2/s Err:     0 (0.00%)
summary +   3001 in 00:00:30 =   100.0/s Err:     0 (0.00%) Active: 1500
summary =  18805 in 00:04:32 =    69.1/s Err:     0 (0.00%)

<time marker 1 - I have broken the network between Posts and MySQL>

summary +   2951 in 00:00:30 =    98.4/s Err:  2662 (90.21%) Active: 1500
summary =  21756 in 00:05:02 =    72.0/s Err:  2662 (12.24%)
summary +   2999 in 00:00:30 =   100.0/s Err:  2999 (100.00%) Active: 1500
summary =  24755 in 00:05:32 =    74.5/s Err:  5661 (22.87%)
summary +   3001 in 00:00:30 =   100.0/s Err:  3001 (100.00%) Active: 1500
summary =  27756 in 00:06:02 =    76.6/s Err:  8662 (31.21%)
summary +   3000 in 00:00:30 =   100.0/s Err:  3000 (100.00%) Active: 1500
summary =  30756 in 00:06:32 =    78.4/s Err: 11662 (37.92%)
summary +   3001 in 00:00:30 =   100.0/s Err:  3001 (100.00%) Active: 1500
summary =  33757 in 00:07:02 =    80.0/s Err: 14663 (43.44%)
summary +   3000 in 00:00:30 =   100.0/s Err:  3000 (100.00%) Active: 1500
summary =  36757 in 00:07:32 =    81.3/s Err: 17663 (48.05%)
summary +   2999 in 00:00:30 =   100.0/s Err:  2999 (100.00%) Active: 1500
summary =  39756 in 00:08:02 =    82.4/s Err: 20662 (51.97%)

<time marker 2 - I have repaired the network between Posts and MySQL>

summary +   3051 in 00:00:30 =   101.7/s Err:  1473 (48.28%) Active: 1500
summary =  42807 in 00:08:32 =    83.6/s Err: 22135 (51.71%)
summary +   2999 in 00:00:30 =   100.0/s Err:     0 (0.00%) Active: 1500
summary =  45806 in 00:09:02 =    84.5/s Err: 22135 (48.32%)
```

보다시피, 네트워크가 중단되는 동안 Connections' Posts 서비스는 100% 오류라고 출력한다. 그러나 가장 중요한 것은 네트워크가 다시 복원되자마자, (time marker 2에서) 시스템은 즉시 0.0%의 오류로 안정된 상태로 되돌아간다. 시스템을 압도하는 대기 중인 재시도는 없다.

> |노트| 재시도를 할 경우에는 시스템이 3분간의 네트워크 중단으로부터 복구되는 데 15분이 걸렸다.
> 재시도를 하지 않을 경우에는 3분간의 네트워크 중단으로부터 즉시 복구가 이뤄졌다.

그래서 역설적인 상황에 직면하게 됐다. 재시도는 비극적인 결과를 초래할 수 있지만, 간헐적으로 호출이 실패한 경우에는 큰 이익을 가져올 수 있다. 시스템에 재시도 폭풍이 발생하는 위험 없이 재시도의 이점을 활용하는 방법이 있을까? 사실, 있다. 여러 가지가 있다. 9장에서는 더 똑똑하게 재시도하는 방법을 다룬다. 바로 친절한 클라이언트를 이야기할 것이다. 10장에서는 불친절한 클라이언트가 시스템에 문제를 일으키지 않도록 하기 위해 서비스 앞에 보호 장치를 설치하는 것을 다룬다.

9.1.6 재시도 폭풍 방지: 친절한 클라이언트

이전 절에서 재시도를 통해 본 극적으로 부정적인 결과에도 불구하고, 재시도의 가치는 여전히 명백하다. 특히 간헐적인 연결 문제의 경우에는 재시도가 종종 작동해서 클라우드 네이티브 소프트웨어를 구성하는 분산 시스템을 통해 널리 전파될 수도 있는 오류를 없앤다. 잠재적인 부정적 효과와 긍정적 효과 사이의 긴장감을 균형 있게 조정하는 것이 그 비법이다.

첫 번째로 주목해야 할 점은 산발적으로만 나타나는 문제의 경우에는 제한된 기간 동안 성공적인 교류를 하기 위해 한두 번 이상 반복하는 일이 거의 없다는 것이다. 따라서 재시도 루프^{retry loop}에 적용할 수 있는 첫 번째 제어 방법은 이러한 재시도 횟수를 제한하는 것이다. 예를 들어, 무한히 실행되는 while 반복문 대신에 카운터를 구현해서 임계치에 도달했을 때 재시도를 중지할 수 있다.

그러나 연결이 잠시 안 되는 동안, 연결이 다시 설정되기 전에 모든 재시도 횟수가 소진되면 어떻게 될까? 요청을 반복하는 것에 너무 열중했기 때문에 재시도의 혜택을 잃어버리게 된다. 여기서 재시도 사이의 지연을 도입해서 약간의 균형을 유지해보겠다.

9.1.7 실행해보기: 친절한 클라이언트 되기

재시도 횟수를 제한하고 재시도 속도를 늦추는 두 가지 제어를 예제에 적용해서 부하가 있는 동안 소프트웨어의 동작이 어떻게 변경되는지 살펴보자.

모든 설정과 설명을 다시 반복하지는 않을 것이다. 아래 내용은 단지 앞 절의 연장선상에 있는 것에 불과하다. 새 구현체에 접근하려면 깃 리포에서 다음 태그를 확인한다.

git checkout requestretries/0.0.3

리스트 9.2를 통해 이전에 단순한 재시도를 구현했던 위치에 다음 코드를 사용하는 것을 확인할 수 있다.

리스트 9.2 ConnectionsPostsController.java에서 발췌

```
try {
        postSummaries = postsServiceClient.getPosts(ids, restTemplate);
        response.setStatus(200);
        return postSummaries;
    } catch (HttpServerErrorException e) {
        logger.info(utils.ipTag() + "Call to Posts service returned 500");
        response.setStatus(500);
        return null;
    } catch (ResourceAccessException e) {
        logger.info(utils.ipTag() + "Call to Posts service timed out");
        response.setStatus(500);
        return null;
    } catch (Exception e) {
        logger.info(utils.ipTag() + "Unexpected Exception: Exception Class "
            + e.getClass() + e.getMessage());
        response.setStatus(500);
        return null;
    }
}
```

다양한 catch 블록의 유일한 차이점은 로깅하는 메시지뿐이므로, 논리적으로 구현은 이제 다음과 같다.

```
try {
            postSummaries = postsServiceClient.getPosts(ids, restTemplate);
            response.setStatus(200);
            return postSummaries;
        } catch (Exception e) {
            logger.info(utils.ipTag() + e.getMessage());
            response.setStatus(500);
            return null;
        }
}
```

또한 Posts 서비스의 클라이언트인 새로운 클래스 PostsServiceClient를 통해 Posts 서비스를 호출하는 것이 지금 쉽다는 사실을 알게 될 것이다. 이 클래스를 작성하면 스프링 재시도 어노테이션을 적용할 수 있는 영역을 제공한다.

이전 코드를 사용해 Posts 서비스에 대한 호출이 성공하면, postsServiceClient. getPosts 호출로 얻은 게시물 세트를 반환한다. 그렇지 않으면 HTTP 상태를 500(오류)으로 설정하고 아무것도 반환하지 않는다. Posts 서비스 클라이언트의 구현을 살펴보자.

리스트 9.3 PostsServiceClient.java 내의 메소드

```
@Retryable( value = ResourceAccessException.class,
            maxAttempts = 3,
            backoff = @Backoff(delay = 500))
public ArrayList<PostSummary> getPosts(String ids,
    RestTemplate restTemplate) throws Exception {
    ArrayList<PostSummary> postSummaries = new ArrayList<PostSummary>();
    String secretQueryParam = "&secret=" + utils.getPostsSecret();
    logger.info("Trying getPosts: " + postsUrl + ids + secretQueryParam);
    ResponseEntity<ConnectionsPostsController.PostResult[]> respPosts
        = restTemplate.getForEntity(postsUrl + ids + secretQueryParam,
                    ConnectionsPostsController.PostResult[].class);
    if (respPosts.getStatusCode().is5xxServerError()) {
        throw new HttpServerErrorException(respPosts.getStatusCode(),
                            "Exception thrown in obtaining Posts");
    } else {
        ConnectionsPostsController.PostResult[] posts
            = respPosts.getBody();
        for (int i = 0; i < posts.length; i++)
```

```
        postSummaries.add(
            new PostSummary(
                getUsersname(posts[i].getUserId(),restTemplate),
                        posts[i].getTitle(), posts[i].getDate()));
        return postSummaries;
    }
}
```

이 코드는 스프링 프레임워크에 포함된 프로젝트인 스프링 재시도^{Spring Retry}(https://github.com/spring-projects/spring-retry)를 사용한다. 이 프로젝트에서 캡슐화된 재시도 패턴이 원래 스프링 배치 프로젝트에 포함돼 있었다는 것이 흥미롭다. 자체 프로젝트로 분기된 경우, 여러 시나리오에서 사용할 수 있다. 대표적인 예로, 스프링 재시도에 있는 README 파일의 첫 번째 줄에는 '스프링 배치^{Spring Batch}, 스프링 인티그레이션^{Spring Integration}, 아파치 하둡을 위한 스프링^{Spring for Apache Hadoop} 등에 사용된다.'고 쓰여 있다. 재시도는 클라우드 네이티브 소프트웨어에서 매우 흔하게 볼 수 있기 때문에 라이브러리를 갖는 것이 타당하므로, 많은 사용 사례에서 쉽게 사용할 수 있다.

이 코드의 두 부분에 주목하자. 첫째, @Retryable 어노테이션에는 이전에 말한 제어를 정확히 반영하는 속성이 포함돼 있다. 재시도 횟수를 제한하고 재시도 사이에 시간을 약간 주는 것(각 시도 사이에 0.5초 정도 대기)이다. 또한 특정 예외에 대해서만 재시도를 하도록 지정할 수 있다. 이 경우 접근(연결 또는 읽기 시간 초과) 예외를 적용했다.

코드를 볼 때 알 수 있는 또 다른 사항은 더 이상 반복문 로직에 대한 책임이 없다는 것이다. 이 코드는 단순히 행복한 길을 구현한다. 포스트에 HTTP 요청을 하고, 오류 HTTP 상태 코드를 반환한다면 오류를 전달한다. 그렇지 않으면, 그것은 응답의 본문을 처리하고 값을 반환한다.

이 코드에는 try/catch와 반복문이 없다. 그러나 이 코드가 restTemplate에 의해 발생될 수 있는 ResourceAccessException을 생성하는 경우 스프링 재시도 구현체가 그것을 catch할 것이고, 어노테이션 값에 따라 메소드를 다시 실행할 것이다. 참고로 말해, 스프링 재시도는 이런 관점^{aspect}을 통해 이를 실행한다. 따라서 스프링 재시도와 함께 AOP^{Aspect-Orient Programming} 종속성이 포함된다.

```
<dependency>
    <groupId>org.springframework.boot</groupId>
    <artifactId>spring-boot-starter-aop</artifactId>
</dependency>
<dependency>
    <groupId>org.springframework.retry</groupId>
    <artifactId>spring-retry</artifactId>
    <version>1.2.2.RELEASE</version>
</dependency>
```

이전 절의 부하 발생 시나리오에서 이 구현이 어떤 역할을 하는지 확인해보자. 확인하려면 당연히 소프트웨어를 다시 배포해야 한다. 이전 절의 예제를 실행한 경우 deployApps .sh 스크립트를 실행할 수 있다. 그런 다음 이전과 동일한 부하를 이 배포에 준다. 다음은 JMeter 파드의 로그이고, 다시 한 번 두 개의 time marker를 삽입했다.

```
START Running Jmeter on Mon Feb 18 21:58:55 UTC 2019
JVM_ARGS=-Xmn502m -Xms2008m -Xmx2008m
jmeter args=-n -t /etc/jmeter/jmeter_run.jmx -l resultsconnectionsposts
Feb 18, 2019 9:58:57 PM java.util.prefs.FileSystemPreferences$1 run
INFO: Created user preferences directory.
Creating summariser <summary>
Created the tree successfully using /etc/jmeter/jmeter_run.jmx
Starting the test @ Mon Feb 18 21:58:57 UTC 2019 (1550527137576)
Waiting for possible Shutdown/StopTestNow/Heapdump message on port 4445
summary +     14 in 00:00:02 =    8.1/s Err:     0 (0.00%) Active: 14
summary +    394 in 00:00:30 =   13.2/s Err:     0 (0.00%) Active: 259
summary =    408 in 00:00:32 =   12.9/s Err:     0 (0.00%)
summary +    887 in 00:00:30 =   29.6/s Err:     0 (0.00%) Active: 508
summary =   1295 in 00:01:02 =   21.0/s Err:     0 (0.00%)
summary +   1388 in 00:00:30 =   46.3/s Err:     0 (0.00%) Active: 756
summary =   2683 in 00:01:32 =   29.3/s Err:     0 (0.00%)
summary +   1887 in 00:00:30 =   62.9/s Err:     0 (0.00%) Active: 1005
summary =   4570 in 00:02:02 =   37.6/s Err:     0 (0.00%)
summary +   2377 in 00:00:30 =   79.3/s Err:     0 (0.00%) Active: 1253
summary =   6947 in 00:02:32 =   45.8/s Err:     0 (0.00%)
summary +   2878 in 00:00:30 =   95.9/s Err:     0 (0.00%) Active: 1500
```

```
summary =     9825 in 00:03:02 =   54.1/s Err:        0 (0.00%)
summary +     2993 in 00:00:30 =   99.7/s Err:        0 (0.00%) Active: 1500
summary =    12818 in 00:03:32 =   60.6/s Err:        0 (0.00%)
summary +     3006 in 00:00:30 =  100.2/s Err:        0 (0.00%) Active: 1500
summary =    15824 in 00:04:02 =   65.5/s Err:        0 (0.00%)

<time marker 1 - I have broken the network between Posts and MySQL>

summary +     2645 in 00:00:30 =   88.2/s Err:     2354 (89.00%) Active: 1500
summary =    18469 in 00:04:32 =   68.0/s Err:     2354 (12.75%)
summary +     3002 in 00:00:30 =  100.0/s Err:     3002 (100.00%) Active: 1500
summary =    21471 in 00:05:02 =   71.2/s Err:     5356 (24.95%)
summary +     3000 in 00:00:30 =  100.0/s Err:     3000 (100.00%) Active: 1500
summary =    24471 in 00:05:32 =   73.8/s Err:     8356 (34.15%)
summary +     3006 in 00:00:30 =  100.2/s Err:     3006 (100.00%) Active: 1500
summary =    27477 in 00:06:02 =   76.0/s Err:    11362 (41.35%)
summary +     3015 in 00:00:30 =  100.5/s Err:     3015 (100.00%) Active: 1500
summary =    30492 in 00:06:32 =   77.9/s Err:    14377 (47.15%)
summary +     3051 in 00:00:30 =  101.7/s Err:     3051 (100.00%) Active: 1500
summary =    33543 in 00:07:02 =   79.6/s Err:    17428 (51.96%)

<time marker 2 - I have repaired the network between Posts and MySQL>

summary +     3002 in 00:00:30 =  100.0/s Err:     3002 (100.00%) Active: 1500
summary =    36545 in 00:07:32 =   80.9/s Err:    20430 (55.90%)
summary +     2942 in 00:00:30 =   98.1/s Err:     2942 (100.00%) Active: 1500
summary =    39487 in 00:08:02 =   82.0/s Err:    23372 (59.19%)
summary +     3323 in 00:00:30 =  110.8/s Err:      378 (11.38%) Active: 1500
summary =    42810 in 00:08:32 =   83.7/s Err:    23750 (55.48%)
summary +     3021 in 00:00:30 =  100.6/s Err:        2 (0.07%) Active: 1500
summary =    45831 in 00:09:02 =   84.6/s Err:    23752 (51.83%)
summary +     2998 in 00:00:30 =  100.0/s Err:        0 (0.00%) Active: 1500
summary =    48829 in 00:09:32 =   85.4/s Err:    23752 (48.64%)
summary +     3001 in 00:00:30 =  100.0/s Err:        0 (0.00%) Active: 1500
summary =    51830 in 00:10:02 =   86.1/s Err:    23752 (45.83%)
```

테스트를 시작할 때 Connections' Posts에서 오류가 0.0% 발생한 것을 볼 수 있다. Posts 서비스에 대한 호출과 다른 모든 처리들이 성공적으로 완료되고 있다. time marker 1에서 다음 명령을 통해 MySQL 컨테이너 내의 라우팅 명령을 사용함으로써 Posts 서비스와 MySQL 서비스의 연결을 끊는다.

```
./alternetwork-db.sh add
```

보다시피, 재시도를 해도 Connections' Posts 서비스는 Posts 서비스로부터 결과를 수신하지 못하면 서버 오류를 반환하기 때문에 오류는 빠르게 100%에 도달한다. 하지만 다음 명령을 실행해 네트워크를 다시 설정했을 때, time marker 2 이후에는 어떻게 되는지 확인해보자.

```
./alternetwork-db.sh delete
```

불과 1분 만에 회복의 첫 징후를 보이고, 3분도 안 돼서 완전히 회복됐다. 몇 분 동안 네트워크가 손실된 가장 극단적인 조건에서도 재시도 폭풍을 회피했다.

이 구현체가 좀 더 간헐적인 오류가 발생하는 시나리오에서도 잘 동작하는지 궁금할 수 있다. Posts 서비스 중 하나만 정상적으로 동작하도록 연결을 설정해서 이를 시뮬레이션해보자. alternetwork-db.sh 스크립트에서 kubectl 명령 중 하나를 실행하면 이 설정을 수행할 수 있다. 예를 들면 다음과 같다.

```
kubectl exec mysql-57bdb878f5-dhlck -- route $1 -host 10.36.4.11 reject
```

그림 9.5와 같이, Posts 서비스의 한 인스턴스에서 MySQL 서비스로의 연결 중 하나만 끊어보자.

JMeter 로그 출력을 보면, MySQL과 연결되지 않아서 Posts 서비스에 문제가 있지만 (time marker 1에서 시작) 결과적으로 Connections' Posts에서 실패한 많은 시도가 재시도에 의해 해결되고 있음을 알 수 있다. MySQL에서는 Posts 서비스의 인스턴스 하나만 연결 해제했다. 평균적으로 Connections' Posts에서 Posts의 요청 중 25%가 실패할 것이다. 그러나 다음 출력에서 볼 수 있듯이 전체 오차는 1% 미만으로 예상보다 훨씬 작다. 그리고 time marker 2에서 연결이 복원되면 오류율은 즉시 0.0%로 돌아온다.

```
START Running Jmeter on Mon Feb 18 22:16:50 UTC 2019
JVM_ARGS=-Xmn524m -Xms2096m -Xmx2096m
```

```
jmeter args=-n -t /etc/jmeter/jmeter_run.jmx -l resultsconnectionsposts
Feb 18, 2019 10:16:52 PM java.util.prefs.FileSystemPreferences$1 run
INFO: Created user preferences directory.
Creating summariser <summary>
Created the tree successfully using /etc/jmeter/jmeter_run.jmx
Starting the test @ Mon Feb 18 22:16:52 UTC 2019 (1550528212234)
Waiting for possible Shutdown/StopTestNow/Heapdump message on port 4445
summary +      58 in 00:00:07 =    8.2/s Err:      0 (0.00%) Active: 58
summary +     483 in 00:00:30 =   16.1/s Err:      0 (0.00%) Active: 304
summary =     541 in 00:00:37 =   14.6/s Err:      0 (0.00%)
summary +     982 in 00:00:30 =   32.7/s Err:      0 (0.00%) Active: 553
summary =    1523 in 00:01:07 =   22.7/s Err:      0 (0.00%)
summary +    1477 in 00:00:30 =   49.3/s Err:      0 (0.00%) Active: 802
summary =    3000 in 00:01:37 =   30.9/s Err:      0 (0.00%)
summary +    1974 in 00:00:30 =   65.8/s Err:      0 (0.00%) Active: 1049
summary =    4974 in 00:02:07 =   39.2/s Err:      0 (0.00%)
summary +    2473 in 00:00:30 =   82.4/s Err:      0 (0.00%) Active: 1298
summary =    7447 in 00:02:37 =   47.4/s Err:      0 (0.00%)
summary +    2920 in 00:00:30 =   97.4/s Err:      0 (0.00%) Active: 1500
summary =   10367 in 00:03:07 =   55.4/s Err:      0 (0.00%)

<time marker 1 — I have broken a single connection between Posts and MySQL>

summary +    2998 in 00:00:30 =   99.9/s Err:      3 (0.10%) Active: 1500
summary =   13365 in 00:03:37 =   61.6/s Err:      3 (0.02%)
summary +    2999 in 00:00:30 =  100.0/s Err:      0 (0.00%) Active: 1500
summary =   16364 in 00:04:07 =   66.3/s Err:      3 (0.02%)
summary +    2993 in 00:00:30 =   99.8/s Err:      1 (0.03%) Active: 1500
summary =   19357 in 00:04:37 =   69.9/s Err:      4 (0.02%)
summary +    3001 in 00:00:30 =  100.1/s Err:      1 (0.03%) Active: 1500
summary =   22358 in 00:05:07 =   72.8/s Err:      5 (0.02%)
summary +    2994 in 00:00:30 =   99.8/s Err:      1 (0.03%) Active: 1500
summary =   25352 in 00:05:37 =   75.2/s Err:      6 (0.02%)
summary +    3005 in 00:00:30 =  100.1/s Err:      2 (0.07%) Active: 1500
summary =   28357 in 00:06:07 =   77.3/s Err:      8 (0.03%)
summary +    3001 in 00:00:30 =  100.1/s Err:      1 (0.03%) Active: 1500
summary =   31358 in 00:06:37 =   79.0/s Err:      9 (0.03%)

<time marker 2 — I have repaired the connection between Posts and MySQL>
```

```
summary +    2999 in 00:00:30 =  100.0/s Err:     1 (0.03%) Active: 1500
summary = 34357 in 00:07:07 =   80.5/s Err:    10 (0.03%)
summary +    3000 in 00:00:30 =  100.0/s Err:     1 (0.03%) Active: 1500
summary = 37357 in 00:07:37 =   81.7/s Err:    11 (0.03%)
summary +    3009 in 00:00:30 =  100.3/s Err:     0 (0.00%) Active: 1500
summary = 40366 in 00:08:07 =   82.9/s Err:    11 (0.03%)
```

몇 가지 간단한 제어 장치로 재시도 횟수를 제한하고 재시도 사이에 시간을 둬서, 이미 성능이 저하된 시스템이 더 악화되는 상황을 피하면서도 재시도의 이점을 살릴 수 있다는 것을 알 수 있다.

9.1.8 재시도하지 않을 때

조금 전 재시도의 장점을 분명히 확인했으므로 지금부터는 소프트웨어 설계에 자유롭게 사용할 수 있어야 한다. 물론 사용하지 않아야 할 때를 제외하고 그렇다. 또한 재시도를 피하고 싶은 여러 가지 미묘한 이유가 있을 것이다. 예를 들어 재시도 대신 캐싱을 대안으로 사용하면 성능이 향상될 수 있다. 하지만 여기서는 다루지 않을 것이다. 오히려 9장의 시작 부분에서 소개한 주제를 잠시 이야기하고 싶다. 재시도를 시도하는 것이 안전하지 않은 경우, 예를 들어 구매 버튼을 클릭한 후 응답을 받지 못한 경우를 다룰 것이다.

여기서는 '안전'이라는 단어를 꽤 의도적으로 선택했다. HTTP 프로토콜에는 안전에 대한 공식적인 정의가 있기 때문이다. HTTP 스펙(www.w3.org/Protocols/rfc2616/rfc2616-sec9.html)에 있는 두 가지 정의는 다음과 같다.

- 안전한[safe] 방법은 같은 효과로 0회 이상 호출할 수 있는 방법이다. 그 방법은 부작용이 없어야 한다.
- 멱등성은 그 방법을 한 번 이상 호출해도 같은 효과가 나타나는 방법이다. 이 경우 부작용은 허용되지만, 반복된 모든 호출은 첫 번째 호출과 동일한 부작용이 있어야 한다.

재시도를 한다는 것은 위 문장의 일부 또는 그 이상을 다루는 것이다. 하지만 그중 어떤 것이 우리의 패턴에 적용되는가? 요컨대, 그것은 전자다. 안전한 방법만 재시도해야 한다.

네트워크를 통해 요청을 할 때는 그 요청 중 어느 것도 의도된 수신자에게 전달될 것이라는 보장이 없으므로, 시도가 모두 실패하는 상황에 처하게 될 수도 있다. 따라서 일반적으로 안전한 방법만 재시도해야 한다. 안전하지 않은 방법에 대한 실패 처리를 실행하려면 사가 Saga[3]와 같은 보상 행동을 실행해야 한다.

여기서는 개발자가 요청한 것이 안전한지, 안전하지 않은지에 달려 있다는 점이 중요하다. HTTP 스펙을 다시 언급하면 안전한 HTTP 요청은 GET, HEAD, OPTIONS, TRACE임을 알 수 있다. 그러나 스프링 재시도는 @Retryable 메소드 내에서 HTTP 요청에 대한 가시성을 갖고 있지 않으므로 안전한 메소드에만 어노테이션을 추가해야 하며, 이는 개발자의 판단에 달려 있다. 만약 은행 계좌에서 100달러를 공제하는 POST 요청을 캡슐화한 메소드가 있다면, 독자는 그 재시도로 인해 실망할 것이다. 재시도는 안전할 때만 적용한다.

9.2 폴백 로직

'실패를 위한 설계.' 이것은 클라우드 네이티브 소프트웨어를 위한 만트라mantra[4]인데, 독자가 이 책을 읽는 내내 배우고 있길 바란다. 첫 번째 실패 시 요청을 재시도하는 것은 좋은 설계다. 하지만 재시도가 실패했을 때는 어떻게 해야 하는가? 여러 번 재시도해도 응답이 없으면 어떻게 되는가? 9장의 앞 예들에서 한 일은 오류를 되돌리는 것이었지만, 더 잘할 수도 있다.

실패 설계에서 가장 기본적인 패턴 중 하나는 폴백fallback 방법, 즉 주된 로직이 실패할 때 실행되는 코드를 구현하는 것이다. 물론, 어떤 때는 소프트웨어가 작업을 완료할 수 없을 때 오류를 반환하는 것이 맞을 수 있다. 그러나 고도로 분산되고 끊임없이 변화하는 소프트웨어 배포와 다양한 실패 시나리오의 세계에서는 새로운 힘을 길러야 한다. 이상적인 기준에 미치지 못하더라도 대안 결과를 생각하는 습관을 가질 필요가 있다.

9장에서 실행된 예는 그 근육을 발달시킬 수 있는 좋은 기회를 제공하며, 재시도 논리를 확장하는 것은 그것을 하기에 완벽한 소재다. 폴백 동작(그리고 이 책에서 설명한 복원력 패

---

3   클라우드 네이티브 패턴 중 하나다. https://microservices.io/patterns/data/saga.html을 참고하자. – 옮긴이
4   기도나 명상 때 외는 주문이다. – 옮긴이

턴)을 설계할 때는 소프트웨어가 다루고 있는 실제 상황을 생각할 필요가 있다. 확장 구현할 부분에서는 사용자 집합에 대한 블로그 게시물 목록을 얻으려고 할 것이다. 사용자 중 일부는 아마도 일주일에 몇 번, 혹은 하루에 한 번 이상 게시물을 올리는 등 많은 글을 쓸 수도 있지만, 새로운 블로그 포스트를 올리는 일은 여전히 흔치 않은 일이다. 게시물을 저장하는 MySQL 데이터베이스를 사용할 수 없는 시점에 사용자가 집계된 피드feed에 접근하는 경우, 아무것도 반환하지 않는 것보다는 최신 항목만 누락된 게시물 세트를 반환하는 것이 더 나을 수 있다. 개인적인 경우를 예로 들어 이야기해보자. 크리스마스 이브에 저녁 식사로 무엇을 만들지 결정하기 위해 종합 요리법을 이용할 때, Food52에서 최신의 요리법을 제공하지 않더라도 여전히 꽤 맛있는 요리를 만들 수 있다는 것이다.

9.2.1 실행해보기: 폴백 로직 구현

이제 이것을 실제로 살펴보자. 저장소에서 다음 태그를 확인한다.

```
git checkout requestretries/0.0.4
```

여기서 선택적인 빌드 명령은 반복하지 않겠다. 코드를 변경하고 배포를 직접 수행하려면 이 장과 이 책의 이전 예들을 참조한다. 언제나 그랬듯이, 모든 것을 미리 구축했고 도커 허브에서 도커 이미지를 사용할 수 있게 해뒀다.

테스트하기 전에 구현할 내용을 살펴보자. Posts 서비스가 유효한 결과를 제공하지 않는 경우, Connections' Posts 서비스는 단순히 이전에 조회했던 최신 포스트를 반환할 것이다. 이를 위해 구현체에 간단한 캐시를 추가했다. Connections' Posts에 캐시를 구현하기에 이상적인 데이터베이스인 Redis 키/값 저장소가 이미 바인딩돼 있음을 기억한다. 이제 Posts를 호출하게 되면, Connections' Posts 로직에서는 결과를 반환하기 전에 Redis에 저장할 것이다. 그 저장 값은 Posts 서비스가 정상적이지 않을 때 폴백 행동을 실행할 수 있게 한다. 그림 9.6의 상단 부분은 Posts 서비스에 도달해 결과를 전달할 수 있을 때 캐시하는 흐름을 보여준다. 그림 9.6의 하부는 포스트가 문제를 겪고 있을 때 캐시에서 결과를 읽는 흐름을 보여준다.

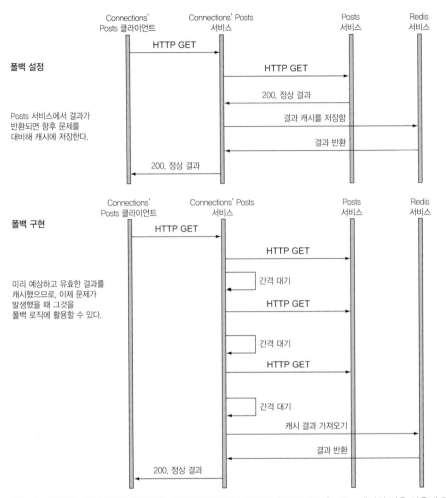

▲ **그림 9.6** 사전에 고려해서 정상적일 때는 결과를 캐시하고, 나중에 문제가 발생할 때는 캐시된 값을 사용해 폴백 로직의 일부로 사용할 수 있다.

폴백 구현을 추가하는 것은 간단하다. 스프링 재시도를 이용해 서비스에 @Recover 어노 테이션을 단 메소드를 추가하면, 모든 재시도가 소진된 후 스프링이 그 메소드를 호출할 것 이다. 메소드 시그니처method signature는 첫 번째 인수로 예외 유형을 추가하고 주 로직을 구 현하는 메소드의 시그니처와 일치해야 한다. 이 복구recover 메소드는 오류 유형에 따라 특 정 상황에서만 호출된다.

```
@Recover
public ArrayList<PostSummary> returnCached(
                            ResourceAccessException e,
                            String ids, RestTemplate restTemplate)
                                            throws Exception {
  logger.info("Failed ... Posts service - returning cached results");
  PostResults postResults = postResultsRepository.findOne(ids);
  ObjectMapper objectMapper = new ObjectMapper();
  ArrayList<PostSummary> postSummaries;
  try {
    postSummaries = objectMapper.readValue(
                      postResults.getSummariesJson(),
                      new TypeReference<ArrayList<PostSummary>>() {});
  } catch (Exception ec) {
    logger.info("Exception on deserialization " + ec.getClass()
              + " message = " + ec.getMessage());
    return null;
  }
  return postSummaries;
}
```

이 간단한 예를 보면 명백해 보일지도 모르지만, 대부분의 경우에는 폴백 동작이 약간의 설정을 필요로 한다는 사실에 유의해야 한다. 이 예제에서 앞 코드는 폴백에 필요한 전체가 아니며, 성공적으로 얻은 결과를 캐시하는 로직이 필요하다. @Retryable 메소드는 잘못될 때를 대비하기 위한 것이다.

```
@Retryable( value = ResourceAccessException.class,
          maxAttempts = 3, backoff = @Backoff(delay = 500))
public ArrayList<PostSummary> getPosts(String ids,
                                  RestTemplate restTemplate)
                                          throws Exception {
  ArrayList<PostSummary> postSummaries = new ArrayList<PostSummary>();
  String secretQueryParam = "&secret=" + utils.getPostsSecret();
  logger.info("Trying getPosts: " + postsUrl + ids + secretQueryParam);
ResponseEntity<ConnectionsPostsController.PostResult[]> respPosts = restTemplate.
```

```
getForEntity(
        postsUrl + ids + secretQueryParam,
        ConnectionsPostsController.PostResult[].class);
  if (respPosts.getStatusCode().is5xxServerError()) {
    throw new HttpServerErrorException(respPosts.getStatusCode(),
                "Exception thrown in obtaining Posts");
  } else {
    ConnectionsPostsController.PostResult[] posts = respPosts.getBody();
    for (int i = 0; i < posts.length; i++)
      postSummaries.add(
        new PostSummary(getUsersname(posts[i].getUserId(), restTemplate),
        posts[i].getTitle(), posts[i].getDate()));
    // 잘못될 때를 고려해서 결과를 캐시에 저장
    ObjectMapper objectMapper = new ObjectMapper();
    String postSummariesJson =
            objectMapper.writeValueAsString(postSummaries);
    PostResults postResults = new PostResults(ids, postSummariesJson);
    postResultsRepository.save(postResults);
    return postSummaries;
  }
}
```

이제 폴백 동작을 추가하는 것이 구현체의 안정성에 미치는 영향을 살펴보자. 전에 했던 것과 같은 부하 테스트를 할 것이다. 계속하려면 애플리케이션 배포 스크립트를 다시 실행해 배포를 업데이트한다.

```
./deployApps.sh
```

이제 일반적인 명령으로 부하 테스트를 실행한다.

```
kubectl create -f loadTesting/jmeter-deployment.yaml
```

항상 그렇듯이 부하 테스트가 최대 용량에 도달한 후에는 Posts 서비스와 MySQL 서비스의 모든 인스턴스 간 네트워크를 3분 동안 끊은 다음(time marker 1), 네트워크를 복원한다(time marker 2). 테스트 실행 결과를 보기 전에 Connections' Posts 서비스 중 하나에 대한 로그 출력을 살펴보자.

（네트워크가 중단됨...）

```
...  : [10.36.4.11:8080] getting posts for user network cdavisafc
...  : Trying getPosts: http://posts-svc/posts?userIds=2,3&secret=newSecret
...  : Failed to connect to or obtain results from Posts service - returning
cached results
...  : Failed to connect to or obtain results from Posts service - returning
cached results
...  : [10.36.4.11:8080] connections = 2,3
...  : Trying getPosts: http://posts-svc/posts?userIds=2,3&secret=newSecret
...  : Failed to connect to or obtain results from Posts service - returning
cached results
```

（네트워크가 복구된 후）

```
...  : Trying getPosts: http://posts-svc/posts?userIds=2,3&secret=newSecret
...  : [10.36.4.11:8080] getting posts for user network cdavisafc
...  : Trying getPosts: http://posts-svc/posts?userIds=2,3&secret=newSecret
...  : [10.36.4.11:8080] connections = 2,3
...  : Trying getPosts: http://posts-svc/posts?userIds=2,3&secret=newSecret
...  : [10.36.4.11:8080] getting posts for user network cdavisafc
...  : [10.36.4.11:8080] connections = 2,3
...  : Trying getPosts: http://posts-svc/posts?userIds=2,3&secret=newSecret
...  : [10.36.4.11:8080] getting posts for user network cdavisafc
...  : [10.36.4.11:8080] connections = 2,3
...  : Trying getPosts: http://posts-svc/posts?userIds=2,3&secret=newSecret
...  : Trying getPosts: http://posts-svc/posts?userIds=2,3&secret=newSecret
```

네트워크가 중단되는 동안 스프링 재시도는 먼저 접근 시도를 세 번 반복한 다음 캐시된 결과를 반환하는 @Recover 메소드를 호출한다. 네트워크가 복원된 후 다시 실제 결과가 반환된다.

이제 이 구현체가 부하 상황에서 얼마나 잘 동작하는지 살펴보자. 다음은 JMeter 테스트의 로그 출력이다.

```
START Running Jmeter on Mon Feb 18 23:10:22 UTC 2019
JVM_ARGS=-Xmn506m -Xms2024m -Xmx2024m
jmeter args=-n -t /etc/jmeter/jmeter_run.jmx -l resultsconnectionsposts
```

```
Feb 18, 2019 11:10:24 PM java.util.prefs.FileSystemPreferences$1 run
INFO: Created user preferences directory.
Creating summariser <summary>
Created the tree successfully using /etc/jmeter/jmeter_run.jmx
Starting the test @ Mon Feb 18 23:10:24 UTC 2019 (1550531424214)
Waiting for possible Shutdown/StopTestNow/Heapdump message on port 4445
summary +    194 in 00:00:19 =   10.0/s Err:     0 (0.00%) Active: 159
summary +    687 in 00:00:30 =   22.9/s Err:     0 (0.00%) Active: 406
summary =    881 in 00:00:49 =   17.8/s Err:     0 (0.00%)
summary +   1184 in 00:00:30 =   39.5/s Err:     0 (0.00%) Active: 655
summary =   2065 in 00:01:19 =   26.0/s Err:     0 (0.00%)
summary +   1682 in 00:00:30 =   56.1/s Err:     0 (0.00%) Active: 904
summary =   3747 in 00:01:49 =   34.2/s Err:     0 (0.00%)
summary +   2176 in 00:00:30 =   72.6/s Err:     0 (0.00%) Active: 1151
summary =   5923 in 00:02:19 =   42.5/s Err:     0 (0.00%)
summary +   2676 in 00:00:30 =   89.2/s Err:     0 (0.00%) Active: 1400
summary =   8599 in 00:02:49 =   50.8/s Err:     0 (0.00%)
summary +   3000 in 00:00:30 =  100.0/s Err:     0 (0.00%) Active: 1500
summary =  11599 in 00:03:19 =   58.2/s Err:     0 (0.00%)

<time marker 1 — I have broken the network between Posts and MySQL>

summary +   2752 in 00:00:30 =   91.7/s Err:     0 (0.00%) Active: 1500
summary =  14351 in 00:03:49 =   62.6/s Err:     0 (0.00%)
summary +   3000 in 00:00:30 =   99.9/s Err:     0 (0.00%) Active: 1500
summary =  17351 in 00:04:19 =   66.9/s Err:     0 (0.00%)
summary +   3001 in 00:00:30 =  100.1/s Err:     0 (0.00%) Active: 1500
summary =  20352 in 00:04:49 =   70.3/s Err:     0 (0.00%)
summary +   2998 in 00:00:30 =   99.9/s Err:     0 (0.00%) Active: 1500
summary =  23350 in 00:05:19 =   73.1/s Err:     0 (0.00%)
summary +   3038 in 00:00:30 =  101.3/s Err:     0 (0.00%) Active: 1500
summary =  26388 in 00:05:49 =   75.5/s Err:     0 (0.00%)
summary +   3039 in 00:00:30 =  101.3/s Err:     0 (0.00%) Active: 1500
summary =  29427 in 00:06:19 =   77.6/s Err:     0 (0.00%)
summary +   3000 in 00:00:30 =  100.0/s Err:     0 (0.00%) Active: 1500
summary =  32427 in 00:06:49 =   79.2/s Err:     0 (0.00%)

<time marker 2 — I have repaired the network between Posts and MySQL>

summary +   3089 in 00:00:30 =  102.9/s Err:     0 (0.00%) Active: 1500
```

```
summary =  35516 in 00:07:19 =   80.8/s Err:     0 (0.00%)
summary +   3080 in 00:00:30 =  102.7/s Err:     0 (0.00%) Active: 1500
summary =  38596 in 00:07:49 =   82.2/s Err:     0 (0.00%)
```

정확히 예상했던 대로다. Posts 서비스가 결과를 생성하지 않을 때는 Connections' Posts가 캐시된 결과를 반환하기 때문에 Connections' Posts의 클라이언트(JMeter)는 운영 중단 중에도 오류를 받지 않는다. 그러나 앞의 Connections' Posts 로그에서 봤듯이, 네트워크가 복원되는 즉시 실시간 값이 반환된다.

> |노트| 이는 꽤 견고하다. 시스템의 일부에서 문제가 발생하는 동안에도 소프트웨어 사용자는 오류를 발견하지 못했다. 소프트웨어의 일부분에서 발생한 문제가 분산 시스템 전반으로 확산되지 않는다.

표 9.1에서는 방금 실행한 일련의 테스트를 다시 반영한 결과를 요약한다.

▼ **표 9.1** 다른 패턴과 함께 간단한 재시도를 사용하면 부정적인 영향을 제거하거나 줄일 수 있다.

Connections' Posts 서비스의 버전	네트워크 중단 중	복구 초기 신호 시간	전체 복구 시간
단순 재시도	100% 에러	9분	12~13분
스프링 재시도를 사용하고 폴백을 사용하지 않는 친절한 재시도	100% 에러	1분	3분
폴백 방식으로 스프링 재시도를 사용한 친절한 재시도	0.0% 에러	N/A(네트워크 중단 시 오류 없음)	N/A

이 요약에서 명백하게 알 수 있듯이, 지나치게 단순화된 방법으로 좋은 클라우드 네이티브 패턴을 채택하면 추가적인 문제를 야기할 수 있다. 그러나 다른 패턴과 함께 간단한 재시도를 사용하면 부정적인 영향을 크게 줄이거나 아예 제거할 수 있다.

보다시피, 예제에서 구현한 다양한 보상 행동은 시스템의 안정성과 사용자 경험에 매우 긍정적인 영향을 끼쳤다. 실패에 대한 설계는 차이를 만든다!

이제 상호작용의 클라이언트 측에서 몇 가지 패턴을 구현했으므로, 이 장의 오프닝 다이어그램을 돌아보고 몇 가지 세부 사항을 채워보자. 그림 9.7에서는 클라이언트 측이 재시도와 폴백 동작을 모두 이행했음을 알 수 있다. 10장에서는 상호작용의 반대쪽 끝으로 돌아간다.

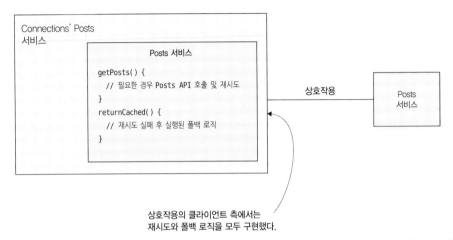

▲ **그림 9.7** 재시도와 폴백 같은 클라이언트 측 패턴을 구현하면 훨씬 더 단단한 시스템이 만들어진다(다음 장에서는 상호작용의 서비스 측면으로 돌아간다).

9.3 제어 루프

재시도는 단순해 보이지만, 두 가지 이유로 재시도를 다루는 데 많은 시간을 할애했다. 탄력적인 분산 시스템을 구축하기 위한 필수 도구라는 점이 첫 번째 이유인데, 이미 살펴봤듯이 제대로 하기에는 까다로울 수 있다. 하지만 더 중요한 두 번째 이유가 있다. 좀 더 일반적인 패턴의 구체적인 예로서 활용되는 제어 루프를 설명하기 위해서다.

9.3.1 제어 루프의 유형 이해

여기서 살펴봤던 재시도들은 이 책에서 다중화를 구현한 첫 번째 예는 아니지만, 지금까지 간단히 언급했었다. 예를 들어, 애플리케이션을 쿠버네티스 환경에 배포하면 해당 런타임 플랫폼에 내장된 제어 루프의 장점을 적어도 하나는 누리게 된다. 즉, 복제 컨트롤러다. 쿠버네티스의 복제 컨트롤러는 앱 배포를 선언적으로 지정할 수 있는 제어 루프를 구현하며,

쿠버네티스는 해당 애플리케이션 토폴로지를 생성하고 유지한다. 제어 루프는 절대로 완료 상태에 도달할 것으로 예상하지 않는다. 그것은 끊임없이 불가피한 변화를 찾고 적절히 대응하도록 설계됐다.

이 책은 쿠버네티스에 관한 책이 아니므로, 그것들을 자세히 다루지 않을 것이다. 그러나 (제어 루프 안에서) 컨트롤러는 쿠버네티스 클러스터에서 실행 중인 워크로드의 실제 상태를 워크로드의 원하는 상태와 지속적으로 비교한다. 워크로드의 원하는 상태는 쿠버네티스 API 서버에서(제어 루프에 포함) 얻으며, 쿠버네티스 플랫폼에 의해 구현된 제어 루프의 일부 샘플링이다.

- **복제 컨트롤러**^{replication controller}: 이 컨트롤러는 배포 관리(앱 배포용 YAML 파일 참조) 업무를 수행하며, 원하는 수의 복제본이 장애와 업그레이드를 통해 실행되고 있는지 확인한다.

- **데몬셋 컨트롤러**^{daemonset controller}: 쿠버네티스 데몬셋은 파드를 정의하며, 정확히 하나의 파드가 쿠버네티스 클러스터의 각 워커 노드^{worker node}(물리적 시스템 또는 가상 시스템)에서 실행되게 한다. 데몬셋 컨트롤러는 모든 노드에 원하는 모든 데몬셋이 배치되도록 보장한다.

- **엔드포인트 컨트롤러**^{endpoints controller}: 워크로드가 동적으로 배포되고 IP 주소가 동적으로 할당되면 엔드포인트 컨트롤러가 쿠버네티스 DNS 서비스를 업데이트한다.

- **네임스페이스 컨트롤러**^{namespaces controller}: 네임스페이스는 쿠버네티스 클러스터 내에서 테넌시^{tenancy}로 사용할 수 있으며, 네임스페이스를 생성할 때 특정 정책을 네임스페이스에 적용할 수 있다. 예를 들어 네트워크 세그먼트를 생성해서 해당 네임스페이스에 배포된 앱에 대한 네트워크 트래픽을 분리하도록 할당할 수 있다. 네임스페이스 컨트롤러는 쿠버네티스 네임스페이스 목록의 변경 사항을 감시하고 필요한 조치를 수행한다.

마지막 항목인 네임스페이스 컨트롤러에 관한 예를 잠시 살펴보자. 여기서는 제어 루프를 이야기했다. 그럼 왜 루프가 필요할까? 예를 들어, 누군가가 `kubectl create namespace`

명령을 실행할 때처럼 시스템이 단순히 필요한 작업을 수행할 수는 없을까? 이론상으로는 할 수 있다. 그러나 9장 첫 부분의 예에서 봤듯이, 명령이 실행될 때 코드가 접근할 수 없을 가능성이 꽤 있다. 그런 경우 네임스페이스를 생성하지 못하는가? 자동으로 한두 번 재시도해야 하는가? 컨트롤러 패턴은 이러한 유형의 문제를 처리하도록 명쾌하게 설계됐으며, 이 패턴은 쿠버네티스와 같은 현대 분산 시스템의 곳곳에 스며들 정도로 잘 설계됐다. 따라서 클라우드 네이티브 소프트웨어에도 자유롭게 적용할 수 있다.

9.3.2 제어 루프 제어

9장 앞부분에서는 재시도 루프를 제어하는 것을 이야기했다. 적용했던 제어는 루프가 실행된 횟수를 제한하고, 그것의 능력을 제어하며, 어떤 조치가 동작할 조건(예외 유형)을 선택하는 것과 같은 일들을 했다. 다시, 재시도 루프가 기본 제어 루프로 일반화되는 것처럼 그것들에 적용할 수 있는 매개변수들 중 일부도 역시 일반화된다.

예를 들어 @Retryable 메소드가 적용되는 예외의 유형은 데이터 유형과 유사하다. 앞서 열거한 쿠버네티스 컨트롤러는 각각 다른 유형의 쿠버네티스 객체에 적용된다는 점에 유의한다. 일반적으로 컨트롤러는 무한히 순환하지만, 특정 원격 요청에 대한 총 재시도 횟수를 제한할 때 변경한 것처럼 이 규칙을 변경하는 것은 완벽히 허용된다. 그리고 마지막으로 제어 루프의 결과로 어떤 조치가 취해지는지 살펴보자.

요청 재시도를 이야기할 때는 한 가지 예를 들었다. 그 예에서 재시도의 속도를 0.5초까지 늦췄고 간격을 일정하게 유지했다. 독자는 @Retryable 선언에서 @Backoff 어노테이션을 알아차렸을지도 모른다. 이 어노테이션은 백오프 알고리즘을 커스터마이징할 수 있다는 것을 의미한다. 원한다면 선형 또는 비선형 백오프 정책을 구현할 수 있지만, 스프링 재시도에는 이미 몇 가지 공통 정책이 내장돼 있다. 이미 재시도 사이에 30초 동안 기다렸던 전자의 예를 봤다. 이제 비선형적인 실례를 보여주겠다. 시작하기에 앞서 깃 리포에서 다음 태그를 확인한다.

```
git checkout requestretries/0.0.5
```

앱 배포 매니페스트에는 미니큐브 클러스터에 배포하기에 적합한 소규모 배포가 기술돼 있으며, deployApps.sh 배시 스크립트를 실행해 적절한 샘플 버전을 배포할 수 있다. 이 시점에서 Connections' Posts 서비스에 대해 curl 명령을 보낼 수 있지만, 여기서 집중하고자 하는 것은 애플리케이션 배포 상태를 모니터링하고 유지하는 제어 루프인 쿠버네티스 컨트롤러의 동작이다.

kubectl get pods 명령의 출력을 살펴보자. 계속 모니터링하려면, watch kubectl get pods 명령을 사용하라. 그럼 다음과 같은 것을 보게 된다.

```
$ kubectl get pods

NAME                                READY   STATUS    RESTARTS   AGE
connection-posts-67d8db4c7b-tscf8   1/1     Running   0          10h
connections-748dc47cc6-7bzzr        1/1     Running   0          10h
mysql-64bd6d89d8-ggwss              1/1     Running   0          1d
posts-649d88dff-kmmx8               1/1     Running   0          9h
redis-846b8c56fb-8k8f7              1/1     Running   0          1d
sccs-84cc988f57-fjhzx               1/1     Running   0          1d
```

샘플 마이크로서비스가 각각 하나의 인스턴스로 새로 설치됐다. 이제 Posts 서비스를 감염시켜 비정상으로 만들 것이다. 다음 명령을 실행해 이 작업을 수행할 수 있다.

```
curl -i -X POST $(minikube service --url posts-svc)/infect
```

그리고 이제 파드의 출력을 지켜보자. 약 15~30초 후에 Posts 서비스가 다시 시작되는 것을 볼 수 있다. 재시작이 빠르게 진행되면 RESTARTS 열의 카운터가 증가한다는 것만 알 수 있다.

```
$ kubectl get pods

NAME                                READY   STATUS    RESTARTS   AGE
connection-posts-67d8db4c7b-tscf8   1/1     Running   0          10h
connections-748dc47cc6-7bzzr        1/1     Running   0          10h
mysql-64bd6d89d8-ggwss              1/1     Running   0          1d
posts-649d88dff-kmmx8               1/1     Running   1          9h
```

```
redis-846b8c56fb-8k8f7                 1/1        Running     0        1d
sccs-84cc988f57-fjhzx                  1/1        Running     0        1d
```

이제 동일한 curl 명령을 실행해 다시 그 인스턴스를 감염시킨다. 거의 15~30초 후에
앱이 다시 시작되는 것을 볼 수 있다. 다시 시작될 때마다 계속 다시 감염시킨다. 이 작업을
네 번 또는 다섯 번 수행하면, 앱을 다시 시작하지 않고 앱의 상태가 CrashLoopBackOff로
된다. 복제 컨트롤러는 앱이 반복적으로 상태가 나빠진다는 것을 알아채고 다시 시작하기
전에 좀 더 기다릴 것이다. 여기에는 비선형 백오프 정책이 구현돼 있다.

```
$ kubectl get pods

NAME                                   READY    STATUS             RESTARTS    AGE
connection-posts-67d8db4c7b-tscf8      1/1      Running            0           10h
connections-748dc47cc6-7bzzr           1/1      Running            0           10h
mysql-64bd6d89d8-ggwss                 1/1      Running            0           1d
posts-649d88dff-kmmx8                  1/1      CrashLoopBackOff   5           9h
redis-846b8c56fb-8k8f7                 1/1      Running            0           1d
sccs-84cc988f57-fjhzx                  1/1      Running            0           1d
```

이 대화에서 벗어나, 책 전반에 걸쳐 샘플로 구현한 클라우드 네이티브 소프트웨어 설
계에서 제어 루프를 찾을 필요가 있다. 많은 사람들이 프로그래밍에서 자연스럽게 필수적
이라 느끼는 것들도 분산 시스템에서는 문제가 많을 수 있다. 그 문제들은 처음에 나타나지
않을 수도 있지만, 겉보기에는 적절한 구현 아래에 도사리고 있다가 예상치 못한 변화가 일
어났을 때 실패하게 만든다. 궁극적으로 일관된 제어 루프 기반의 소프트웨어 설계는 클라
우드 네이티브 소프트웨어를 구성하는 분산 시스템에서 훨씬 더 잘 동작할 것이다.

요약

- 시간이 초과된 요청을 다시 시도하면 시스템을 통해 전파됐을 오류를 받아들일 수 있다.
- 올바르게 수행되지 않으면 연결 문제가 해결된 후에도 대기 중인 재시도 요청이 시스템에 과부하를 일으킬 수 있다.
- 적절하게 재시도하면 이러한 재시도 폭풍의 위험을 크게 줄일 수 있으며, 동시에 덜 심각한 장애가 발생했을 때도 상당한 이점을 제공할 수 있다.
- 재시도하는 것이 안전할 때만 재시도하는 것은 개발자로서 독자의 책임이다.
- 개발자는 서비스의 핵심 흐름뿐만 아니라 잘되던 것이 실패할 때를 대비한 폴백 로직도 구현하는 습관을 들여야 한다.
- 재시도는 제어 루프 패턴의 한 예에 불과하다.
- 제어 루프는 클라우드 네이티브 소프트웨어를 구성하는 분산 시스템에 필수적인 기술이다.

10

프론트 서비스: 서킷 브레이커와 API 게이트웨이

10장에서 다루는 내용

- 서비스 측면의 두 마이크로서비스 간 상호작용
- 서킷 브레이커
- API 게이트웨이
- 사이드카와 서비스 메시

8장에서는 동적 라우팅과 서비스 탐색에 초점을 맞춘 서비스 간의 상호작용을 언급하기 시작했다. 클라이언트가 의존하는 서비스를 찾고 접근할 수 있는 방법을 이야기했는데, 클라이언트는 필요한 서비스를 찾고 이를 파악한 후 상호작용을 시작한다. 9장과 10장에서는 그림 10.1과 같이 상호작용의 양쪽 측면을 함께 고려했다. 9장에서 이 상호작용의 복원력을 설명했는데, 클라이언트가 책임지고 컨트롤하는 요청 다중화를 주로 다뤘다. 이제 클라이언트/서비스 상호작용의 서비스 측면과 여기서 역할을 하는 필수적인 디자인 패턴으로 눈을 돌리고자 한다.

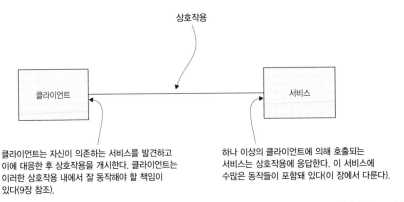

상호작용

클라이언트

서비스

클라이언트는 자신이 의존하는 서비스를 발견하고
이에 대응한 후 상호작용을 개시한다. 클라이언트는
이러한 상호작용 내에서 잘 동작해야 할 책임이
있다(9장 참조).

하나 이상의 클라이언트에 의해 호출되는
서비스는 상호작용에 응답한다. 이 서비스에
수많은 동작들이 포함돼 있다(이 장에서 다룬다).

▲ **그림 10.1** 클라이언트가 상호작용에서 좋은 참여자로 작용하기 위해 특정한 패턴을 구현해야 하고, 마찬가지로
서비스도 그렇게 해야 한다. 이것들은 10장에서 패턴으로 다룬다.

서비스의 개발자로서, 상호작용과 관련된 여러 가지 고려 사항들을 고민해야 한다.

- 앞 장에서는 상호작용의 클라이언트 측에서 구현된 재시도 폭풍 문제에 대한 해결
  책을 제시했다('친절한 재시도'라 불렸음). 그러나 서비스 개발자는 클라이언트가 친절
  한 것에 항상 의존할 수 없으므로, 재시도 폭풍을 경계해야 한다. 서비스 관점에서
  재시도 폭풍은 단순히 자신이 처리할 수 있는 것보다 더 많이 들어오는 요청을 받는
  경우일 뿐이다. 서비스는 궁극적으로 의도적이거나 의도적이지 않은 서비스 거부
  공격으로부터 자신을 보호할 책임이 있다.
- 새로운 버전의 서비스를 배포하기 위한 기술(특히 블루/그린 및 롤링 업그레이드)을 이
  미 앞에서 살펴봤다. 또한 여러 버전의 서비스가 동시에 실행되고 있는 중에 한 서
  비스에서 일부 요청이 처리되고 다른 서비스에서 일부 요청이 제공되는 병렬 배포
  도 언급했었다. 대부분의 경우, 주어진 요청에 응답해야 하는 서비스 버전에 관한
  결정은 클라이언트/서비스 상호작용의 서비스 측에서 다뤄진다.
- 서비스는 승인된 측에서의 요청에 대해서만 응답해야 한다.
- 또한 서비스는 모니터링 및 로깅 정보를 이용할 수 있도록 만들어야 할 책임이 있다
  (11장에서 다룰 내용).

이 장에서는 이러한 문제를 해결하는 두 가지 패턴, 즉 서킷 브레이커와 API 게이트웨

이를 다룬다. 서킷 브레이커는 이러한 우려 사항 중 첫 번째 것을 명시적인 목표로 하며, 과도한 트래픽으로 인해 서비스가 혼돈스러워 하는 것을 방지하기 위해 사용된다. API 게이트웨이는 이러한 모든 문제를 해결하기 위해 사용된다. API 게이트웨이가 꽤 오랫동안 사용돼왔지만, 최근에서야 클라우드 네이티브 아키텍처에 의해 발생한 요구 사항을 여기서 구체적으로 다루겠다.

상호작용의 서버 측 패턴과 클라이언트 측 패턴에 대한 최근의 대중화된 구현 접근법인 사이드카를 다루면서 10장을 마친다. 그렇다. 이스티오^{Istio}와 관련 기술도 언급할 것이다.

10.1 서킷 브레이커

소프트웨어에 있는 서킷 브레이커의 개념은 집에 있는 전기 시스템의 회로 차단기와 정확히 같다. 집 안에는 잠재적으로 전력을 사용하는 소스(라이트, 콘센트, 가전 제품 등)가 얼마든지 있다. 한꺼번에 더 많은 전력을 끌어낼수록 전선은 뜨거워질 것이고, 만약 큰 부하가 생기면 벽에 불을 붙일 수 있을 만큼 뜨거워질 수 있다. 이를 방지하기 위해 전선은 회로 차단기를 통해 작동되는데, 회로 차단기는 전력 공급이 너무 높을 때 위험을 감지하고 모든 전원이 차단되도록 회로를 개방한다. 집에 불이 나는 것보다는 전력이 없는 편이 낫다.

10.1.1 소프트웨어 서킷 브레이커

소프트웨어의 서킷 브레이커도 본질적으로 같은 방식으로 작동한다. 부하가 너무 높으면 회로가 열리고 트래픽이 통과하지 못하게 한다. 그러나 두 가지 차이점이 존재한다. 첫째, 회로가 개방돼야 하는 시점을 감지하는 메커니즘은 가능한 고장의 예측이 아니라 실제 고장에 기초한다(작은 화재가 감지된 후에만 전기 회로가 트이는 것을 원하지는 않을 것이다). 둘째, 소프트웨어 서킷 브레이커는 보통 (사람이 수동으로 차단기를 원복시킬 전기 패널을 찾기 위해 어두운 집을 더듬어가는 것과는 달리) 자가 치유^{self-healing} 메커니즘이 내장돼 있다.

기본적인 아이디어는 다음과 같다. 만약 서비스가 (조금을 넘어서) 일정 수준 이상으로 실패하기 시작하면, 그 서비스로의 모든 트래픽을 잠시 멈추게 된다. 서비스가 실패를 일으키는 어떤 것에서든 회복할 수 있는 시간을 갖길 바란다. 그런 다음, 시간이 지나면 한 번의 요청으로 어떻게 돼가고 있는지 확인한다. 해당 요청이 실패하면 더 이상의 트래픽을 허용하지 않고 보호 상태를 유지시킨다. 만약 그 요청이 성공한다면, 서비스를 원활히 처리하고 트래픽이 다시 자유롭게 흐르도록 한다.

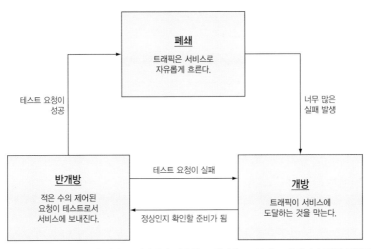

▲ **그림 10.2** 세 개의 상태를 통해 서킷 브레이커의 작동을 모델링하고, 서킷 브레이커 사이의 전환을 일으키는 조건이나 이벤트를 정의한다. 회로가 폐쇄되면 트래픽이 자유롭게 흐른다. 회로가 개방되면 요청이 서비스에 전달되지 않는다. 반개방 상태는 일시적이며, 회로를 폐쇄로 재설정할 수 있는 수단이다.

그림 10.2와 같이 서킷 브레이커가 가능한 세 가지 상태(폐쇄, 개방, 또는 반개방)를 정의함으로써 이러한 동작을 모델링할 수 있다. 그런 다음 상태 변화를 일으키는 이벤트를 다음과 같이 설명할 수 있다.

- 서킷 브레이커의 이상적인 상태는 폐쇄다. 즉, 회로가 보호하고 있는 서비스까지 트래픽이 회로를 통과하고 있다.
- 서킷 브레이커는 그런 트래픽의 흐름 속에서 실패를 감지한다. 적은 수의 실패는 문제가 되지 않는다. 실제로, 그러한 '깜박 신호blip'에 대한 복원력은 우수한 클라우드 네이티브 설계의 일부분이다. 실패율이 너무 높아지면 서킷 브레이커의 상태는 개방된다.

- 서킷 브레이커가 개방돼 있는 동안에는 서킷 브레이커가 보호하고 있는 서비스로의 트래픽이 허용되지 않는다. 요청 부하가 넘쳐 서비스가 실패하기 시작했거나 간헐적인 네트워크 단절로 문제가 발생한 경우라면, 서킷 브레이커가 부하를 중단해 서비스를 다시 정상 상태로 되돌린다.
- 시간이 지난 후, 그 서비스가 복구됐는지 보기 위해 다시 시도해본다. 서킷 브레이커를 반쯤 열린 상태로 전환해 이 작업을 수행한다.
- 반개방 상태에서 서킷 브레이커의 구현은 단일 요청 또는 적은 수의 요청이 서비스에 전달되도록 해서 서비스를 테스트한다.
- 시험 요청이 성공하면 회로는 다시 폐쇄 상태로 전환된다. 테스트에 실패하면 회로가 다시 개방 상태로 전환돼 좀 더 기다린다.

서킷 브레이커를 직관적으로 설명했지만, 서킷 브레이커의 구현은 상태 변경에 관한 세부 사항을 구체적으로 정의해야 한다. 예를 들어 무엇이 '너무 많은 실패'가 되는가? 잠시 후에는 구체적인 구현을 살펴보면서 이 세부 사항들을 공부하게 된다. 무엇보다, 이 다이어그램에 설명되지 않은 한 가지 개념, 즉 서킷 브레이커의 사용이 이 장과 이전 장에서 중심적으로 다룬 클라이언트/서비스 상호작용에 어떻게 영향을 미치는지와 관련해 여러분의 관심을 끌고자 한다.

그림 10.3의 시퀀스 다이어그램은 서비스가 문제를 겪고 있는 시점에 클라이언트와 서비스 사이의 단일 상호작용에 대한 세 가지 시나리오를 보여준다. 첫 번째 경우에는 서킷 브레이커가 사용되지 않는다. 두 번째 경우에는 서킷 브레이커가 있고, 상태는 폐쇄돼 있다. 마지막으로는 개방 상태를 가진 서킷 브레이커가 있다.

처음 두 경우에서, 작동이 사실상 동일하다는 것을 알 수 있다. 즉, 클라이언트가 요청을 하고 서비스가 겪고 있는 장애 때문에 응답을 기다리는 시간이 초과되는 것을 설명한다. 그러나 마지막 경우에는 서킷 브레이커에서 장애가 감지돼 회로가 개방됐을 때 클라이언트가 신속하게 응답을 수신할 것이다. 여기서 중요한 것은 복잡한 분산 시스템에서 지연은 재앙이며, 서킷 브레이커는 그 시간과 빈도를 크게 감소시킨다는 것이다. 서킷 브레이커를 서비스 쪽에서 구현된 '친절' 패턴이라고도 부르고 싶다.

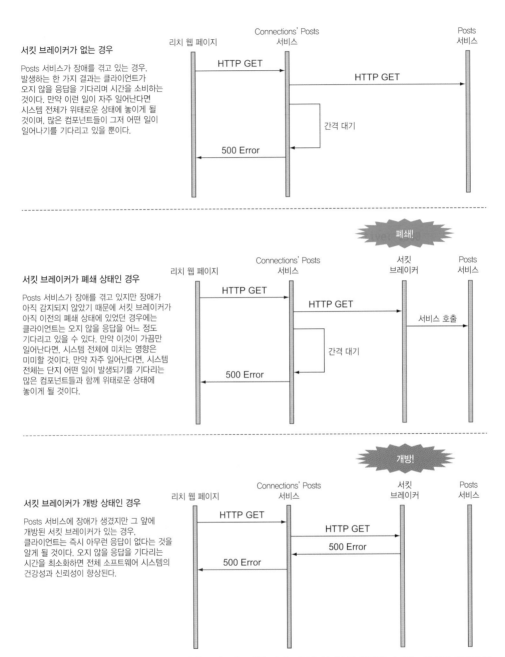

서킷 브레이커가 없는 경우

Posts 서비스가 장애를 겪고 있는 경우,
발생하는 한 가지 결과는 클라이언트가
오지 않을 응답을 기다리며 시간을 소비하는
것이다. 만약 이런 일이 자주 일어난다면
시스템 전체가 위태로운 상태에 놓이게 될
것이며, 많은 컴포넌트들이 그저 어떤 일이
일어나기를 기다리고 있을 뿐이다.

서킷 브레이커가 폐쇄 상태인 경우

Posts 서비스가 장애를 겪고 있지만 장애가
아직 감지되지 않았기 때문에 서킷 브레이커가
아직 이전의 폐쇄 상태에 있었던 경우에는
클라이언트는 오지 않을 응답을 어느 정도
기다리고 있을 수 있다. 만약 이것이 가끔만
일어난다면, 시스템 전체에 미치는 영향은
미미할 것이다. 만약 자주 일어난다면, 시스템
전체는 단지 어떤 일이 발생되기를 기다리는
많은 컴포넌트들과 함께 위태로운 상태에
놓이게 될 것이다.

서킷 브레이커가 개방 상태인 경우

Posts 서비스에 장애가 생겼지만 그 앞에
개방된 서킷 브레이커가 있는 경우.
클라이언트는 즉시 아무런 응답이 없다는 것을
알게 될 것이다. 오지 않을 응답을 기다리는
시간을 최소화하면 전체 소프트웨어 시스템의
건강성과 신뢰성이 향상된다.

▲ **그림 10.3** 네트워크 중단, 서비스 자체의 문제, 또는 다른 장애로 인해 서비스를 사용할 수 없는 경우와 관련해서 서킷 브레이커가 지닌 주요 이점 중 하나는 그 순간에 처리 가능성이 낮은 응답을 기다리는 동안 낭비되는 시간을 크게 줄인다는 것이다.

이제 서킷 브레이커의 구현을 실행 예제에서 살펴보자. 이는 기본적인 사용과 설정 가능성을 보여주며, 서비스 구현의 구조를 좀 더 깊이 생각할 수 있게 해준다.

10.1.2 서킷 브레이커의 구현

평소와 같이 깃 저장소에 있는 예제에 관한 두 개의 특정 태그를 체크아웃하고 쿠버네티스 클러스터에 배포하면 코드 예제를 실행할 수 있다. 지금까지 해왔던 것처럼, 코드 샘플을 도커 허브에서 사용 가능한 도커 이미지로 묶어서 빌드했다. 그러므로 코드를 소스로부터 만들 필요는 없다. 소스에서 만들고 싶을 경우, 독자의 편의를 위해 메이븐과 도커 빌드 파일을 포함시켰다. 예제를 실행하기 전에 코드를 살펴본다. 저장소를 이미 복제했다면, 다음 명령으로 첫 번째로 다룬 10장의 태그를 체크아웃하자.

```
git checkout circuitbreaker/0.0.1
```

코드는 모두 cloudnative-circuitbreaker 디렉터리에 있으므로 지금 변경하자. Connections' Posts 서비스는 상호작용의 클라이언트 측이며 9장과 달라진 점이 없으므로, Posts 서비스와 Connections 서비스에 대해서만 구현이 있다는 점을 알게 될 것이다.

서킷 브레이커로 보호할 서비스는 Posts 서비스인데, 먼저 해당 서비스의 소스 디렉터리에 있는 코드를 살펴보자. 첫 번째로 주목해야 할 것은 PostsService라는 새로운 자바 클래스다. 서킷 브레이커의 구현은 실제 서비스 앞에 위치한다. 여기서 구현되는 방식은 메인 서비스 구현과 동일한 프로세스 내에서 서킷 브레이커가 실행되고 있으며, 서킷 브레이커는 실제 서비스(스포일러 주의: 이 장의 끝부분에서 이스티오를 이야기할 때 더 자세히 설명하겠다.)에 가깝다.

원래 Posts 서버스의 컨트롤러 자체에는 많은 로직이 있다. 하지만 이제 서비스 구현의 핵심 부분을 새로운 PostsService 클래스에 넣는다. 이제 컨트롤러를 통해 서비스 상호작용의 앞 단을 처리할 수 있다. 컨트롤러는 여전히 요청 구문 분석 및 응답 생성 같은 작업과 일부 기본 인증 및 권한 부여 로직을 처리한다. 새로운 PostsService는 HTTP 프로토콜을 다루지 않고 대신 서비스의 핵심 로직에만 초점을 맞추는데, 간단한 예로는 단지 데이터베이스 쿼리와 응답 객체 생성이 있다.

이와 가장 밀접한 내용은 리스트 10.1에 나타난 바와 같이, PostsService의 get 메소드에 어노테이션을 추가하는 것이다.

리스트 10.1 PostsService.java 내의 메소드

```
@HystrixCommand()
public Iterable<Post> getPostsByUserId(String userIds,
                                String secret) throws Exception {
    logger.info(utils.ipTag() + "Attempting getPostsByUserId");
    Iterable<Post> posts;
    if (userIds == null) {
        logger.info(utils.ipTag() + "getting all posts");
        posts = postRepository.findAll();
        return posts;
    } else {
        ArrayList<Post> postsForUsers = new ArrayList<Post>();
        String userId[] = userIds.split(",");
        for (int i = 0; i < userId.length; i++) {
            logger.info(utils.ipTag() +
                        "getting posts for userId " + userId[i]);
            Posts = postRepository.findByUserId(Long.parseLong(userId[i]));
            posts.forEach(post -> postsForUsers.add(post))
        }
        return postsForUsers;
    }
}
```

@HystrixCommand()는 이 메소드를 서킷 브레이커로 전방에 배치해야 한다는 것을 나타내며, 스프링 프레임워크가 구현에 추가된다. 즉, 들어오는 모든 요청을 가로챔으로써 앞서 설명한 프로토콜이 구현되는 방식인 관점지향으로 동작한다.

자, 그럼 이것을 실제로 살펴보자. 특히 이전 장에서 배운 재시도 시나리오의 관점에서 설명한다. 네트워크가 다시 구축된 후 시스템이 장기간 건강하지 못한 상태를 만든 Connections' Posts의 단순한 재시도를 고른 후, Posts 서비스를 보호하는 서킷 브레이커와 결합하고 싶다. 그림 10.4를 참조하라. 이전과 같은 부하 테스트를 실행하게 될 것이다.

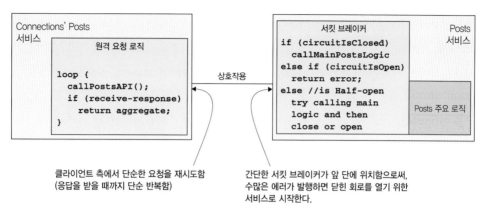

▲ **그림 10.4** 첫 번째 테스트의 경우, 상호작용의 클라이언트 측에서 단순한 재요청을 시도해 프론트 서비스에서 간단한 서킷 브레이커를 실행한다.

셋업

다시 한 번 9장에서 다룬 샘플 실행의 설정 지침을 참조하자. 10장의 샘플을 실행하기 위한 새로운 요건은 없다.

cloudnative-circuitbreaker 디렉터리의 파일에 접근할 수 있으므로 터미널 창에서 해당 디렉터리로 변경하라. 그리고 9장에서 설명한 바와 같이 이미 도커 이미지를 미리 제작해 도커 허브에서 사용할 수 있도록 만들었다. 자바 소스와 도커 이미지를 작성해 자신의 이미지 저장소로 푸시하려면, 이전 장들(가장 자세한 지침은 5장에서 다룬다.)을 참조하라.

앱 실행하기

이 장을 진행하는 동안 서킷 브레이커의 버전이 서로 다르므로, 시작할 때 깃허브 리포에서 올바른 태그인지 확인해야 한다.

```
git checkout circuitbreaker/0.0.1
```

9장에서 설명한 대로 충분한 용량을 갖춘 쿠버네티스 클러스터가 필요하다. 이전 장에서 실행 중인 예제가 그대로 있으면, 지우고 다시 시작할 필요가 없다. 여기서 실행할 명령은 모든 마이크로서비스의 버전을 적절하게 업데이트한다. 처음부터 시작하려면 이전에 설명한 deleteDeploymentComplete.sh를 사용한다. 이 간단한 배시 스크립트를 통해 MySQL, Redis, SCCS를 계속 실행할 수 있다. 옵션을 사용하지 않고 호출하면 세 가지 마이크로서비스 배포만 삭제되고, 스크립트를 인수로 호출하면 MySQL, Redis, SCCS도 삭제된다.

앞서 설명한 대로 깃 태그를 체크아웃한 경우에는 다음 스크립트를 실행하거나 여기에 포함된 kubectl apply 명령을 실행해 실행 중인 서비스를 배포하거나 업데이트할 수 있다.

```
./deployApps.sh
```

다른 창에서 watch kubectl get all을 실행하면서 이 작업을 수행하면 Posts 서비스가 업그레이드되거나(이 첫 번째 예에서는 이 서비스만 변경됨) 세 가지 마이크로서비스가 모두 배포되는 것을 볼 수 있다. 애플리케이션 토폴로지는 그림 10.5에 나타나 있으며, 다음과 같은 애플리케이션 버전을 배포한다.

- **Connections' Posts**: 단순 재시도 구현이 포함된 요청 복원력 프로젝트(9장)의 버전이며, 시간 초과 요청을 맹목적으로 영구히 재시도한다.
- **Connections**: 요청 복원력 프로젝트의 버전이며 표준 연결 구현이다.
- **Posts**: 컨트롤러를 서비스의 주요 로직과 분리하기 위해 리팩토링한 앱의 새로운 버전이다. 후자의 주요 메소드는 현재 Hystrix 서킷 브레이커로 감싸여 있다.

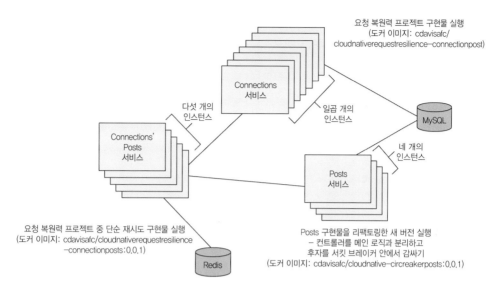

요청 복원력 프로젝트 구현물 실행
(도커 이미지: cdavisafc/
cloudnativerequestresilience-connectionpost)

Connections
서비스

다섯 개의
인스턴스

일곱 개의
인스턴스

MySQL

Connections'
Posts
서비스

네 개의
인스턴스

Posts
서비스

요청 복원력 프로젝트 중 단순 재시도 구현물 실행
(도커 이미지: cdavisafc/cloudnativerequestresilience
-connectionposts:0.0.1)

Redis

Posts 구현물을 리팩토링한 새 버전 실행
– 컨트롤러를 메인 로직과 분리하고
후자를 서킷 브레이커 안에서 감싸기
(도커 이미지: cdavisafc/cloudnative-circreakerposts:0.0.1)

▲ **그림 10.5** 배포 토폴로지는 이전 장에서 제공하는 Connections' Posts 서비스와 Connections 서비스 버전을 갖고 있으며, Posts 서비스의 새로운 버전을 제공한다. 이 구현은 Posts의 주 로직을 서킷 브레이커로 감싼다.

이제 이 구현물에 약간의 부하를 보내자. 다음 두 가지 명령을 실행한다.

```
kubectl create configmap jmeter-config \
 --from-file=jmeter_run.jmx=loadTesting/ConnectionsPostsLoad.jmx
kubectl create -f loadTesting/jmeter-deployment.yaml
```

9장의 실험을 하는 동안 첫 번째 명령을 실행한 경우에는 아파치 JMeter 배포에 대한 컨피그 맵config map이 이미 존재하므로 여기서 다시 실행할 필요가 없다. 이제 부하 테스트의 결과를 살펴보자.

```
$ kubectl logs -f <name of your jmeter pod>
START Running Jmeter on Sun Feb 24 05:21:46 UTC 2019
JVM_ARGS=-Xmn442m -Xms1768m -Xmx1768m
jmeter args=-n -t /etc/jmeter/jmeter_run.jmx -l resultsconnectionsposts
Feb 24, 2019 5:21:48 AM java.util.prefs.FileSystemPreferences$1 run
INFO: Created user preferences directory.
Creating summariser <summary>
Created the tree successfully using /etc/jmeter/jmeter_run.jmx
Starting the test @ Sun Feb 24 05:21:48 UTC 2019 (1550985708891)
```

```
Waiting for possible Shutdown/StopTestNow/Heapdump message on port 4445
summary +      85 in 00:00:10 =     8.1/s Err:        0 (0.00%) Active: 85
summary +     538 in 00:00:30 =    18.0/s Err:        0 (0.00%) Active: 332
summary =     623 in 00:00:40 =    15.4/s Err:        0 (0.00%)
summary +    1033 in 00:00:30 =    34.5/s Err:        0 (0.00%) Active: 579
summary =    1656 in 00:01:10 =    23.5/s Err:        0 (0.00%)
summary +    1529 in 00:00:30 =    51.0/s Err:        0 (0.00%) Active: 829
summary =    3185 in 00:01:40 =    31.7/s Err:        0 (0.00%)
summary +    2029 in 00:00:30 =    67.6/s Err:        0 (0.00%) Active: 1077
summary =    5214 in 00:02:10 =    40.0/s Err:        0 (0.00%)
summary +    2520 in 00:00:30 =    84.1/s Err:        0 (0.00%) Active: 1325
summary =    7734 in 00:02:40 =    48.2/s Err:        0 (0.00%)
summary +    2893 in 00:00:30 =    96.4/s Err:        0 (0.00%) Active: 1500
summary =   10627 in 00:03:10 =    55.8/s Err:        0 (0.00%)
summary +    3055 in 00:00:30 =   101.8/s Err:        0 (0.00%) Active: 1500
summary =   13682 in 00:03:40 =    62.1/s Err:        0 (0.00%)
summary +    3007 in 00:00:30 =   100.2/s Err:        0 (0.00%) Active: 1500
summary =   16689 in 00:04:10 =    66.7/s Err:        0 (0.00%)


<time marker 1 - I have broken the network between Posts and MySQL>


summary +    2510 in 00:00:30 =    83.6/s Err:     2084 (83.03%) Active: 1500
summary =   19199 in 00:04:40 =    68.5/s Err:     2084 (10.85%)
summary +    3000 in 00:00:30 =   100.0/s Err:     3000 (100.00%) Active: 1500
summary =   22199 in 00:05:10 =    71.5/s Err:     5084 (22.90%)
summary +    3000 in 00:00:30 =   100.0/s Err:     3000 (100.00%) Active: 1500
summary =   25199 in 00:05:40 =    74.0/s Err:     8084 (32.08%)
summary +    2953 in 00:00:30 =    98.4/s Err:     2953 (100.00%) Active: 1500
summary =   28152 in 00:06:10 =    76.0/s Err:    11037 (39.21%)
summary +    2916 in 00:00:30 =    96.9/s Err:     2916 (100.00%) Active: 1500
summary =   31068 in 00:06:40 =    77.6/s Err:    13953 (44.91%)
summary +    3046 in 00:00:30 =   101.7/s Err:     3046 (100.00%) Active: 1500
summary =   34114 in 00:07:10 =    79.3/s Err:    16999 (49.83%)
summary +    3019 in 00:00:30 =   100.7/s Err:     3019 (100.00%) Active: 1500
summary =   37133 in 00:07:40 =    80.7/s Err:    20018 (53.91%)


<time marker 2 - I have repaired the network between Posts and MySQL>


summary +    2980 in 00:00:30 =    99.3/s Err:     2980 (100.00%) Active: 1500
summary =   40113 in 00:08:10 =    81.8/s Err:    22998 (57.33%)
```

```
summary +   3015 in 00:00:30 =  100.5/s Err:  3015 (100.00%) Active: 1500
summary = 43128 in 00:08:40 =   82.9/s Err: 26013 (60.32%)
summary +   3020 in 00:00:30 =  100.7/s Err:  3020 (100.00%) Active: 1500
summary = 46148 in 00:09:10 =   83.8/s Err: 29033 (62.91%)
summary +   3075 in 00:00:30 =  102.5/s Err:  3072 (99.90%) Active: 1500
summary = 49223 in 00:09:40 =   84.8/s Err: 32105 (65.22%)
summary +   3049 in 00:00:30 =  101.6/s Err:  2395 (78.55%) Active: 1500
summary = 52272 in 00:10:10 =   85.6/s Err: 34500 (66.00%)
summary +   3191 in 00:00:30 =  106.4/s Err:  2263 (70.92%) Active: 1500
summary = 55463 in 00:10:40 =   86.6/s Err: 36763 (66.28%)
summary +   2995 in 00:00:30 =   99.7/s Err:  1203 (40.17%) Active: 1500
summary = 58458 in 00:11:10 =   87.2/s Err: 37966 (64.95%)
summary +   3031 in 00:00:30 =  101.1/s Err:  1193 (39.36%) Active: 1500
summary = 61489 in 00:11:40 =   87.8/s Err: 39159 (63.68%)
summary +   3009 in 00:00:30 =  100.3/s Err:  1182 (39.28%) Active: 1500
summary = 64498 in 00:12:10 =   88.3/s Err: 40341 (62.55%)
summary +   3083 in 00:00:30 =  102.8/s Err:   859 (27.86%) Active: 1500
summary = 67581 in 00:12:40 =   88.9/s Err: 41200 (60.96%)
summary +   3110 in 00:00:30 =  103.7/s Err:   597 (19.20%) Active: 1500
summary = 70691 in 00:13:10 =   89.4/s Err: 41797 (59.13%)
summary +   2999 in 00:00:30 =   99.9/s Err:     0 (0.00%) Active: 1500
summary = 73690 in 00:13:40 =   89.8/s Err: 41797 (56.72%)
summary +   3001 in 00:00:30 =  100.1/s Err:     0 (0.00%) Active: 1500
summary = 76691 in 00:14:10 =   90.2/s Err: 41797 (54.50%)
```

이전 장에서 테스트한 것처럼 모든 부하가 발생하면(앞 로그의 time marker 1에서), Posts 서비스와 MySQL 데이터베이스 사이의 네트워크를 끊는다. 보다시피 Connections' Posts 로의 모든 요청이 실패하게 된다(JMeter 테스트에서 호출하는 내용). 대략 3분간 정지한 후에 네트워크를 다시 설정한다(time marker 2). 로그 결과를 보면 첫 번째 복구 징후는 1분 정도 밖에 걸리지 않았고, 3.5분에서 4분이면 완전한 복구가 가능하다는 것을 알 수 있다. 표 10.1에서 서비스 주변에 방어가 없는 단순한 구현(불친절한 클라이언트)의 결과를 함께 볼 수 있다.

▼ 표 10.1 서킷 브레이커는 재시도 폭풍에 대한 상당한 방어 기능을 제공한다.

Connections' Posts 서비스 버전	Posts 서비스 버전	복구 최초 신호 시간	완전 복구 추가 시간
단순한 재시도	서킷 브레이커 없음	9분	12~13분
단순한 재시도	서비스 보호 서킷 브레이커	1~2분	4~5 분

극명한 차이를 보이며, 서킷 브레이커가 재시도 폭풍뿐만 아니라 원인에 관계없이 과도한 부하나 기타 오류 조건으로부터 보호를 제공한다는 점을 지적하고 싶다. 그러나 이 경우에 어떻게 서킷 브레이커가 Connections' Posts 서비스와 Posts 서비스 사이의 상호작용을 변화시켰고, 그로 인해 시스템이 훨씬 더 빨리 복구될 수 있었을까? 그림 10.3으로 돌아가보자. 세 번째 시나리오를 구현했으므로, 모든 재시도 횟수에 대해 Connections' Posts의 타임아웃 대신에 회로가 개방된 후 Posts 서비스로부터 응답을 빠르게 수신하고 문제를 명확하게 나타내는 응답(상태 코드 500)을 수신하기 때문에 재시도를 하는 일은 매우 작아진다.

첫 번째 구현을 살펴보자. @HistrixCommand( ) 어노테이션을 통해 수많은 설정 옵션으로 동작 방식을 제어할 수 있다. 이 첫 번째 예제에서는 기본값을 그대로 받아들였다. 그림 10.6에서 간단한 상태 다이어그램을 보면 기본값으로 어노테이션을 달았다. 서킷 브레이커는 서비스를 향한 요청의 50%가 실패하면 이동하며, 반개방 상태로 들어가기 전에 5초간 개방 상태를 유지한다.

Hystrix 서킷 브레이커에는 수많은 다른 설정 옵션을 사용할 수 있다.[1] 예를 들어 회로가 이동하기 전의 최소 실패 횟수를 설정할 수 있다. 하지만 여기서는 폴백 메소드를 정하는 것에 초점을 맞추고 싶다. 이전 장에서 스프링 재시도를 사용해 좀 더 친절한 요청 다중화를 구현할 때, Posts 서비스가 응답하지 않을 경우에는 이전 결과를 캐시하고 사용하게 하는 폴백 메소드를 추가한 것을 기억하는가? 여기에는 같은 아이디어가 있다. 회로가 개방됐을 때는 현재 발생하는 오류를 반환하는 대신에 실제 결과를 위해 대신할 무언가를 반환할 수 있다.

---

1   설정 옵션들은 깃허브(http://mng.bz/O2rK)에 있다.

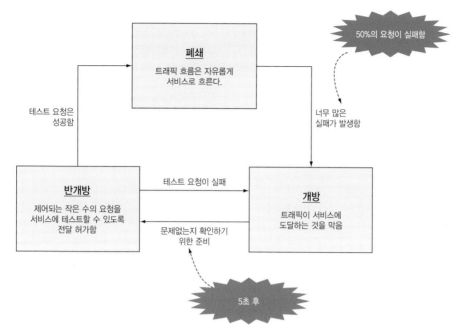

▲ **그림 10.6** 기본 Hystrix 구현은 요청의 50%가 실패하면 회로를 이동하고 개방 상태로 들어간 후 몇 초가 지나면 개방 상태에서 반개방 상태로 옮긴다. 반개방 상태에서 성공하거나 성공하지 못한 요청은 서킷 브레이커를 각각 폐쇄 및 개방 상태로 전환한다.

> |**노트**| 이 책은 변화에 잘 견디는 소프트웨어 설계를 다룬다. 소프트웨어를 설계할 때 가장 중요한 것 중 하나는 항상 "호출하는 작업이 성공하지 못할 경우 소프트웨어가 어떻게 해야 하는가?"라고 생각하는 것이다.

복원력 패턴을 구현하는 데 도움을 주는 프레임워크에는 상호작용의 양쪽에서 폴백을 위한 기본 원리가 내장돼 있음을 잘 알 수 있다. 그림 10.7은 이를 명확하게 보여준다.

이러한 각 오류 복구 메소드의 컨텍스트는 서로 다르다. 그림 10.7의 왼쪽에서 Connec tions' Posts 서비스는 상호작용을 통해 검색된 정보의 소비자이며, 실시간 정보를 이용할 수 없을 때 무엇을 해야 하는지를 결정할 수 있다. 오래된 콘텐츠가 없는 것보다 나은가? 9장의 마지막 구현에서 이를 호출하고 캐시된 내용을 반환했다. 그림 10.7의 오른쪽에서 Posts 서비스는 상호작용을 통해 검색된 정보의 제공자이며, 어떤 유형의 '성공' 응답이 완전한 실패보다 나은지 결정해야 한다. 대체된 성공 응답이 무엇이든 상관없이, 이러한 행동 방식은 잘 문서화돼야만 클라이언트들이 대체된 데이터를 받고 있을 때도 그들이 하나의 데이터셋만을 가진다고 믿게 되는 유혹에 빠져들지 않는다.

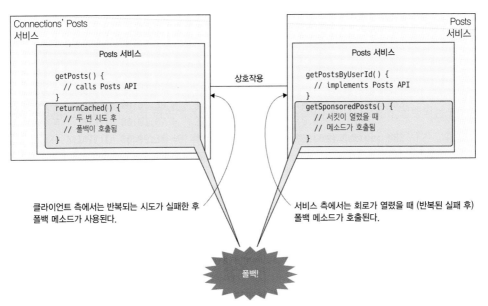

▲ **그림 10.7** 상호작용의 양쪽에서 장애가 발생할 수 있으며, 폴백은 안전 장치를 제공한다.

동작 중인 구현물로 확인해보자. 이전 예를 조금만 바꾸면 된다. 다음 명령으로 깃 태그를 확인한다.

```
git checkout circuitbreaker/0.0.2
```

Posts API의 코드, 특히 `PostsService` 클래스를 보면 이제 폴백 메소드가 제공되고 `@HystrixCommand` 어노테이션이 이를 가리키고 있음을 알 수 있다. 리스트 10.2에서는 실제 데이터가 가용하지 않은 경우 폴백 구현이 스폰서 콘텐츠로 사전 준비된 결과를 반환하는 것을 볼 수 있다.

리스트 10.2 PostsService.java 내의 메소드

```
@HystrixCommand(fallbackMethod = "getSponsoredPosts")
```

```java
public Iterable<Post> getPostsByUserId(String userIds,
                                       String secret) throws Exception {
    logger.info(utils.ipTag() + "Attempting getPostsByUserId");
    Iterable<Post> posts;
    if (userIds == null) {
        logger.info(utils.ipTag() + "getting all posts");
        posts = postRepository.findAll();
        return posts;
    } else {
        ArrayList<Post> postsForUsers = new ArrayList<Post>();
        String userId[] = userIds.split(",");
        for (int i = 0; i < userId.length; i++) {
            logger.info(utils.ipTag() +
                        "getting posts for userId " + userId[i]);
            posts = postRepository.findByUserId(Long.parseLong(userId[i]));
            posts.forEach(post -> postsForUsers.add(post));
        }
        return postsForUsers;
    }
}

public Iterable<Post> getSponsoredPosts(String userIds,
                                        String secret) {
    logger.info(utils.ipTag() +
                "Accessing Hystrix fallback getSponsoredPosts");
    ArrayList<Post> posts = new ArrayList<Post>();
    posts.add(new Post(999L, "Some catchy title",
                       "Some great sponsored content"));
    posts.add(new Post(999L, "Another catchy title",
                       "Some more great sponsored content"));
    return posts;
}
```

여기서는 다음 두 가지에 주목하길 바란다.

- 폴백 메소드는 Hystrix-protected 명령(이 경우 getPostsByUserId 메소드)으로부터 에러를 반환받는 아무 때나 호출되는데, 회로가 닫혀 있는 경우에도 해당된다. Hystrix 라이브러리는 비록 아주 주요한 오류나 실패가 아닐지라도 모든 실패 사례

에서 폴백을 시도하는 것을 선호한다.

- Hystrix 폴백 메소드는 엮을 수 있는데, 일차 메소드가 실패할 경우 `fallbackMethod1`을 호출할 수 있다. 예를 들어 캐시된 데이터를 사용해 결과를 계산하거나 대체 채널을 통해 데이터를 로드할 수 있다. `fallbackMethod1`이 실패하면 제어는 `fallbackMethod2` 등으로 전달될 수 있다. 이것은 개발자가 마음대로 할 수 있는 강력한 추상화다.

독자는 지금의 폴백 구현이 매우 단순하다는 것을 눈치챘을 것이다. 여기서는 데이터 저장소에서 콘텐츠를 끌어오기는 커녕, 코드 안에 하드 코딩까지 하고 있다. 이는 순전히 구현을 단순화하기 위한 것이므로 실제로는 콘텐츠를 소스 코드에 하드 코딩하지 말길 바란다!

앱 실행하기

독자는 이미 이 절의 앞부분부터 예제를 실행하고 있으며, 앞서 설명한 대로 깃 브랜치를 체크아웃했을 것이다. 이전 부하 테스트가 여전히 실행 중인 경우에는 다음 명령을 사용해 중지한다.

```
kubectl delete deploy jmeter-deployment
```

다음 배시 스크립트를 실행하거나 그 안에 포함된 명령을 실행해서 폴백 동작을 구현하는 버전으로 배포를 업데이트할 수 있다.

```
./deployApps.sh
```

다시 `kubectl get all` 명령을 지켜보고 있으면, Connections 서비스와 Posts 서비스가 모두 업데이트되는 것을 볼 수 있다. 업데이트는 Connections가 스폰서의 사용자 ID를 미리 로드하는 데만 필요했다. Connections' Posts 서비스는 업데이트되지 않았다. 독자는 여전히 9장에서 다룬 단순한 재시도 구현을 실행하고 있을 것이다. 마지막으로 이 배포에 대해 부하를 가해보자.

```
kubectl create -f loadTesting/jmeter-deployment.yaml
```

이제 이 배포에 관한 로그를 볼 수 있다.

```
START Running Jmeter on Sun Feb 24 04:39:23 UTC 2019
JVM_ARGS=-Xmn542m -Xms2168m -Xmx2168m
jmeter args=-n -t /etc/jmeter/jmeter_run.jmx -l resultsconnectionsposts
Feb 24, 2019 4:39:25 AM java.util.prefs.FileSystemPreferences$1 run
INFO: Created user preferences directory.
Creating summariser <summary>
Created the tree successfully using /etc/jmeter/jmeter_run.jmx
Starting the test @ Sun Feb 24 04:39:25 UTC 2019 (1550983165958)
Waiting for possible Shutdown/StopTestNow/Heapdump message on port 4445
summary +    217 in 00:00:21 =   10.4/s Err: 0 (0.00%) Active: 171
summary +    712 in 00:00:30 =   23.7/s Err: 0 (0.00%) Active: 419
summary =    929 in 00:00:51 =   18.3/s Err: 0 (0.00%)
summary +   1209 in 00:00:30 =   40.3/s Err: 0 (0.00%) Active: 667
summary =   2138 in 00:01:21 =   26.4/s Err: 0 (0.00%)
summary +   1706 in 00:00:30 =   57.0/s Err: 0 (0.00%) Active: 916
summary =   3844 in 00:01:51 =   34.7/s Err: 0 (0.00%)
summary +   2205 in 00:00:30 =   73.5/s Err: 0 (0.00%) Active: 1166 summary =
6049 in 00:02:21 =   43.0/s Err: 0 (0.00%)
summary +   2705 in 00:00:30 =   90.2/s Err: 0 (0.00%) Active: 1415 summary =
8754 in 00:02:51 =   51.2/s Err: 0 (0.00%)
summary +   2998 in 00:00:30 =   99.9/s Err: 0 (0.00%) Active: 1500 summary =
11752 in 00:03:21 =   58.5/s Err: 0 (0.00%)

<time marker 1 — I have broken the network between Posts and MySQL>

summary +   3004 in 00:00:30 =  100.0/s Err: 0 (0.00%) Active: 1500
summary =  14756 in 00:03:51 =   63.9/s Err: 0 (0.00%)
summary +   2997 in 00:00:30 =   99.9/s Err: 0 (0.00%) Active: 1500
summary =  17753 in 00:04:21 =   68.1/s Err: 0 (0.00%)
summary +   3001 in 00:00:30 =  100.1/s Err: 0 (0.00%) Active: 1500
summary =  20754 in 00:04:51 =   71.4/s Err: 0 (0.00%)
summary +   3000 in 00:00:30 =  100.0/s Err: 0 (0.00%) Active: 1500
summary =  23754 in 00:05:21 =   74.0/s Err: 0 (0.00%)
summary +   3000 in 00:00:30 =  100.0/s Err: 0 (0.00%) Active: 1500
summary =  26754 in 00:05:51 =   76.3/s Err: 0 (0.00%)
```

```
summary +    3000 in 00:00:30 =  100.0/s Err: 0 (0.00%) Active: 1500
summary = 29754 in 00:06:21 =   78.1/s Err: 0 (0.00%)
summary +    2995 in 00:00:30 =   99.9/s Err: 0 (0.00%) Active: 1500
summary = 32749 in 00:06:51 =   79.7/s Err: 0 (0.00%)

<time marker 2 — I have repaired the network between Posts and MySQL>

summary +    3005 in 00:00:30 =  100.2/s Err: 0 (0.00%) Active: 1500
summary = 35754 in 00:07:21 =   81.1/s Err: 0 (0.00%)
summary +    2997 in 00:00:30 =   99.9/s Err: 0 (0.00%) Active: 1500
summary = 38751 in 00:07:51 =   82.3/s Err: 0 (0.00%)
```

보통 time marker 1은 Posts 서비스와 MySQL 데이터베이스 간의 네트워크 연결을 끊은 시간을 나타내고, time marker 2는 연결을 다시 설정한 시간을 나타낸다. 그리고 보다시피 Connections' Posts로의 호출은 네트워크 단절에도 전혀 실패하지 않았다. 이는 서킷 브레이커의 폴백 메소드가 Posts 서비스의 장애에 대해 스폰서 콘텐츠를 반환한다는 점에서 예상한 것과 정확히 일치한다.

아마도 더 흥미로운 척도는 네트워크가 다시 구축된 후에 얼마나 빨리 실시간 콘텐츠가 반환되는지다. 짐작되는가? 그렇다. 5초도 되지 않는다. sleepWindowMilliseconds의 기본 설정이 5000이며, 이는 회로 상태가 '개방^{Open}'으로 설정된 후 5초 후에 '반개방$^{Half-Open}$'으로 설정됨을 의미한다. 그 일이 일어나자마자 여러분이 Posts 서비스 로직으로 허용하는 테스트 요청이 성공할 것이고, 회로는 폐쇄될 것이며, 애플리케이션을 다시 안정된 상태로 되돌릴 것이다. Posts 서비스 인스턴스들 중 한 인스턴스의 로그 출력에서 이러한 전환 과정을 볼 수 있다.

```
2019-02-23 02:59:03.084  getting posts for userId 2
2019-02-23 02:59:03.148  Attempting getPostsByUserId
2019-02-23 02:59:03.148  getting posts for userId 2
2019-02-23 02:59:03.167  Attempting getPostsByUserId
2019-02-23 02:59:03.167  getting posts for userId 2

<time marker 1 — I have broken the network between Posts and MySQL>

2019-02-23 02:59:03.213  Accessing Hystrix fallback getSponsoredPosts
```

```
2019-02-23 02:59:03.237  Accessing Hystrix fallback getSponsoredPosts
2019-02-23 02:59:03.243  Accessing Hystrix fallback getSponsoredPosts
2019-02-23 02:59:03.313  Accessing Hystrix fallback getSponsoredPosts
2019-02-23 02:59:03.351  Accessing Hystrix fallback getSponsoredPosts
2019-02-23 02:59:03.357  Accessing Hystrix fallback getSponsoredPosts
2019-02-23 02:59:03.394  Accessing Hystrix fallback getSponsoredPosts
... (there are many more of these log lines)

<time marker 2 — I have repaired the network between Posts and MySQL>

... (another 5 seconds or so of Hystrix mentioning messages)
(then, ...)

2019-02-23 03:02:33.705  Accessing Hystrix fallback getSponsoredPosts
2019-02-23 03:02:33.717  Accessing Hystrix fallback getSponsoredPosts
2019-02-23 03:02:33.717  Accessing Hystrix fallback getSponsoredPosts
2019-02-23 03:02:33.898  getting posts for userId 3
2019-02-23 03:02:33.898  getting posts for userId 3
2019-02-23 03:02:33.899  getting posts for userId 3
2019-02-23 03:02:33.899  getting posts for userId 3
2019-02-23 03:02:33.900  getting posts for userId 3
2019-02-23 03:02:33.905  Accessing Hystrix fallback getSponsoredPosts
2019-02-23 03:02:33.911  Accessing Hystrix fallback getSponsoredPosts
2019-02-23 03:02:33.943  Accessing Hystrix fallback getSponsoredPosts
2019-02-23 03:02:34.080  Accessing Hystrix fallback getSponsoredPosts
2019-02-23 03:02:34.100  Accessing Hystrix fallback getSponsoredPosts
2019-02-23 03:02:34.113  Accessing Hystrix fallback getSponsoredPosts
2019-02-23 03:02:34.216  Accessing Hystrix fallback getSponsoredPosts
2019-02-23 03:02:34.225  Accessing Hystrix fallback getSponsoredPosts
2019-02-23 03:02:34.300  Accessing Hystrix fallback getSponsoredPosts
2019-02-23 03:02:34.368  Accessing Hystrix fallback getSponsoredPosts
2019-02-23 03:02:34.398  Attempting getPostsByUserId
2019-02-23 03:02:34.398  getting posts for userId 2
2019-02-23 03:02:34.400  getting posts for userId 3
2019-02-23 03:02:34.433  Attempting getPostsByUserId
2019-02-23 03:02:34.433  getting posts for userId 2
2019-02-23 03:02:34.434  Attempting getPostsByUserId
2019-02-23 03:02:34.434  getting posts for userId 2
2019-02-23 03:02:34.435  getting posts for userId 3
2019-02-23 03:02:34.437  getting posts for userId 3
```

```
2019-02-23 03:02:34.472  Attempting getPostsByUserId
2019-02-23 03:02:34.472  getting posts for userId 2
2019-02-23 03:02:34.475  getting posts for userId 3
2019-02-23 03:02:34.556  Attempting getPostsByUserId
2019-02-23 03:02:34.556  getting posts for userId 2
2019-02-23 03:02:34.559  getting posts for userId 3
2019-02-23 03:02:34.622  Attempting getPostsByUserId
(and operation has returned to normal)
```

표 10.2는 이전 장과 이 장에서 수행한 각 테스트의 결과를 보여준다. 각 사례는 Connections' Posts와 Posts 간에 동일한 3분간의 네트워크 중단을 시뮬레이션했지만, 상호작용의 클라이언트 측(9장) 또는 서버 측(10장)에 서로 다른 패턴을 적용했다.

▼ **표 10.2** 네트워크 단절 시뮬레이션의 결과는 서비스 상호작용에 특정 클라우드 네이티브 패턴을 적용하면 얻을 수 있는 이점을 보여준다.

Connections' Posts 서비스 버전	Posts 서비스 버전	네트워크 단절 중	복구 최초 신호 시간	완전 복구 시간	테스트 수행 장
단순한 재시도	서킷 브레이커 없음	100% 에러	9분	12~13분	9장
스프링을 이용한 친절한 재시도와 폴백 없음	서킷 브레이커 없음	100% 에러	1분	3분	9장
스프링과 폴백 메소드를 이용한 친절한 재시도	서킷 브레이커 없음	0% 에러	N/A (네트워크 단절 동안 실패 없음)	N/A	9장
단순한 재시도	서비스 보호 서킷 브레이커 (폴백 메소드 없음)	100% 에러	1~2분	4~5 분	10장
단순한 재시도	서비스 보호 서킷 브레이커 (폴백 메소드 사용)	0% 에러	N/A (네트워크 단절 동안 실패 없음)	<5초 스폰서 결과가 아닌 실제 결과가 반환될 때의 완전 복구 시간 고려	10장

이 요약은 정말 흥미롭다. 상호작용의 복원력에 초점을 맞춘 패턴을 구현하면 소프트웨어 전체 상태에 큰 차이가 발생한다. 물론 패턴은 클라이언트 측면과 서버 측면 모두에서 적용 가능하지만, 종종 양쪽 측면 모두에서 구현의 책임이 있는 것은 아니다. 따라서 특별히 소비하는 쪽을 구현한다면, 소비되는 서비스가 '순탄한 경로'에서 벗어날 때 결과를 대체하는지의 여부처럼 API의 약속을 완벽히 이해하는 것이 중요하다. 그리고 서비스를 제공할 때는 반드시 그 약속을 완전히 명시해야 한다.

서킷 브레이커가 하는 일, 특히 Hystrix 구현을 사용하는 측면에 비춰볼 때는 서킷 브레이커가 기본적으로 Posts 서비스의 게이트웨이 역할을 하고 있다는 것을 알 수 있다. 하지만 서킷 브레이커는 서비스 앞에 배치하고 싶어 하는 기능의 한 예일 뿐이다. 이제 API 게이트웨이를 좀 더 일반적인 패턴으로 살펴보자.

10.2 API 게이트웨이

오픈소스 및 상용 API 게이트웨이의 가용성은 마이크로서비스와 클라우드 기반 아키텍처의 증가를 선도한다. 예를 들어 아피지^{Apigee}(구글이 인수한 이후)와 마셰리^{Mashery}(인텔이 인수해 TIBCO에 매각된 이후)는 둘 다 2000년대 초에 설립된 회사였으며, 둘 다 API 게이트웨이에 집중했다. 소프트웨어 아키텍처에서 API 게이트웨이의 역할은 구현 시작의 앞부분에서 전체 서비스를 제공하는 이 장의 제목과 항상 정확히 일치해왔다. 이러한 서비스에는 다음 사항들이 포함될 수 있다.

- **인증과 권한 부여**: API 게이트웨이 프론트의 서비스에 대한 접근 제어다. 이 접속 제어 메커니즘은 다양하고 암호나 토큰의 사용과 같은 비밀 기반 접근 방식을 포함할 수 있으며, 방화벽형 서비스와 통합하거나 방화벽형 서비스를 구현하는 네트워크 기반 접근 방식을 포함할 수 있다.
- **이동 중인 데이터의 암호화**: API 게이트웨이는 암호 해독을 처리할 수 있으므로 인증서를 관리해야 하는 곳이다.

- **부하 급증으로부터 서비스 보호**: 적절한 설정을 통해 API 게이트웨이는 클라이언트가 서비스에 접근할 수 있는 유일한 방법이 된다. 따라서 여기서 구현된 부하 조절 메커니즘은 상당한 보호를 제공할 수 있다. 방금 서킷 브레이커를 다뤘던 것이 비슷하다고 생각될 수 있으며, 그 생각은 옳다.
- **접근 로깅**: 서비스로 들어오는 모든 트래픽이 API 게이트웨이를 통해 들어오므로 모든 접근을 로깅할 수 있는 기능이 있다. 이러한 로그는 감사와 운영 관찰을 포함해 무수한 사용 사례를 지원할 수 있다.

이러한 관심사는 서비스 자체 내에서 제기될 수 있지만, 반복적으로 실행될 필요가 없는 교차적인 관심사인 것은 분명하다. API 게이트웨이를 사용하면 배관만 들여다보는 것처럼 기능성을 여유롭게 개발할 수 있도록 해주므로 비즈니스 요구에 집중할 수 있다. 그러나 아마도 엔터프라이즈 제어가 균일하게 적용될 수 있는 지점을 제공하는 것이 더 중요하다. 확실히, IT 운영에서 가장 어려운 일 중 하나는 모든 것에 대해 보안 및 규정 준수 요구 사항이 충족된다는 점을 입증하는 것이다. 즉, 중앙 집중식 제어가 핵심이다.

API 게이트웨이는 다른 많은 서비스들과 연계해 그 임무를 수행할 수 있다. 예를 들어 게이트웨이 자체에는 인증과 권한 부여가 필요한 사용자 정보를 저장하지 않는다. 대신에 그것은 그러한 서비스에 대한 인가 및 접근 관리 솔루션과 ID 저장소(예: LDAP)에 의존한다. API 게이트웨이는 단순히 그곳에 표현된 정책을 시행할 뿐이다.

그림 10.8은 간단한 시나리오를 보여준다. API 게이트웨이는 몇 가지 서비스 앞에 위치하고, 서비스로의 모든 접근은 게이트웨이를 통해 이뤄지며, API 게이트웨이가 제공하는 기능을 지원하기 위해 다른 요소들과 인터페이싱한다. API 게이트웨이 인터페이스를 사용하는 IT 시스템 관리자는 필요한 정책을 설정할 것이다. 또 이 그림은 각 서비스의 접근 로그를 검토하는 감사자auditor의 모습도 보여준다.

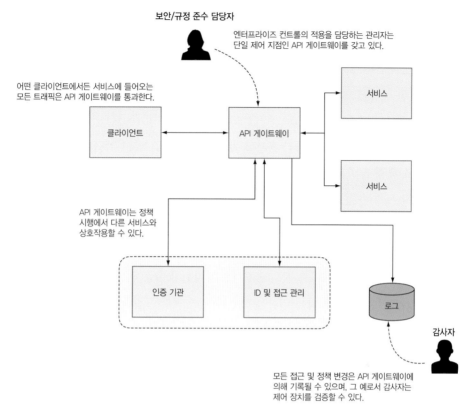

보안/규정 준수 담당자

엔터프라이즈 컨트롤의 적용을 담당하는 관리자는
단일 제어 지점인 API 게이트웨이를 갖고 있다.

어떤 클라이언트에서든 서비스에 들어오는
모든 트래픽은 API 게이트웨이를 통과한다.

클라이언트

API 게이트웨이

서비스

서비스

API 게이트웨이는 정책
시행에서 다른 서비스와
상호작용할 수 있다.

인증 기관

ID 및 접근 관리

로그

감사자

모든 접근 및 정책 변경은 API 게이트웨이에
의해 기록될 수 있으며, 그 예로서 감사자는
제어 장치를 검증할 수 있다.

▲ **그림 10.8** API 게이트웨이는 모든 서비스의 앞에 위치하며 해당 서비스에 대한 정책 설정 및 시행 지점이 된다.

10.2.1 클라우드 네이티브 소프트웨어에서의 API 게이트웨이 사례

API 게이트웨이가 15년 이상 사용돼왔다면, 왜 이 책에서 이를 다루고 있을까? 상상할 수
있듯이, 지금까지 논의한 많은 다른 주제들과 마찬가지로 클라우드 네이티브 소프트웨어
아키텍처로의 발전은 API 게이트웨이에 새로운 요구 사항을 도입하고 있다.

- 더 많은 독립적(마이크로) 서비스를 제공하는 소프트웨어의 컴포넌트화는 규모 순서
  에 의해 관리해야 할 서비스의 수를 증가시킨다는 것이 꽤 자명하다. 당시에도 확실
  히 이상적이지는 않았지만, 적어도 IT 담당자가 중앙 집중식 제어 없이도 서비스 접
  근을 관리하는 것이 이론적으로는 가능했다. 하지만 수천 또는 수만 개의 서비스 인

스턴스가 있는 경우에는 더 이상 그러한 관리가 불가능하다.

- 서비스 인스턴스가 운영 중단 및 업그레이드 스케줄링 과정에서 재생성될 때 서비스 인스턴스에 지속적으로 변경이 적용되는 것은 연간 또는 격년으로 변경됐을 때의 수동 설정(예: 방화벽 규칙)이 이제 지원 소프트웨어 솔루션 없이는 완전히 다루기 어렵다는 것을 의미한다.

- 고도로 분산된 시스템은 방금 공부한 재시도 등과 같은 다른 복원력 패턴을 구현해 서비스에 서로 다른 부하 프로필을 가져오게 했다. 서비스에서 발생하는 부하는 이전보다 예측 가능성이 낮으며, 예기치 않은 요청 크기와 극단적인 요청 크기로부터 서비스를 보호할 필요가 있다. 이 장의 초기 부분에서 학습한 서킷 브레이커는 API 게이트웨이로 유입된 이러한 보호의 한 유형이다.

- 클라우드 네이티브 아키텍처는 과금 기반 서비스 소비를 허용하는 새로운 비즈니스 모델을 정말 가능하게 하는 역할을 해왔다. API 게이트웨이는 부하 조절을 통해 필요한 계측을 가능하게 한다.

- 앞 장에서는 병렬 배포를 언급했었다. API 게이트웨이는 안전한 업그레이드 프로세스 같은 매우 중요한 라우팅 로직을 구현하기에 아주 좋은 곳이다.

API 게이트웨이는 10년 전까지만 해도 의무 사항이 아니라고 강하게 조언했을지 모르지만, 클라우드 네이티브 소프트웨어의 특성은 이제 API 게이트웨이를 절대적으로 중요하게 만든다.

10.2.2 API 게이트웨이 토폴로지

이 시점에서 여러분은 "좋아, 왜 그것들이 필요한지 알겠는데, 그림 10.8이 마음에 들지 않아. 중앙 집중식 게이트웨이는 확실히 클라우드 네이티브의 반대 패턴처럼 보이는군."이라고 말할지도 모른다. 맞다! 모든 서비스에 걸쳐 일관된 정책 적용이 필요하다. 이는 API 게이트웨이 패턴의 가치 중 하나다. 그러나 그렇다고 해서 그 구현이 반드시 중앙 집중화돼야 한다는 뜻은 아니다. 15년 전에는 API 게이트웨이가 클러스터화된 컴포넌트라 하더라도 중앙 집중식으로 구축되는 경우가 많았지만, 클라우드 네이티브 아키텍처에서는 이러한 방식이 변경됐다.

이미 여러 번 암시했듯이 이 장의 첫 번째 절에서 연구하고 구현한 서킷 브레이커는 게이트웨이 패턴의 한 예이며, 그 구현은 확실히 분산됐다. 사실, 서비스 자체를 위한 바이너리로 컴파일됐다(@HystrixCommand 어노테이션이 포함된 것을 기억하는가?). 핵심 구절로 바로 가려면 API 게이트웨이 패턴의 분산 구현이 필요하고, 이것을 시각화하려면 그림 10.9를 보라. 여기서 각 서비스에는 그 프론트에 고정된 게이트웨이가 있음을 알 수 있으며, 이 게이트웨이는 이전 다이어그램과 마찬가지로 그것의 운영을 지원하거나 필요로 하는 컴포넌트 집합과 인터페이싱한다.

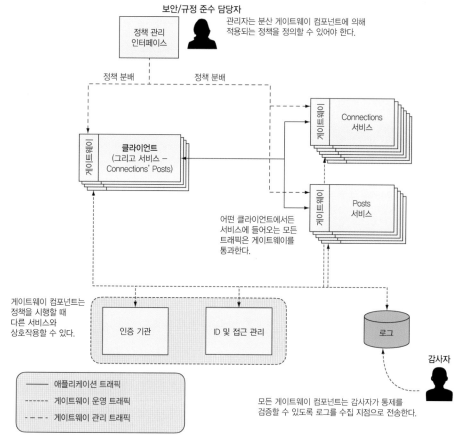

▲ **그림 10.9** 게이트웨이를 단일 논리적 엔티티, 즉 관리에 필요한 것으로 생각할 수 있다. 그러나 클라우드 네이티브 아키텍처의 경우 구현이 가장 잘 분산돼 있다.

독자는 이전 그림보다 더 많은 서비스 인스턴스가 묘사됐음을 알 수 있을 것이다. 중앙 집중식 API 게이트웨이를 사용하는 많은 서비스가 있고 모든 상호작용이 게이트웨이를 통해 흘러간다면, 게이트웨이의 이기종 트래픽을 처리하기 위해 게이트웨이의 크기를 적절하게 조정해서 애플리케이션 인스턴스 집합을 예측하기 어려운 점을 스스로 감안해야 할 것이다. 이 처리를 분산시킴으로써 각 게이트웨이 인스턴스는 서비스 로드를 단독으로 처리하며, 게이트웨이의 적절한 크기 조절이 훨씬 더 용이해진다.

지난 몇 년 동안 인기를 끌었던 오픈소스 API 게이트웨이를 잠시 살펴보자. 넷플릭스의 마이크로서비스로부터 온 것인데, 주울Zuul(영화 《고스트버스터즈》의 문지기 이름을 딴)은 '동적 라우팅, 모니터링, 복원력, 보안성 등을 제공하는 에지 서비스'로 묘사된다. 이런 속성들이 API 게이트웨이 패턴에 기인한다. 주울은 Hystrix(서킷 브레이커), 리본Ribbon(로드 밸런싱), 터바인Turbine(측정기) 등을 포함한 넷플릭스 마이크로서비스 프레임워크의 여러 다른 컴포넌트를 사용하거나 내장한다.

자바로 작성되고 JVM에서 실행되는 주울은 URL을 통한 프론트 서비스로 설정돼 있다. 예를 들어, Posts 서비스의 게이트웨이 역할을 하도록 설정하려면 다음과 같은 설정 데이터를 제공해야 한다.

```
zuul.routes.connectionPosts.url=http://localhost:8090/connectionPosts server.
port=8080
```

그러면 어떻게 주울을 소프트웨어 토폴로지software topology에 포함시키는지가 문제로 떠오른다. 그림 10.8과 비슷하게 생긴 배포를 만드는 것은 물론 가능하지만, 고도로 분산된 소프트웨어 아키텍처에서는 그림 10.9에 더 가까운 것을 권장한다. 사실, 스프링 클라우드는 서킷 브레이커가 이전 예제에 포함된 것과 거의 유사한 방식으로 주울이 서비스에 포함될 수 있는 방법을 제공한다.[2] 이렇게 하면 그림 10.9에 표시된 배포 토폴로지를 얻을 수 있다.

---

2 스프링 부트의 전형적인 경우처럼, 주울을 포함한 것은 spring-cloud-starternetflix-zuul을 메이븐 또는 그래들(Gradle) 의존성에 포함시키는 것만큼 간단하다(http://mng.bz/YP4o).

게이트웨이를 서비스에 포함시키면 다음과 같은 뚜렷한 장점이 따른다. 게이트웨이와 서비스 자체 사이에 네트워크 홉hop이 없고, 호스트 이름은 설정에 더 이상 필요하지 않으면서 경로만 필요하며, 교차 출처 자원 공유cross-origin resource sharing(CORS) 문제는 사라진다. 하지만 몇 가지 단점도 있다.

첫째, 애플리케이션 생명 주기에서 후반의 바인딩 설정이 더 많은 유연성을 제공한다는 것을 기억하자. 앞의 설정을 application.properties 파일에 포함시킨 경우 설정을 변경한다면 다시 컴파일해야 한다. 논의한 바와 같이 속성 값은 나중에 환경 변수를 통해 주입될 수 있지만, 이 경우 JVM을 다시 시작해야 한다(또는 최소한 애플리케이션 컨텍스트를 새로 고쳐야 함).

둘째, 자바 컴포넌트를 내장하고 있는 경우에는 서비스 구현이 자바에서도 이뤄져야 함을 의미하며, 적어도 JVM에서 실행돼야 함을 의미한다. 여기에 있는 모든 코드 예제가 자바로 구현됐지만, 독자의 시나리오에서 가장 적절한 언어로 적용하고 구현할 수 있어야 한다.

마지막으로 API 게이트웨이 패턴의 목표 중 하나는 서비스 개발자의 관심사와 운영자의 관심사를 분리하는 것이다. 독자는 운영자가 실행 중인 모든 서비스에 걸쳐 일관된 제어를 적용할 수 있는 능력을 부여하고 이를 관리할 수 있게 하는 컨트롤 플레인을 제공하길 원한다.

그러면 어떻게 프로그래밍 언어를 모르고도 느슨하게 결합되면서 관리할 수 있는 방식으로 이 게이트웨이 패턴과 같은 것을 달성할 수 있을까? 서비스 메시로 들어가보자.

10.3 서비스 메시

여기서 단번에 서비스 메시까지 갈 필요는 없으므로, 조금만 뒤로 물러서서 서비스 메시에서 중심적인 역할을 하는 원시적인 것부터 시작해보자. 그런 다음 서비스 메시를 소개하고 클라우드 네이티브 소프트웨어 아키텍처에서 점점 더 커지고 있는 그 역할을 살펴본다.

10.3.1 사이드카

내장된 자바 컴포넌트의 단점을 피하는 분산 API 게이트웨이 기능을 어떻게 제공할 것인지 조금 전에 질문했는데, 이에 대한 답은 바로 사이드카다. 가장 간단한 수준에서 사이드카는 메인 서비스와 병행해 동작하는 프로세스다. 그림 10.9를 돌아보면 게이트웨이 서비스가 반드시 내장된 것이 아니라 서비스와 함께 실행되는 것으로 생각해볼 수 있다. 물론 게이트웨이 사이드카가 메인 서비스 프로세스와 함께 별도의 프로세스로 실행되고 있다는 것은 이것이 서비스 바이너리^{service binary}로 컴파일되지 않아야 하는 요건을 충족한다는 뜻이다.

훌륭하게도 쿠버네티스는 이런 일을 멋지게 해내는 추상 개념을 제공한다. 쿠버네티스 파드는 쿠버네티스에서 가장 작은 배포 단위로서, 하나 이상의 컨테이너를 포함하고 있다. 한 컨테이너에서 기본 서비스를 호스팅하고 다른 컨테이너에서 게이트웨이 서비스를 호스팅할 수 있으며, 둘 다 동일한 파드에서 실행된다. 이제 이전 다이어그램을 다시 그려서 이러한 구조를 사용할 수 있다. 그림 10.10을 보자.

각 컨테이너에는 자체 런타임 환경이 있으므로, (예를 들어) 메인 서비스는 JVM에서 실행될 수 있고 게이트웨이 사이드카는 C++에서 구현될 수 있다. 이렇게 한 가지 단점이 해결된다. 그러나 이제 게이트웨이와 메인 서비스 사이의 통신은 프로세스 간, 심지어 컨테이너 간, 즉 네트워크 홉을 의미한다. 다시 말해, 쿠버네티스의 아키텍처는 개발자의 도움이 필요하다. 쿠버네티스 파드에서 실행되는 모든 서비스는 동일한 IP 주소로 호스팅되며, 이는 서비스들이 로컬 호스트를 통해 서로를 처리할 수 있으므로 네트워크 홉은 최소가 된다는 것을 의미한다.

오늘날 사용되고 있는 가장 인기 있는 사이드카 중 하나는 엔보이^{Envoy}다(www.envoyproxy.io). 원래 승차 공유 서비스 업체인 리프트^{Lyft}에 의해 개발된 엔보이는 C++로 코딩된 분산 프록시로서 매우 효율적이다. 가장 일반적인 형태는 각 인스턴스가 서비스의 단일 인스턴스(그림 10.10에 반영된 토폴로지)를 앞에 두는 것이지만, 다양한 배포 토폴로지 안에서 사용할 수 있다.

그러나 이 설명은 좀 솔직하지 못하다. 엔보이를 게이트웨이가 아닌 프록시라고 표현한 것에 주목하라. 엔보이는 게이트웨이 역할 이상의 일을 하는데, 또한 클라이언트를 대리하기도 한다. 상호작용에 참여한 클라이언트와 서비스를 모두 표현한 그림 10.7을 주목해보길 바란다. 이 다이어그램은 클라이언트 측의 아웃바운드 상호작용에 재시도 동작을 추가하고, 인바운드 앞 단에 있는 서킷 브레이커를 서비스 측 코드에 추가했음을 보여준다. 후자는 게이트웨이 패턴을 구현하고 있으며, 전자는 프록시다. 핵심은 무엇일까? 엔보이는 클라이언트 측에는 프록시를, 상호작용의 서비스 측에는 역프록시/게이트웨이를 구현한다.

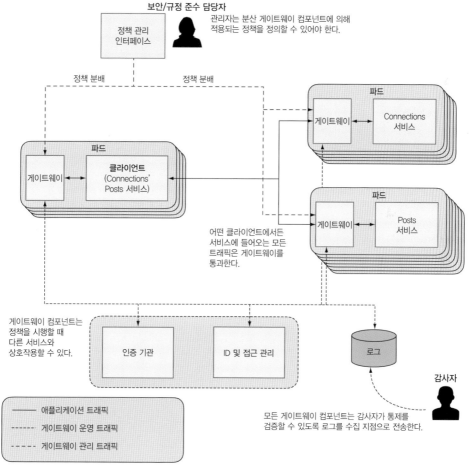

▲ **그림 10.10** 분산 게이트웨이는 각 서비스에 대한 사이드카로 실행된다. 이것은 쿠버네티스에서 하나의 파드 내에 두 개의 컨테이너를 실행함으로써 이뤄진다. 하나는 기본 서비스이고, 다른 하나는 게이트웨이 사이드카다.

꽤 멋진 아키텍처다.

그림 10.7과 그림 10.10을 그림 10.11과 그림 10.12로 각각 다시 그려보면, 이제 클라우드 네이티브 아키텍처의 핵심 요소인 상호작용이 사이드카를 통해 프로그래밍됐음을 알 수 있다. 엔보이는 재시도, 서킷 브레이커, 유량 제한, 로드 밸런싱, 서비스 탐색, 식별성 등을 포함해 이러한 상호작용의 끝에서 다수의 패턴을 구현한다. 이미 몇 번 말했듯이, 애플리케이션 개발자나 설계자는 이 책 전반에 걸쳐 다뤄진 패턴을 이해해야 하지만 항상 이것들을 구현해야 할 책임이 있는 것은 아니다. 다시 한 번 말하지만, 이것은 꽤 멋지다.

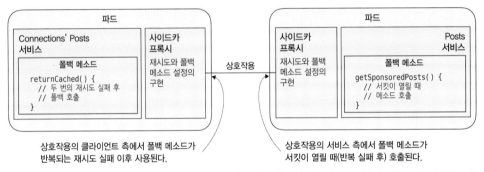

▲ **그림 10.11** 사이드카에서 구현된 상호작용의 클라이언트 측에서 재시도 동작으로 그림 10.7이 다시 그려지고, 서비스 측의 서킷 브레이커도 사이드카에서 구현된다.

상호작용은 이제 프록시 사이에 있다는 점에 유의한다. 그림 10.12에서도 마찬가지다.

아직은 내장 게이트웨이의 다른 두 가지 단점으로서 프록시와 게이트웨이 양쪽의 관리 용이성을 다루지 않았다. 여기에 서비스 메시가 들어온다.

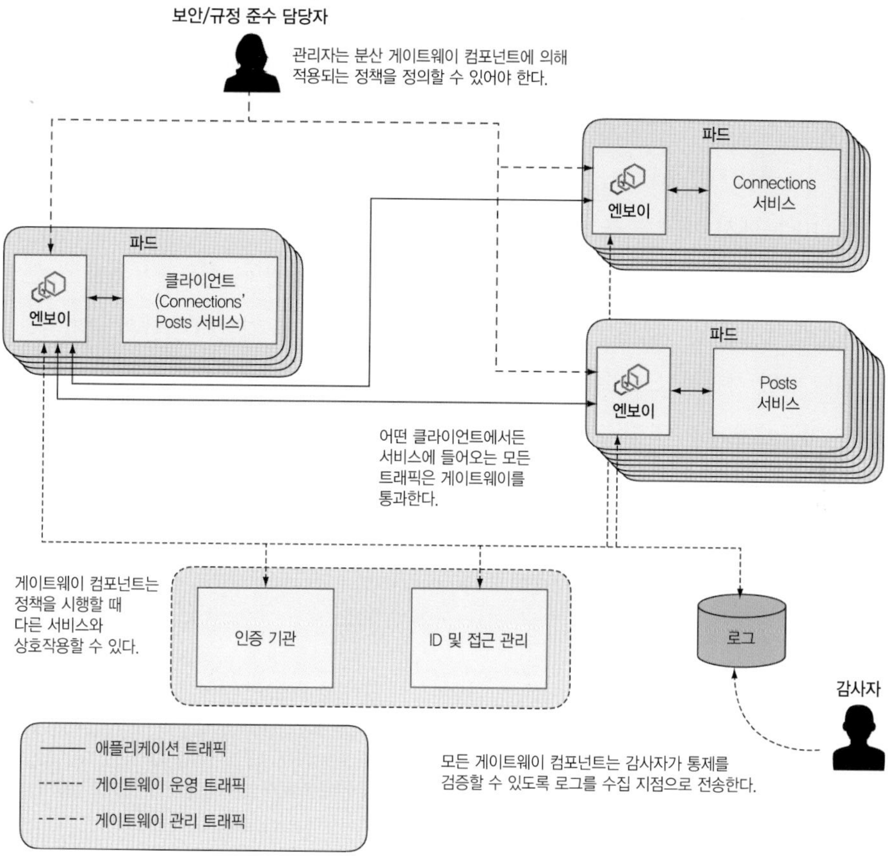

보안/규정 준수 담당자

관리자는 분산 게이트웨이 컴포넌트에 의해
적용되는 정책을 정의할 수 있어야 한다.

파드

엔보이 ↔ 클라이언트
(Connections'
Posts 서비스)

파드

엔보이 ↔ Connections
서비스

파드

엔보이 ↔ Posts
서비스

어떤 클라이언트에서든
서비스에 들어오는 모든
트래픽은 게이트웨이를
통과한다.

게이트웨이 컴포넌트는
정책을 시행할 때
다른 서비스와
상호작용할 수 있다.

인증 기관

ID 및 접근 관리

로그

감사자

애플리케이션 트래픽

게이트웨이 운영 트래픽

게이트웨이 관리 트래픽

모든 게이트웨이 컴포넌트는 감사자가 통제를
검증할 수 있도록 로그를 수집 지점으로 전송한다.

▲ **그림 10.12** 그림 10.10의 추상적인 '게이트웨이'는 이제 몇몇 사이드카 구현체들 중 하나인 엔보이 사이드카로 구체화됐다.

10.3.2 컨트롤 플레인

그림 10.12를 주시해보면, 상호작용을 유발하는 채널들을 통해 연결된 수많은 엔보이 프록시들을 볼 수 있다. 그것은 그물망처럼 보인다. 그래서 '메시^{mesh}'라는 이름을 갖게 됐다. 서비스 메시는 상호 연결된 사이드카 세트를 포함하며, 이러한 프록시의 관리를 위한 컨트롤 플레인^{control plane}을 추가한다.

오늘날 가장 널리 사용되는 서비스 메시 중 하나는 구글, IBM, 리프트에 의해 육성된 오픈소스 프로젝트인 이스티오(https://istio.io/)에서 나온 것이다. 이것은 엔보이 사이드카를 위한 배포 메커니즘으로서 원시적인 파드를 활용해 쿠버네티스를 확장한다. 이스티오의 슬로건은 '서비스의 연결, 보안, 통제, 관찰'이며, 자동 사이드카 주입을 지원하고 엔보이 프록시의 설정, 인증서 처리, 정책 집행 등을 지원하는 컴포넌트를 제공함으로써 목표를 달성한다. 컨트롤 플레인 API는 관리 컨트롤 플레인에 대한 인터페이스를 제공한다.

그림 10.13에서 이 장을 통해 도출해낸 그림이 완성된다.

이 장과 앞 장은 서비스 간 상호작용의 양측에 초점을 맞췄다. 상호작용은 프로세스와 네트워크의 경계를 넘나든다. 따라서 이러한 분산된 클라우드 기반 구축에서 불가피한 변화에 견딜 만한 강력한 소프트웨어를 구현해야 하고, 이를 제공하기 위한 다양한 패턴이 필요하다. 지금까지 주요 내용 중 두 가지를 살펴봤다. 클라이언트 측에서의 재시도와 서비스 측에서의 서킷 브레이커를 사용했는데, 후자는 게이트웨이 패턴으로 일반화했다. 가장 주목할 만한 점은 서비스 메시가 클라우드 네이티브 애플리케이션을 실행하기 위한 플랫폼의 필수적인 부분으로 부상했다는 것이다. 이 기술을 사용해볼 것을 강력히 권장한다.

상호작용에 초점을 맞춘 마지막 주제로 다룰 것은 트러블슈팅^{troubleshooting}이다. 주요 흐름이 요청/응답이든, 이벤트 중심이든 상관없이 사용자의 소프트웨어 경험은 수십 개 또는 심지어 수백 개의 서비스가 서로 상호작용하는 것을 심사숙고해 적용하는 것이다. 작동이 제대로 되지 않을 때, 도대체 어떻게 문제의 근본 원인을 찾을 수 있을까? 이와 관련된 내용은 다음 장에서 다룬다.

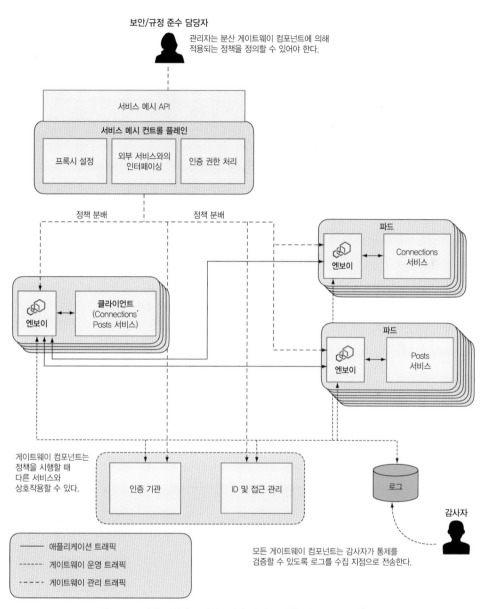

보안/규정 준수 담당자

관리자는 분산 게이트웨이 컴포넌트에 의해
적용되는 정책을 정의할 수 있어야 한다.

서비스 메시 API

서비스 메시 컨트롤 플레인

| 프록시 설정 | 외부 서비스와의
인터페이싱 | 인증 권한 처리 |

정책 분배   정책 분배

파드

엔보이 ↔ Connections
서비스

클라이언트
(Connections'
Posts 서비스)

엔보이

파드

엔보이 ↔ Posts
서비스

게이트웨이 컴포넌트는
정책을 시행할 때
다른 서비스와
상호작용할 수 있다.

인증 기관   ID 및 접근 관리

로그

감사자

━━━ 애플리케이션 트래픽

---- 게이트웨이 운영 트래픽

- - - - 게이트웨이 관리 트래픽

모든 게이트웨이 컴포넌트는 감사자가 통제를
검증할 수 있도록 로그를 수집 지점으로 전송한다.

▲ **그림 10.13** 서비스 메시는 사이드카와 관리를 위한 컨트롤 플레인을 결합한다.

요약

- 다수의 패턴은 서비스의 프론트 가장자리에 위치하도록 설계돼 서비스와의 상호작용을 제어한다.
- 서킷 브레이커는 재시도 폭풍으로 생긴 트래픽을 포함해 서비스가 과부하되지 않도록 보호하는 데 필수적인 패턴이다.
- 클라우드 네이티브 소프트웨어 아키텍처 이전의 API 게이트웨이들은 고도로 분산되고 끊임없이 변화하는 소프트웨어 배포라는 새로운 상황에서 잘 작동하도록 진화했다.
- 상호작용의 클라이언트 측과 서비스 측 모두에 적용되는 패턴은 사이드카 프록시로 캡슐화해 배포할 수 있다.
- 서비스 메시는 운영자가 보안을 제어하고, 관측성을 제공하고, 클라우드 네이티브 소프트웨어를 구성하는 서비스/애플리케이션 무리들을 설정하도록 하는 관리 컨트롤 플레인을 사이드카 프록시에 추가한다.

11

트러블슈팅: 건초 더미에서 바늘 찾기

11장에서 다루는 내용

■ 생명 주기가 짧은 환경에서 서비스 애플리케이션 로깅
■ 생명 주기가 짧은 환경에서 서비스 애플리케이션 모니터링
■ 분산 추적

지난 2013년에는 클라우드 파운드리 오픈소스 플랫폼의 첫 번째 엔터프라이즈 고객 한 명과 함께 작업 중이었다. 그 무렵에는 2주마다 특정 고객을 방문해 진행 상황을 확인하고, 작업하는 내용이 그 당시 업계에서는 최신 기능이라는 점을 설명했다. 그런데 이런 특성이 정말 멋진 것이라고 아무리 설명해도 그 조직의 한 엔지니어는 항상 "코넬리아 씨, 당신은 저에게 계기판도 없는 페라리를 주는군요."라고 말했다. 알다시피 우리는 아직 관측 가능성observability 영역에서 기능을 추가하는 일을 잘하지 못했고, 이 고객(또는 어떤 고객이라도)이 플랫폼에서 실행되는 애플리케이션의 상태를 적절히 모니터링할 방법이 없는 시스템을 프로덕션 환경에 넣을 수는 없었다. 그 고객 엔지니어였던 스리니Srini의 말이 전적으로 옳았다!

　애플리케이션과 시스템을 모니터링하기 위한 새로운 해결책은 없다. 대부분의 소프트웨어 운영 매뉴얼에서는 상당 부분이 소프트웨어가 잘 실행되고 있는지 판단하는 방법과

어떤 부분이 잘못됐을 때 최대한 빨리 인지하는 방법에 초점을 맞추고 있다. 지난 수십 년에 걸쳐 관측 가능성이라는 과제를 강력하고 믿을 만한 관례로 만드는 모범 사례^{best practice}와 툴^{tool}이 만들어졌다. 그러나 소프트웨어의 잘 확립된 다른 측면들과 마찬가지로, 클라우드 네이티브 아키텍처는 새로운 일련의 도구나 실행 방식을 확립해야 하는 새로운 도전에 직면한다. 고도로 분산되고 변화무쌍한 소프트웨어에 대한 새로운 관심 사항에는 어떤 것들이 있을까?

여러 번에 걸쳐 봤듯이, 내가 말하는 끊임없는 변화는 실행 중인 앱의 짧은 수명과 그것들이 위치한 환경의 일시성으로 나타난다. 서비스가 실행 중인 컨테이너는 업그레이드와 같은 생명 주기 운영 중에 새로운 인스턴스로 교체되거나, (메모리 부족 같은) 대재앙을 겪는 인스턴스를 복구하기 위해 지속적으로 유동적이다. 이는 원인을 찾기 위해 런타임 환경을 뒤지는 과거의 익숙한 트러블슈팅 방식에 문제를 제기한다. 현재 사용 중인 런타임 환경을 신뢰할 수 없을 경우, 내재된 문제를 진단하려면 필요한 정보에 어떻게 접근하겠는가?

그리고 소프트웨어의 고도로 분산된 특성 또한 새로운 도전을 가져온다. 한 명의 사용자가 수십, 수백 개의 다운스트림 요청을 발생시킬 때, 확대 요청된 복잡한 계층 구조에서 어떻게 문제의 원인을 정확히 찾아낼 수 있을까? 과거에는 단일 프로세스 내에서 많은 컴포넌트가 실행돼 상대적으로 쉽게 호출 스택을 탐색할 수 있었는데, 이제는 많은 분산 서비스에 걸친 호출에서도 '호출 스택'이 어떻게 생겼는지 여전히 알고 싶을 것이다.

이 장은 다음 두 가지 요소에 초점을 맞춘다. 먼저 생명 주기가 짧은 런타임 환경에서 로그 및 메트릭 데이터를 생성하고 처리하는 방법을 배우게 된다. 그리고 운영자가 마이크로서비스의 분산된 네트워크에서 관련 요청의 흐름을 따라갈 수 있도록 과거의 내부 프로세서^{intraprocess} 추적 기법을 흉내 낸 기술과 도구, 즉 분산 추적^{distributed tracing}을 배우게 될 것이다.

11.1 애플리케이션 로깅

개발자가 로그 생성을 위한 진입점을 코딩하는 것은 시간 낭비다. 그러나 독자 중 일부는 애플리케이션 내에서 로그 관리를 수행했을 수도 있다. 예를 들어 파일을 열어서 로그를 쓸 수도 있으며, 로그 관리는 애플리케이션 코드 밖에 있어야 한다고 생각한다.

사실, 이것은 클라우드 네이티브 앱에만 국한된 논쟁이 아니다. 모든 소프트웨어에 대한 좋은 아이디어다. 앱 코드는 기록해야 할 내용을 표현해야 하며, 로그 진입점이 나타나는 위치는 앱 자체가 아니라 애플리케이션 배포에 의해 완전하게 제어돼야 한다. 예를 들어 아파치 Log4j와 그 후속 솔루션인 로그백^{Logback}(https://logback.qos.ch/)은 이 접근 방식을 지원하고 있다. 책 전체를 통해 코드 샘플에서는 로그백을 사용해왔다. 이를 통해 애플리케이션 코드는 다음과 같이 구문을 간략히 할 수 있다.

```
logger.info(utils.ipTag( ) + "New post with title " + newPost.getTitle( ));
```

다음으로 해당 로그 메시지가 특정 파일에 표시될지, 콘솔이나 또 다른 파일에 표시될지는 배포의 일부로 결정된다.

클라우드 네이티브 애플리케이션의 경우 해당 배포 설정은 로그 라인을 stdout과 stderr로 전송해야 한다. 이 주장은 다소 일방적이기는 하다. 그래서 이를 좀 더 보완해보면 다음과 같다.

- 파일은 한계가 있다. 로컬 파일 시스템은 컨테이너가 살아있는 만큼만 살아있다. 특히 로그는 앱 인스턴스와 컨테이너가 없어진 후에도 접근 가능해야 한다. 사실 일부 컨테이너 시스템은 컨테이너의 생명 주기와 독립적인 외부 스토리지 볼륨에 컨테이너를 연결하는 것을 지원하지만, 컨테이너의 생명 주기는 복잡하며 다른 많은 애플리케이션과 애플리케이션 인스턴스의 경합 이슈로 인한 위험은 대단히 크다.

- 가능한 모든 곳에서 표준화를 목표로 하고 있는데, 이는 오픈소스의 인기와 함께 기존의 주요 상용 솔루션에 대한 저항으로서 강하게 추진되고 있다. WAS 제품별로, 즉 제이보스^{JBoss}나 웹스피어^{WebSphere}, 또는 웹로직^{WebLogic}에 배포하는 경우에는 서로 다른 방법으로 로깅하길 원하지 않는다. stdout과 stderr는 어디에나 있다. 여기에는 업체 종속이 없다.

- stdout과 stderr는 업체에 종속되지 않을 뿐만 아니라 운영체제에도 무관하다. 개념은 리눅스, 윈도우 또는 다른 운영체제에서 동일하며, 구현은 동일한 기능을 제공한다.

- stdout과 stderr는 스트리밍 API이며, 로그는 확실히 스트림이다. 이것들은 시작도 끝도 없는 대신, 기재된 내용만 계속 흘러간다. 이러한 기재 내용이 스트림에 표시되면 스트림 처리 시스템이 그것들을 적절하게 처리할 수 있다.

좋다. 그렇다면 애플리케이션 개발자들은 로거^{logger} 객체에 대한 메소드 호출 외에는 관여할 필요가 없지만, 로그가 처리되는 방법을 잠시 이야기해보자. 이미 논의한 다른 많은 주제들과 마찬가지로, 플랫폼은 우리의 친구다. 좋은 예로서 이미 쿠버네티스의 로그 처리 기능을 충분히 사용했었다. 앱 인스턴스는 SLF4J(로그백 같은 프레임워크를 로깅하기 위한 파사드^{façade1}) 개체를 사용해 stdout 및 stderr 스트림으로 전송되는 로그 항목을 생성한다. `kubectl logs -f pod/posts-fc74d75bc-92txh`와 같은 명령을 실행하면 쿠버네티스 CLI가 연결되고 터미널에 스트림 항목을 표시한다.

많은 서비스 인스턴스들이 있을 때 로깅이 어떻게 작동하는지는 별로 언급하지 않았다. 대부분의 경우 단일 애플리케이션 인스턴스에 대한 로그를 스트리밍했다. 그러나 경우에 따라 실행 중인 인스턴스의 수에 관계없이 애플리케이션의 로그를 보는 것에 관심을 가질 수 있다. 예를 들어 각 인스턴스에 대한 로그를 개별적으로 확인할 필요 없이 특정 요청이 애플리케이션 인스턴스에서 처리됐는지 여부를 확인할 수 있다. 쿠버네티스는 다음과 같은 명령을 사용해 이 작업을 수행할 수 있다.

```
$ kubectl logs -l app=posts
2018-12-02 22:41:42.644 ... s.c.a.AnnotationConfigApplicationContext ...
2018-12-02 22:41:43.582 ... trationDelegate$BeanPostProcessorChecker ...

  .   ____          _            __ _ _
 /\\ / ___'_ __ _ _(_)_ __  __ _ \ \ \ \
( ( )\___ | '_ | '_| | '_ \/ _` | \ \ \ \
 \\/  ___)| |_)| | | | | || (_| |  ) ) ) )
  '  |____| .__|_| |_|_| |_\__, | / / / /
 =========|_|==============|___/=/_/_/_/
 :: Spring Boot ::        (v1.5.6.RELEASE)
```

---

1 '건물의 정면'을 의미하는 용어로, 클래스 라이브러리와 같은 어떤 소프트웨어의 다른 커다란 코드 부분에 대해 간략화된 인터페이스를 제공한다. 객체지향 프로그래밍에서 자주 쓰이는 패턴 중의 하나다. – 옮긴이

```
2018-12-02 22:41:44.309 ... c.c.c.ConfigServicePropertySourceLocator ...

...

2018-12-02 22:42:38.098 : [10.44.4.61:8080] Accessing posts using secret
2018-12-02 22:42:38.102 : [10.44.4.61:8080] getting posts for userId 2
2018-12-02 22:42:38.119 : [10.44.4.61:8080] getting posts for userId 3
2018-12-02 22:42:40.806 : [10.44.4.61:8080] Accessing posts using secret
2018-12-02 22:42:40.809 : [10.44.4.61:8080] getting posts for userId 2
2018-12-02 22:42:40.819 : [10.44.4.61:8080] getting posts for userId 3
2018-12-02 22:42:43.399 : [10.44.4.61:8080] Accessing posts using secret
2018-12-02 22:42:43.399 : [10.44.4.61:8080] getting posts for userId 2
2018-12-02 22:42:43.408 : [10.44.4.61:8080] getting posts for userId 3
2018-12-02 22:53:27.039 : [10.44.4.61:8080] Accessing posts using secret
2018-12-02 22:53:27.039 : [10.44.4.61:8080] getting posts for userId 2
2018-12-02 22:53:27.047 : [10.44.4.61:8080] getting posts for userId 3
2018-12-02 22:41:21.155 ... s.c.a.AnnotationConfigApplicationContext ...
2018-12-02 22:41:22.130 ... trationDelegate$BeanPostProcessorChecker ...


  .   ____          _            __ _ _
 /\\ / ___'_ __ _ _(_)_ __  __ _ \ \ \ \
( ( )\___ | '_ | '_| | '_ \/ _` | \ \ \ \
 \\/  ___)| |_)| | | | | || (_| |  ) ) ) )
  '  |____| .__|_| |_|_| |_\__, | / / / /
 =========|_|==============|___/=/_/_/_/
 :: Spring Boot ::        (v1.5.6.RELEASE)


2018-12-02 22:41:23.085 ... c.c.c.ConfigServicePropertySourceLocator ...

...

2018-12-02 22:42:46.297 : [10.44.2.57:8080] Accessing posts using secret
2018-12-02 22:42:46.298 : [10.44.2.57:8080] getting posts for userId 2
2018-12-02 22:42:46.305 : [10.44.2.57:8080] getting posts for userId 3
2018-12-02 22:53:30.260 : [10.44.2.57:8080] Accessing posts using secret
2018-12-02 22:53:30.260 : [10.44.2.57:8080] getting posts for userId 2
2018-12-02 22:53:30.266 : [10.44.2.57:8080] getting posts for userId 3
```

이 출력을 자세히 보면 첫 번째 부분은 한 파드 인스턴스의 로그 항목을 표시하고, 두 번째 인스턴스의 로그는 중간중간에 끼워 넣어 출력되지 않는 것을 알 수 있다. 대부분의 경우에는 모든 인스턴스에 걸친 메시지를 시간순으로 보는 것이 도움이 되기도 한다. 예를 들어 이전 로그는 다음과 같이 정렬된다.

```
2018-12-02 22:41:21.155 ... s.c.a.AnnotationConfigApplicationContext ...
2018-12-02 22:41:22.130 ... trationDelegate$BeanPostProcessorChecker ...


  .   ____          _            __ _ _
 /\\ / ___'_ __ _ _(_)_ __  __ _ \ \ \ \
( ( )\___ | '_ | '_| | '_ \/ _` | \ \ \ \
 \\/  ___)| |_)| | | | | || (_| |  ) ) ) )
  '  |____| .__|_| |_|_| |_\__, | / / / /
 =========|_|==============|___/=/_/_/_/
 :: Spring Boot ::        (v1.5.6.RELEASE)


2018-12-02 22:41:23.085 ... c.c.c.ConfigServicePropertySourceLocator ...
2018-12-02 22:41:42.644 ... s.c.a.AnnotationConfigApplicationContext ...
2018-12-02 22:41:43.582 ... trationDelegate$BeanPostProcessorChecker ...


  .   ____          _            __ _ _
 /\\ / ___'_ __ _ _(_)_ __  __ _ \ \ \ \
( ( )\___ | '_ | '_| | '_ \/ _` | \ \ \ \
 \\/  ___)| |_)| | | | | || (_| |  ) ) ) )
  '  |____| .__|_| |_|_| |_\__, | / / / /
 =========|_|==============|___/=/_/_/_/
 :: Spring Boot ::        (v1.5.6.RELEASE)


2018-12-02 22:41:44.309 ... c.c.c.ConfigServicePropertySourceLocator ...

...

2018-12-02 22:42:38.098 : [10.44.4.61:8080] Accessing posts using secret
2018-12-02 22:42:38.102 : [10.44.4.61:8080] getting posts for userId 2
2018-12-02 22:42:38.119 : [10.44.4.61:8080] getting posts for userId 3
2018-12-02 22:42:40.806 : [10.44.4.61:8080] Accessing posts using secret
2018-12-02 22:42:40.809 : [10.44.4.61:8080] getting posts for userId 2
2018-12-02 22:42:40.819 : [10.44.4.61:8080] getting posts for userId 3
2018-12-02 22:42:43.399 : [10.44.4.61:8080] Accessing posts using secret
2018-12-02 22:42:43.399 : [10.44.4.61:8080] getting posts for userId 2
```

```
2018-12-02 22:42:43.408 : [10.44.4.61:8080] getting posts for userId 3
2018-12-02 22:42:46.297 : [10.44.2.57:8080] Accessing posts using secret
2018-12-02 22:42:46.298 : [10.44.2.57:8080] getting posts for userId 2
2018-12-02 22:42:46.305 : [10.44.2.57:8080] getting posts for userId 3
2018-12-02 22:53:27.039 : [10.44.4.61:8080] Accessing posts using secret
2018-12-02 22:53:27.039 : [10.44.4.61:8080] getting posts for userId 2
2018-12-02 22:53:27.047 : [10.44.4.61:8080] getting posts for userId 3
2018-12-02 22:53:30.260 : [10.44.2.57:8080] Accessing posts using secret
2018-12-02 22:53:30.260 : [10.44.2.57:8080] getting posts for userId 2
2018-12-02 22:53:30.266 : [10.44.2.57:8080] getting posts for userId 3
```

비록 로그가 이렇게 시간순으로 섞여 들어간 상태로 집계를 보는 것은 도움이 될 수 있지만, 앱의 특정 인스턴스를 로깅하는 것은 늘 중요하다. 이 로그 항목에서 IP를 볼 수 있다. 한 인스턴스의 IP 주소는 10.44.4.61이고, 다른 인스턴스는 10.44.2.57이다. 이상적으로는 런타임 환경을 알 필요 없이 애플리케이션 코딩에서 인스턴스를 지정할 수 있다.

쿠버네티스의 경우는 이것과 좀 다르다. 여기서 보이는 IP 주소와 포트는 구현체에서 Utils 패키지를 통해 추가된다. 애플리케이션 설정에 관한 6장의 지침을 사용해 플랫폼의 세부 사항을 추상화하고 환경 변수를 통해 IP 주소를 주입하도록 신경 썼지만, 오히려 이와 같이 개발자의 노력 없이 플랫폼에서 포함되도록 하는 편이 더 낫다고 생각한다. 애플리케이션 개발자로서 중요한 점은 로그 출력에 앱 인스턴스 식별 정보가 항목으로 포함돼 있는지 확인하는 데 주의를 기울여야 한다는 것이다.

로그를 처리하기 위한 플랫폼을 이야기할 때, 집계는 필요한 요소들 중 하나다. 로그는 규모에 따라 수집되고 저장돼야 하며, 인터페이스는 잠재적으로 대량의 데이터에 대한 검색과 분석을 지원해야 한다. ELK 스택(www.elastic.co/elk-stack)은 이러한 요구 사항을 충족하기 위한 일래스틱서치Elasticsearch, 로그스태시Logstash, 키바나Kibana라는 세 가지 오픈소스 프로젝트를 통합한 것이다. 스플렁크와 같은 상용 제품도 유사한 기능을 제공한다. 로그를 stdout과 stderr로 보내고 로그 항목이 어떤 앱 인스턴스에서 왔는지 확인 가능할 때, 시스템은 강력한 관측 기능을 제공하게 된다. 그리고 애플리케이션 컨테이너가 없어져도 로그 항목을 보존할 수 있다.[2]

---

2   요즘은 ELK 외에 EFK(일래스틱서치(Elasticsearch) + 플루언트디(Fluentd) + 키바나(Kibana)) 구성으로 로그를 수집하는 경우도 많이 볼 수 있다. - 옮긴이

11.2 애플리케이션 메트릭

전체 애플리케이션 모니터링에는 로그 데이터 외에도 애플리케이션 메트릭 정보가 필요하다. 메트릭 정보는 일반적으로 로그 파일보다 실행 중인 애플리케이션에 대한 더 세밀한 인사이트를 제공한다. 메트릭은 구조화되는 반면에 로그 파일은 대개 구조화되지 않거나 기껏해야 반구조화된다. 기본 메트릭 세트를 자동으로 생성하고 사용자 정의 메트릭을 보낼 수 있도록 사실상 항상 프레임워크를 사용한다. 기본 메트릭에는 일반적으로 메모리 및 CPU 사용량 관련 값과 HTTP 상호작용(적절한 경우일 때)이 포함된다. 자바와 같은 언어의 경우에는 가비지 컬렉션garbage collection과 클래스 로더에 대한 메트릭도 흔히 포함된다.

독자는 이미 스프링 프레임워크를 사용하고 있으며, 스프링 프레임워크에는 메트릭을 측정하기 위한 액추에이터 종속성actuator dependency을 포함하고 있다. 액추에이터는 이전에 사용한 /actuator/env 엔드포인트 외에도, 스프링 부트 앱에 대한 표준 및 사용자 지정 메트릭을 보내는 /actuator/metrics 엔드포인트를 제공한다. 다음은 Connections' Posts 서비스에서 이 엔드포인트가 제공하는 출력 내용이다.

```
$ curl 35.232.22.58/actuator/metrics | jq
{
  "mem": 853279,
  "mem.free": 486663,
  "processors": 2,
  "instance.uptime": 2960448,
  "uptime": 2975881,
  "systemload.average": 1.33203125,
  "heap.committed": 765440,
  "heap.init": 120832,
  "heap.used": 278776,
  "heap": 1702400,
  "nonheap.committed": 90584,
  "nonheap.init": 2496,
  "nonheap.used": 87839,
  "nonheap": 0,
  "threads.peak": 43,
  "threads.daemon": 41,
  "threads.totalStarted": 63,
```

```
  "threads": 43,
  "classes": 8581,
  "classes.loaded": 8583,
  "classes.unloaded": 2,
  "gc.ps_scavenge.count": 1019,
  "gc.ps_scavenge.time": 8156,
  "gc.ps_marksweep.count": 3,
  "gc.ps_marksweep.time": 643,
  "httpsessions.max": -1,
  "httpsessions.active": 0,
  "gauge.response.metrics": 1,
  "gauge.response.connectionPosts": 56,
  "gauge.response.star-star": 20,
  "gauge.response.login": 2,
  "counter.span.accepted": 973,
  "counter.status.200.metrics": 3,
  "counter.status.404.star-star": 1,
  "counter.status.200.connectionPosts": 32396,
  "counter.status.200.login": 53
}
```

메모리, 스레드, 클래스 로더에 대한 결과 값 외에도 이 인스턴스가 /connectionsposts 엔드포인트에서 32,396개의 많은 결과를 얻었을 뿐 아니라 /login 엔드포인트에서 53개의 결과, 그리고 이 데이터를 얻기 위해 사용하는 /actuator/metrics 엔드포인트에서 세 개의 결과를 얻었다는 점에 주목하자. 또한 404 상태 코드도 한 번 응답했다.

애플리케이션 메트릭 정보는 클라우드 네이티브 애플리케이션보다 훨씬 오랫동안 광범위하게 사용돼왔다. 이제 새로운 클라우드 컨텍스트에서 무엇이 변했는지에 다시 초점을 맞추고자 한다. 중요한 문제는 런타임 환경을 더 이상 사용할 수 없는 경우에도 로그와 같이 메트릭 데이터를 사용할 수 있는지 확인하는 것이다. 애플리케이션과 런타임 컨텍스트에서 메트릭 정보를 추출해야 하며, 풀 기반 모델pull-based model과 푸시 기반 모델push-based model이라는 두 가지 기본 접근 방식을 사용할 수 있다.

11.2.1 클라우드 네이티브 애플리케이션에서 메트릭 가져오기

풀 기반 접근 방식의 경우 각 애플리케이션 인스턴스에 메트릭 데이터를 요청하는 메트릭 집계기^{aggregator}와 응답받은 메트릭 정보를 시계열^{timeseries} 데이터베이스에 저장하는 수집기^{collector}로 구현된다(그림 11.1). 조금 전에 봤던 /actuator/metrics 엔드포인트에 대한 curl과 약간 유사하며, 수집기는 클라이언트로 요청을 하고 앱 인스턴스는 필요한 데이터로 응답한다.

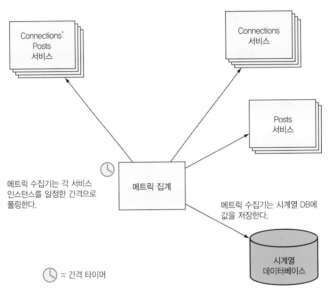

▲ **그림 11.1** 각 서비스에서 메트릭 엔드포인트가 구현돼 있는데, 이 엔드포인트는 풀 기반의 메트릭 수집 접근 방식을 통해 주기적으로 접근돼 차후의 검색과 분석을 위한 값을 캡처하고 저장한다.

하지만 curl 수행은 정말로 바람직하지 않다. 단일 애플리케이션 인스턴스만 있거나 각 인스턴스를 별도의 엔티티로 처리했던 시대에는 HTTP를 통해 요청을 하는 것이 나름 괜찮았다. 각 앱 인스턴스를 대상으로 직접 지정할 수 있었기 때문이다. 그러나 이제 로드 밸런싱된 앱 인스턴스가 여러 개일 경우에는 앱 인스턴스 중 하나만 메트릭을 얻을 수 있으며, 이것이 어떤 앱인지 알 수 없다. 이것이 좀 낯익지 않은가? 로그 항목이 특정 인스턴스와 연결되지 않은 경우에는 로그 항목에 인스턴스 ID가 포함된 유틸리티(Utils) 패키지를 사용해 최소한 부분적으로 해결한 것과 동일한 이슈다. 그러나 메트릭을 수집할 때 각 인스턴스에 대한 값을 규칙적으로 일관되게 수집하길 원하지만, 로드 밸런서는 일반적으로 요청을 필요한 만큼 균일하게 분산하지 않는다.

해결책은 수집기로 하여금 어떤 앱 인스턴스를 추출할 것인지, 그리고 어떤 간격으로 추출할 것인지를 완전히 제어하도록 하는 것이다. 수집기는 로드 밸런서를 선택하는 것보다 요청이 이뤄지는 곳을 제어하길 원한다(다시 말하지만, 독자는 이것에 익숙해지길 바란다). 이것은 8장에서 배운 클라이언트 측 로드 밸런싱과 유사하며, 클라이언트 측 로드 밸런싱의 일부는 서비스 탐색이다. 그림 11.2는 이 흐름을 나타낸다.

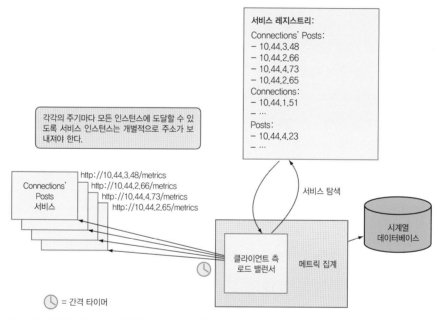

▲ **그림 11.2** 메트릭 집계기를 구현하는 수집기는 시간 간격마다 각 서비스 인스턴스에 도달해야 하므로 로드 밸런싱을 제어해야 한다. 그것은 IP 주소 변경에 대한 최신 정보를 유지하기 위해 서비스 탐색 프로토콜을 통해 상호작용할 것이다.

- 수집기는 주기마다 각 인스턴스의 메트릭 데이터를 요청한다.
- 인스턴스 집합은 서비스 탐색 프로토콜을 통해 알 수 있으며, 수집기가 최신 인스턴스 ID를 얻기 위해 이 프로토콜을 호출하는 빈도는 달라질 수 있다. 매 주기마다 호출하면 비용이 많이 들 수 있지만, 이것은 애플리케이션 토폴로지의 모든 변화가 가

능한 한 빨리 반영되도록 보장한다. 새로운 인스턴스에 대한 메트릭을 짧은 시간 동안 수집하지 않아도 되면, 서비스 탐색 프로토콜은 간헐적으로 실행될 수 있다.

- 메트릭 수집과는 별개의 간격으로 서비스 탐색을 수행하면 좀 더 느슨하게 결합된 솔루션을 얻을 수 있다.

풀 기반 접근법의 한 가지 문제점은 수집기가 데이터를 요청할 각 인스턴스에 접근해야 한다는 것이다. 각 인스턴스의 IP 주소는 메트릭 집계기에서 확인할 수 있어야 한다. 종종 서비스 인스턴스는 실행 환경 내에서만 개별적으로 주소를 파악할 수 있다. 클러스터 외부에서만 Connections' Posts 서비스를 사용할 수 있는 샘플 배포에서 이러한 사실을 확인했을 것이다. 따라서 수집 메트릭도 해당 네트워크 공간 내에 배치돼야 한다. 쿠버네티스 기반 환경을 위한 일반적인 배포 토폴로지는 쿠버네티스 클러스터 자체 내에 프로메테우스 Prometheus(https://prometheus.io/)를 구축하는 것이다. 이 배포 토폴로지와 함께, 프로메테우스는 내장된 DNS 서비스를 사용해 애플리케이션 인스턴스에 직접 접근할 수 있다(그림 11.3).

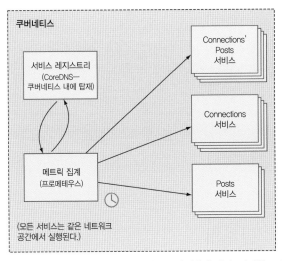

▲ **그림 11.3** 메트릭 수집기는 각 서비스 인스턴스를 개별적으로 처리해야 하며, 이러한 IP 주소는 쿠버네티스와 같은 런타임 환경 내에서만 접근할 수 있기 때문에(외부 접근은 로드 밸런서를 통해 가능함) 일반적으로 메트릭 수집도 해당 네트워크 공간 내에 배치된다. 쿠버네티스의 경우 서비스 탐색을 위해 내장된 DNS 서비스를 사용할 수 있다.

11.2.2 클라우드 네이티브 애플리케이션에서 메트릭 밀어 넣기

앱 메트릭을 수집하기 위한 풀 기반 모델의 대안은 푸시 기반 모델이며, 이 모델에서 각 앱 인스턴스는 주기적으로 메트릭 정보를 메트릭 집계기에 제공한다(그림 11.4). 애플리케이션 개발자는 고객과 조직에 가치를 제공하는 핵심 비즈니스 로직이 아닌 코딩 작업(메트릭 데이터 제공의 부담을 떠안는 것)을 싫어할 수 있다. 한 가지 희소식이 있다면, 이 책에서 말한 많은 교차 관심사와 마찬가지로 메트릭의 생성과 전달 같은 많은 작업은 신뢰할 수 있는 프레임워크와 플랫폼에 의해 처리된다는 것이다.

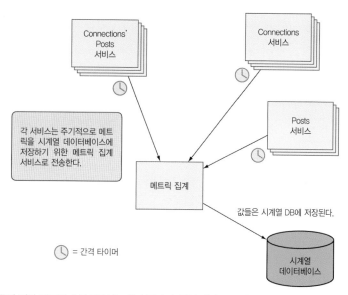

▲ **그림 11.4** 푸시 기반 메트릭 솔루션에서는 각 서비스가 특정 간격으로 집계 및 저장 서비스에 메트릭을 전송한다.

푸시 기반 메트릭 구현을 제공하는 프레임워크는 일반적으로 메트릭 수집과 메트릭 집계를 관리하는 에이전트를 사용해 구현한다. 에이전트는 보통 POM이나 그래들^{Gradle} 빌드 파일 같은 것에 종속성을 포함해서 애플리케이션 바이너리로 컴파일된다. 앱과 에이전트가 동작하는 환경이 지속적으로 변하기 때문에 배포와 지속적인 시스템 관리 도중에 해당 에이전트를 적절하게 설정하는 것은 더 까다롭다.

예를 들어 메트릭 집계기의 IP 주소는 실행 중인 앱 안에 설정돼야 하며, 에이전트가 메트릭 정보를 전송할 위치를 알 수 있도록 해야 한다. 6장에서 설명한 모범 사례를 사용하면 초기 구현은 간단하지만, 이미 실행 중인 애플리케이션에 대한 설정을 변경하는 것은 7장에서 설명한 것처럼 주의해 수행해야 한다. 표준 서비스 탐색처럼 보일 수 있지만(8장에서 논의했다.), 메트릭 제공을 위해서는 많은 자원이 필요한 경우가 흔하므로 메트릭 제공 흐름에 서비스 탐색 프로토콜을 추가하면 이해할 수 없을 정도의 지연 시간이 발생할 수 있다.

이전 내용을 하나 더 참조해보자. 10장에서는 API 게이트웨이 기능을 제공하면서 재시도와 서킷 브레이커에 대한 프로토콜을 구현하는 사이드카를 공부했다. 사이드카는 메트릭 수집에도 완벽히 적합하다. 로컬호스트^{localhost}를 통해 파드 내의 다른 컨테이너에서 사이드카와 통신할 수 있으며, 메트릭 수집 서비스의 변경으로부터 앱을 효과적으로 보호한다는 점을 기억하자. 앱 내장 에이전트는 간단히 사이드카에 메트릭 정보를 전달하며, 사이드카는 데이터를 외부 수집기로 전달하는 것을 책임진다(그림 11.5). 수집기의 위치 정보가 변경돼도 앱 설정이 변경되지 않으므로 애플리케이션 생명 주기 운영이 필요없다. 사이드카/서비스 메시는 클라우드 네이티브 애플리케이션에 존재하는 지속적인 변화를 처리하도록 특별히 설계됐으며, 이제 그 책임을 떠맡게 됐다. 예를 들어 서비스 메시 컨트롤 플레인은 모든 사이드카를 업데이트하면서 새로운 IP 주소를 메시로 푸시^{push}할 수 있다. 그리고 엔보이와 같은 사이드카는 핫 리스타트^{Hot restart} 같은 기능으로 애플리케이션 설정 변경에 더 쉽게 적응하도록 설계돼 있다.

앞의 논의에서 이전 장들이 모두 언급된 것을 눈치챘는가? 클라우드 네이티브 애플리케이션의 메트릭 관리 문제는 클라우드 네이티브 패턴을 적용해 해결하는 것이 가장 좋다. 이 절의 예시는 훌륭한 사례다.

마지막으로, 사이드카 프록시를 갖게 되면 애플리케이션에 에이전트가 설치되지 않아도 어느 정도의 관측성을 제공할 수 있기 때문에 단순히 아웃바운드 메트릭 푸시를 사용하는 것 이상으로 가치를 제공할 수 있다. 애플리케이션으로 들어오고 나가는 트래픽에 프록시 역할을 하기 때문에 애플리케이션을 대신해 많은 메트릭을 생성할 수 있다. 예를 들어, 애플리케이션 코드 내에서 아무것도 수행하지 않고도 HTTP 상태 코드의 개수, 지연 시간 등을 수집하거나 계산해서 전달할 수 있다.

이는 애플리케이션의 비즈니스 관심 사항을 운영상 관심 사항과 분리할 수 있는 기발한 아키텍처와 혁신적인 프레임워크의 탁월한 예다. 적합한 플랫폼을 사용하면 애플리케이션 개발자가 코드의 비즈니스 성과에 집중할 수 있도록 해서 많은 관심 영역을 줄일 수 있다.

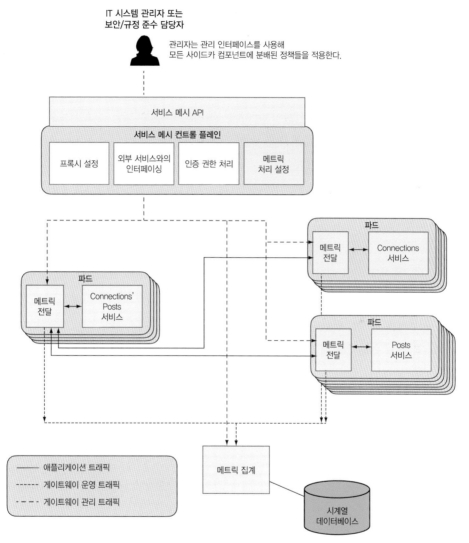

▲ **그림 11.5** 서비스 메시를 사용할 경우 애플리케이션 서비스는 로컬 사이드카 프록시에 연결하도록 간단히 설정되며, 서비스 메시 컨트롤 플레인은 메트릭 전달 컴포넌트의 설정을 최신 상태로 유지하는 데 사용된다.

11.3 분산 추적

애플리케이션 프레임워크와 클라우드 네이티브 플랫폼의 조합이 가져올 수 있는 또 다른 기능을 살펴보자. 분산 추적 기능은 고도로 분산된 클라우드 네이티브 애플리케이션을 위해 매우 중요하다.

코드가 모두 동일 프로세스 내에서 실행되는 환경에서는 잘 구축된 도구를 사용해 애플리케이션의 실행 흐름을 추적하고 문제를 해결할 수 있다. 소스 레벨 디버깅은 메소드에서 메소드로 이동하며, 제대로 된 설정일 때 라이브러리(직접 작성하지 않은 코드)를 포함해 애플리케이션에 유입된 코드로 이동하기도 한다. 예외가 발생할 때 콘솔에 인쇄되거나 로그에 출력되는 호출 스택은 호출 순서를 보여주는데, 이것이 문제 진단에 많은 도움을 준다.

그러나 클라우드 네이티브인 경우 애플리케이션을 호출하면 다운스트림 요청이 단계적으로 발생한다. 이는 대개 프로세스 밖에서 실행되며, 실제로는 완전히 다른 런타임 컨텍스트(다른 컨테이너 또는 다른 호스트)에서 실행되는 요청이다. 그럼 어떻게 호출 스택과 동일한 확인이 가능하며 분산된 시나리오에서 애플리케이션 호출로 발생하는 상황을 간단히 파악할 수 있는가? 업계에 널리 보급돼 있고 견고한 도구들이 지원하는 기술은 분산 추적이다.

분산 추적은 정확히 말하면 분산된 컴포넌트 집합 전반에 걸쳐 프로그램 흐름을 추적하는 것이다. 예를 들어 넷플릭스 홈페이지 접속을 통해 발생하는 모든 다운스트림 요청의 팬아웃fan-out3에 대한 가시성을 얻을 수 있다. 그림 11.6에서 왼쪽의 포인트는 홈페이지 요청을 나타내며, 다른 포인트로의 선은 사용자의 홈페이지 디스플레이 내용을 수집하기 위해 만들어진 추가 서비스에 대한 호출을 나타낸다.

---

3 '확대 전달'이라는 의미로 이해할 수 있다. – 옮긴이

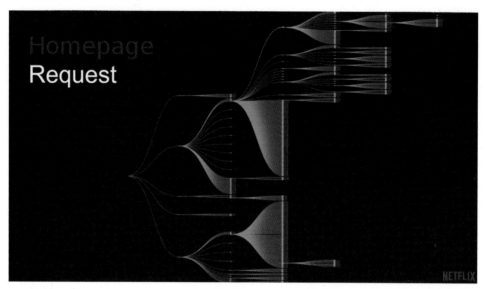

▲ **그림 11.6** 넷플릭스의 스캇 맨스필드의 프레젠테이션에 나타나는 다이어그램은 넷플릭스 홈페이지에 대한 요청으로 일련의 다운스트림 서비스 호출 결과를 보여준다. 분산 추적을 통해 이 복잡한 호출 트리에 대한 가시성을 확보할 수 있다.

오늘날 사용하는 제법 인기 있는 기술은 집킨^{Zipkin}(https://zipkin.io/)인데, 이것은 2010년 구글 「대퍼^{Dapper}」지에 처음 발표된 분산 추적 연구를 모델로 만든 프로젝트다. 핵심 기법은 다음과 같다.[4]

- 관련 앱 호출이 발견될 수 있도록 요청과 응답에 삽입되는 트레이서인 고유 식별자의 사용
- 이러한 트레이서를 사용해 독립적으로(설계상) 호출 집합에 대한 그래프를 조립하는 컨트롤 플레인

서비스가 호출돼 해당 서비스가 다른 서비스에 다운스트림 요청을 할 경우에는 전자로의 요청에 포함된 트레이서가 후자에게 전달된다. 그 트레이서는 각 서비스의 런타임 컨텍스트에서 사용할 수 있으며, 모든 메트릭 또는 로그 출력에 포함될 수 있다. 서비스 컨텍스

---

4   연구 논문인 'Dapper, a Large-Scale Distributed Systems Tracing Infrastructure'는 구글 사이트(http://mng.bz/178V)에 있다.

트의 다른 데이터(예: 타임스탬프timestamp)와 함께 트레이서를 사용하면, 서비스 요청에 대한 응답을 작성하는 일련의 서비스 흐름을 조합할 수 있다.

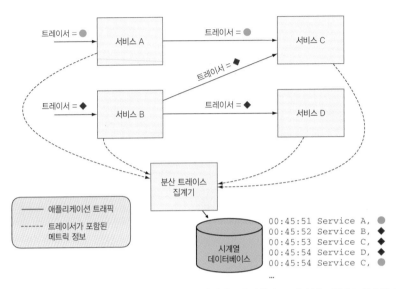

▲ **그림 11.7** 요청은 다운스트림 요청을 통해 전파되는 트레이서를 운반한다. 트레이서는 서비스 호출의 런타임 컨텍스트에서 사용할 수 있으며, 분산 추적 서비스로 집계된 데이터에 추가될 수 있다.

그림 11.7에서는 이러한 트레이서를 운반하는 일련의 서비스와 호출 기능을 볼 수 있다. 또한 이 다이어그램에는 추적 값을 포함한 데이터로서 각각의 서비스에서 출력물을 수집하는 데이터베이스가 설명돼 있다. 여기에 저장된 데이터로부터 관련 컴포넌트 호출 집합에 대한 '호출 스택'을 재구성할 수 있다. 예를 들어 서비스 A에 대한 요청이 후속 서비스 C에 대한 호출을 생성했다는 것을 알 수 있으며, 관련 없는 서비스 B에 대한 요청 또한 서비스 C로 다운스트림돼 요청되고, 그다음에는 서비스 D에 대한 호출로 이어졌다.

이것을 좀 더 구체적으로 하기 위해 샘플 코드를 실행하고 새로운 출력물을 살펴보자.

셋업

다시 한 번 이전 장에서 샘플을 실행하기 위한 설정 지침을 참조하자. 이 장에서 샘플을 실행하기 위한 새로운 요건은 없다.

cloudnative-troubleshooting 디렉터리의 파일에 접근할 수 있으므로 터미널 창에서 해당 디렉터리로 변경하자.

그리고 앞 장에서 설명한 바와 같이 이미 도커 이미지를 미리 제작해 도커 허브에서 사용할 수 있도록 만들었다. 자바 소스와 도커 이미지를 작성해 자신의 이미지 저장소로 푸시하려면 이전 장들(가장 자세한 지침은 5장에서 다룬다.)을 참조하자.

애플리케이션 실행하기

9장의 첫 번째 예에서 설명한 대로 충분한 용량을 가진 쿠버네티스 클러스터가 필요하다. 만약 이전 장에서 실행된 예시들을 아직 갖고 있다면 깨끗이 지운다. 다음과 같이 제공한 스크립트를 실행하자.

```
./deleteDeploymentComplete.sh all
```

이를 실행하면 실행 중인 MySQL, Redis, SCCS뿐만 아니라 Posts, Connections, Connections' Posts의 모든 인스턴스가 삭제된다. 만약 쿠버네티스 클러스터에서 그 외의 것들을 실행하고 있다면 그중 일부를 삭제하고 싶을 텐데, 일단 충분한 용량만 확보돼 있으면 된다.

약간의 시작 순서 의존성이 있다는 점은 유의한다. MySQL 서버를 생성한 후에는 여기에 실제 데이터베이스를 생성해야 하므로 먼저 해당 데이터베이스와 다른 지원 서비스를 생성해보자.

```
./deployServices.sh
```

MySQL 데이터베이스가 올라오고 실행 상태가 됐는지는 kubectl get all을 실행해 확인할 수 있다. 이후 다음과 같이 mysql CLI를 사용해 데이터베이스를 생성하자.

```
mysql -h <public IP address of your MySQL service> \
-P <port for your MySQL service> -u root -p
```

패스워드는 password다. 접속한 후 데이터베이스를 생성하기 위해 다음을 실행한다.

```
create database cookbook;
```

이제 다음 스크립트를 실행해 마이크로서비스를 시작한다.

```
./deployApps.sh
```

잠시 후에 구현의 세부 사항을 살펴보겠지만, 우선 Connections' Posts 서비스를 호출하고 로그 출력을 확인해보자. 먼저 다음 명령으로 로그인한다.

```
curl -i -X POST -c cookie \
  <connectionsposts-svc IP>/login?username=cdavisafc
```

그런 다음 Connections' Posts에 다음을 실행한다.

```
curl -b cookie <connectionsposts-svc IP>/connectionsposts | jq
```

이제 각각의 마이크로서비스에 대한 로그를 살펴보자. 앞 절에서 말했다시피, 각 마이크로서비스마다 여러 개의 인스턴스가 있으므로 로그 취합을 위한 어떤 형태의 도움이 필요할 것이다. 하지만 여기서는 쿠버네티스에서 제공되는 것이 더 편하므로 원하는 목적을 달성하기에 충분하다. 다음 명령을 각각 실행한 후 결과를 살펴보자.

```
kubectl logs -l app=connectionsposts
kubectl logs -l app=connections
kubectl logs -l app=posts
```

11.3.1 트레이서 출력

다음 세 가지 로그 출력 리스트는 위의 각 명령에 대한 출력 내용에서 발췌한 것이다.

리스트 11.1 Connections' Posts에서의 로그 출력

```
2019-02-25 02:20:11.969 [mycookbook-connectionsposts,2e30...,2e30...]
➥ getting posts for user network cdavisafc
2019-02-25 02:20:11.977 [mycookbook-connectionsposts,2e30...,2e30...]
➥ connections = 2,3
```

리스트 11.2 Connections에서의 로그 출력

```
2019-02-25 02:20:11.974 [mycookbook-connections,2e30...,9b5f...] getting
➡ connections for username cdavisafc
2019-02-25 02:20:11.974 [mycookbook-connections,2e30...,9b5f...] getting
➡ user cdavisafc
...
2019-02-25 02:20:11.987 [mycookbook-connections,2e30...,b915...] getting
➡ user 2
...
2019-02-25 02:20:11.994 [mycookbook-connections,2e30...,990f...] getting
➡ user 3
```

리스트 11.3 Posts에서의 로그 출력

```
2019-02-25 02:20:11.980 [mycookbook-posts,2e30...,33ac...] Accessing posts
➡ using secret ...
2019-02-25 02:20:11.980 [mycookbook-posts,2e30...,33ac...] getting posts
➡ for userId 2
2019-02-25 02:20:11.981... [mycookbook-posts,2e30...,33ac...] getting posts
➡ for userId 3
```

로그 출력에는 이제 대괄호로 묶인 새로운 값이 포함된다. 첫 번째는 애플리케이션 이름이고, 두 번째는 추적 ID다. 이것은 지금까지 언급된 트레이서 ID다. 세 번째 값은 앱의 고유한 호출을 각각 식별하는 데 사용되는 스팬span[5] ID이다. Connections 앱의 로그 출력에서는 세 개의 스팬 ID(9b5f..., b915..., 990f...)로 표시된 것처럼 세 번 호출했다. 스팬 ID는 메트릭 정보나 단일 서비스 실행의 일부인 로그 출력을 상호 연관시키는 데 사용할 수 있다.

앞의 출력물에서 스프링 프레임워크에 의해 생성된 16진수인 트레이서 ID와 스팬 ID의 맨 앞 네 자리 숫자를 분석해보면 다음과 같은 것을 알 수 있다.

- Connections' Posts 서비스를 curl로 호출하면 2e30으로 시작하는 추적 ID가 생성된다.

---

5 '지속 구간', '진행되는 범위와 기간'이라는 의미로 이해할 수 있다. – 옮긴이

- 이 호출은 가장 바깥쪽에서 일어나므로 그 번호는 스팬 ID(2e30...)이기도 하며, cdavisafc가 팔로우하는 사람들의 게시물 목록을 생성하기 위해 수행되는 작업을 나타낸다.
- Connections' Posts의 모든 로그 출력에는 이러한 추적 ID와 스팬 ID에 대한 값을 가진다.
- Connections 서비스는 세 번 호출된다.
  - 모든 출력에 2e30의 추적 ID가 포함돼 있으므로, 이러한 호출은 모두 curl에서 Connections' Posts까지의 다운스트림 요청이었다는 사실을 알고 있을 것이다.
  - 이 출력은 세 개의 스팬 ID를 갖고 있기 때문에 Connections 서비스가 세 번 호출된 것을 알 수 있다.
- Posts 서비스는 한 번 실행됐다. 추적 ID가 2e30이므로 호출은 원래 curl 명령에서 다운스트림된 요청인 것을 알 수 있다.
- 마지막으로 각 로그 출력 라인의 시작 부분에 타임스탬프가 있다.

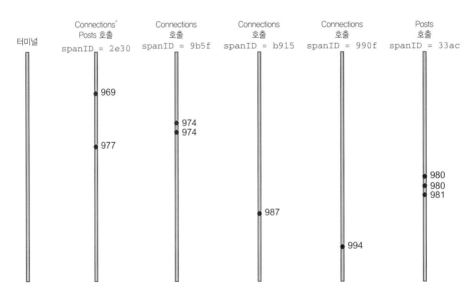

● 이 점들은 타임스탬프와 함께 로그 출력 순간을 보여준다.

▲ **그림 11.8** 로그 출력에서 추적 ID 2e30으로 단일 요청의 흐름 일부를 조합할 수 있다. 서비스에 대한 호출이 어디에서 왔는지는 알 수 없다는 점에 유의하자.

이 데이터를 통해 그림 11.8에 표시된 바와 같이 흐름의 일부를 조합할 수 있다. 로그 출력이 생성된 순간을 보여주는 타임스탬프 숫자와 해당 점들이 나타난다. 이 다이어그램은 다음을 보여준다.

- (원래 curl을 사용해) Connections' Posts의 서비스를 호출한다.
- Connections 서비스가 호출된다(팔로우한 사용자들의 목록을 얻기 위해).
- Posts 서비스가 호출된다(친구 게시물 목록을 얻기 위한 친구 목록과 함께).
- (호출에서 반환되는 두 개의 게시물 각각에 대해) Connections 서비스가 호출된다(게시물을 만든 사용자의 이름을 얻기 위해).

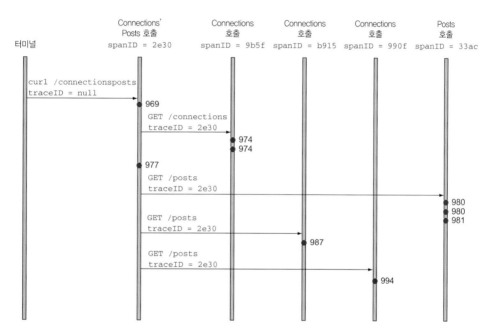

● 이 점들은 타임스탬프와 함께 로그 출력 순간을 보여준다.

▲ **그림 11.9** 여기서 서비스 호출은 이전 그림에 표시된 시간, 추적 ID, 스팬 ID 로그 출력에 중첩된다. 이 정보는 현재 로그에 나타나지 않는다.

앞의 문장들에서 일부 표현을 괄호 안에 넣어 서술한 이유는 이미 샘플 애플리케이션에 대해 알고 있는 의미들이기 때문이고, 괄호 밖의 부분은 추적 결과에서 볼 수 있는 것들이다. 이는 흥미롭다. 그림 11.8에서는 앞의 설명에서 괄호 안에 있는 세부 사항들을 알지 못한다. 그림 11.9는 이러한 추가된 문장에서 나온 세부 사항을 채운다.

그림 11.9의 화살표에 표시된 데이터도 로그 출력에 추가할 수 있지만, 스프링 클라우드 라이브러리에서는 그렇지 않다는 점에 유의하자.

11.3.2 집킨으로 추적 조합하기

로그를 검사해 추적과 스팬 ID로 어떤 일이 일어나는지 살펴봤는데, 집킨과 같은 도구는 이러한 유형의 값을 좀 더 효과적으로 분석할 수 있게 해준다. 집킨은 추적 및 스팬 정보를 위한 데이터 저장소를 제공하며, 데이터를 표출하고 해당 데이터를 통해 탐색을 지원하는 사용자 인터페이스를 제공한다.

서비스는 데이터를 집킨 저장소에 전달해야 하는데, 이를 위해 중요한 고려 사항이 있다. 서비스에서 데이터를 전송하는 작업은 리소스를 필요로 한다. 즉 메모리, CPU 주기, I/O 대역폭을 소비한다. 앞에서 말한 메트릭 정보는 서비스 범위에 포함돼 있고, 우리는 실행 중인 서비스가 어떻게 운영되고 있는지에 대한 데이터를 수집하고 있었다. 이제 다루고 있는 메트릭 정보는 서비스 호출로 확대된다. 이전 방식을 사용하면 1초에 한 번씩 메트릭을 수집할 수 있지만, 서비스가 초당 100개의 요청에 응답하면서 모든 호출에 대한 메트릭을 수집하는 경우에는 약 100배 정도의 자원 소모가 일어난다. 결과적으로 분산 추적을 위한 최선의 방법은 모든 서비스 요청의 하위 집합에 대한 것만 메트릭을 수집하는 것이다.

여기서 이 미묘한 차이를 다루게 되는데, 9장과 10장에서 수행한 실습에 분산 추적을 적용하기 위해서다. 우리의 애플리케이션을 이용할 것이지만, 추적 행위가 시스템에 미치는 영향을 제한해야 하므로 단순히 호출의 일부만 추적 정보를 내보낼 수 있도록 설정해야 한다. 각 서비스에 대한 배포에는 다음과 같은 설정이 표시된다.

```
- name: SPRING_SLEUTH_SAMPLER_PERCENTAGE
  value: "0.01"
```

이렇게 하면 1%의 요청이 추적 메트릭을 생성해 집킨에 전송된다(잠시 후에 스프링 클라우드 슬루스Spring Cloud Sleuth를 설명하겠다). 이제 시스템에 부하를 가해보자. 시뮬레이션에서 요청 볼륨을 변경했으므로 다음과 같이 새 JMeter 설정을 쿠버네티스에 업로드한다.

```
kubectl create configmap zipkin-jmeter-config \
 --from-file=jmeter_run.jmx=loadTesting/ConnectionsPostsLoadZipkin.jmx
```

다음과 같이 시뮬레이션을 구동할 수 있다.

```
kubectl create -f loadTesting/jmeter-deployment.yaml
```

현재 Connections' Posts의 접속을 반복하고 있으며, 이러한 요청의 일부에 대해서는 추적 데이터가 집킨 데이터베이스에 저장되고 있다. 집킨 사용자 인터페이스의 URL에 접근하려면 다음 명령으로 집킨 서비스의 IP 주소와 포트를 찾는다.

```
echo http://\
$(kubectl get service zipkin-svc \
-o=jsonpath={.status.loadBalancer.ingress[0].ip})"/"\
$(kubectl get service zipkin-svc \
-o=jsonpath={.spec.ports[0].port})
```

브라우저에서 해당 URL에 접근하고 Find Traces 버튼을 클릭하자. 이로써 그림 11.10과 같은 결과를 볼 수 있다.

여기서는 분산된 애플리케이션을 통해 다섯 개의 추적을 볼 수 있다. 이러한 각 결과는 Connections' Posts 서비스에 대한 별도의 curl에 해당한다. 첫 번째는 거의 900ms가 걸렸으며, 두 번째와 세 번째는 300ms 미만, 마지막 두 개는 150ms 미만의 시간이 걸렸다. '141.813ms 5 spans'로 표시된 네 번째 호출에 대해 밝은 회색 막대를 클릭하면 그림 11.11에 표시된 화면이 나타난다.

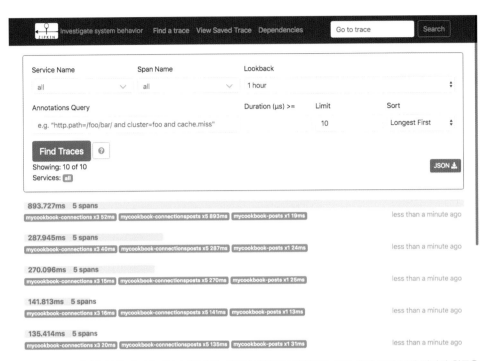

▲ **그림 11.10** 집킨은 분산 메트릭 데이터베이스에 저장된 데이터를 검색하고 공통 추적 ID를 통해 관련된 항목을 모으는 사용자 인터페이스를 제공한다. 이 화면은 다섯 개의 추적을 보여주고 있으며 각각 다섯 개의 개별 서비스 요청을 함께 표시한다. 이는 스팬으로 표현된다.

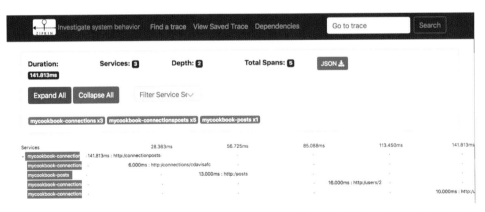

▲ **그림 11.11** 집킨 화면은 Connections' Posts 서비스에 대한 단일 요청의 상세 내역을 보여준다. 이 서비스 요청은 네 개의 다운스트림 요청을 생성했는데, 하나는 Connections 서비스, 다른 하나는 Posts 서비스, 나머지 두 개는 Connections 서비스에 대한 요청이었다. 스팬으로 표시되는 각 요청의 지연 시간 또한 표시된다.

이 화면은 단일 호출을 구성하는 지속 구간을 나타내며, 이 구간은 동일한 추적 ID를 공유하기 때문에 함께 수집됐다. 조금 전에 살펴본 로그 출력을 그림 11.8과 종합해보자. 실제로 그림 11.11은 그림 11.8과 유사하다. Connections' Posts의 서비스 구간은 최대 141ms 동안 확장되며, 다운스트림 호출의 구간도 볼 수 있다. 즉, 팔로우 사용자 목록을 얻기 위한 Connections에 대한 요청, 게시물 목록을 얻기 위한 Posts 요청, 그리고 게시자의 이름을 얻기 위한 Connections 서비스로의 두 개 요청도 볼 수 있다. 이것은 정확히 이전의 로그 출력에서 도출한 흐름이다.

9장과 10장에서 했던 것처럼 네트워크 단절로 시스템을 교란시키자. Posts 서비스와 MySQL 데이터베이스 간의 네트워크 연결을 끊는 스크립트를 제공했다. MySQL 파드를 가리키고 Posts 서비스 인스턴스의 IP 주소를 포함하도록 이 스크립트를 업데이트해야 한다. 이후 다음 명령을 사용해 스크립트를 호출할 수 있다.

```
./loadTesting/alternetwork-db.sh add
```

네트워크를 10~15초간 끊은 상태로 됐다가 다음 명령을 실행해 네트워크를 복원한다.

```
./loadTesting/alternetwork-db.sh delete
```

이제 기본 집킨 대시보드로 돌아가서 **Find Traces** 버튼을 클릭하자. 그림 11.12와 같은 모습을 볼 수 있다.

특정 호출의 전체 길이('26.488s 22 spans')를 나타내는 막대가 밝은 빨간색으로 바뀌어 문제가 발생한 첫 번째 징후를 보인다. 자세한 내용을 보면 각 호출에는 시스템이 정상일 때 봤던 다섯 개 지속 구간 이상의 범위가 있음을 알 수 있다. 이러한 빨간색 막대 중 하나를 클릭하면 그림 11.13에 표시된 세부 정보가 표시된다.

여기서 재시도가 보인다! Posts 서비스와 데이터베이스 사이의 네트워크 중단 때문에 Posts 서비스는 응답을 생성할 수 없으며, Connections' Posts의 코드에서 오는 요청이 시간을 초과한다. 이제 9장에서 이 프로젝트로 가져온 코드의 버전은 인정사정없거나 매우 불친절하게 재시도하는 것임을 알 수 있다. 네트워크 연결이 다시 설정되면, Posts 서비스에 대한 호출이 성공하고, Connections' Posts의 실행이 마무리된다.

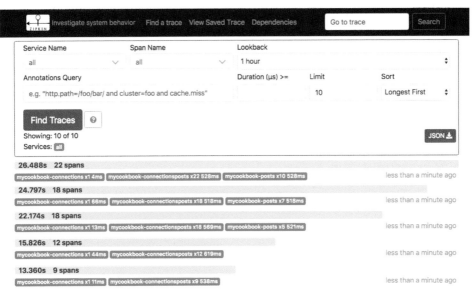

▲ **그림 11.12** 네트워크가 중단되는 동안 Connections' Posts 서비스에 대한 요청은 다운스트림 요청에 실패했다. 예컨대, 보통 네 개의 다운스트림 요청에 만족했던 것이 더 많은 요청/스팬을 초래했다는 것을 알 수 있다. 시간과 스팬 수(예: '26.488s 22 spans')를 알려주는 막대도 이제 빨간색으로 표시돼 다운스트림 요청 중 일부가 오류를 반환했음을 나타낸다.

▲ **그림 11.13** 요청 추적 중 하나에 대한 세부 정보는 각각 약 500ms의 시간이 소요되는 Posts 서비스에 대해 반복적으로 실패한 호출을 보여준다. 이것은 Connections' Posts 서비스에서 만든 HTTP 호출에 대한 요청 시간의 초과 값이다.

마지막으로 집킨 홈페이지로 돌아가서 네트워크 복구 직후의 추적 목록을 보면, 그림 11.14에 표시된 데이터를 볼 수 있다.

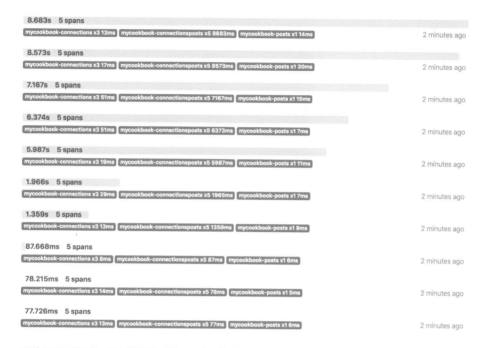

▲ **그림 11.14** 네트워크를 복원하면 다운스트림 요청이 다시 성공하지만, Connections' Posts의 요청에 대해 트래픽의 백로그가 생성돼 소멸되는 시간이 필요했으므로 이를 처리하는 데 시간이 소요되는 것을 확인할 수 있다.

이는 Connections' Posts의 처리에 필요한 시간이 재시도 폭풍의 트래픽이 소멸된 후 정상으로 돌아간다는 것을 보여준다.

이제 분산 추적 기술을 사용해서 클라우드 네이티브 애플리케이션이 어떻게 성능을 발휘하는지 귀중한 인사이트를 얻게 됐다. 언제 어디서 오류가 발생했는지 신속하게 확인할 수 있었고, 초기 장애 복구에 따른 안정성 회복 경로도 추적할 수 있었다. 또한 스프링 프레임워크와 같은 것을 사용할 때 이러한 기능들을 쉽게 구현에 추가할 수 있다는 좋은 소식도 있다.

11.3.3 구현 상세 내용

분산 추적의 핵심에는 다음과 같은 두 가지 특정 기법이 있음을 상기하자.

- 추적 ID의 삽입
- 이러한 추적 ID를 포함하는 메트릭을 수집하고 이를 사용해 관련 서비스 호출에 연결하는 컨트롤 플레인

이 두 가지 관심사는 프로젝트 POM 파일에 두 가지 종속성을 포함시킴으로써 해결된다.

리스트 11.4 세 마이크로서비스의 각 pom.xml 파일에 추가

```
<dependency>
    <groupId>org.springframework.cloud</groupId>
    <artifactId>spring-cloud-starter-sleuth</artifactId>
    <version>2.0.3.RELEASE</version>
</dependency>
<dependency>
    <groupId>org.springframework.cloud</groupId>
    <artifactId>spring-cloud-sleuth-zipkin</artifactId>
    <version>2.0.3.RELEASE</version>
</dependency>
```

스프링 클라우드 슬루스는 추적 및 스팬 ID의 생성과 전파를 측정한다. 앞의 종속성 중 첫 번째 것을 포함하면, 이러한 값이 앞에서 공부한 로그 파일에 포함된다. 이러한 종속성 중 두 번째는 집킨 서버에 메트릭의 전달을 추가하며, 이 서버의 주소는 spring.zipkin. baseUrl 속성으로 각 서비스에 설정돼 있다. 이 설정은 각 서비스에 대한 쿠버네티스 배포 파일에서 샘플링 속도와 함께 볼 수 있다(집킨 서비스의 주소는 이름으로 지정되는 점에 주의하자. 쿠버네티스에 내장된 서비스 탐색 프로토콜은 실제 바인딩을 지원한다).

리스트 11.5 세 마이크로서비스의 각 배포 yaml 파일에 추가

```
- name: SPRING_APPLICATION_JSON
  value: '{"spring":{"zipkin":{"baseUrl":"http://zipkin-svc:9411/"}}}'
- name: SPRING_SLEUTH_SAMPLER_PERCENTAGE
  value: "0.01"
```

zipkindeployment.yaml 파일을 통해 샘플 애플리케이션 배포에 집킨 서비스를 포함시켰다.

그리고 이것이 전부다. 그렇다. 분산 추적을 활성화하기 위해 코드에서 다른 내용을 변경할 필요가 없다. 그것은 전적으로 스프링 프레임워크에 의해 처리된다. 분산 추적이 가져오는 가치는 노력한 만큼 얻게 되고, 심지어는 이 정도 수준을 지원하지 않는 언어라면 프로그래밍을 해야 한다는 것이다. 이 책을 저술하는 시점에서 집킨 라이브러리는 자바, 자바스크립트, C#, 고랭, 루비, 스칼라, PHP, 파이썬 등을 지원한다. 광범위하게 채택된 이 기술은 이스티오와 같은 다른 기본 구조에도 포함된다(10장의 10.3.2절 참조).

요약

- 서비스가 실행 중인 런타임 컨텍스트에 있는 메트릭과 로그 진입점은 사전에 제거해야 한다. 이러한 실행 환경은 서비스에 문제가 발생하거나 업그레이드된 후에는 사용할 수 없는 경우가 많기 때문이다. 서비스를 위한 실행 환경은 한시적이라고 생각해야 한다.

- 서비스의 여러 인스턴스에서 로그 항목을 집계하는 것은 관측성을 위해 중요하다. 일반적으로 서로 다른 서비스의 항목을 시간 순서대로 재정렬하는 솔루션이 선호된다.

- 관측성 정보, 로그, 메트릭, 추적 데이터의 수집을 사이드카 프록시에서 효과적으로 구현함으로써 애플리케이션이 비즈니스 로직에 초점을 맞추고 운영 요구 사항을 서비스 메시에 집중시킬 수 있도록 한다.

- 잘 확립된 분산 추적 기법과 구현은 분산 애플리케이션의 상태와 성능에 대한 가치 있는 인사이트를 제공한다.

- 이 책의 앞부분에서 다룬 많은 패턴들은 필요한 관측성을 제공하는 솔루션 내에서 사용된다. 애플리케이션 설정, 애플리케이션 생명 주기, 서비스 탐색, 게이트웨이, 서비스 메시가 모두 활용된다.

12

클라우드 네이티브 데이터: 모놀리식 데이터 쪼개기

12장에서 다루는 내용

- 모든 마이크로서비스가 캐시를 필요로 하는 이유
- 이벤트를 사용해 로컬 데이터 저장소/캐시 채우기
- 이벤트 기반 시스템에서 메시징 사용하기
- 메시지와 이벤트의 차이
- 이벤트 로그와 이벤트 소싱

1장에서 클라우드 네이티브를 정의한 방법을 기억하는가? 거기서는 현대 소프트웨어가 가진 상위 수준의 요구 사항부터 클라우드 네이티브 소프트웨어의 네 가지 특징으로 이어지는 개략적인 분석을 살펴봤다. 이 특징은 다중화, 적응성, 모듈화, 동적 확장성 이렇게 네 가지다(그림 12.1). 그리고 이 책 전반에서 소프트웨어를 구성하는 서비스와 상호작용의 컨텍스트에서 이러한 특징들을 살펴봤다. 그러나 1장에서 제시한 멘탈 모델의 세 번째 엔티티는 데이터였다는 것을 떠올리자. 클라우드 네이티브 소프트웨어의 특성은 데이터 계층에도 똑같이 적용된다.

다중화를 예로 들어보자. 복수 개의 데이터 사본을 가지는 것의 가치는 오래전부터 이해해왔지만, 과거에는 이를 달성하기 위한 패턴이 종종 고정된 구조였고 때로는 운영 관행을 통한 것이었다. 예를 들어 액티브^{active}/패시브^{passive} 배포 토폴로지에서는 액티브 노드가 모든 읽기 및 쓰기 트래픽을 서비스하는 반면, 패시브 노드는 백그라운드에서 쓰기로 업데이트한다. 액티브 노드에 무슨 일이 생기면 전체 시스템이 패시브 노드로 대체 작동^{fail} ^{over}될 수 있었다. 현대의 클라우드 네이티브 데이터 서비스(5.4.1절에서 특별한 유형의 상태 저장 서비스를 언급한 것을 기억하자.)는 다중 노드^{multinode} 설계에 다중화를 깊이 내장하고 팩소스와 리더/팔로어$^{leader/follower}$ 같은 패턴을 채택해 이들이 제공하는 일관성과 가용성의 특징을 달성한다.

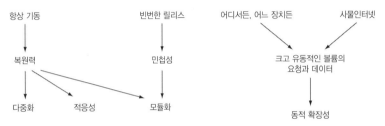

▲ **그림 12.1** 소프트웨어에 대한 사용자 요구 사항은 클라우드 네이티브 아키텍처 및 관리 방침으로 우리의 개발을 유도한다. 클라우드 네이티브 데이터의 경우에는 모듈화와 그 데이터에서 오는 자율성에 초점을 맞출 것이다.

확장성의 관점에서 아키텍처 패턴이 상당히 변화한 것을 확인했다. 기존 데이터베이스는 확장 요구를 충족하기 위해 더 큰 호스트와 스토리지 장치를 제공함으로써 수직으로 확장되는 경우가 가장 많았다. 그러나 본문 전체에서 봤듯이 카산드라^{Cassandra}, 몽고DB^{MongoDB}, 카우치베이스^{Couchbase}와 같은 대부분의 최신 데이터베이스는 클라우드 네이티브 수평 확장성 규칙을 통해 이 모델을 시스템의 핵심으로 설계했다. 데이터 볼륨이 증가함에 따라 데이터베이스 클러스터에 새로운 노드를 결합할 수 있으며, 기존의 데이터와 요청은 기존 노드와 새 노드 모두에게 재분배될 것이다.

그림 12.1의 하단부에 표현된 네 가지 특징과 관련해 많은 것을 살펴볼 수 있겠지만, 마지막 12장에서는 모듈화에 집중해보자. 분명히, 소프트웨어를 만들기 위해 많은 개별 (마이크로) 서비스를 함께 구성하는 것은 클라우드 네이티브 아키텍처의 핵심이다. 그러나 마이크로서비스라는 이름은 약간 오해의 소지가 있다(그래서 이 책에서는 아주 조금만 사용했다). 이

단어가 가져오는 가장 가치 있는 것, 즉 자율성^{autonomy}에 초점을 맞추기보다는 서비스 크기에 너무 많은 초점을 맞추도록 부추긴다. 제대로 말한다면, 마이크로서비스는 독립된 팀에서 구축할 수 있으며 독립적으로 관리되고 확장될 수 있다. 또한 이들은 다른 많은 클라우드 네이티브 패턴(서킷 브레이커, 서비스 탐색)을 적용하고 클라우드 네이티브 상호작용의 엔드포인트에 있는 가장 기본적인 요소다.

이전에는 모놀리식 애플리케이션 위주였지만, 이제는 여러 개별 서비스로 분해됐고 이것이 모듈화를 가능하게 해줬다. 정말 그럴까? 이러한 단일화된 애플리케이션은 백엔드의 단일화된 데이터베이스에서 사용됐으며, 그림 12.2와 같은 새로운 클라우드 네이티브 설계를 너무 자주 볼 수 있다. 소프트웨어의 컴퓨팅 부분은 개별 서비스로 세분화했지만, 중앙 집중식 단일 데이터 계층은 그대로 남겨졌다.

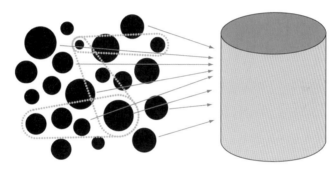

▲ **그림 12.2** 단일 데이터베이스를 공유하는 독립적인 마이크로서비스는 자율적이지 않다.

이 간단한 다이어그램은 그러한 설계가 모듈화의 환상만을 제공한다는 것을 명확히 해준다. 공유 데이터베이스는 다른 독립적인 서비스들 사이에서 전이적 종속성을 만든다. 예를 들어 한 서비스가 데이터베이스 스키마를 변경하려는 경우에는 해당 데이터베이스 스키마의 일부를 공유하는 다른 모든 서비스를 조정해야 한다. 또한 공유 데이터베이스를 통해 많은 개별 서비스들이 동시 접속을 위해 경쟁하고 있으며 추가적인 병목 현상을 일으키고 있다. 아, 우리의 마이크로서비스가 결국 그렇게 자율적이지는 않은 것인가.

12장의 제목에서 알 수 있듯이, 궁극적으로 우리의 목표는 그 데이터 모놀리스를 해체하는 것이다. 모든 마이크로서비스가 자신의 데이터베이스를 소유해야 한다는 사실을 이미 알고 있겠지만, 이는 위험하게 들릴 수도 있다. 수십 또는 수백 개의 저장소에서 데이터의 무결성을 어떻게 유지할 것인가? 이 복잡한 네트워크를 통해 어떻게 서로 다른 팀들을 조율할 것인가? 컴퓨팅 모놀리스를 분리하는 것이 새로운 도전, 즉 이 책 전반에 걸쳐 제시된 패턴 집합을 통해 체계적으로 해결한 문제들을 야기했던 것처럼, 데이터 모놀리스를 깨는 것 또한 문제를 야기한다. 그리고 이러한 과제는 클라우드 네이티브 데이터 패턴으로 해결할 것이다.

업계의 많은 사람들이 이벤트 소싱event sourcing이야말로 이러한 문제에 대한 궁극적인 해답이라 믿고 있으며, 12장에서는 그 주제를 다루고 있다. 그러나 이 책에서 다뤄진 다른 모든 패턴들과 마찬가지로, '전부 또는 전무'의 문제는 아니다. 기본적이고 친숙한 디자인 패턴으로 시작해서 이벤트 소싱으로 발전시키는 과정을 진행하고 싶다. 이러한 방식으로 주제를 제시하는 것이 클라우드 네이티브 데이터 취급의 핵심 요소를 더 깊이 이해하게 해줄 뿐만 아니라, 단계별로 진행할 수 있는 실질적인 방법을 제공하는 것이다.

한동안 사용돼왔으며 클라우드 네이티브 소프트웨어 아키텍처와 관련 있는 기술인 캐싱caching부터 시작하겠다. 복원 패턴을 공부할 때, 폴백 행위의 일부분으로 캐시를 추가하면 어떤 일이 발생했는지 기억하는가? 캐싱은 여기서 다시 한 번 살펴보자. 그런 다음 4장의 내용을 간략하게 살펴보겠다. 여기서는 상단에서 요청/응답을 하고, 그 대신 서비스 토폴로지를 통해 이벤트를 전송했다. 이벤트 로그를 추가해 이벤트 중심 설계를 향상시키고, 마지막으로 이벤트 소싱의 개념을 소개하겠다. 이러한 설계의 진화 과정을 살펴보면서, 다양한 운영 조건하에서 요청의 성공과 실패에 대한 분석을 자율성의 척도로 사용할 것이며, 데이터 설계가 클라우드 네이티브 아키텍처에서 중요한 역할을 담당한다는 사실을 알 수 있을 것이다.

12.1 모든 마이크로서비스는 캐시가 필요하다.

캐싱이 가져오는 가치(단순히 성능을 넘어서)를 알려면 캐시를 아직 사용하지 않는 설계부터 시작해보자. 그림 12.3은 Connections' Posts 서비스가 두 개의 다른 서비스로부터 콘텐츠를 집계하는 일반적인 예를 보여준다. 두 개의 서비스는 사용자와 그들이 팔로우하는 사용자를 관리하는 Connections와 블로그 게시물을 관리하는 Posts다. 이 다이어그램에서는 익숙한 요청/응답 프로토콜을 사용해 서비스 사이를 상호작용시키고 있다.

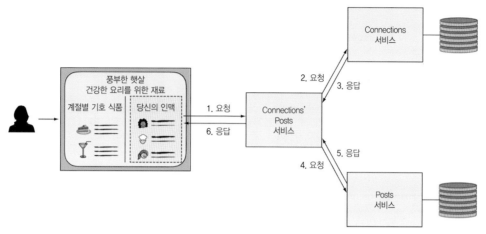

▲ **그림 12.3** 요청/응답을 통해 종속된 서비스와 통신하는 통합 서비스를 갖춘 간단한 토폴로지

이 간단한 아키텍처를 12장 후반부에서 수행하는 분석의 시작점으로 삼기로 하고, 부분적인 장애가 발생했을 때 시스템의 복원력을 살펴보자. 그림 12.4는 리치 웹 애플리케이션[1]과 수평선으로 연결된 세 가지 서비스 등 소프트웨어의 네 가지 컴퓨팅 컴포넌트를 보여준다. 이 수평선들이 꽉 찬 연결일 때 서비스가 가용하고 결과를 생성하는 경우를 나타내며, 이러한 선들의 단절은 서비스를 사용할 수 없거나 제대로 작동하지 않는 때를 나타낸다.

리치 웹 애플리케이션이나 Connections' Posts의 서비스에 대한 다운타임을 설명하지 않았다는 점을 유의하자. 그것들이 결코 중단되지 않는다는 것을 의미하지는 않는다. 오히려, 단순히 마이크로서비스 사이의 의존성과 요청/응답 프로토콜에만 초점을 맞추고 싶다. 그러한 상호작용은 통합(또는 집계) 서비스가 호출되고 작동 중일 때만 존재한다.

수직으로 들어오는 것은 웹 애플리케이션에서 Connections' Posts 서비스에 대한 요청이다. 그리고 나서 종속된 하위 서비스로 내려온다. Connections 서비스 또는 Posts 서비스가 중단될 때마다 집계(통합) 서비스는 결과를 생성하지 못한다.

---

1   여기서는 UI를 위한 웹 애플리케이션을 말한다. – 옮긴이

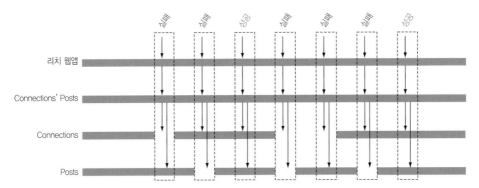

▲ **그림 12.4** 종속된 서비스 중 하나라도 사용할 수 없거나 정상적이지 않으면 Connections' Posts 서비스도 결과를 생성하지 못할 것이다.

이제 Connections' Posts 서비스에 캐시를 추가하자(그림 12.5). 이 캐시는 여러 가지 방법으로 채워질 수 있다. 옆 보기 캐싱look-aside caching2으로 캐시 클라이언트(이 경우에는 Connections' Posts 서비스)는 캐싱 프로토콜을 구현할 책임이 있다. 즉 데이터가 필요할 때 캐시의 값을 확인하고, 데이터가 없으면 다운스트림 서비스에 요청을 하고 결과를 캐시에 기록한다. 리드스루 캐싱read-through caching3으로 Connections' Posts 서비스는 캐시에만 접근하며, 캐시는 필요할 때 다운스트림 서비스로부터 값을 얻는 로직을 구현한다. 프로토콜에 관계없이 다운스트림 요청이 성공한 후 값이 로컬로 저장된다.

---

2 클라우드 디자인 패턴(Cloud Design Pattern) 중 하나이며, 캐시가 가용하지 않을 경우 애플리케이션이 직접 백엔드 데이터를 읽어 캐싱에 저장하는 역할을 담당한다. 이와 반대로 인라인 캐싱(inline caching)이 있는데, 캐싱 모듈이 애플리케이션 대신 직접 백엔드 데이터를 읽어서 처리하는 경우다. – 옮긴이

3 인라인 캐싱에서 데이터를 읽을 때 사용하는 방식이다. – 옮긴이

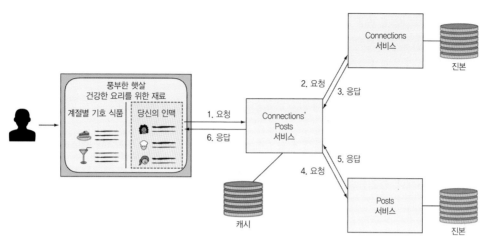

▲ **그림 12.5** Connections' Posts 서비스에 추가된 캐시는 종속 서비스로의 성공적인 요청에 대한 응답을 저장할 것이다. 데이터의 진본은 각 다운스트림 서비스에 연결된 데이터베이스에 남아있으며, Connections' Posts 서비스에 로컬인 저장소는 확실한 복사본이 아니다.

이제 우리 시스템이 이 추가와 함께 좀 더 복원력을 갖추게 됐는지 살펴보자. 그림 12.6은 Connections' Posts 서비스 옆에 또 다른 수평 막대를 추가한다. 좀 더 간소화하려면 Connections' Posts 서비스가 있는 경우 언제든지 캐시를 사용할 수 있다고 가정하자. 처음에는 요청 결과가 이전에 봤던 것과 정확히 일치한다는 것을 알 수 있다. 다운스트림 서비스 중 하나를 이용할 수 없을 때는 집계 서비스가 완전한 응답을 생성할 수 없을 것이다. 그러나 캐시가 채워진 후에는 다운스트림 서비스의 실패로부터 소비자로서의 웹 애플리케이션을 보호한다.

여기서 그림 12.6의 한 가지 미묘한 점에 주목해보길 바란다. 그림 12.4에 표시된 시나리오와 비교해, 각 다운스트림 서비스에 최소한 한 번 도달하자마자 들어오는 요청에 대한 성공을 볼 수 있으며 다운스트림 요청이 동시에 모두 발생할 필요는 없다는 점을 주목하자. 복원력의 수준은 시스템 컴포넌트의 자율성 정도와 직접적으로 연관돼 있는 것이 분명하다.

이 모든 것은 매우 설득력 있으며, 캐시를 추가해 Connections' Posts의 자율성을 높였을 때 훨씬 더 높은 수준의 복원력을 달성한 것이 분명하다. 그런데 왜 이것만으로는 충분하지 않을까? 여기서 보여준 모든 것이 캐싱의 과잉 단순화이기 때문이다. 그림 12.6에서 그 힌트를 볼 수 있는데, 여기서 첫 번째 요청이 우연히 두 번째 요청에 필요한 데이터를 로드할 경우 두 번째 요청이 성공할 수 있다는 점을 강조한다. 예를 들어 Food52의 캐시된 게시물이 없다는 사실이 해당 사이트에 새로운 게시물이 없다는 것을 의미하거나, 해당 사이트를 포함한 성공적인 게시물 요청이 아직 없었다는 것을 어떻게 알 수 있을까? 캐시에 항목이 있으면 최신 상태인지 어떻게 알까?

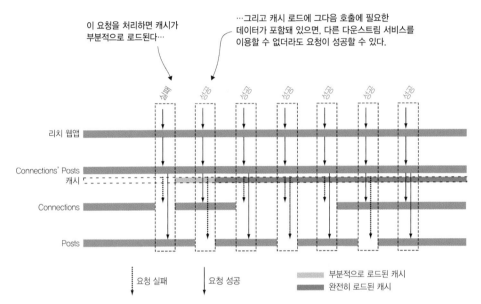

▲ **그림 12.6** Connections' Posts에 캐시를 추가함으로써 서비스에 자율성을 추가하고 결과적으로 복원력을 높일 수 있다.

과거에 캐싱을 사용했던 방식과 캐시 사용의 동기를 부여하는 요소들조차 마이크로서비스 아키텍처에서 캐시를 사용하려는 현재의 목표와는 달랐다. 종종 일정 수준의 성능을 얻기 위해 사용되며, 캐싱한 데이터는 더 정적인 경향이 있으므로(예: 웹사이트 이미지와 우편 번호–주소 매핑) 타이머를 기반으로 캐시를 만료하는 것으로 보통 충분했다. 캐시 미스^{cache} ^{miss}는 아직 로드되지 않았다는 일관된 지표였으며, 캐시를 사용하는 앱이 시작되면 캐시를 워밍업하거나 미리 로드하기 위한 프로세스가 종종 마련됐다. 이러한 마이크로서비스 중심 시나리오에서 캐시를 사용하려면 패턴을 재고해야 하며, 프론트와 중앙부는 캐시 신선도에 관련된 우려 사항이다. 이상적으로는 다운스트림 서비스에서 무언가 변경 사항이 있을 때마다 그러한 변경 사항들을 가능한 한 빨리 로컬 데이터 저장소에 반영하고 싶다.

자! 이제 우리가 어디로 가는지 알겠는가?

12.2 요청/응답에서 이벤트 기반으로 이동하기

앞서 제안했듯이, 4장에서 로컬 저장소를 다루는 더 나은 방법으로의 여정을 시작했다. 그
때는 요청/응답을 그것의 앞 단에 올려놓고, 이벤트 기반 상호작용 프로토콜로 옮겨갔다.
그림 12.7은 이 장 앞부분의 다이어그램과 유사하지만, 한 가지 중요한 차이점이 있다. 즉,
Connections' Posts와 관련 서비스 사이의 상호작용이 반대쪽 끝에서 시작한다. Connec-
tions' Posts에는 이전 예에서 본 캐시를 연상시키는 자체 로컬 저장소가 있지만, 지금은 다
운스트림 서비스 중 하나가 변경 사항을 보낼 때마다 업데이트된다.

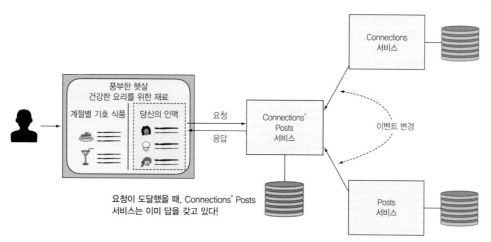

▲ **그림 12.7** 다운스트림 서비스에서 변경이 발생하는 경우에는 이러한 변화를 나타내는 이벤트가 해당 로컬 저장
소가 업데이트되는 곳인 이해 당사자에게 전송된다.

이제 캐시 만료는 더 이상 걱정하지 않아도 된다. 데이터 부족이 정말로 그런 데이터가
존재하지 않는다는 것을 의미하는지 의문을 가질 필요가 없다. 다운스트림의 이벤트 전달
메커니즘이 작동한다고 가정할 때(그리고 이것을 어떻게 보장하는지 곧 알게 될 것이다.), Connec-
tions' Posts 서비스는 시스템 내 다른 곳에서 무슨 일이 일어나고 있는지 걱정하지 않고 자
체의 경계가 구분된 컨텍스트^{bounded context}에서 작동할 수 있다. 이는 정말 아름답다!

이것이 우리 시스템의 복원력에 어떤 영향을 미치는지 살펴보자. 그림 12.8은 이전 다이어그램이 업데이트된 것이다. 이제 Posts와 Connections에서 오는 이벤트가 Connections' Posts로 전송되고, 웹 페이지에서 요청이 들어오면 종속 서비스의 정상/중단 여부는 문제가 되지 않는 것을 알 수 있다(Connections' Posts는 자체 로컬 저장소를 갖고 있으며, 자율적으로 작동하고 있다). 그러나 다른 서비스 중 하나가 전달할 이벤트가 있을 때 Connections' Posts를 사용할 수 없는 경우에는 어떻게 되는가? 4장에서 구현한 바와 같이 그 이벤트는 분실될 것이다. 물론 공부한 다른 패턴들, 예를 들어 재시도를 실패의 일부를 보완하기 위해 사용할 수는 있지만, 어떤 경우에는 이런 것들이 효과가 없을 것이다. 따라서 최종 결과는 좋지 않다.

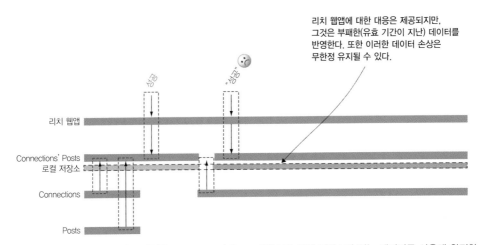

▲ **그림 12.8** 이벤트 기반 접근 방식은 Connections' Posts 서비스가 로컬 저장소에 있는 데이터를 사용해 완전한 자율성을 갖고 작동하도록 허용한다. 그러나 누락된 이벤트는 로컬 저장소를 손상시켜 잘못된 결과를 '성공적으로' 반환할 수 있다.

Connections' Posts 입장에서는 세상의 모든 것이 정상적으로 보이며, 로컬 저장소의 데이터에 기반한 결과를 정확히 반환할 것이다. 그 데이터가 지금 정확하지 않다는 것은 전혀 알 수 없다. 그리고 이것은 점점 더 나빠진다. 일반적으로 이벤트는 단 한 명의 당사자에게만 해당하는 관심거리가 아니다. 그 대신에 다른 많은 엔티티들은 예를 들어 시스템의 사용자가 자신의 사용자 이름을 변경하더라도 관심을 가질 수 있다. 만약 그러한 변경 이벤트가 많은 관련 참여자들에게 도달하지 않는다면, 불일치는 그림 12.9와 같이 시스템을 통해 널리 퍼질 수 있다.

본질적으로 아마도 로컬 저장소 중 다수가 지금은 손상됐다. 더 안 좋은 소식은 그들이 그렇게 무기한으로 남아있을 수도 있다는 것이다! 이벤트 기반의 접근 방식은 캐시 신선도 문제를 없애겠다고 약속했지만 실패했다.

다운스트림 이벤트를 전달하기 위한 메커니즘을 설명했던 것을 기억하는가? 분명히 우리는 아직 건실한 시스템을 갖고 있지 않다. 자, 계속해보자.

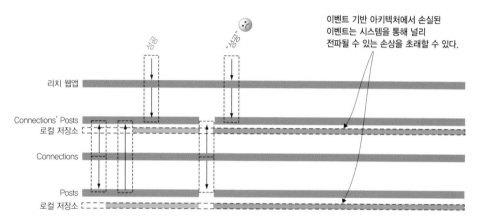

▲ **그림 12.9** 이벤트들은 대개 수많은 당사자들에게 관심의 대상이므로, 이벤트들이 제대로 전달되지 않을 때는 시스템 전체에 비일관성을 야기할 수 있다.

12.3 이벤트 로그

관심 있는 이벤트가 전송될 때 Connections' Posts가 제공될 필요는 없다. 그렇다. 짐작했다시피 어떤 종류의 비동기식 메시징 시스템을 사용할 것이다. Connections가 Connections' Posts에 이벤트를 직접 보내는 대신, 전달을 담당하는 시스템에 이벤트를 전달할 것이다. 물론 우리 소프트웨어는 이용 가능한 메시징 시스템에 의존하게 된다. 하지만 그러한 목적을 위해 특별히 설계된 시스템 내에서 메시징 의미 체계에 집중하는 것은 패턴의 일관된 구현을 허용할 뿐만 아니라, 서비스끼리 내부로 연결된 방대한 네트워크를 통하는 것보다 메시징 구조 안에서 복원력 제고에 집중할 수 있게 한다. 메시징 시스템 자체가 다중화와 동적 확장이 가능한 클라우드 네이티브 방식으로 설계된 경우에는 신뢰할 수 있을 것이다. 그림 12.10은 소프트웨어 아키텍처에 추가된 이벤트 로그를 보여준다.

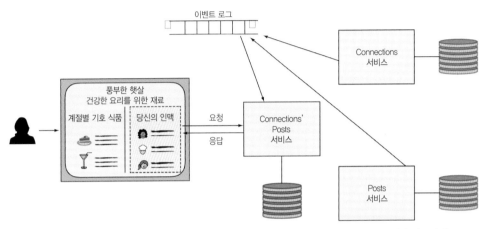

▲ **그림 12.10** 이벤트 로그를 추가하면 이제 세 가지 서비스를 서로 완전히 분리할 수 있다. 이벤트는 이벤트 로그로 생성되고 이벤트 로그에서 소비되며, 이벤트 로그는 더 이상 필요하지 않을 때까지 이벤트를 유지하는 역할을 한다.

이것이 소프트웨어 전체의 복원력에 어떤 영향을 미치는지 살펴보자. 그림 12.11은 이벤트 로그event log라는 또 다른 컴포넌트를 추가한다. Connections 서비스와 Posts 서비스가 이벤트를 생성하면 로그에 전송되고, 이벤트에 관심이 있는 당사자들이 이벤트를 수집해 처리할 것이다. Connections 서비스에서 보낸 첫 번째 메시지는 Posts 서비스와 Connections' Posts 서비스 모두에서 수신된다는 점에 유의하자. 그러나 Posts가 만든 두 번째 이벤트는 Connections' Posts에만 나아간다. 그리고 소비자consumer가 즉시 대응할 수 없을 때 발생하는 이벤트는 이벤트 로그에 (적어도[4]) 모든 이해 당사자들이 소비할 때까지 유지되며, 이러한 소비자는 아주 다른 시간에 온라인에 접속할 수 있다. 그 결과, 시스템 전반에 걸쳐 가동 중단이 발생하고 있음에도 불구하고 집계 서비스의 가용성이 강하다는 것을 알 수 있다.

---

4   잠시 기다려주길 바란다. 이벤트 소싱을 이야기할 때 '적어도'라는 표현의 의미를 설명하겠다.

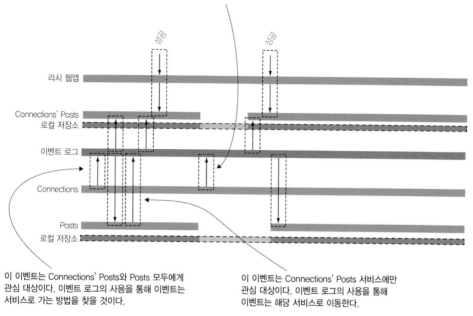

이 이벤트는 Connections' Posts와 Posts 모두에게
관심 대상이며, (적어도) 두 소비자 모두 이에 응답할 때까지
이벤트 로그에 남아있을 것이다. 장애 이후 서비스가 다시
온라인 상태가 되면 로컬 저장소를 업데이트할 것이다.

이 이벤트는 Connections' Posts와 Posts 모두에게
관심 대상이다. 이벤트 로그의 사용을 통해 이벤트는
서비스로 가는 방법을 찾을 것이다.

이 이벤트는 Connections' Posts 서비스에만
관심 대상이다. 이벤트 로그의 사용을 통해
이벤트는 해당 서비스로 이동한다.

▲ **그림 12.11** 이벤트는 이벤트 로그에서 생성되고 소비되며, 이벤트 로그는 이벤트를 필요로 하는 한 유지시킨다.
이벤트 로그의 사용을 통해 서비스를 다른 서비스와 서로 완전히 분리했다.

일관성과 관련해 한 가지 참고할 점이 있다. 이전에 누락된 이벤트 때문에 캐시가 손상
될 수 있는 경우를 살펴봤다. 논쟁의 여지가 있지만, 여기서도 이벤트의 생성과 소비 사이
의 시간에서 소비자의 로컬 저장소는 시점이 뒤져 있다. 이 장의 뒷부분에서 이벤트 소싱을
이야기할 때, 이 우려 사항을 다룰 것이다.

일반적으로 클라이언트 라이브러리를 통해 메시징 구조에 연결한다

코딩으로 메시지를 생산하고 소비하는 것은 대개 클라이언트 라이브러리 유형으로 이뤄지며, 그 라이브러리는 지금까지 공부해온 복원력을 구현하는 경우가 많다. 예를 들어, 첫 번째 요청으로 이벤트 로그에 연결할 수 없는 경우에는 클라이언트 라이브러리가 재시도할 수 있다. 그리고 연결이 계속 실패할 경우에는 라이브러리 코드가 서비스 탐색 프로토콜을 호출해 연락할 대체 엔드포인트를 찾을 수 있다.

개발자들은 프로토콜의 세부 사항을 걱정할 필요가 없다. 대신에 상호작용에서 필요한 서비스 수준 유형만 지정하면 된다. 예를 들어, 구현할 때 이벤트의 전달 보장이 필요한 경우(메시지가 전달될 수 없는 경우 소프트웨어가 오류를 보고해야 함)에는 클라이언트 API를 통해 구체화될 것이다. 반면에 구현이 어떤 이벤트 손실을 용인하겠다면 이것 역시 명시될 수 있다.

12.3.1 실행으로 확인하자: 이벤트 기반 마이크로서비스 구현

12장에서의 구현은 4장의 구현에 기초한다. 12장에서는 요청/응답에 대한 자연스런 성향에 도전하는 대신 이벤트 기반의 해결책을 제공했다. 그러나 12.2절에서 설명한 바와 같이 클라이언트가 소비자에게 직접 이벤트를 보내는 경우에는 서비스 간에 여전히 긴밀한 결합이 있었다. 그림 12.7은 그러한 구현을 나타낸다.

여기서 할 일은 이벤트 로그를 추가해 서비스를 서로 더 느슨하게 결합loosely coupling하는 것이다. 기본적으로는 그림 12.10에 묘사된 방향으로 나아가고 있지만, 세부 사항에 들어가면 그 예시가 좀 더 복잡해진다. Connections' Posts 서비스가 생성된 이벤트에 관심을 가질 뿐만 아니라 Posts 서비스도 이벤트에 관심을 갖는다. 이렇게 좀 더 정교한 토폴로지를 통해 좀 더 포괄적인 방법으로 세부 사항을 탐구할 수 있다.

Posts 서비스는 블로그 게시물을 관리할 책임이 있다. 즉, 새로운 게시물이 만들어지고 새로운 게시물이 들어오면 이벤트를 게시할 수 있도록 허용한다. 저장한 게시물에는 게시물의 제목, 본문, 날짜, 게시물을 만든 사용자의 ID가 포함돼 있다. 우리 시스템에서는 Connections 서비스가 사용자 관리뿐만 아니라 사용자 간의 연결도 담당하고 있다. 예를 들어, 사용자가 상세 정보나 사용자 이름 또는 실제 이름을 변경할 수 있도록 하기 위해 코드 내의 쿼리는 ID로만 해당 사용자를 참조한다. 그러나 사용자 ID는 구현 세부 사항이며,

어떤 API를 통해서도 유출돼서는 안 되는 내부 식별자다. 그러므로 API를 통해 사용자 이름으로 사용자를 참조한다. 예를 들어 새 게시물을 추가할 때는 다음과 같은 페이로드 ^{payload}로 POST 요청을 Posts 서비스로 전송한다.

```
{
  "username":"madmax",
  "title":"I love pho",
  "body":"Yesterday I made my mom a beef pho that was very close to what I
  ➡ ate in Vietnam earlier this year ..."
}
```

madmax라는 이름을 가진 한 사용자가 그가 최근에 요리했던 포^{pho}에 대한 게시물을 게재했다. 그러나 이것을 데이터베이스에 저장할 때 사용자 이름을 저장하지 않을 것이다. 나중에 맥스^{Max}가 그의 이름을 변경하면, 그의 이전 게시물을 찾기가 어려워지기 때문이다. SQL 쿼리의 다음 출력처럼 사용자 ID를 사용해 게시물을 저장하자.

```
mysql> select * from cookbookposts.post;
+----+--------------------+---------------------+------------+---------+
| id | body               | date                | title      | user_id |
+----+--------------------+---------------------+------------+---------+
|  1 | Yesterday I made...| 2018-10-30 11:56:05 | I love pho |       2 |
...
```

이 정도의 간접성 때문에 Posts 서비스는 사용자 ID를 사용자 이름에 매핑할 필요가 있다. Posts 서비스는 사용자를 관리하지 않지만(Connections 서비스는 관리한다.), Connections 서비스에서 분리 상태를 유지하려면 Connections 서비스에서 관리하는 일부 데이터의 최신 사본, 즉 ID와 사용자 이름 간의 상관관계를 자신의 데이터베이스에 보관해야 한다. 다음 SQL 쿼리를 통해 해당 테이블을 볼 수 있다.

```
mysql> select * from cookbookposts.user;
+----+-----------+
| id | username  |
+----+-----------+
|  1 | cdavisafc |
```

```
|   2 | madmax    |
|   3 | gmaxdavis |
+-----+-----------+
```

그림 12.12에서 Connections 서비스와 Posts 서비스는 모두 이벤트를 생성하고 있으며, Posts 서비스와 Connections' Posts 서비스는 이벤트를 소비하고 있다. 이 다이어그램에서 각 서비스와 관련된 데이터 저장소도 볼 수 있다. Connections 서비스와 Posts 서비스는 진본 데이터베이스에 저장된 각각의 데이터를 소유하고 있으며, Posts 서비스와 Connections' Posts 서비스는 다른 서비스가 소유한 데이터의 복사본을 로컬 저장소 데이터베이스에 저장한다. 이러한 로컬 데이터베이스는 이벤트를 통해 최신 상태로 유지된다.

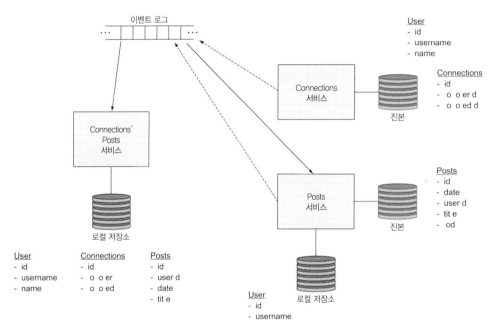

▲ **그림 12.12** 구현의 전체 이벤트와 데이터 토폴로지. Posts와 Connections는 '실제' 데이터(진본)를 모두 서비스하고, 해당 데이터에서 변경이 발생했을 때 이벤트(점선 화살표)를 생성한다. Posts와 Connections' Posts는 모두 자신이 소유하고 있지 않은 데이터(로컬 저장소)를 저장하고 이벤트(직선 화살표)를 처리해 해당 데이터를 업데이트한다.

표 12.1은 각 서비스가 전체 소프트웨어 아키텍처에서 수행하는 역할을 요약한 것이다.

▼ 표 12.1 이벤트 기반 소프트웨어 아키텍처에서 서비스의 역할

역할	Connections 서비스	Posts 서비스	Connections' Posts 서비스
진본: 서비스 소유의 데이터를 저장하는 전용 데이터베이스	이 서비스는 사용자와 사용자 사이의 관계인 연결을 가진다.	이 서비스는 게시물 데이터베이스를 가진다.	
쓰기 및 이벤트 생산자: HTTP 엔드포인트 구현은 진본 데이터베이스를 업데이트하고 카프카[5]에 이벤트를 전달한다.	사용자 정보가 생성, 삭제, 수정될 때마다 사용자 이벤트를 생성한다. 연결이 생성되거나 삭제될 때 연결 이벤트를 생성한다.	게시물이 생길 때마다 게시물 이벤트를 생성한다.	
이벤트 핸들러: 이벤트를 구독하고 그에 따라 로컬 저장소 데이터베이스를 업데이트한다.		사용자가 생성, 수정, 삭제될 때 로컬 저장소 데이터베이스를 업데이트한다.	사용자, 연결, 게시물이 생성, 수정, 삭제될 때 로컬 저장소를 업데이트한다.
로컬 저장소: 이 서비스가 소유하지 않은 데이터를 저장하는 전용 데이터베이스		이 서비스는 사용자 ID에 대한 사용자 이름 매핑을 저장한다.	이 서비스는 게시물 요약뿐 아니라 사용자와 연결 데이터도 저장한다.
읽기: 도메인 엔티티에 서비스를 제공하는 HTTP 엔드포인트 구현	Users Connections	Posts	개인이 팔로우한 사용자가 만든 게시물

프로젝트로 돌아가서, 디렉터리와 패키지 구조에 반영돼 있는 앞의 세부 사항들을 볼 수 있다. 직접 확인할 수 있도록 이 프로젝트를 셋업해보자.

리포지토리를 이미 복제했을 것이므로 다음 태그를 체크아웃하자.

```
git checkout eventlog/0.0.1
```

이제 이 장의 디렉터리로 변경할 수 있다.

```
cd cloudnative-eventlog
```

그림 12.13은 앞 표에 기술된 프로젝트 디렉터리 구조의 주요 부분을 보여준다.

---

5   여기서는 이벤트 로그에 해당하는 오픈소스 솔루션명이다. – 옮긴이

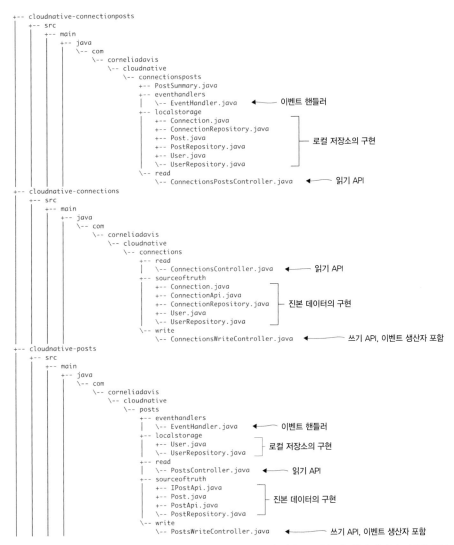

```
+-- cloudnative-connectionposts
|   +-- src
|       +-- main
|           +-- java
|               \-- com
|                   \-- corneliadavis
|                       \-- cloudnative
|                           \-- connectionsposts
|                               +-- PostSummary.java
|                               +-- eventhandlers
|                               |   \-- EventHandler.java              ◄─── 이벤트 핸들러
|                               +-- localstorage
|                               |   +-- Connection.java
|                               |   +-- ConnectionRepository.java
|                               |   +-- Post.java                       ─── 로컬 저장소의 구현
|                               |   +-- PostRepository.java
|                               |   +-- User.java
|                               |   \-- UserRepository.java
|                               \-- read
|                                   \-- ConnectionsPostsController.java  ◄─── 읽기 API
+-- cloudnative-connections
|   +-- src
|       +-- main
|           +-- java
|               \-- com
|                   \-- corneliadavis
|                       \-- cloudnative
|                           \-- connections
|                               +-- read
|                               |   \-- ConnectionsController.java       ◄─── 읽기 API
|                               +-- sourceoftruth
|                               |   +-- Connection.java
|                               |   +-- ConnectionApi.java
|                               |   +-- ConnectionRepository.java        ─── 진본 데이터의 구현
|                               |   +-- User.java
|                               |   \-- UserRepository.java
|                               \-- write
|                                   \-- ConnectionsWriteController.java   ◄─── 쓰기 API, 이벤트 생산자 포함
+-- cloudnative-posts
|   +-- src
|       +-- main
|           +-- java
|               \-- com
|                   \-- corneliadavis
|                       \-- cloudnative
|                           \-- posts
|                               +-- eventhandlers
|                               |   \-- EventHandler.java              ◄─── 이벤트 핸들러
|                               +-- localstorage
|                               |   +-- User.java                      ─── 로컬 저장소의 구현
|                               |   \-- UserRepository.java
|                               +-- read
|                               |   \-- PostsController.java           ◄─── 읽기 API
|                               +-- sourceoftruth
|                               |   +-- IPostApi.java
|                               |   +-- Post.java                       ─── 진본 데이터의 구현
|                               |   +-- PostApi.java
|                               |   \-- PostRepository.java
|                               \-- write
|                                   \-- PostsWriteController.java        ◄─── 쓰기 API, 이벤트 생산자 포함
```

▲ **그림 12.13** 이벤트의 생성과 소비에 관련된 코드의 구조 외에 읽기 API와 '소유하는' 데이터 저장소 및 '로컬' 데이터 저장소를 보여주는 세 개 마이크로서비스의 디렉터리 구조

- 읽기 API는 용어 끝에 read를 붙인 이름의 패키지에 위치하는 컨트롤러로 구현된다. 세 가지 서비스 모두 읽기 API를 지원한다.

- 모든 진본 데이터는 접미사 sourceoftruth가 포함된 패키지에 위치한 JPA 클래스와 함께 구현된다. 이 패키지는 Posts 서비스와 Connections 서비스 모두에 대해 존재한다.

- POST, PUT, DELETE 등의 HTTP 메소드를 지원하는 쓰기 API는 접미사 write가 붙은 패키지에 위치하는 컨트롤러로 구현된다. 이러한 쓰기 컨트롤러는 서비스를 위한 진본 데이터베이스에 데이터를 보존할 뿐만 아니라 우리의 메시징 구조에 이벤트를 생성한다. 이 패키지는 Posts 서비스와 Connections 서비스 모두에 대해 존재한다.

- 이벤트 소비자는 이름이 eventhandlers로 끝나는 패키지 내에서 구현된다. 이 패키지는 Posts 서비스와 Connections' Posts 서비스 모두에 대해 존재한다.

- 이벤트를 통해 얻은 데이터의 로컬 저장소는 접미사 localstorage가 붙은 패키지에 위치한 JPA 클래스로 구현된다. 이 패키지는 Posts 서비스와 Connections' Posts 서비스를 위해 존재한다.

그림 12.14는 Posts 서비스를 예로 사용해 구조화된 마이크로서비스를 보는 또 다른 방법을 제공한다. 게시물 데이터(날짜, 제목, 본문, 작성자 ID)는 Posts 서비스의 소유이며, 진본 데이터베이스에 저장된다. 사용자 ID-사용자 이름 매핑 데이터는 다른 서비스가 소유한 데이터의 복사본일 뿐이며 로컬 저장소 데이터베이스에 저장된다. 우리는 두 가지 단계를 수행하는 쓰기 컨트롤러를 갖고 있다. 이 컨트롤러는 모두 진본 데이터를 유지하고 이벤트 로그에 이벤트를 전달한다. 이벤트 핸들러는 관심 대상 이벤트를 소비하고 데이터를 로컬 저장소 데이터베이스에 유지하는 단일 태스크를 수행한다. 마지막으로, 읽기 컨트롤러는 두 데이터베이스에 쿼리해서 게시물 목록을 생성하는 단일 태스크를 수행한다.

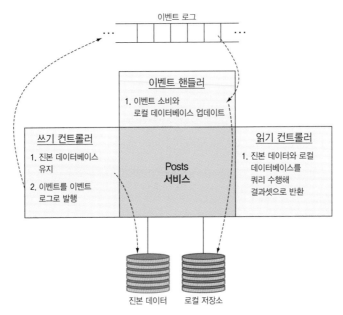

이벤트 로그

이벤트 핸들러

1. 이벤트 소비와
   로컬 데이터베이스 업데이트

쓰기 컨트롤러

1. 진본 데이터베이스
   유지

2. 이벤트를 이벤트
   로그로 발행

Posts
서비스

읽기 컨트롤러

1. 진본 데이터와 로컬
   데이터베이스를
   쿼리 수행해
   결과셋으로 반환

진본 데이터   로컬 저장소

▲ **그림 12.14** 이 서비스는 서비스의 최상위 엔티티에 대한 변경 작업을 담당하는 쓰기 컨트롤러, 경계가 구분된 컨텍스트의 일부임에도 불구하고 비상위(nonprimary) 데이터인 로컬 데이터베이스를 유지하는 이벤트 핸들러와 이러한 데이터베이스 전반에 걸친 데이터 쿼리 작업을 지원하는 읽기 컨트롤러를 구현한다.

이러한 구조에 대한 이해가 확립된 상태에서, 이제 Connections 서비스를 위한 쓰기 컨트롤러를 시작으로 구현의 몇 가지 부분을 자세히 살펴보자. 다음 리스트의 코드는 새로운 사용자가 생성될 때 실행된다.

리스트 12.1 ConnectionsWriteController.java 내의 메소드

```java
@RequestMapping(method = RequestMethod.POST, value="/users")
public void newUser(@RequestBody User newUser,
                    HttpServletResponse response) {

    logger.info("Have a new user with username " + newUser.getUsername());

    // 사용자 정보를 DB에 저장        ◀── 데이터를
    userRepository.save(newUser);          진본 DB에 저장

    // 카프카에 이벤트 전달
    UserEvent userEvent =
```

```
new UserEvent("created",
            newUser.getId(),
            newUser.getName(),
            newUser.getUsername());          변경 이벤트
kafkaTemplate.send("user", userEvent);   ◀── 전달
}
```

먼저 새로운 사용자가 진본 데이터베이스에 저장되고, 이벤트 로그에 이벤트가 전송된
다(카프카를 사용한다는 주석을 통해 확인 가능하다. 예시를 실행하게 될 때 카프카를 좀 더 이야기하겠
다). 특정 ID, 이름, 사용자명으로 생성된 한 사용자의 이벤트를 보내 해당 이벤트를 user라
는 토픽topic으로 전달한다. 뒤에서 토픽(그리고 큐)을 더 자세히 다루겠지만, 지금은 이러한
토픽들을 이전의 메시지 기반 구현에서 이미 다룬 것들이라고 생각하자. 토픽은 단순히 어
떤 메시지를 전달하고 어떤 메시지를 소비하는지에 대한 채널이다.

리스트 12.2에서는 4장에서 살펴본 대한 이벤트 기반 구현의 코드와 비교해보자(cloud
native-eventlog 모듈에서 리포지토리 태그 eventlogstart를 보면 이 코드를 찾을 수 있다).

리스트 12.2 ConnectionsWriteController.java 내의 메소드

```
@RequestMapping(method = RequestMethod.POST, value="/users")
public void newUser(@RequestBody User newUser,
                    HttpServletResponse response) {

    logger.info("Have a new user with username " + newUser.getUsername());

    // 사용자 정보를 DB에 저장
    userRepository.save(newUser);    ◀──── 데이터 유지

    // 새 사용자에 대해 관심 그룹이 알도록 함
    // 게시물은 새 사용자를 인지해야 함
    try {
                                                          Posts 서비스로
        RestTemplate restTemplate = new RestTemplate();  ◀──│ 이벤트 전송
        restTemplate.postForEntity(postsControllerUrl+"/users",
                                   newUser, String.class);
    } catch (Exception e) {
        // 지금은 아무것도 안 함 - 이벤트 로그를 추가할 때 이 알려진 문제는
```

```
        // 사라질 것임
        logger.info("problem sending change event to Posts");
    }

    // 연결 게시물은 새 사용자를 인지해야 함
    try {
                                                        ┌─ Connections' Posts 서비스로
        RestTemplate restTemplate = new RestTemplate(); ◄─┘ 이벤트 전송
        restTemplate.postForEntity(connectionsPostsControllerUrl+"/users",
                                    newUser, String.class);
    } catch (Exception e) {
        // 지금은 아무것도 안 함 - 이벤트 로그를 추가할 때 이 알려진 문제는
        // 사라질 것임
        logger.info("problem sending change event to ConnsPosts");
    }
}
```

이 한 토막의 코드는 사용자를 데이터베이스에 저장한 후, Posts 서비스와 Connections'
Posts 서비스 모두에 이벤트가 전달됐음을 보여준다. 이벤트 로그의 도입으로, 이 커플링
coupling을 제거할 수 있었다. 이벤트 생산자는 소비자에 대해 아무것도 알 필요가 없다. 그
리고 코드 또한 분명히 훨씬 더 단순해졌으므로, 유지 보수가 훨씬 더 용이해졌다.

이제 이벤트 소비자의 구현으로 전환해보자. 다음 리스트는 Connections' Posts 서비
스에 대한 이벤트 핸들러 코드의 일부를 보여준다.

리스트 12.3 EventHandler.java 내의 메소드

```
@KafkaListener(topics="user",
               groupId = "connectionspostsconsumer",
               containerFactory = "kafkaListenerContainerFactory")
public void userEvent(UserEvent userEvent) {

    logger.info("Posts UserEvent Handler processing - event: " +
                userEvent.getEventType());

    if (userEvent.getEventType().equals("created")) {

        // 이벤트 핸들러를 멱등성 있게 처리함
```

```java
        // 사용자 정보가 존재하면 아무것도 안 함
        User existingUser
            = userRepository.findByUsername(userEvent.getUsername());
        if (existingUser == null) {

            // 로컬 저장소에 레코드 저장
            User user = new User(userEvent.getId(), userEvent.getName(),
                                 userEvent.getUsername());
            userRepository.save(user);

            logger.info("New user cached in local storage " +
                        user.getUsername());
            userRepository.save(new User(userEvent.getId(),
                                     userEvent.getName(),
                                     userEvent.getUsername()));
        } else
            logger.info("Already existing user not cached again id " +
                        userEvent.getId());
    } else if (userEvent.getEventType().equals("updated")) {
        // 업데이트된 이벤트 처리
    }

}


@KafkaListener(topics="connection",
               groupId = "connectionspostsconsumer",
               containerFactory = "kafkaListenerContainerFactory")
public void connectionEvent(ConnectionEvent connectionEvent) {

    // 누가 누구를 팔로우하는지 - 연결의 변경 처리...
    // 이것은 생성과 삭제 이벤트임
}

@KafkaListener(topics="post",
               groupId = "connectionspostsconsumer",
               containerFactory = "kafkaListenerContainerFactory")
public void postEvent(PostEvent postEvent) {

    // 게시물에 변경 내용 처리 - 이 경우 새로운 게시물임


}
```

이 구현에는 다음과 같은 몇 가지 흥미로운 점이 있다.

- 여기의 코드와 이벤트 생성자를 나타내는 이전 코드에서 이벤트 로그와의 인터페이스 세부 사항은 개발자로부터 멀리 떨어져 추상화되는 것을 볼 수 있다. 카프카 클라이언트 POM 파일에 스프링 카프카 의존성을 포함하면, 개발자가 간단한 API를 사용해 토픽과 기타 세부 사항을 지정해 이벤트가 쉽게 전달되고 소비되도록 할 수 있다.

- Connections' Posts 서비스의 이벤트 핸들러는 세 가지 토픽으로부터 메시지를 소비한다. 이 항목들은 사용자^{user}, 연결^{connection}, 게시물^{post}에 대한 변경 이벤트를 구성한다. 생산자가 단순히 토픽 이름을 제공했을 뿐이지만, 소비자는 메시지의 소비 방식을 제어하는 groupId도 제공해야 한다.

- 이 코드와 이전에 표시된 생산자 코드 모두에서 이벤트 스키마(UserEvent, ConnectionEvent, PostEvent)에 대한 참조를 볼 수 있다. 이벤트 로그에 발행되고 이벤트 로그에서 소비되는 이벤트는 형식을 가져야 하며, 생산자와 소비자 모두 세부 정보를 알고 있어야 한다.

- 이 코드에서는 사용자가 생성한 이벤트에 대한 소비자 로직을 멱등성 있게 만드는 것에 대한 주석을 볼 수 있다. 분산 시스템에서 정확히 한 번의 이벤트 전달을 보장하는 것은 성능 관점에서 복잡하고 비용이 많이 들 수 있다. 서비스를 멱등성 있게 하는 것은 이러한 부담을 어느 정도 덜어준다.

이 토픽들을 잠시 후에 자세히 살펴보겠지만, 먼저 코드를 실행해보자.

셋업

마지막으로 앞 장들에 있는 샘플 실행에 대한 셋업 지침을 참조하자. 이 장에는 샘플 실행에 대한 새로운 요구 사항이 없다.

cloudnative-eventlog 디렉터리의 파일에 접근할 수 있으므로 터미널 창에서 해당 디렉터리로 변경하자.

그리고 앞 장에서 설명한 것처럼 도커 이미지를 미리 제작해 도커 허브에서 사용할 수 있도록 했다. 직접 자바 소스와 도커 이미지를 작성해 자신의 이미지 저장소로 푸시하려면 이전 장들(가장 자세한 지침은 5장에서 다룬다.)을 참조하자.

애플리케이션 실행하기

이 예는 작은 쿠버네티스 클러스터에서 실행할 수 있으므로, 원한다면 미니큐브나 그와 유사한 것을 사용할 수 있다. 이전 장에서 실행 중이었던 예제가 여전히 있는 경우에는 해당 예제를 삭제한다. 다음과 같이 제공한 스크립트를 실행하자.

```
./deleteDeploymentComplete.sh all
```

이를 실행하면 Posts, Connections, Connections' Posts의 모든 인스턴스와 실행 중인 MySQL, Redis, 또는 SCCS 서비스가 삭제된다. 쿠버네티스 클러스터에서 실행 중인 다른 애플리케이션과 서비스가 있다면, 일부를 삭제하고 용량이 충분한지 확인하자. 앞 장들에서는 서비스를 삭제하는 것이 선택 사항이었지만, 이 경우에는 모두 삭제하는 것이 좋다. 그중 일부는 여기(SCCS)에서 사용되지 않으며, 데이터베이스 토폴로지가 상당히 다르기 때문에 새로운 MySQL 인스턴스를 사용하길 바란다.

MySQL 서버를 생성한 후 여기에 실제 데이터베이스를 만들어야 한다는 점에서 시작 순서에 약간의 의존성이 있다. 따라서 먼저 이벤트 로그를 실행한다.

```
./deployServices.sh
```

Kubectl get all을 실행해 살펴본다. MySQL 데이터베이스가 가동되고 실행되면, 다음과 같이 mysql CLI를 사용해 데이터베이스를 생성하자.

```
mysql -h $(minikube service mysql-svc --format "{{.IP}}")
➥ -P $(minikube service mysql-svc --format "{{.Port}}") -u root -p
```

암호로 password를 입력한 후 다음 세 가지 명령을 실행한다.

```
create database cookbookconnectionsposts;
create database cookbookposts;
create database cookbookconnections;
```

이제 각 서비스에 대한 데이터베이스를 만들고 있으며, 지금까지는 항상 단일 데이터베이스만 생성했었다. 이는 그림 12.2에 묘사된 설계를 정확히 구현하고 있었다는 것을 의미한다!

이제 다음 스크립트를 실행해 마이크로서비스를 시작할 수 있다.

```
./deployApps.sh
```

이제 모든 것이 가동되고 있으며, 데이터를 로드할 수 있다. 하지만 여기서 잠깐. 예시들을 쭉 실행해왔다면, 내가 데이터를 로드하자고 한 적이 없다는 사실을 알아차릴 수 있을 것이다. 왜 지금일까?

그 이유는 데이터베이스를 분리했을 뿐 아니라 진본 데이터베이스와 로컬 저장소 데이터베이스를 모두 보유하고 있기 때문이며, 이러한 모든 데이터 저장소에 데이터를 로드하기 위해 서비스에 구축한 바로 그 이벤트를 활용하고자 한다. 그리고 이 데이터가 로드될 때 어떤 일이 일어나는지 지켜봐주길 바라며, 다음 명령으로 각각 세 개의 터미널 창에 하나씩 있는 각각의 마이크로서비스에서 로그를 찍어보자(kubectl get all 명령으로 파드 이름을 얻을 수 있다는 것을 기억하자).

```
kubectl logs -f po/<name of your pod instance>
```

Posts 서비스에 대한 로그의 끝에서는 다음과 같은 내용이 포함된 행을 볼 수 있다.

```
o.s.k.l.KafkaMessageListenerContainer : partitions assigned:[user-0]
```

Connections' Posts 서비스에 대한 로그의 끝에서는 다음과 같은 행을 볼 수 있다.

```
o.s.k.l.KafkaMessageListenerContainer : partitions assigned:[post-0]
o.s.k.l.KafkaMessageListenerContainer : partitions assigned:[connection-0]
o.s.k.l.KafkaMessageListenerContainer : partitions assigned:[user-0]
```

이것은 Posts 서비스가 사용자 토픽에 관한 이벤트를 리스닝^{listening}하고 있으며 Conne ctions' Posts 서비스는 각 user, connection, post 토픽에 대한 이벤트를 리스닝하고 있다 는 것을 보여준다. 아, 우리의 이벤트 토폴로지가 살아있다는 것을 확인할 수 있다! 이제 데 이터를 로드하고 실행 중인 흐름을 확인하자. 다음 명령을 실행한다.

```
./loadData.sh
```

그 파일 안을 보면, 줄곧 사용해왔던 것과 동일한 샘플 데이터를 만들었다는 것을 알 수 있다. 로그를 다시 한 번 보자.

Connections 서비스에 대한 로그는 예상한 대로 세 명의 사용자 생성과 그 사용자들 간의 연결 정보 생성이다.

```
...ConnectionsWriteController : Have a new user with username madmax
...ConnectionsWriteController : Have a new user with username gmaxdavis
...ConnectionsWriteController : Have a new connection: madmax is
  ➥ following cdavisafc
...ConnectionsWriteController : Have a new connection: cdavisafc is
  ➥ following madmax
...ConnectionsWriteController : Have a new connection: cdavisafc is
  ➥ following gmaxdavis
```

Posts 서비스의 로그 출력은 좀 더 흥미롭다. 세 명의 사용자 생성 이벤트를 처리하고 로컬 사용자 저장소에 세 명의 사용자를 생성하기 위해 작동하는 리스너를 볼 수 있다.

```
...EventHandler : Posts UserEvent Handler processing - event: created
...EventHandler : New user cached in local storage cdavisafc
...EventHandler : Posts UserEvent Handler processing - event: created
...EventHandler : New user cached in local storage madmax
...EventHandler : Posts UserEvent Handler processing - event: created
...EventHandler : New user cached in local storage gmaxdavis
```

동일 로그의 뒷부분에 게시물이 생성되고 있다는 메시지가 표시된다.

```
...PostsWriteController : Have a new post with title Cornelia Title
...PostsWriteController : find by username output
```

```
...PostsWriteController : user username = cdavisafc id = 1
...PostsWriteController : Have a new post with title Cornelia Title2
...PostsWriteController : find by username output
...PostsWriteController : user username = cdavisafc id = 1
...PostsWriteController : Have a new post with title Glen Title
...PostsWriteController : find by username output
...PostsWriteController : user username = gmaxdavis id = 3
```

Posts 작성자를 위한 구현에서는 사용자 이름에서 사용자 ID의 찾기를 보여주는 로그 메시지를 포함시켰다. 그중 사용자 이름은 게시물의 일부로 제공된다. 물론 이 찾기는 우리의 로컬 사용자 저장소 데이터베이스에 대해 일어나고 있다.

마지막으로 Connections' Posts 서비스에 대한 로그를 보면, 이제 기대하는 바와 같이 처리 중인 user, connection, post 이벤트를 보여주는 메시지와 로컬 데이터베이스에 저장 중인 데이터를 확인할 수 있다.

```
...EventHandler. : Posts UserEvent Handler processing - event: created
...EventHandler. : New user cached in local storage cdavisafc
...EventHandler. : Posts UserEvent Handler processing - event: created
...EventHandler. : New user cached in local storage madmax
...EventHandler. : Posts UserEvent Handler processing - event: created
...EventHandler. : New user cached in local storage gmaxdavis
...EventHandler. : Creating a new connection in the cache:2 is following 1
...EventHandler. : Creating a new connection in the cache:1 is following 2
...EventHandler. : Creating a new connection in the cache:1 is following 3
...EventHandler. : Creating a new post in the cache with title Max Title
...EventHandler. : Creating a new post in the cache with title Cornelia
  ➥ Title
...EventHandler. : Creating a new post in the cache with title Cornelia
  ➥ Title2
...EventHandler. : Creating a new post in the cache with title Glen Title
...EventHandler. : Posts UserEvent Handler processing - event: created
```

몇 가지 명령을 더 실행해 실행 상황을 지켜보자.

지금 내가 팔로우한 사람들의 게시물과 관련해 Connections' Posts에 문의했을 때

```
curl $(minikube service \
        --url connectionsposts-svc)/connectionsposts/cdavisafc | jq
```

다음 결과를 표시한다.

```
[
  {
    "date": "2019-01-22T01:06:19.895+0000",
    "title": "Chicken Pho",
    "usersName": "Max"
  },
  {
    "date": "2019-01-22T01:06:19.985+0000",
    "title": "French Press Lattes",
    "usersName": "Glen"
  }
]
```

이제 사용자 이름을 변경해보자. 다음 명령을 통해 cdavisafc의 사용자 이름을 cdavisa
fcupdated로 변경한다.

```
curl -X PUT -H "Content-Type:application/json" \
    --data '{"name":"Cornelia","username":"cdavisafcupdated"}' \
    $(minikube service --url connections-svc)/users/cdavisafc
```

한 번 더 로그를 살펴보자. 첫째, 각 Posts 로그와 Connections' Posts의 로그가 해당
이벤트를 처리했다는 사실을 알아두자. 각 로그에는 다음과 같은 항목이 표시된다.

```
...: Updating user cached in local storage with username cdavisafcupdated
```

이제 Connections' Posts 서비스와 Posts 서비스에 대한 요청(세 가지 서비스가 모두 읽기
컨트롤러를 구현한다는 것을 기억하라.)은 이러한 변화를 반영한다.

```
curl $(minikube service --url \
  connectionsposts-svc)/connectionsPosts/cdavisafc
curl $(minikube service --url \
```

```
connectionsposts-svc)/connectionsPosts/cdavisafcupdated
curl $(minikube service --url posts-svc)/posts
```

더 많은 명령을 실행하고, 로그를 관찰하고, 얻은 결과가 무엇인지 확인함으로써 이 이벤트 흐름 토폴로지를 살펴볼 것을 권장한다. Posts와 Connections에는 읽기 API가 있다는 사실을 상기하라. 이는 객체의 각 집합을 볼 수 있는 엔드포인트를 포함하는 API들이다.

```
curl $(minikube service --url connections-svc)/users
curl $(minikube service --url connections-svc)/connections
curl $(minikube service --url posts-svc)/posts
```

그림 12.15는 이벤트 토폴로지를 좀 더 자세히 보여준다. 이벤트의 다양한 생산자, 소비자, 토픽들을 볼 수 있고, 그것들이 서로 어떻게 연관돼 있는지 볼 수 있다.

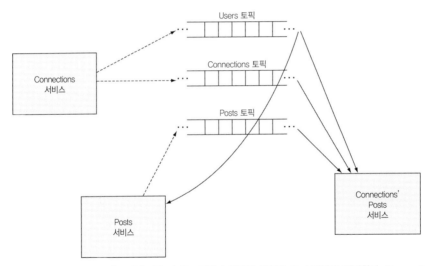

▲ **그림 12.15** 이벤트 토폴로지는 이벤트를 가지는 토픽과 각각의 생산자 및 소비자를 정의한다. Connections 서비스는 user와 connection 이벤트를 생성한다. Posts 서비스는 post 이벤트를 생성하고 user 이벤트를 소비한다. Connections' Posts 서비스는 user, connection, post 이벤트를 소비한다.

이벤트 로그 아키텍처에 관한 세 가지 주제로 넘어가기 전에 마지막으로 한 가지를 언급하자면, loadData.sh 스크립트에서 sleep 명령을 인지했을 수 있다. 그렇다. 임시방편의 하나로서 처리한 것인데, 게시물을 생성하기 위한 curl 명령이 Posts 서비스에서 사용자를 만들기 위한 이벤트가 처리되기 전에 Posts 서비스에 도달하는 경쟁 조건을 피하기 위해 sleep 명령이 들어있다. 코드 내에서 간단한 재시도를 수행하거나, 나중에 다시 처리를 시도하도록 '재시도' 토픽에 이벤트를 보내거나, 혹은 게시물 생성을 실패하게 하는 등의 조금은 덜한 임시 방편으로 이 시나리오를 처리할 수 있다. 이러한 옵션을 분석하고 올바른 옵션을 선택하는 것은 확실히 흥미로운 주제이지만 12장의 범위를 벗어난다. 이 장의 끝에서 제시하는 참조를 한번 보라.

자, 이제 더 많은 논의를 하기 위해 기다리고 있던 세 가지 주제로 돌아가보자.

- 다양한 유형의 메시징 채널과 클라우드 네이티브 소프트웨어의 적용 가능성
- 이벤트 페이로드$^{event\ payload}$[6]
- 멱등성 있는 서비스 가치

12.3.2 토픽과 큐의 새로운 점은?

메시징 시스템의 기본이었던 JMS$^{Java\ Messaging\ Service}$ 시스템으로 업무를 수행했거나 그것에 익숙하다면 큐^{queue}와 토픽^{topic}을 알 것이다. 하지만 오래전 일이니 기억을 되살려보자. 두 추상화 개념에는 모두 게시자(발행자)와 구독자가 있다. 이들은 명명된 채널(토픽 또는 큐)에 메시지를 생성하고 소비하는 행위자들이지만, 메시징 구조^{fabric}와 소비자 양쪽 모두 메시지를 처리하는 방식은 다르다.

여러 명의 구독자[7]를 가질 수 있는 큐(대기열)의 경우에는 하나의 구독자에 의해서만 하나의 메시지가 처리될 것이다. 또한 채널에 메시지가 나타나는 시점에 구독자가 없을 경우에는 구독자가 메시지를 소비할 때까지 메시지가 유지된다. 소비된 후에는 메시지가 사라진다.

여러 명의 구독자를 가질 수 있는 토픽에 대해서는 그것이 생산되는 시점에 모든 구독

---

6 '전송되는 데이터의 본 내용'이라는 표현으로 번역할 수도 있지만, 문장 구성을 고려해서 '페이로드(payload)'라는 용어를 그대로 사용했다. – 옮긴이

7 생산자(producer)/소비자(consumer), 발행자(게시자)(publisher)/구독자(subscriber) 등의 용어를 혼용하는 경우도 많다. 개념은 모두 동일하다. – 옮긴이

자에게 하나의 메시지가 보내질 것이다. 그 메시지는 몇 개의 소비자든, 심지어 0개라도 처리할 것이다. 소비자는 메시지가 생성될 때 토픽에 첨부돼야만 메시지를 받을 수 있다. 만약 메시지가 만들어질 때, 소비자가 토픽에 연결되지 않는다면 소비자는 결코 그것을 보지 못할 것이다. 만약 어떤 토픽에 대한 구독자가 없다면, 그곳에서 전달된 메시지는 그냥 사라질 것이다. 그 토픽을 더 많은 메시지 라우팅 기능을 제공하는 것으로 생각할 수 있으며, 그림 12.16은 큐와 토픽을 모두 보여준다.

새로운 이벤트 로그는 JMS 시대의 개념과 동일한 개념(브로커, 생산자, 소비자, 그리고 심지어 토픽)을 공유하지만, 이들 중 일부에 대한 의미는 미묘하게 다르며 매우 다른 동작 결과를 만들 수도 있다. 개발자의 관점에서 브로커는 본질적으로 이전과 똑같아 보인다. 그것은 생산자들과 소비자들이 이벤트 로그에 연결되도록 하는 연결 고리다. 그러나 아파치 카프카와 같은 현대적 이벤트 로깅 시스템의 구현은 일반적으로 더 클라우드 네이티브가 돼서, 인프라가 변화하거나 이벤트 로그 클러스터가 상하로 확장될 때 브로커가 추가되고 소멸될 수 있도록 한다. 생산자의 역할도 예전과 매우 비슷하다. 브로커를 통해 이벤트 로그에 접속해서 이벤트를 전달한다.

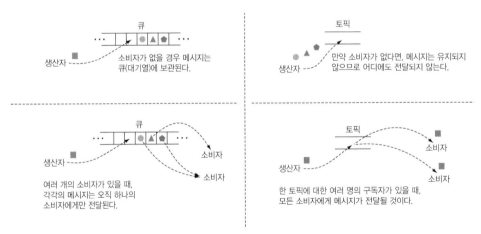

▲ **그림 12.16** 대부분 JMS로 표준화된 메시징 시스템은 큐와 토픽에 대한 지원을 제공한다. 각 메시지가 소비될 때까지 큐에는 메시지가 남아있다. 토픽들은 어떠한 메시지도 보존하지 않고, 단지 이용 가능한 모든 구독자에게 메시지를 전달한다.

그런 토픽과 그 토픽의 소비에 관한 상황은 달라진다. 소비자들은 특정 토픽에 게시된 이벤트에 관심을 나타낸다. 그러나 여러 소비자들이 존재할 때 이벤트가 선택되는 방식은 흥미로운 부분이다. 이미 많이 봐왔듯이, 클라우드 네이티브 아키텍처에서는 여러 개의 인스턴스를 구현할 수 있는 많은 다양한 마이크로서비스를 갖게 될 것이다. 이벤트 로그의 소비 패턴은 이 사용 사례에 최적화돼 있다.

> |노트| 우리에게 필요한 것은 다른 마이크로서비스들이 동일한 이벤트를 소비할 수 있도록 허용하지만, 하나의 인스턴스만이 각각의 이벤트를 처리하도록 한다는 의미다.

카프카에서 이 의미는 토픽과 그룹 ID라는 두 가지 추상화로 지원된다. 특정 이벤트에 관심이 있는 모든 마이크로서비스는 이벤트를 전달하는 토픽에 대한 리스너를 만들고, 모든 새로운 이벤트는 모든 리스너, 즉 모든 마이크로서비스에게 전달된다. groupId는 특정 마이크로서비스 인스턴스가 메시지를 수신하는지 확인하는 데 사용되며, 동일한 groupId를 공유하는 모든 인스턴스 중 하나에만 전달된다.

이 내용을 이해하는 가장 쉬운 방법은 우리 샘플 애플리케이션의 컨텍스트에서 생각해 보는 것이다.

새 사용자의 생성이나 기존 사용자의 변경 사항을 포착하는 이벤트는 Posts 서비스와 Connections' Posts 서비스 모두에 의해 소비돼야 한다는 점을 상기하자. 따라서 Posts 서비스와 Connections' Posts 서비스는 모두 사용자 토픽에 대해 리스닝할 것이다. 그러나 Posts 서비스의 한 인스턴스만, Connections' Posts의 한 인스턴스만 이벤트를 처리하도록 하려면 다음과 같이 모든 Posts 인스턴스와 Connections' Posts 인스턴스에 groupId를 동일하게 설정한다. 여기의 Posts 이벤트 핸들러에서 보여지는 것처럼 설정한다.

```
@KafkaListener(topics="user", groupId="postsconsumer")
public void listenForUser(UserEvent userEvent) {
    ...
}
```

그리고 Connections' Posts 이벤트 핸들러에서 보여지는 것처럼 설정한다.

```
@KafkaListener(topics="user", groupId = "connectionspostsconsumer",
               containerFactory = "kafkaListenerContainerFactory")
public void userEvent(UserEvent userEvent) {
    ...
}
```

본질적으로 이벤트 토픽은 전통적 토픽과 전통적 큐 사이에서 조금 하이브리드된 형태다. 이벤트 토픽은 다른 그룹 ID를 가진 소비자들 사이에서, 그리고 동일한 그룹 ID를 공유하는 소비자들 사이에서 하나의 토픽으로서 작용한다. 그림 12.17은 이 이벤트 소비 토폴로지를 보여준다.

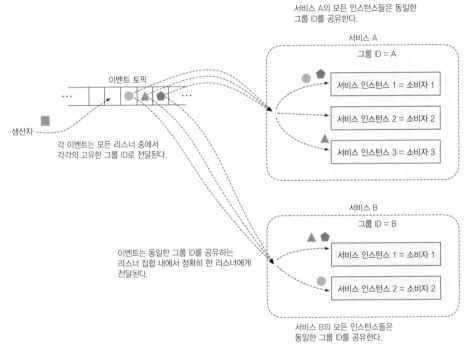

▲ **그림 12.17** 카프카의 이벤트 토픽은 JMS 토픽과 큐 사이의 혼합된 행동을 갖고 있다. 전통적인 토픽처럼 이벤트는 모든 고유한 그룹 ID에 전달된다. 이 그룹 ID별로 여러 개의 구독자를 포함할 수 있다. 그러나 동일한 그룹 ID를 공유하는 구독자/리스너 집합 내에서 행동은 큐와 같으므로 리스너 중 한 리스너에게 이벤트를 전달한다.

이벤트 로그 토픽은 또 다른 방식에서 메시징 토픽과 다르며, 그 이름이 특별히 '로그'라는 단어로 힌트를 제공한다. 스플렁크로 라우팅되는 애플리케이션 로그든, 데이터베이스 쓰기 로그든 상관없이 일반적으로 로그는 항목이 무기한으로 보관되는 것으로 생각한다. 이벤트 로그의 보존은 이벤트 로그 기반 아키텍처의 기본 원칙이다. 이벤트를 생산할 때 소비자가 연결돼 있지 않더라도 자신에게 관심이 있을 수 있는 모든 소비자를 위해 이벤트가 보관된다. 이미 우리의 복원력과 그에 따른 서비스 자율성의 분석에서 이것을 본 적이 있다. 그림 12.11에서는 어떤 이벤트에 관심이 있는 참여 당사자들이 언젠가 생성된 이벤트를 선택할 수 있다는 사실을 확인했다.

여기서는 어떤 개념을 받아들이고 싶다. 내가 주장하는 극단적인 개념은 사실 전혀 이상하지 않다. 이벤트 로그의 이벤트는 미래의 어느 시점에서든 관심을 가질 수 있는 모든 소비자들, 심지어 미처 생각하지도 못하고 아직 존재하지 않는 소비자들을 위해 보관된다! 그렇다. 하고 싶은 것에 대한 아이디어가 있을 때(최근 2년 동안의 사용자, 연결, 게시물의 이력을 바탕으로 여러분이 좋아할 만한 음식 블로깅 사이트에 대한 제안들을 고안하기 위한 머신러닝 모델을 훈련하는 것)는 그 소프트웨어를 개발할 수 있고 그것이 모든 이벤트를 소비할 수 있도록 이벤트를 보관하고 싶다. 2년간의 이벤트 히스토리를 보존하는 것은 오늘날의 혁신을 뒷받침하는 것이다.

그렇다. 이는 우리에게 많은 스토리지가 필요할 것이라는 사실을 암시한다. 하지만 스토리지 비용은 관리하기 쉬운 수준까지 줄었고, 그로 인해 얻게 되는 기회의 가치는 그 비용을 훨씬 능가한다. 사실상 어떤 조직이든 이러한 유형의 이벤트 로그를 생성하고 유지하는 것을 생각해야만 한다는 사실은 의심의 여지가 없다. 12장에서 설명한 당장의 필요성과 미래지향적인 필요성 모두에 대해 그렇다.

지금까지의 논의에서 미세하게 언급됐지만 이 주제와 관련해 마지막으로 한 가지를 분명히 하고 싶다. 즉, 각 소비자는 이벤트 로그/토픽에 자신의 커서를 유지한다. 커서는 이전 이벤트를 소비한 이벤트 로그의 위치다. 결과적으로 각 소비자는 그들 자신의 스케줄에 따라 이벤트를 처리할 수 있다. 심지어 조금 전에 말했던 미처 상상하기 전의 소비자조차 그렇다! 이제 자율성의 개념으로 돌아가보자. 메시징 토픽의 의미를 상기해보면, 메시지가 생성되는 바로 그 순간에 모든 소비자는 온라인 상태일 필요가 있다. 이는 꽉 조여진^{tight} 커플링이다!

소비자들이 자신만의 커서를 관리하게 하는 것은 흥미로운 패턴을 가능하게 한다. 예를 들어 Connections' Posts 서비스의 데이터베이스를 잃어버렸다고 가정해보자. 모든 테이블이 이벤트 로그 데이터에서 생성됐기 때문에 Connections' Posts 서비스를 복구하기 위해서는 단지 새로운 빈 데이터베이스를 만들고, 커서를 이벤트 로그의 시작으로 다시 설정하고, 모든 이벤트를 재처리하기만 하면 된다. 장애 복구 코드와 다른 로직의 코드는 필요 없으며, 결과는 예측 가능하게 동일할 것이다.

정말 동일할까? 열린 질문에 대한 답이므로 경우에 따라 다르긴 하다. 다음에 언급할 주제는 영향력이 있다.

12.3.3 이벤트 페이로드

여기서 이벤트 페이로드와 관련된 몇 가지 측면을 언급하고 싶지만, 조금 전에 예측 가능성 문제를 제기했을 때 염두에 뒀던 것에서부터 시작하겠다. 예를 들어 이벤트 로그의 메시지에서 완전히 자신의 상태, 즉 Connections' Posts의 상태를 다시 만들 수 있길 원하는 경우에는 상태를 도출하는 데 필요한 모든 데이터가 이벤트에 포함돼야 하며 외부 자원에 대한 참조는 허용되지 않는다.

예를 들어 설명하겠다. Posts 서비스가 토픽에 이벤트를 발행시킬 때 이벤트 로그에서 공간을 절약하기 위해 블로그 게시물의 본문은 포함하지 않고 블로그 게시물의 URL만 포함하기로 결정했다고 가정해보자. 이것이 이벤트의 형식이라는 것을 모든 소비자는 알고 있으므로, 아마도 어떤 내용의 감상을 분석하기 위해 게시물의 본문을 처리해야 할 필요가 있다면 링크를 따라가서 내용에 접근할 수 있다. 비록 이것이 처음에는 효과가 있을지 모르지만, 블로그 게시물을 삭제하면 어떻게 될까? 나중에 이벤트 로그를 다시 처리하면 처음에 했던 것과 같은 결과를 생성할 수 없다. 이것이 우리를 첫 번째 규칙으로 이끈다.

> **이벤트 페이로드, 규칙 #1** 이벤트 로그에 발행된 이벤트는 전체 내용을 설명해야 한다.

여러분이 무슨 생각을 하는지 안다. "고해상도 이미지를 이벤트 로그에 넣을 수는 없지!" 나는 이에 동의하지 않고, 그래서도 안 된다. 비동기식 이미지 처리는 방금 설명한 이벤트 기반 워크플로 유형에 대한 사용 사례가 아니라는 점을 말해둔다. 그렇다. 예를 들어 파일 시스템의 특정 위치에 이미지가 나타나는 결과로 일부 처리가 발생하길 원하는 경우에는 이 새 이미지에 대한 알림을 토픽(또는 더 가능성이 높은 큐)에 넣으려고 할 것이다. 그러나 이 토픽에 넣는 것, 즉 이미지를 찾을 수 있는 URL은 이벤트라기보다는 메시지라고 제안한다. 만약 페이로드가 어떤 상태로부터 파생될 수 있는 사건의 완전한 표현이 아니라면, 그것은 메시지라고 주장한다. 물론, 시스템의 다른 부분에서 이벤트 로깅 패턴을 사용하더라도 메시지 전달 패턴을 계속 사용하는 것은 전적으로 허용된다. 결국 이것은 그 일에 적합한 패턴을 선택하는 것에 관한 문제다.

이제 이벤트의 세부 사항, 특히 스키마를 좀 더 깊이 살펴보자. 이벤트는 구조를 갖고 있으며, 소비자가 그 구조를 아는 것이 필수적이므로 페이로드를 적절하게 처리할 수 있다. 그렇다면 문제는 누가 그 구조에 책임이 있느냐 하는 것이다. 2000년대 초에 꽤 유행했던 대답 중 하나는 엔터프라이즈 서비스 버스(ESB)였다. 그 아이디어는 표준^{canonical} 데이터 모델을 정의하고, ESB에 '설치'하는 것이었다. 그다음에 생산자들은 그들의 메시지를 ESB 도로에 올릴 표준 모델로 변환하고, 유사하게 소비자들은 표준 모델에서 ESB 도로를 빠져나와 사용할 자신만의 메시지로 변환할 것이다. ESB는 표준적 모델의 생산과 관리, 변환을 중심으로 하는 전체 프레임워크를 갖고 있었으며, 모든 것이 매우 힘들고 민첩하지 않았다.

나는 ESB를 중앙 집중식의 표준화된 기업 데이터베이스가 조금 진화된 형태라고 생각하게 됐다. 그림 12.2를 다시 보자. 이 그림의 모든 '독립적' 마이크로서비스는 단일 중앙 집중식 데이터베이스를 연결했을 때 전혀 독립적이지 않다. 그 중앙 집중화를 메시징 구조로 옮기면서 우리의 시스템이 예전보다 덜 결합되도록 만들지 않았다는 것이 밝혀졌다. 대신 원하는 것은 생산자들이 그들의 도메인에 꼭 맞는 형태로 이벤트를 전달하도록 하는 것이다. 어차피 과거에도 정해진 모델에 적응해야 했던 소비자들은 생산자로부터 만들어진 그 모델에 적응하게 될 것이다.

> **이벤트 페이로드, 규칙 #2** 이벤트 로그에 대한 일반적인 이벤트 모델이 없다. 생산자들은 그들이 진달하는 이벤트의 데이터 형식을 통제하고, 소비자들은 그것에 맞출 것이다.

독자들 중 관찰력이 뛰어난 사람은 cloudnative-eventlog 프로젝트에는 cloudnative-eventschemas라는 또 다른 모듈이 있으며, 이는 중앙 집중식 데이터 모델과 약간 비슷해 보인다는 사실을 알게 될 것이다. 이는 죄책감이 들 만하다. 우리는 이 단일 모듈을 만들었고, 샘플 프로젝트를 가능한 한 단순하게 유지하기 위해 편의상 세 가지 마이크로서비스를 넘나드는 이벤트에 사용했다. 실제로 Connections, Posts, Connections' Posts의 서비스는 자체 저장소를 가지며, 각 서비스는 그들이 생성하는 이벤트에 대한 스키마와 다른 서비스에서 생성된 이벤트의 관심 대상 데이터에 대한 스키마를 정의한다.

그리고 이것이 이벤트 페이로드와 관련해 우리를 마지막 지점으로 이끄는데, 그것은 이 페이로드에 대한 스키마는 관리돼야 한다는 것이다. 자신이 생성한 이벤트에 대한 스키마를 '소유'하는 생산자는 해당 스키마를 적절히 설명하고 버전화해야 하며, 설명서는 공식화된 방식으로 이해 당사자에게 제공돼야 한다. 아파치 카프카를 기반으로 한 상업용 제품을 제공하는 회사인 컨플루언트^{Confluent}가 스키마 레지스트리를 갖고 있는 것도 이 때문이다.[8] 스키마 레지스트리는 이벤트를 직렬화^{serialize}하고 역직렬화^{deserialize}하는 데 사용될 수 있다. 즉, 페이로드는 이벤트 로그에서 JSON이 될 필요가 없다. 요약하자면, 스키마를 하나의 표준화된 모델로 집중시키지 않는다고 해서 야생의 미개척지[9]를 갖고 있다는 것을 의미하지는 않는다. 그렇지만 여전히 질서는 필요하다.

> **이벤트 페이로드, 규칙 #3** 이벤트 로그에 게시된 모든 이벤트는 모든 관심 당사자가 접근할 수 있는 관련 스키마를 갖고 있어야 하며 스키마를 버전화해야 한다.

여기서 다룬 내용은 이벤트 페이로드에 관한 주제이며 수박 겉핥기 수준에서 시작할 뿐이지만, 여기에는 몇몇 핵심 원칙이 있고 과거에 독자가 매우 익숙했을지도 모르는 메시지 기반 시스템과 어떻게 다른지를 적절히 강조하고자 한다. 클라우드 네이티브 시스템의 다른 모든 것과 마찬가지로, 집중화보다는 자율화, 예측보다는 진화, 엄격성보다는 적응에

8　컨플루언트 스키마 레지스트리(Confluent Schema Registry)는 이벤트의 생산자와 소비자를 모두 지원하는 다양한 서비스를 제공한다(http://mng.bz/GWAM).

9　원서에서는 'wild, wild west'라고 표현했다. – 옮긴이

초점을 맞추고 있다.

12.3.4 멱등성

이제 Connections'Posts의 이벤트 핸들러 코드에 있는 주석으로 돌아가자.

```
// make event handler idempotent
```

잠시 우리의 세 마이크로서비스에 걸쳐 일어나는 흐름을 생각해보자. 분산에서 오는 복잡성은 생각하지 말자. 새로운 사용자, 연결 정보, 게시물이 Connections 서비스와 Posts 서비스로 들어오고, 이벤트 로그에 이벤트를 전달한다. 소비자는 이러한 이벤트를 수집해 처리하고 각 로컬 저장소 데이터베이스에 항목을 기록한다. 단순한 흐름이다. 하지만 컴포넌트를 분배하는 즉시 많은 것들이 잘못될 수 있다는 것을 알고 있다.

우선, 생산자는 이벤트 로그에 이벤트를 전달하는 데 어려움을 겪을 수 있다. 생산자가 로그에 이벤트를 보내지만, 수신했다는 확인을 받지 못한다고 하자. 이 경우 생산자는 다시 시도할 것이다. 두 번째 시도에서, 그것은 수신 확인^{acknowledgment}을 받고 생산자는 임무를 완수한다. 하지만 이것을 생각해보자. 로그에 쓰는 첫 번째 시도가 확인되지 않았을 때 그것은 실제로 기록됐을 가능성이 있지만, 생산자로부터 수신되기 전에 그 수신 확인이 분실됐을 가능성이 있다. 이 경우, 두 번째 시도는 두 번째 이벤트로서 로그에 넣을 수 있다.

다양한 방법으로 중복 로그 항목을 갖지 않도록 할 수 있지만(대부분의 메시징 구조는 전달이 정확히 한 번 지원됨), 성능 면에서 비용이 많이 들 수 있다. 따라서 일반적으로는 적어도 한 번 전달^{at-least-once delivery} 구조가 선호되며, 중복 제거에 대한 책임을 소비자에게 효과적으로 전가한다.

그리고 여기에 멱등성이 나온다. 멱등성 동작은 1회 이상 적용할 수 있는 동작이며, 동일한 결과를 산출한다. 예를 들어 로컬 데이터베이스에서 새 레코드를 생성할 때 해당 레코드가 이미 생성됐는지 확인하고, 이 경우에 아무 작업도 수행하지 않으면 작업이 멱등이 된다. 삭제 작업은 일반적으로 멱등인데, 한 번 또는 그 이상 삭제를 수행해도 그 개체는 삭제됐고 마지막 결과가 동일하기 때문이다. 엔티티의 업데이트도 일반적으로 멱등이다.

만약 여러분이 소비자를 멱등적으로 개발하지 않는다면, 이것은 사용할 수 있는 방식에 제약을 둔다. 예를 들어 이벤트 전달 프로토콜에 정확히 한 번(또는 최대 한 번) 구문을 적용한다. 반면에 멱등적으로 소비자를 개발한다면, 더 광범위한 사례에서 사용할 수 있다.

> 이벤트 소비자, 규칙 #1 가능한 경우 이벤트 소비자의 작동을 멱등성 있게 만들어라.

12.4 이벤트 소싱

지금까지 많은 것들을 다뤘다. 몇 가지 새로운 생각들과 친숙한 개념을 적용하는 많은 새로운 방법들이다. 그러나 아직 끝나지 않았다. 마지막 주제를 시작하기 전에 어디서부터 시작했는지, 그리고 이 토론에서 어디로 가는 것을 목표로 하고 있는지를 상기해보자.

12.4.1 지금까지의 여정

12장은 클라우드 네이티브 데이터에 관한 것이다. 그 핵심적인 내용으로 데이터 모놀리스를 해체하는 것을 이야기하고 있는데, 데이터 해체 없이 컴퓨팅 모놀리스를 컴포넌트화하면 자율성의 환상만 얻을 수 있기 때문이다. 경계가 구분된 컨텍스트를 가진 마이크로서비스는 데이터 저장을 위해 자연스럽게 선을 그을 수 있는 영역이므로, 첫 번째 단계는 모든 마이크로서비스가 자체 데이터베이스를 가지게 된다. 그렇다면 어떻게 그 로컬 데이터 저장소가 채워지는지가 문제로 떠오른다. 한 가지 방법은 캐싱이며, 자율성이 즉각적으로 향상되고 결과적으로 복원력이 향상되는 것을 볼 수 있다. 그러나 캐싱은 마이크로서비스와 관련해 자주 변경되는 콘텐츠보다 자주 변경되지 않는 콘텐츠에 훨씬 더 효과적이다. 변경되는 콘텐츠는 데이터를 최신 상태로 유지하기 위해 많은 복잡성을 수반한다. 이것은 소프트웨어를 구성하는 서비스 간 네트워크를 통해 변경 사항들이 능동적으로 전파되는 이벤트 기반 접근 방식으로 이끈다. 하지만 이벤트는 서로 다른 서비스를 너무 밀접하게 결합하는 방식으로 이뤄질 수 있기 때문에 익숙한 발행/구독 패턴을 사용한다. 그러나 우리는 이것을 메시징이라고 부르기보다는 이벤트 로그라 부른다. 다른 중요한 차이점들 중에서 이벤트 로그는 무한히 입력되는 것으로 생각돼야 하고, 모든 소비자들은 그들의 요구를 충족시키는 방식으로 로그를 통해 일을 할 수 있기 때문이다. 그림 12.18은 이러한 진행 과정을 묘사하고 있다.

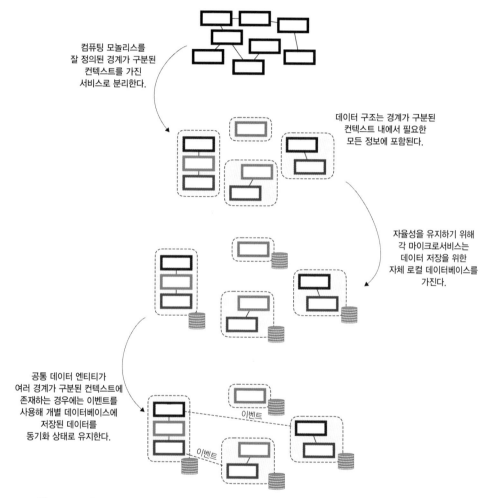

▲ **그림 12.18** 클라우드 네이티브 데이터의 파생은 데이터가 마이크로서비스의 경계가 구분된 컨텍스트를 지원하도록 데이터 모놀리스를 분리하는 것으로 시작한다. 마이크로서비스는 자체 데이터베이스를 확보하며, 필요한 경우에는 이벤트를 통해 분산된 데이터 구조 전반에 걸쳐 데이터를 일관성 있게 유지한다.

클라우드 네이티브 소프트웨어를 통해 데이터를 분산하는 과정에서 점점 더 많은 어려움을 해결하는 합리적인 절차라 믿는 것들임에도 불구하고, 여러분이 적어도 막연한 불편함만큼은 느끼길 바란다. 예를 들어, '멱등성'을 다룬 절에서 이야기한 것보다 더 많은 자잘한 예외 사례가 존재한다. 그리고 페이로드 처리에 대한 간략한 설명은 해답보다 더 많은 질문을 남겼을지도 모른다. 그런데 심지어 지금까지 도출한 아키텍처에 더 큰 먹구름이 몰려오고 있다. 누가 어떤 데이터를 '소유'하는가?

12.4.2 진본

샘플 애플리케이션에서 누가 어떤 데이터를 소유하는지 알아내는 것은 매우 간단하다. Connections 서비스는 사용자와 연결을 소유하며, Posts 서비스는 게시물을 소유한다. 그러나 좀 더 현실적인 상황에서 그 질문은 대답하기가 훨씬 더 어렵다. 은행의 지점 위치에서 실행되는 소프트웨어가 고객 기록 데이터를 소유하는가, 아니면 모바일 뱅킹 애플리케이션이 소유하는가? 혹은 고객용 웹 애플리케이션인가?

여기서 문제가 되는 것은 다음과 같다. 시스템의 개별, 그리고 모든 데이터 조각에 대한 '진본'이 무엇인가? 서로 다른 앱들과 데이터 저장소에 있는 고객의 이메일 주소에 불일치가 있는 경우에는 어느 것이 올바른가?

아무 앱도 진본이 아니라고 하면 어떻게 되는가? 그러므로 여기서는 이 절의 제목에 대한 설명을 하게 된다. 모든 데이터의 진본은 이벤트 저장소/이벤트 로그다.

이것이 이벤트 소싱이라는 용어의 배경이다. 이벤트 소싱의 기본 패턴은 모든 기록 데이터 쓰기 소스가 이벤트 저장소에만 만들어지며, 다른 모든 저장소는 이벤트 로그에 저장된 이벤트에서 파생된 상태의 투영projection(투시) 또는 스냅샷을 단순히 보관하고 있다는 것이다. 그림 12.14를 다시 보자. Posts 서비스에 대한 세 가지 인터페이스인 읽기 컨트롤러, 쓰기 컨트롤러, 이벤트 핸들러를 보여줬다. 쓰기 컨트롤러는 두 가지 작업을 수행했는데, Posts 데이터베이스에 새로운 게시물을 저장하고 이벤트를 다른 마이크로서비스를 위한 이벤트 로그에 전달했다. 의도적으로 레코드가 데이터베이스에 성공적으로 기록될 때 무슨 일이 일어나는지는 대충 넘어갔다. 그러나 이벤트가 성공적으로 전달되지 않거나 이벤트 로그에 성공적으로 전달됐는지 알 수 없다. 이런! 또 다른 자잘한 예외 사항이다.

어떤 면에서는 2단계 커밋two-phase commit이 이질적이고 분산된 컴포넌트 집합에서 작동하지 않는다는 것이 문제다. 데이터베이스 쓰기와 이벤트 전달에 관한 트랜잭션은 만들 수 없다. 해결책은 두 가지 작업을 서로 조율하기보다는 오직 한 가지 일만 하게 하는 것이다. 그림 12.19는 정확히 다음을 반영해 그림 12.14를 업데이트한다.

- 쓰기 컨트롤러는 이벤트 로그에 이벤트를 전달하는 것만 책임진다. 그림 12.14를 보면, 쓰기 컨트롤러가 데이터 저장과 이벤트 전달이라는 두 가지 일을 담당했다는 사실을 알 수 있다. 이제 이러한 기능 중 하나만 책임짐으로써 좀 더 강력한 시스템을 만들어낸다.
- 이벤트 핸들러는 이벤트를 읽고 해당 이벤트를 로컬 데이터 저장소에 반영하는 경우에만 책임을 진다.
- 읽기 컨트롤러는 로컬 데이터 저장소의 상태에 근거한 결과를 반환하는 경우에만 책임을 진다.

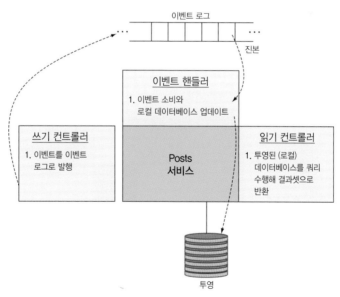

▲ **그림 12.19** 쓰기 컨트롤러는 이벤트 로그에만 쓰는데, 이것이 이제 진본이 된다. 마이크로서비스용 로컬 데이터베이스는 이벤트 로그 데이터에서 파생된 투영만 저장하며, 이 파생은 이벤트 핸들러에서 구현된다.

이 다이어그램에서 로컬 저장소의 일부 데이터가 우회적으로 업데이트되는 것처럼 보인다는 점에 유의하자. 이벤트는 이벤트 저장소로 들어갔다가 이벤트 저장소에서 나와 투영 저장소로 들어간다. 그런데 이것을 모자람으로 생각하기보다는 쓰기 컨트롤러가 Posts 서비스와 별개라고 생각해보는 것이 도전 의식을 북돋운다. 이것이 이 사각 박스를 Posts 서비스에 붙여 놓지 않은 이유다. 서비스의 각 구성 영역은 오직 한 가지만 하고, 이 조합들을 통해 원하는 결과를 얻을 수 있다. 비효율적으로 보일 수 있는 부분은 우리 시스템의 건전성robustness을 높임으로써 상쇄된다.

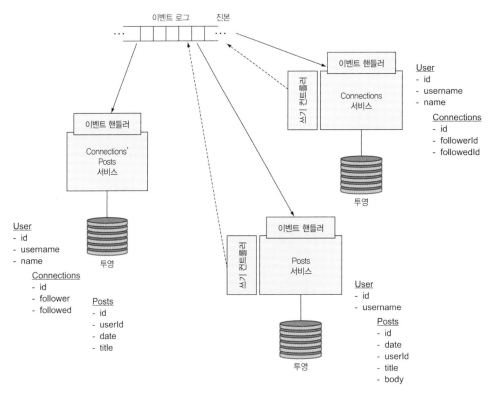

▲ **그림 12.20** 이벤트 로그는 하나의 진본이다. 모든 마이크로서비스 로컬 저장소는 이벤트 핸들러가 이벤트 로그의 이벤트에서 파생시킨 투영이다. 마이크로서비스 로컬 저장소는 단지 투영된 데이터일 뿐이다.

그림 12.20은 이벤트 소싱 접근법을 반영하기 위해 이전의 이벤트 기반인 그림 12.12를 업데이트한다. 데이터 토폴로지에서 그 결과의 단순화를 볼 수 있다. 일부 서비스는 더

이상 진본 데이터베이스와 로컬/투영 데이터베이스를 모두 보유하지 않고 모든 서비스에는 투영 데이터 저장소만 있으며, 이러한 저장소를 최신 상태로 유지하는 수단도 한결같다. 우아한 아키텍처 설계architecture design는 더 견고하고 신뢰할 수 있는 설계다.

12.4.3 이벤트 소싱의 구현

이전의 이벤트 로그 기반 구현을 이벤트 소스event-sourced 기반 구현으로 전환하는 코드 변경 사항을 살펴보자. 깃 리포에서 다음 태그를 체크아웃한다.

```
git checkout eventlog/0.0.2
```

앞에서 살펴본 바와 같이, 주어진 서비스가 이행할 수 있는 역할의 집합을 단순화했다. 이는 표 12.2에 반영돼 있다. 다른 서비스에서 패턴의 일관성은 극명하다.

▼ **표 12.2** 이벤트 소스 소프트웨어 아키텍처에서 서비스의 역할

역할	Connections 서비스	Posts 서비스	Connections' Posts 서비스
쓰기 콘트롤러/이벤트 생산자: HTTP 엔드포인트 구현은 이벤트를 카프카로 전달한다.	사용자가 생성, 업데이트 또는 삭제될 때마다 user 이벤트 생성 연결이 생성되거나 삭제될 때마다 연결 이벤트 생성	게시물이 생길 때마다 게시물 이벤트를 생성한다.	
이벤트 핸들러: 이벤트를 구독하고 그에 따라 투영 데이터베이스를 업데이트한다.	이벤트 로그에 사용자 또는 연결 이벤트가 나타날 때마다 호출됨	이벤트 로그에 사용자 또는 게시물 이벤트가 나타날 때마다 호출됨	이벤트 로그에 사용자, 연결, 또는 게시물 이벤트가 나타날 때마다 호출됨
투영 데이터베이스: 서비스의 경계가 구분된 컨텍스트의 모든 데이터를 저장하는 전용 데이터베이스	사용자와 연결 데이터를 저장	사용자 데이터 서브셋을 저장	사용자, 연결, 게시물 데이터의 서브셋 저장
읽기: 도메인 엔티티에 서비스를 제공하는 HTTP 엔드포인트 구현	Users Connections	Posts	개인이 팔로우한 사용자가 만든 게시물

Posts 서비스는 모든 서비스 중에서 가장 정교한 서비스였으므로 이 서비스를 좀 더 자세히 연구해보자.

먼저, 모든 데이터베이스 기능이 localstorage와 sourceoftruth 패키지에서 projectionstorage라는 단일화된 이름으로 통합되고 모든 데이터가 이제 투영 저장소에 저장되는 것을 확인하자. 이는 둘 이상의 투영 저장소를 가질 수 없다는 것이 아니다. 예를 들어, 관계형 쿼리를 지원하기 위해 이벤트를 관계형 데이터베이스에 투영하고 그래프 쿼리를 지원하기 위해 이벤트를 그래프 DB에 투영할 수 있다. 이 리팩토링의 핵심은 이제 투영 데이터 관리만 존재한다는 것이다.

둘째, 읽기 컨트롤러는 방금 설명한 데이터 저장소 리팩토링을 수용하는 것을 제외하고는 크게 변경되지 않는다.

셋째, 리스트 12.4에서는 쓰기 컨트롤러가 더 이상 로컬 저장소에 쓰지 않고 생성 또는 업데이트 이벤트만 이벤트 로그에 보낸다는 것을 확인할 수 있다. 또한 투영이 생성될 때가 아니라 이벤트가 생성될 때 ID를 할당하고 싶기 때문에 데이터베이스에서 ID 생성을 밖으로 이동시켰다는 것을 알 수 있다.

리스트 12.4 PostsWriteController.java 내의 메소드

```java
@RequestMapping(method = RequestMethod.POST, value="/posts")
public void newPost(@RequestBody PostApi newPost,
                    HttpServletResponse response) {

    logger.info("Have a new post with title " + newPost.getTitle());

    Long id = idManager.nextId();
    User user = userRepository.findByUsername(newPost.getUsername());
    if (user != null) {
        // 새로운 게시물 이벤트를 보냄
        PostEvent postEvent
          = new PostEvent("created", id, new Date(), user.getId(),
                        newPost.getTitle(), newPost.getBody());
        kafkaTemplate.send("post", postEvent);
    } else
        logger.info("Something went awry with creating a new Post - user with
```

```
➡ username "
        + newPost.getUsername() + " is not known");
}
```

그리고 마지막으로, 이벤트 핸들러에 추가된 것은 게시물 이벤트를 처리하기 위한 새로운 메소드다. 여기에는 원래 쓰기 컨트롤러에서 제거한 로직이 기본적으로 포함돼 있으며, 다음 리스트에서는 투영 저장소에 게시물 데이터를 저장한다.

리스트 12.5 EventHandler.java 내의 메소드

```java
@KafkaListener(topics="post",
               groupId = "postsconsumer",
               containerFactory = "kafkaListenerContainerFactory")
public void listenForPost(PostEvent postEvent) {

    logger.info("PostEvent Handler processing - event: "
                + postEvent.getEventType());

    if (postEvent.getEventType().equals("created")) {
        Optional<Post> opt = postRepository.findById(postEvent.getId());
        if (!opt.isPresent()){
            logger.info("Creating a new post in the cache with title "
                        + postEvent.getTitle());
            Post post = new Post(postEvent.getId(),
                                 postEvent.getDate(),
                                 postEvent.getUserId(),
                                 postEvent.getTitle(),
                                 postEvent.getBody());
            postRepository.save(post);
        } else
            logger.info("Did not create already cached post with id "
                        + existingPost.getId());
    }
}
```

Connections 서비스에도 이와 유사한 변경이 이뤄졌으나, Connections' Posts 서비스에는 원천 레코드 데이터나 시작하는 쓰기 컨트롤러가 없기 때문에 변경이 필요하지 않았다. 코드를 먼저 학습한 후, 최신 구현으로 배포를 업데이트하는 deployApps.sh를 실행해 볼 것을 권장한다. 일부 예제를 실행해 동작(사용자 생성, 연결 및 게시물 생성, 연결 삭제)을 확인하고, 로그를 보고, 각 서비스의 읽기 컨트롤러를 사용해 그 결과 상태를 읽어보자.

```
curl $(minikube service --url connections-svc)/users
curl $(minikube service --url connections-svc)/connections
curl $(minikube service --url posts-svc)/posts
curl $(minikube service --url connections-svc)/connectionsPosts/<username>
```

이러한 이벤트 소싱 접근법은 이 책의 예와 같은 서비스 구현을 생각할 수 있는 방법과는 다를 수 있지만 마이크로서비스 아키텍처의 중요한 부분이다. 이 패턴은 투영 데이터베이스와 그 백업이 손실됐을 때 로그를 재생해 소프트웨어 상태를 새로 생성한 후 복구할 수 있는 패턴이다. 그것은 네트워크나 다른 인프라의 장애 또는 일시적 고장이 발생하는 경우에도 기능이 자율적으로 작동하기 위해, 이전에는 깊은 종속 계층 구조에 의존했을 수 있었던 마이크로서비스를 가능케 한다. 또한 팀이 다른 서비스와 동시에 같은 방식으로 맞출 필요 없이 그들의 서비스를 발전시킬 수 있게 한다. 이 패턴은 변화에 잘 견디는 소프트웨어를 구축하는 데 필수적인 도구다.

12.5 우리는 단지 수박 겉핥기 중이다

12장에서 많은 내용을 다뤘지만, 클라우드 네이티브 데이터는 여전히 언급할 것이 매우 많다.

- 규모에 따른 이벤트 로그의 파티셔닝은 아직 이야기하지 않았다. 1,000만 명의 사용자가 있을 때는 사용자들을 서브셋으로 체계화해야 할 것이다. 사용자 이벤트를 성^姓의 첫 번째 문자로 그룹화하거나 다른 특성을 사용해 그룹화할 것인가?
- 이벤트 순서화는 별로 이야기하지 않았는데, 이것은 이벤트 로그를 사용해 상태 투

영을 도출하는 데 필수적이다. 이벤트 로그 기술은 적절한 순서를 보장하기 위해 정교한 알고리즘을 구현하며, 때때로 특정 순서화 제약 조건이 충족되지 않아 이벤트를 기록할 수 없다고 생산자에게 말할 수 있다. 이벤트 생산자는 이를 수용해야 한다.

- 이벤트 스키마나 오래된 이벤트를 새로운 이벤트로 가장할 수 있도록 하는 스키마 해결schema resolution(아파치 에이브로Apache Avro10가 지원함)과 같은 기법을 어떻게 진화(변화)시키는지는 아직 이야기하지 않았다.

- 로그에서 투영 저장소를 다시 빌드해야 할 경우에 처음부터 다시 시작할 필요가 없도록 투영 데이터 저장소의 주기적인 스냅샷을 만드는 사례는 이야기하지 않았다.

클라우드 네이티브 데이터는 별도의 책으로 다뤄야 할 만한 중요한 주제이므로, 여기서 한 권의 책을 추천한다. 2017년에 링크드인LinkedIn의 아파치 카프카 창시자 중 한 명이자 컴퓨터과학 연구원인 마틴 클레프만Martin Kleppmann은 『Designing Data Intensive Applications』(오라일리 미디어)를 발간했다. 나는 이 책에서 말하는 내용을 강력히 지지한다!

요약

- 마이크로서비스에게 수행에 필요한 데이터를 저장하는 데이터베이스를 주면, 자율성 측면에서 상당한 이득을 얻을 수 있다. 결과적으로 시스템은 전체적으로 더 탄력적이 될 것이다.

- 많은 시나리오에서 없는 것보다 훨씬 나음에도 불구하고, 캐싱을 사용해 이 로컬 데이터베이스를 채우는 것은 많은 도전 과제들이 따른다. 캐싱은 자주 변화하는 데이터에 적합한 패턴이 아니다.

- 이벤트를 통해 로컬 데이터 저장소에 데이터 변경을 능동적으로 반영하는 것이 훨씬 더 나은 방법이다.

- 생산하고 소비하는 엔티티는 메시지라기보다는 이벤트이지만, 익숙한 발행/구독 패턴은 이 기술의 중추로 사용된다.

---

10 아파치의 하둡 프로젝트에서 개발된 원격 프로시저 호출(RPC) 및 데이터 직렬화 프레임워크다. - 옮긴이

- 이벤트 로그를 단일 진본 데이터로 만들고 모든 서비스가 로컬 투영 데이터베이스만 가지게 하면, 클라우드 네이티브 소프트웨어가 실행되는 고도로 분산되고 지속적으로 변화하는 환경에서 작동하는 일관성을 확보할 수 있다.

찾아보기

ㄱ

가동 시간 98
가동 중단 144
가비지 컬렉션 426
가용성 319
가용 영역 37
간트 차트 268
개발 지연 83
개방 397
객체지향 프로그래밍 59
건전성 494
게시자 481
게이트웨이 405
경계가 구분된 컨텍스트 459
고도로 분산 115
고랭 449
관리 용이성 257
관점 362
교차 관심사 431
교차 출처 자원 공유 411
구글 앱 엔진 104
구글 클라우드 플랫폼 46
구독자 481
구성 서버 240
규정 준수 127
그래들 431
극도의 분산 47
기본 이미지 89, 131
깃 239
깃 리포 346
깃허브 252

깃허브 리포 338
깜박 신호 386

ㄴ

네이밍 서비스 318, 320
네이티브 60
네임스페이스 377
네임스페이스 컨트롤러 377
네트워크 블립 62
네트워크 트래픽 346
네트워크 홉 411
넷플릭스 39
넷플릭스 리본 314
느슨하게 결합 45, 464
느슨하게 결합된 41

ㄷ

다운스트림 456
다운타임 220, 272
다중 노드 452
다중 인스턴스 177
다중화 37, 46
단일 실패 지점 173
닷넷 프레임워크 110
데몬셋 컨트롤러 377
도커 110
노커 이미지 189
동적 라우팅 311
동적 스케일링 217

디자인 패턴   249, 383, 454

딜리버리   67

ㄹ

라우팅   92, 94, 136, 303, 330

라우팅 최신화   315, 331

라운드 로빈   312

래빗MQ   126, 171

래프트   115

런타임 컨텍스트   434

런타임 환경   427

레거시   64

로그백   421

로그스태시   425

로깅   54

로깅 시스템   136

로드 밸런서   188, 312

로드 밸런싱   117, 311

로컬 데이터 저장소   458

로컬 디스크   206

로컬 파일 시스템   421

로컬호스트   432

롤링   261

롤링 업그레이드   219, 262, 265

롤아웃   77

루비   449

리드스루 캐싱   456

리본   323, 410

리스너   483

리액트   143

리치 웹 애플리케이션   96

리팩토링   64, 155

릴리스   46, 83, 125

릴리스 프로세스   92

링크드인   499

ㅁ

마세리   405

마스터 브랜치   208

마이크로서비스   60, 94, 141

맞춤형   72

매니페스트   230

멀티테넌시   120, 135

멀티테넌트   123

메모리 부족   96

메소드 시그니처   370

메시   415

메시징 구조   481

메시징 패브릭   114

메인프레임   64

메트릭   93, 136

메트릭 정보   54

메트릭 집계기   428, 431

멘탈 모델   47, 334

멱등성   367, 489

명령 쿼리 책임 분리   167

명령형 프로그래밍   143

모놀리스   52

모놀리식 소프트웨어   42

모놀리식 데이터   451

모놀리식 분해와 데이터베이스 바인딩   178

모니터링   136

모듈형 시스템   54

모범 사례   420

모의   87

몽고DB   452

무중단   41

무중단 업그레이드   255

미니큐브   189, 209, 228, 316

민첩성   46, 80

ㅂ

바인딩 330

반개방 397

반복성 85, 98

반응성 258

발행자 481

방화벽 95

배시 스크립트 229

배포 63, 67, 72

배포 단위 412

배포 매니페스트 234, 315

버전 92

버전화 94

변경 제어 127, 135

병렬 배포 54

병렬 배포 267, 269

보그 309

보안 127

복구 메소드 370

복구 시간 목표 205

복구 시점 목표 205

복원력 46, 51, 95, 177, 258, 325

복제 저장소 205

복제 집합 191

복제 컨트롤러 377

분산 추적 420, 434

브로드캐스트 292, 299

블루/그린 배포 263

비교자 114

비밀키 272

빌드 67

ㅅ

사가 368

사물인터넷 43

사용자 허용 테스트 71

사이드카 314, 383, 412

사이트 신뢰성 엔지니어 343

사전 프로덕션 73

상태 50

상태 가시성 289

상태 비저장 187, 204, 206

상태 비저장 서비스 50

상태 저장 49, 174, 177, 204

상태 점검 293, 331

상호작용 334

생명 주기 이벤트 119

서버리스 257, 299

서버 측 로드 밸런싱 311

서버 측 패턴 385

서비스 305

서비스 메시 383, 411, 416

서비스 수준 계약 36

서비스 추상화 307

서비스 탐색 116, 318

서비스 환경 설정 118

서킷 브레이커 383, 385

설정 52

설정 주입 238

설치성 77

세션 선호도 312

셀렉터 310, 315

셀프 서비스 프로비저닝 인터페이스 103

소비자 462

소프트웨어 개발 생명 주기 255

소프트웨어 토폴로지 410

수신 확인 489

수평 확장 173

스노우플레이크 69

스케일아웃/인 51

스케줄러 114

스키마 해결 499

스테이징 70

스토리지 108

스티키 세션 56, 201
스팬 ID 439
스프링 JPA 153
스프링 배치 362
스프링 부트 150, 152, 324, 426
스프링 인티그레이션 362
스프링 자바 퍼시스턴스 API 153
스프링 재시도 362
스프링 카프카 474
스프링 클라우드 슬루스 442, 448
스프링 프레임워크 439
스플렁크 120
시계열 데이터베이스 428
시스템 환경 223
식별성 414
실제 상태 96, 113
싱글톤 115

엔드포인트 컨트롤러 377
엔드포인트 프로브 315
엔보이 412
엔진엑스 188
옆 보기 캐싱 456
오류율 365
오케스트레이션 113
오픈시프트 188
온라인 뱅킹 소프트웨어 57
온라인 뱅킹 애플리케이션 54
온프레미스 60
외부 스토리지 볼륨 421
요청/응답 142, 147
운영 중단 95
운영체제 130
웹로직 421
웹스피어 421
유량 제한 414
유레카 323
이미지 86
이벤트 기반 139, 145, 155
이벤트 로그 454, 461, 485
이벤트 소스 495
이벤트 소싱 454, 490
이벤트 처리기 165
이벤트 페이로드 486
이스티오 385, 415
이터레이션 65, 82
인스턴스 304, 309
인증 토큰 174
일관성 319
일래스틱서치 425
일래스틱 컴퓨트 클라우드 37

ㅇ

아티팩트 71, 87, 222
아파치 에이브로 499
아파치 카프카 171
아파치 하둡을 위한 스프링 362
아피지 405
안전 367
안티패턴 152
암호화 405
애저 46, 109
애플리케이션 생명 주기 52, 411, 432
애플리케이션 설정 215
액추에이터 종속성 426
액티브/패시브 452
앱 50
앱 설정 223
어노테이션 323, 368, 396
업그레이드 132
엔드포인트 158

ㅈ

자가 치유 98, 385
자격 증명 170, 272

자율성 453
재시도 333
재시도 로직 351
재시도 요청 335
재시도 패턴 338
재시도 폭풍 335, 344, 359, 384
접근 로깅 406
접근 제어 136, 320
제어 루프 376
제이보스 421
조력자 78, 82
종속 서비스 61
주울 410
중간 신뢰 코드 104
중앙 집중식 로드 밸런싱 312
지속적인 딜리버리 79, 84, 126
지속적인 변화 112
진본 492
진본 데이터 469
집킨 435, 442

ㅊ

체크인 123
최종 일관성 62, 97
추적 ID 448
취약성 패치 132

ㅋ

카나리 배포 255
카산드라 452
카오스 콩 36
카우치베이스 452
캐시 454
캐시 미스 458
캐시 신선도 458
캐싱 53, 145, 454, 490

캡슐화 368
캡차 334
커넥티드 디바이스 43
커밋 119
커밋 SHA 269
커플링 472
컨테이너 110, 130, 234, 412
컨트롤 플레인 415
컨피그 맵 393
컴포넌트화 94
코드로서의 인프라 86
쿠버네티스 113, 189, 229, 232
쿠버네티스 명령줄 인터페이스 189
쿠버네티스 컨피그 맵 348
쿠버네티스 클러스터 437
큐 481
큐브 프록시 317
클라우드 네이티브 33, 45, 61
클라우드 네이티브 데이터 50, 52, 490
클라우드 네이티브 발신음 105
클라우드 네이티브 상호작용 50, 53
클라우드 네이티브 소프트웨어 44, 102
클라우드 네이티브 아키텍처 206
클라우드 네이티브 애플리케이션 102, 135
클라우드 네이티브 애플리케이션 플랫폼 137
클라우드 네이티브 앱 50
클라우드 네이티브 패턴 101
클라우드 네이티브 플랫폼 101
클라우드 파운드리 188
클라이언트-서버 모델 65, 103
클라이언트 측 로드 밸런싱 306, 313, 429
클라이언트 측 패턴 376, 385
키/값 저장소 207
키바나 425

ㅌ

태그 310, 315

테넌트 135
테스트 주도 개발 91
토큰 56, 188, 198
토픽 481
톰캣 150
투영 492
투영 저장소 499
트러블슈팅 416
트레이서 120, 435, 438
트레이서 ID 439
특권 컨테이너 346

프로덕션 환경 75
프로메테우스 430
프로브 295
프로비저닝 256
프로세스 ID 238
프로퍼티 파일 87, 246
프록시 413, 432
프론트 405
프론트 서비스 383
피드 369
피보탈 90

ㅍ

파드 191, 234
파사드 422
파싱 277
파이썬 449
파이프라인 90, 132
파일 해시 88
파티셔닝 498
팩소스 115
팬아웃 434
페더레이션 44
페이로드 465
편재성 228
폐쇄 397
폴리글랏 퍼시스턴스 53
폴백 368
폴백 로직 368
폴백 메소드 399
표준 모델 487
푸시 432
푸시 기반 메트릭 구현 431
푸시 기반 모델 427
풀 기반 모델 427
프레임워크 249
프로덕션 68, 127

ㅎ

하드 코딩 400
하트비트 299
핫 리스타트 432
항상 연결된 상태 44
해시코프의 볼트 239, 249
허브 앤 스포크 58
헤로쿠 188
헬스 엔드포인트 293, 295
호출 스택 420, 434
환경 변수 215
환경 설정 90, 118
환경 제어 86
희망 상태 96

A

A/B 테스트 93
acknowledgment 489
actuator dependency 426
aggregator 428
always-connected 44
antipattern 152
AOP 종속성 362
Apache Avro 499

Apache Kafka   171

Apigee   405

API 게이트웨이   383, 385

app   50

app config   223

aspect   362

autonomy   453

Availability Zone   37

AWS   35

AWS Elastic Beanstalk   109

AWS 일래스틱 빈스토크   109

AZ   37

Azure   46

B

bespoke   72

best practice   420

blip   386

Borg   309

bounded context   459

build   67

C

C++   412

cache miss   458

caching   53, 145, 454

CAP   319

captcha   334

CAP 이론   205

Cassandra   452

CD   79

Chaos Kong   36

CLI   189, 209, 422

cloud-native   33

CMDB   106, 107

Command Query Responsibility Segregation   169

commit   119

commit Secure Hash Algorithm   269

comparator   114

config map   393

configuration   52, 118

connected device   43

consumer   462

container   110

Continuous Delivery   79

CoreDNS   325

CORS   411

Couchbase   452

coupling   472

CQRS   141, 167, 169

CrashLoopBackOff   380

credential   170

cross-origin resource sharing   411

CRUD   153

curl   163

CVE   134

D

daemonset controller   377

DDoS   116

delivery   67

deployment   63, 67

distributed tracing   420

DNS   117, 308, 322, 430

Docker   110

E

EC2   37, 103, 113

Elastic Compute Cloud   37, 103

Elasticsearch   425

ELK 스택   425

enabler   82

endpoint 158

endpoint probe 315

endpoints controller 377

Enterprise Edition 103

env 234

Envoy 412

ESB 487

event handler 165

event-sourced 495

event sourcing 454

eventual consistency 62

F

FaaS 169, 257

fabric 481

façade 422

fallback 368

fan-out 434

federation 44

feed 369

Function as a Service 169, 257

G

GAE 104

Gang of Four 139

Gantt chart 268

garbage collection 426

GCP 46, 60, 105

Git 239

GitHub repo 338

Git repo 346

GKE 346

GoF 139

Google Cloud Platform 46

Google Kubernetes Engine 346

Gradle 431

H

health check 293

heartbeat 299

Heroku 188

hop 411

Hot restart 432

HTTP 153

HTTP POST 164

HTTP POST 요청 171

HTTP 세션 201

hub-and-spoke 58

Hystrix 396, 399

I

IaaS 108

IaaS 인터페이스 108

IaaS 플랫폼 108

idempotence 333

Infrastructure as a Service 108

Infrastructure as code 86

Internet of Things 43

IoT 43

Istio 385

iteration 65

J

J2EE 103

jar 71

JAR 88

Java 2 Platform 103

Java Messaging Service 481

JBoss 421

JMeter 348, 373

JMS 481

JRE 110, 128

JVM 174

K

Kibana 425
kubectl 298
Kube-DNS 325
Kube Proxy 317
Kubernetes 113
Kubernetes config map 348

L

LDAP 406
legacy 64
LinkedIn 499
localhost 432
Logback 288, 421
logging 54
Logstash 425
look-aside caching 456
loosely coupled 41
loosely coupling 464

M

Mashery 405
master branch 208
MDM 58
medium trust code 104
mental model 334
mesh 415
messaging fabric 114
method signature 370
mock 87
MongoDB 452
monolith 52

multinode 452
multitenancy 120
multitenant 123
MySQL 181

N

namespaces controller 377
native 60
Netflix Ribbon 314
network blip 62
Nginx 188

O

on-premise 60
OpenShift 188
openssh 110
OpenSSH 131
orchestration 113
out-of-memory 96

P

parallel deploy 269
parsing 277
Paxos 115
payload 465
PID 238
pod 191
Point-of-Sale 73
polyglot persistence 53
POM 431
PoS 73
preproduction 73
projection 492
Prometheus 430

provisioning 256
pull-based model 427
push 432
push-based model 427

R

RabbitMQ 126
Raft 115
React.js 143
read-through caching 456
Recovery Point Objective 205
Recovery Time Objective 205
Redis 229
redundancy 37
repeatability 85
replica set 191
replication controller 377
resilience 51
REST 169
RESTful 96, 167
retry storm 335
Ribbon 410
rich web application 96
robustness 494
rolling 261
rollout 77
round-robin 312
RPO 205
RTO 205

S

Saga 368
scale-out 173
scale-out/in 51
SCCS 241
scheduler 114

schema resolution 499
SDLC 69, 71, 123, 255
selector 310
self-healing 98, 385
self-service provisioning interface 103
serverless 257
sidecar 314
single point of failure 173
singleton 115
Site Reliability Engineering 309
SLA 36
SLF4J 422
snowflake 69
Software Development Life Cycle 69
software topology 410
Splunk 120
Spring Batch 362
Spring Boot 150
Spring Cloud Configuration Server 241
Spring Cloud Sleuth 442
Spring for Apache Hadoop 362
Spring Integration 362
Spring Java Persistence API 153
Spring Retry 362
SRE 309
SSH 86
staging 70
state 50
stateful 49
stateless service 50
stderr 288, 421
stdout 288, 421
sticky session 56
system env 223

T

tag 310

TDD 91

tenant 135

time marker 356

Tomcat 150

tracer 120

troubleshooting 416

Twelve-Factor App 221

two-phase commit 493

U

UAT 71

ubiquity 228

Utils 클래스 234

V

VM 110, 136

W

WebLogic 421

WebSphere 421

Y

YAML 281, 285, 290

Z

Zipkin 435

Zuul 410

기호

/actuator/metrics 엔드포인트 426

@Backoff 378

.NET Framework 110

@Recover 370

@Retryable 362

숫자

2단계 커밋 493

12 팩터 앱 221, 234

401 183, 188, 198

500 361, 396

클라우드 네이티브 패턴

변화에 잘 견디는 소프트웨어 개발

발 행 | 2020년 1월 28일

지은이 | 코넬리아 데이비스
옮긴이 | 최 철 원 · 양 준 기 · 이 현 재 · 권 병 섭

펴낸이 | 권 성 준
편집장 | 황 영 주
편 집 | 조 유 나
디자인 | 박 주 란

에이콘출판주식회사
서울특별시 양천구 국회대로 287 (목동)
전화 02-2653-7600, 팩스 02-2653-0433
www.acornpub.co.kr / editor@acornpub.co.kr

한국어판 ⓒ 에이콘출판주식회사, 2020, Printed in Korea.
ISBN 979-11-6175-380-5
http://www.acornpub.co.kr/book/cloud-native-patterns

이 도서의 국립중앙도서관 출판시도서목록(CIP)은 서지정보유통지원시스템 홈페이지(http://seoji.nl.go.kr)와
국가자료공동목록시스템(http://www.nl.go.kr/kolisnet)에서 이용하실 수 있습니다.(CIP제어번호: CIP2020002034)

책값은 뒤표지에 있습니다.